Hamburger Beiträge
zur Sozial- und Zeitgeschichte
Herausgegeben von der Forschungsstelle
für Zeitgeschichte in Hamburg
Darstellungen, Band 36

Redaktion: Ursula Büttner und Holger Martens

Avraham Barkai

Hoffnung und Untergang.

Studien zur deutsch-jüdischen Geschichte
des 19. und 20. Jahrhunderts

Mit einer Einführung von Ursula Büttner

CHRISTIANS

Umschlagphoto:
Joseph und Helene Eyck mit ihren Kindern um 1888,
dritter von links: der spätere
Historiker Erich Eyck (Besitz Frank Eyck)

Die Deutsche Bibliothek – CIP-Einheitsaufnahme

Barkai, Avraham:
Hoffnung und Untergang : Studien zur deutsch-jüdischen Geschichte
des 19. und 20. Jahrhunderts /
Avraham Barkai. Mit einer Einf. von
Ursula Büttner. – Hamburg : Christians 1998
(Hamburger Beiträge zur Sozial- und Zeitgeschichte; Bd. 36)
ISBN 3-7672-1316-8

© Hans Christians Verlag, Hamburg 1998
Alle Rechte, auch die des auszugsweisen
Nachdrucks und der photomechanischen
Wiedergabe, vorbehalten
Ausstattung: Alfred Janietz / Carsten Best
Printed in Germany
ISBN 3-7672-1316-8

Inhalt

Zur Einführung 7

1. Die deutschen Juden in der Zeit 15
der Industrialisierung.
Aspekte ihrer Sozialgeschichte

2. Die Juden in Deutschland am Beginn 35
der Industrialisierung.
Strukturwandel und Mobilität 1835 – 1860

3. Juden, Judentum und die Entwicklung 63
des Kapitalismus.
Klassische Interpretationen im Licht neuer
empirischer Forschung

4. Auswanderung als Emanzipationsersatz? 75
Deutsch-jüdische Gruppenidentität jenseits
des Ozeans

5. Die Juden als sozioökonomische 95
Minderheitsgruppe in der Weimarer Republik

6. Zwischen Deutschtum und Judentum. 111
Richtungskämpfe im Centralverein deutscher
Staatsbürger jüdischen Glaubens, 1919–1933

7. Von Berlin nach Theresienstadt. 141
Zur politischen Biographie von
Leo Baeck 1933–1945

8. Das deutsche Interesse am Haavara-Transfer 167
1933–1939

9. Deutschsprachige Juden in 197
osteuropäischen Ghettos

10. »Zwischen Ost und West«. 225
Deutsche Juden im Ghetto Lodz

11. Regierungsmechanismen im Dritten Reich 275
und die »Genesis der Endlösung«

Verzeichnis der ursprünglichen Druckorte 289

Zur Einführung

Extreme Erfahrungen kennzeichneten die Geschichte der Juden in Deutschland im 19. und 20. Jahrhundert. Ihr rascher wirtschaftlicher und sozialer Aufstieg seit dem Beginn des 19. Jahrhunderts schien zur Hoffnung auf eine gute Zukunft für die nachfolgenden Generationen zu berechtigen. Die Juden durften erwarten, daß sie sich nach der rechtlichen Gleichstellung durch die Emanzipation im Zuge ihrer wachsenden Assimilation allmählich als anerkannte Bürger in die deutsche Gesellschaft eingliedern könnten. Zwar gab es auch einige gegenläufige Tendenzen, und mit dem Aufkommen des modernen Antisemitismus zeichnete sich die Gefährdung dieser günstigen Entwicklung ab. Aber mit der vollen politischen Gleichstellung in der Demokratie der Weimarer Republik setzte sich die Aufwärtsbewegung doch fort. Der jähe Abbruch dieser Geschichte durch die nationalsozialistische Judenverfolgung im »Dritten Reich« war nicht vorauszusehen. Am Ende stand die Vernichtung von Millionen Menschen im deutschen Herrschaftsbereich in der Schoah. In der Zeit von ein oder zwei, höchstens drei Generationen erlebten Juden oft den Aufstieg und den Untergang ihrer Familien. Dieser dramatische Wandel jüdischen Lebens in Deutschland spiegelt sich in der weitgefächerten Thematik der im vorliegenden Band versammelten Aufsätze von Avraham Barkai wider.

Schon zu Beginn des 19. Jahrhunderts konnten die Juden in Deutschland während der Napoleonischen Kriege ihre wirtschaftliche und soziale Position verbessern. In der bald darauf, um 1835, einsetzenden Periode der Industrialisierung und der Ausbreitung des Kapitalismus machten sie weitere große Fortschritte, so kann Barkai anhand des erreichbaren sozialstatistischen Materials nachweisen. Sie nutzten die Chancen, die sich aus der Expansion besonders der Wirtschaftsbereiche ergaben, in denen sie traditionell ihre Schwerpunkte hatten. In neue Berufsfelder drangen sie dagegen selten vor. Am Beginn des 19. Jahrhunderts gehörte noch ungefähr ein Drittel der Juden in Deutschland zur ärmsten Schicht der Hausierer und Bettler; die allermeisten Juden waren darüber hinaus wegen ihrer geringen Einkünfte nicht steuerpflichtig. Um 1870 waren die »Betteljuden« fast völlig verschwunden. Die Mehrheit der Juden war in den Mittelstand, meistens in Handelsberufe, und manch einer sogar in die bürgerliche Oberschicht aufgestiegen. Über 60 % der Juden in Deutschland befanden sich jetzt in den mittleren und höheren Einkommensgruppen.

Dieser Erfolg war, wie Barkai überzeugend darlegt, durch die Auswanderung vieler junger und armer Juden in die Vereinigten Staaten von Amerika erleichtert worden. Anders als Angehörige der nichtjüdischen Mehrheit reagierten Juden mit dem Entschluß zur Emigration – oder auch zur Binnenwanderung innerhalb Deutschlands – weniger auf eine wirtschaftliche Notlage als auf rechtliche und politische Beschränkungen, wie vor allem noch immer bestehende Heiratsverbote. Es waren infolgedessen nicht so sehr erwerbsuchende Familien, sondern überwiegend junge Männer, die auswanderten. Von ihrer Konkurrenz befreit, hatten die zurückbleibenden Familien bessere Möglichkeiten, sich in den Städten zu etablieren und ihre wirtschaftliche Stellung zu festigen. Die Auswanderung war, wie Barkai zeigt, ein Ergebnis der schon begonnenen Modernisierung der jüdischen Gesellschaft in Deutschland, da erst sie die Bereitschaft schuf, sich aus überkommenen Bindungen zu lösen. Sie war zugleich eine Voraussetzung für die weitere Modernisierung des Judentums in der alten Heimat und in den Vereinigten Staaten von Amerika. Die ausgewanderten Juden erzielten hier, als Gruppe betrachtet, sogar noch größere Erfolge als die zurückgebliebenen. Wie diese wählten sie den Handel als ihr bevorzugtes Tätigkeitsfeld. Sie bauten Gemeinden und Hilfsorganisationen nach dem aus Deutschland vertrauten Vorbild auf und gaben für einige Jahrzehnte, bis zum Beginn der großen osteuropäischen Einwanderung um 1880, dem amerikanischen Judentum das Gepräge. Es kann deshalb in dieser Phase, das ist das überraschende Ergebnis der transatlantischen Betrachtung, als Zweig des insgesamt überaus erfolgreichen deutschen Judentums gesehen werden.

Wenn man wie Barkai genau hinschaut, sind jedoch schon Schwächen erkennbar. Das Erreichte wurde in Deutschland nicht nur durch das Aufkommen des modernen Antisemitismus bedroht, sondern langfristig auch durch die geringe Bereitschaft der jüdischen Minderheit in Frage gestellt, sich durch veränderte Berufswahl und gruppenspezifische Verhaltensweisen auf die neuen ökonomischen und sozialen Herausforderungen einzustellen. In der Weimarer Republik waren sie infolgedessen zu einer »demographisch und wirtschaftlich im Rückzug begriffenen Minderheitsgruppe« (S. 95) geworden. Zwar gab es bei jüdischen Jugendlichen Ansätze, vermehrt Berufe im Produktionsbereich zu wählen. Doch konnten sie sich in der kurzen Zeit bis zum Beginn der nationalsozialistischen Herrschaft nicht so auswirken, daß sie das Bild der Gruppe veränderten. Die angebliche Flexibilität und Anpassungsfähigkeit der Juden an veränderte gesellschaftliche Verhältnisse war, so betont Barkai, eine Legende.

Aufgrund genauer sozialstatistischer Daten Legenden zu widerlegen, ist immer wieder Barkais Anliegen. So widerspricht er mit überzeugenden Argumenten der These, daß die Juden wesentlichen Anteil an der Industrialisierung Deutschlands und der Entwicklung des Kapitalismus gehabt hätten. Dafür war die Minderheit zu klein. Klarer als andere beleuchtet er die innere Schwäche ihrer Position in der Weimarer Republik, ohne die Gefährdung durch den Antisemitismus gering zu achten. In besonderer Weise geht es ihm in mehreren Aufsätzen darum, die Beziehungen zwischen »Ost-« und »Westjuden« gegen verbreitete Stereotype differenziert darzustellen. Schon in dem Beitrag über die Auswanderung der deutschen Juden im 19. Jahrhundert und die Entstehung des amerikanischen Judentums ist das ein wichtiges Thema. In den Abhandlungen über die unfreiwillige Begegnung dieser beiden großen Gruppen des Judentums in den osteuropäischen Ghettos während der Zeit der nationalsozialistischen Verfolgung wird es dann eine Leitfrage.

Durch die Behandlung des Antisemitismus unter den Faktoren, die für die sozio-ökonomische Situation der jüdischen Minderheit in der Weimarer Republik von Bedeutung waren, bezieht Barkai die politische Dimension in seine Darstellung ein. Der Aufsatz bildet so die Folie, vor der er im folgenden Beitrag die Geschichte des Central-Vereins deutscher Staatsbürger jüdischen Glaubens (CV) in dieser Periode näher beleuchtet. Im Vorgriff auf eine geplante Monographie entwirft er hier erstmals anhand der in Moskau wieder aufgefundenen Verbandsakten ein differenziertes Bild von der *inneren* Entwicklung des CVs. Die Abwehr des Antisemitismus war nur die eine Seite seiner Arbeit. Ebenso wichtig war sein Beitrag zur Entstehung und Festigung jüdischen Selbstbewußtseins. Die früher verloren geglaubten Quellen ermöglichen es Barkai jetzt, die Unterschiede zwischen einzelnen Gruppen des Verbandes, zwischen der Führung und Funktionären des zweiten Gliedes, zwischen Gemeinderepräsentanten und Rabbinern, nachzuzeichnen und zu zeigen, wie sie sich mit den Auseinandersetzungen zwischen den jüdischen »Parteien«, vor allem zwischen Liberalen und Zionisten, verschränkten. Bewegend ist es, im Spiegel des Briefwechsels mit einfachen Mitgliedern die Versuche des Jahres 1933 beobachten zu können, unter den neuen Verhältnissen den eigenen Standort zu bestimmen: die Zugehörigkeit zum deutschen Volk zu betonen und doch jüdische Würde zu bewahren. Im konfliktreichen Ringen zwischen dem Central-Verein, den Zionisten und kleineren Verbänden um ihre Selbstdarstellung und ihren politischen Kurs unter dem Nationalsozialismus war es der allgemeinen Achtung für den Berliner Rabbiner Leo Baeck zu verdanken, daß die Gründung der Reichsvertretung der deutschen Juden nach vielen Schwierigkeiten im Herbst 1933 gelang.

Baecks Wirken an der Spitze der jüdischen Gemeinschaft in Deutschland in den Jahren 1933 bis 1945 ist das Thema des folgenden Beitrags. Durch die Verbindung der biographischen Würdigung mit einer Skizze der prekären Lage, in der sich die jüdische Gemeinschaft insgesamt und besonders die Menschen an ihrer Spitze unter dem nationalsozialistischen Regime befanden, wird verständlich, warum nur Baeck den Zusammenschluß der heterogenen Kräfte erreichen konnte. Barkai setzt sich eingehend und behutsam mit dem Problem der erzwungenen Zusammenarbeit der jüdischen Führung mit den deutschen Behörden und den Möglichkeiten jüdischen Widerstandes auseinander. Die spätere Kritik, daß Baeck und andere Verantwortliche in der Reichsvertretung die Auswanderung nicht genügend forciert und sich statt dessen zu sehr auf die Hilfe für die Notleidenden konzentriert hätten, wird den damaligen Verhältnissen, so zeigt Barkai, nicht gerecht.

Wie zwiespältig die Entscheidungen waren, vor die sich die jüdische Führung immer wieder gestellt sah, läßt sich beispielhaft an einem damals und später umstrittenen Auswanderungsprojekt erkennen. Das Haavara-Abkommen, das auswanderungswilligen Juden ermöglichte, in Deutschland Exporte nach Palästina vorzufinanzieren, um später dort einen Teil des aufgewandten Geldes zurückzuerhalten, wurde von Juden in der Welt mißbilligt, weil es ihren gegen das NS-Regime gerichteten Handelsboykott durchkreuzte. Bei Nationalsozialisten stieß es wegen der bevorzugten Behandlung der Palästina-Auswanderer und vor allem wegen des Verlusts von dringend benötigten Devisen auf Widerstand. Barkai untersucht, wie sich die Einstellung der verschiedenen deutschen Ressorts zum Haavara-Abkommen im Verlauf der nationalsozialistischen Herrschaft wandelte, und zeigt, daß die Machthaber den vereinbarten Transfer eines kleinen Vermögensteils bei der Auswanderung nach Palästina auch noch zu einer Zeit ermöglichten, als sie sonst längst dazu übergegangen waren, Juden ohne ihren Besitz aus Deutschland zu vertreiben. Ein rationales Interesse der deutschen Seite an der Fortsetzung des Haavara-Abkommens ist seit 1937 nicht mehr auszumachen. Klar ist nur, daß sie auf Anordnung Hitlers erfolgte. Am konkreten Beispiel kann Barkai zeigen, daß Hitler in der Judenpolitik grundsätzlich, auch bei strittigen Detailfragen, die Entscheidung traf. Damit ist die Kontroverse um die »Genesis der Endlösung« oder weniger abstrakt: um die Rolle des Diktators beim Judenmord angesprochen. Im letzten Beitrag des Bandes nimmt Barkai noch einmal ausführlich und dezidiert zu ihr Stellung.

Zuvor aber geht es in zwei Beiträgen um die Menschen, die nicht mehr aus Deutschland entkommen konnten und seit Mitte Oktober 1941 in verschiedene Ghettos in Osteuropa verschleppt wurden. Barkai beschreibt eindringlich die Schwierigkeiten der mitteleuropäischen Neuankömmlinge, in einem fremden Sprach- und Kulturraum mit den furchtbaren Lebensbedingungen im Ghetto fertig zu werden. Besonders interessiert ihn das zwangsweise Zusammentreffen von »Ost-« und »Westjuden«. Angesichts der extremen Mangelsituation und der Härte des Überlebenskampfes kann es nicht überraschen, daß sich seit langem bestehende Spannungen zwischen den beiden in religiöser, kultureller und sozialer Hinsicht ganz unterschiedlich geprägten Gruppen von Juden verschärften. Bemerkenswert ist vielmehr, mit welcher Hilfsbereitschaft die osteuropäischen Juden den zu ihnen verschlagenen Glaubensgenossen zunächst begegneten, bevor sie selbst der Gewalt der Nationalsozialisten unmittelbar ausgeliefert waren.

Zusammenhänge aufzuzeigen, die bei der Spezialisierung der Forschung leicht übersehen werden, und gängige Vorstellungen zu revidieren, ist oft ein Ziel der Beiträge. Obwohl ein weiter Bogen vom Beginn des 19. Jahrhunderts bis 1945, von den USA bis Weißrußland, von der Wirtschafts- bis zur Organisations- und zur politischen Geschichte gespannt wird, stellen wiederkehrende Leitfragen doch eine innere Verbindung zwischen den einzelnen Aufsätzen her. Sie zeugen von der Weite der Interessen des Autors, die sich nicht zuletzt aus seiner Biographie ergibt. Seine besondere Aufmerksamkeit für die Begegnung von Juden aus »Ost« und »West« und sein Bestreben, beiden gerecht zu werden, haben ohne Zweifel etwas mit seinem eigenen Weg zu tun.

Avraham Barkai wurde 1921 als Abraham Becker in Berlin geboren. Aber er war kein deutscher Jude, sondern ein Jude in Deutschland mit sowjetischem Paß. Er wuchs in der abgeschlossenen ostjüdischen Welt des Berliner Scheunenviertels auf. Jiddisch war die Alltagssprache seiner frommen Familie. Im jüdischen Milieu blieb er auch in Frankfurt am Main, wo er eine Jeschiwa, eine religiöse Hochschule, besuchte, und danach bei der landwirtschaftlichen Ausbildung auf dem Hachscharah-Gut Steckelsdorf. Da ihn die Regierung im Januar 1938 als »sowjetischen« Juden aus dem Land wies, teilten ihm die jüdischen Freunde früher als erhofft aus ihrem Kontingent ein Einwanderungszertifikat für Palästina zu. Auf diese Weise entging er dem Schicksal seiner Eltern, die 1942 aus Berlin deportiert und in Auschwitz ermordet wurden.

Nach dem Besuch einer Landwirtschaftsschule gehörte Barkai 1940 zu den Gründern des Kibbuz Lehavoth Habashan im Norden Israels. Avraham Barkai arbeitete viele Jahre im Obstbau und begann daneben im Winter 1963 ein Teilzeitstudium der Nationalökonomie und Geschichte an den Universitäten von Jerusalem und Tel Aviv. Dort promovierte er 1977 mit einer Dissertation, in der er die nationalsozialistische Wirtschaftspolitik der Jahre 1933 bis 1936 als ein konsistentes, ältere staatsdirigistische Traditionen aufnehmendes System darstellte. Der vielbeachteten Buchveröffentlichung im gleichen Jahr folgte 1988 eine erweiterte Taschenbuchausgabe.[1]

Mit diesem Werk begann eine außerordentlich fruchtbare wissenschaftliche Arbeit. Der Schwerpunkt verlagerte sich bald auf die jüdische Geschichte. 1988 erschien das in Deutschland bekannteste Buch von Avraham Barkai: »Vom Boykott zur ›Entjudung‹. Der wirtschaftliche Existenzkampf der Juden im Dritten Reich 1933–1943«,[2] in dem er zeigt, daß die Politik der wirtschaftlichen Vernichtung der Juden lange vor 1938 einsetzte und in der deutschen Bevölkerung viel Unterstützung fand. Im gleichen Jahr wurde eine methodisch ganz anders angelegte, mit umfangreichen sozialstatistischen Daten operierende Untersuchung über die Juden in Deutschland während der Industrialisierung im 19. Jahrhundert veröffentlicht.[3] Die Publikation von zwei so unterschiedlichen Büchern über verschiedene Perioden ist bezeichnend für die ungewöhnliche Schaffenskraft ihres Autors. Sechs Jahre später folgte der nächste große Sprung: eine Studie in englischer Sprache über die Auswanderung deutscher Juden nach Amerika im 19. Jahrhundert.[4] Mit der Erarbeitung großer Teile des 4. Bandes der Gesamtgeschichte der deutschen Juden in der Neuzeit kehrte Barkai ins 20. Jahrhundert und nach Deutschland zurück.[5] Mit diesem repräsentativen Werk erreichte die lange Zusammenarbeit mit dem Leo-Baeck-Institut, die mit der Untersuchung über die jüdische Minderheit in der Zeit der Industrialisierung begonnen hatte, ihren Höhepunkt. Zur Zeit arbeitet

---

1 Avraham Barkai, Das Wirtschaftssystem des Nationalsozialismus. Der historische und ideologische Hintergrund. 1933–1936, Köln 1977; ders., Das Wirtschaftssystem des Nationalsozialismus. Ideologie, Theorie, Politik 1933–1945, Frankfurt / M. 1988. Eine hebräische und eine englische Übersetzung erschienen 1986 und 1990.
2 Frankfurt / M. (Fischer-Tb.) 1988. Englische Übersetzung 1989.
3 Jüdische Minderheit und Industrialisierung. Demographie, Berufe und Einkommen der Juden in Westdeutschland 1850–1914, Tübingen 1988.
4 Branching Out: German-Jewish Immigration to the United States 1820–1914, New York 1994.
5 Avraham Barkai / Paul Mendes-Flohr, Aufbruch und Zerstörung 1918–1945, München 1997 (= Deutsch-jüdische Geschichte in der Neuzeit, hrsg. im Auftrag des Leo-Baeck-Instituts von Michael A. Meyer, Bd. 4).

Barkai an einer Gesamtdarstellung der bedeutendsten Organisation der deutschen Juden, des Central-Vereins deutscher Staatsbürger jüdischen Glaubens.

Außer den Büchern schrieb Avraham Barkai zahlreiche Aufsätze in hebräischer, englischer und deutscher Sprache. In ihnen macht er unter anderem deutsche und andere Leser, die des Hebräischen nicht mächtig sind, mit der israelischen Forschung bekannt und vermittelt die Ergebnisse deutscher Historikerinnen und Historiker an ein israelisches Publikum. Obwohl er wahrhaftig allen Grund hätte, Beziehungen zu Deutschen zu vermeiden, dient seine Arbeit auf diese Weise dem Brückenschlag zwischen der israelischen und der deutschen Geschichtswissenschaft. Die Forschungsstelle für Zeitgeschichte, die damals noch Forschungsstelle für die Geschichte des Nationalsozialismus in Hamburg hieß, besuchte Avraham Barkai zum ersten Mal zu Beginn der siebziger Jahre im Zusammenhang mit den Quellenrecherchen für seine Dissertation. Seither sind wir miteinander verbunden. Wir freuen uns deshalb, eine Auswahl aus den bislang nur in englischer oder hebräischer Sprache veröffentlichten Aufsätzen zusammen mit einigen wichtigen, von vornherein für eine deutsche Leserschaft gedachten Artikeln in unserer Schriftenreihe publizieren zu können.

Hamburg, im Juni 1998 *Ursula Büttner*

1. Die deutschen Juden in der Zeit der Industrialisierung. Aspekte ihrer Sozialgeschichte

Die Geschichte der deutschen Juden betrifft eine sehr geringe Minorität. In den Grenzen des Deutschen Reiches überschritt ihre Zahl seit der Mitte des 19. Jahrhunderts niemals 1,3 % der Gesamtbevölkerung. Damals lebten etwa 460 000 Juden im Gebiet des Deutschen Bundes einschließlich Elsaß-Lothringens. Seit 1870 begannen die Verhältniszahlen zu fallen: auf 0,95 % im Jahre 1910, 0,9 % im Jahre 1925 und 0,77 % im Mai 1933.[1] Innerhalb der west- und mitteleuropäischen Judenheit bildeten die deutschen Juden zwar die größte und kulturell und religiös einflußreichste Gruppe, aber die Losung von der »Verjudung« Deutschlands war eine völlig unfundierte Legende. Dies verhinderte jedoch nicht, daß den Juden nicht nur von der antisemitischen Demagogie, sondern auch in weiten Kreisen der deutschen Öffentlichkeit ein maßgeblicher politischer und vor allem wirtschaftlicher Einfluß zugeschrieben wurde.

Die wirtschaftsgeschichtlichen Darstellungen über das deutsche Judentum verliefen bis in die dreißiger Jahre unseres Jahrhunderts in zwei Richtungen, beide mit apologetischem Einschlag: Die einen versuchten, den »anormalen« Aufbau der jüdischen Wirtschaftsbetätigung und Beschäftigungsstruktur durch die historisch bedingten Entwicklungen

---

1 Ein Teil der hier und weiterhin zitierten statistischen Daten sind Ergebnisse des umfassenden Forschungsunternehmens von Prof. Uziel O. Schmelz über die demographische Entwicklung der Juden in Deutschland von der Mitte des 19. Jahrhunderts bis 1933. Ich bin Professor Schmelz für die Erlaubnis zur Einsicht und Verwendung seines Materials sowie für viele aufschlußreiche Gespräche und Hinweise zu Dank verbunden. Vgl. Uziel O. Schmelz, Die demographische Entwicklung der Juden in Deutschland von der Mitte des 19. Jahrhunderts bis 1933, in: Zeitschrift für Bevölkerungswissenschaft, Heft 1/1982, S. 31–72.

der Vor- und auch Nachemanzipation zu »erklären« und einen langsamen Prozeß von »Normalisierung« oder »Produktivierung« nachzuweisen.[2] Andere hoben den jüdischen »Beitrag« und die jüdische »Leistung« bei der kapitalistischen Wirtschaftsentwicklung der Industrialisierungsepoche, besonders im Kaiserreich, hervor. Prominente jüdische »Wirtschaftsführer«, Kaufleute, Bankiers und Industrielle, erschienen als Beweise deutsch-jüdischer Integration und des jüdischen Anteils am allgemeinen nationalen Aufstieg.[3] Diese Apologeten vergaßen im Übereifer, daß gerade dieses oft bis ins Groteske übertriebene Argument vom »jüdischen Einfluß« auf die kapitalistische Wirtschaft die antisemitische Agitation beherrschte und den Antisemitismus zum Deckwort einer Fülle rückwärtsgewandter »antikapitalistischer« Ressentiments und zum Sammelbecken politischer Reaktion werden ließ.[4]

Die moderne Sozial- und Wirtschaftsgeschichte, die sich in erster Linie auf quantitative Daten und Analysen stützt, untersucht bei der Minoritätenforschung mehr oder weniger homogene Gruppen auf ihr Wechselverhältnis zu ihrer gesellschaftlichen Umgebung und ihre internen sozio-ökonomischen und kulturellen Wandlungen. Hauptsächlich wird die Frage zu stellen sein nach dem Erfolg oder Versagen von Anpassungsbemühungen der Minoritätsgruppe an Ereignisse und Entwicklungen, auf die sie keinen nennenswerten Einfluß hat.

Beim hier behandelten Thema stößt dieser Forschungsansatz allerdings auf beträchtliche Schwierigkeiten. Die Frage, die es empirisch zu beantworten gilt, läßt sich kurz so definieren: Inwieweit waren die deutschen Juden gegenüber den durch die Industrialisierung ausgelösten Impulsen und Aufstiegsmöglichkeiten in einer im Vergleich zur nichtjüdischen Bevölkerung günstigen Ausgangsposition? Und umgekehrt: Waren sie den damit verbundenen Krisenerscheinungen und Gefährdungen mehr oder weniger als die Mehrheit der Bevölkerung ausgesetzt bzw. ihnen gegenüber mehr oder weniger immun? Die eindeutige Beantwortung dieser Fragen ist vor allem deshalb kompliziert, weil sowohl die Industrialisierung als auch die jüdische Minderheitsgruppe in Deutschland eine sehr erhebliche regionale Variabilität aufwiesen. Juden lebten zwar in fast allen Teilen Deutschlands, vor allem

2 Vgl. u. a. Jakob Segall, Die beruflichen und sozialen Verhältnisse der Juden in Deutschland, Berlin 1912; Jakob Lestschinsky, Das wirtschaftliche Schicksal des deutschen Judentums. Aufstieg, Wandlung, Krise, Ausblick, Berlin 1932; Alfred Marcus, Die wirtschaftliche Krise der deutschen Juden, Berlin 1931.
3 Vgl. Kurt Zielenziger, Die Juden in der deutschen Wirtschaft, Berlin 1930; Felix Pinner, Deutsche Wirtschaftsführer, Berlin 1924, behandelt zwar nicht ausschließlich Juden, aber die Tendenz ihrer Hervorhebung ist unverkennbar.
4 Vgl. Shulamit Volkov, Antisemitismus als kultureller Code, in: Dies., Jüdisches Leben und Antisemitismus im 19. und 20. Jahrhundert, München 1990, S. 13–36.

jedoch in drei Hauptzentren, die voneinander nach Ansiedlungsdauer, rechtlicher und sozio-ökonomischer Situation sehr verschieden waren. »Autochthone« deutsche Juden, die bereits zu Beginn des 19. Jahrhunderts einige Generationen lang in ihren damaligen Wohngebieten lebten, gab es hauptsächlich in Bayern, Baden, Württemberg und dem Rheinland. Dagegen besaß Preußen, mit Berlin-Brandenburg als wichtigstem Anziehungszentrum der Juden in den östlichen Randgebieten, eine verhältnismäßig neuzugewanderte jüdische Bevölkerung, die nach Sprache und Tradition den osteuropäischen Juden nahestand. Ebenso unterschieden sich die Juden dieser verschiedenen Ansiedlungszentren nicht unerheblich voneinander in ihrer Wohnverteilung auf Stadt oder Land, ihrer spezifischen Berufsschichtung und ihrer Einkommens- und Vermögenslage. Noch um die Mitte des 19. Jahrhunderts waren diese Unterschiede so beträchtlich, daß in der neueren Forschung die Frage aufgeworfen wurde, ob überhaupt eine einheitliche, zusammenfassende Darstellung der Entwicklung der deutschen Juden möglich und nicht eher von drei verschiedenen Gruppen deutscher Juden zu sprechen sei.[5]

Ebenso wies auch die deutsche Industrialisierung beträchtliche Unterschiede nicht nur zwischen Ländern und Provinzen, sondern oft auch auf Kreis- und Bezirksebene auf.[6] Entsprechend war das wirtschaftliche Schicksal und Verhalten der Juden sehr verschiedenen Einflüssen ausgesetzt. Ihre Reaktionen und Anpassungsbemühungen unterschieden sich sowohl von denen ihrer nichtjüdischen Nachbarn als auch von denen der Juden anderer Gebiete. Trotzdem bildeten die Juden zweifellos auch in wirtschaftlicher Beziehung eine deutlich unterscheidbare Minoritätsgruppe, die, bei aller Verschiedenheit untereinander, in ihrer demographischen, beruflichen und sozialen Entwicklung von der Mehrheit der Bevölkerung abwich. So gehörten 1871 nur 20%, 1910 jedoch bereits 60% aller deutschen Juden zur städtischen, jetzt sogar nur zur großstädtischen Bevölkerungsgruppe.[7] Eine zusammenfassende Darstellung ihrer Ausgangsposition und Entwicklung zur Zeit der Industrialisierung ist daher gerechtfertigt, wobei man den Umstand im Auge behalten muß, daß verallgemeinernde Schilderun-

---

5 Werner J. Cahnmann, A Regional Approach to German Jewish History, in: Jewish Social Studies, Bd. 5 (1943), S. 219f.
6 Vgl. Frank B. Tipton, Regional Variations in the Economic Development of Germany during the 19th Century, Middleton/Conn. 1976, S. 45 ff.; Hubert Kiesewetter, Erklärungshypothesen zur regionalen Industrialisierung in Deutschland im 19. Jahrhundert, in: Vierteljahrsschrift für Sozial- und Wirtschaftsgeschichte, Bd. 67 (1980), S. 310 ff.
7 Nach Bruno Blau, Die Entwicklung der jüdischen Bevölkerung in Deutschland. Unveröffentlichtes Manuskript im Leo Baeck Institut, Jerusalem, S. 284 ff.

gen und besonders statistische Zahlenreihen, die größere Räume und/
oder Perioden umspannen, den wirklichen Ereignissen nicht immer
gerecht werden. Sie sind das Endergebnis von manchmal gegenläufigen
Entwicklungen, denen man im einzelnen folgen muß, um dem wahren
Geschehen auf den Grund zu kommen.

Um die Frage nach dem Einfluß der Industrialisierung auf das wirtschaftliche Schicksal der politischen Minderheitsgruppe beantworten zu können, sind zahlreiche positive und negative Bestimmungsfaktoren zu unterscheiden. Positive Faktoren wären die geographische Verteilung auf Gebiete früh einsetzender Industrialisierung, Berufsschichtung, Bildungsniveau, geographische und/oder gewerbliche Mobilität, akkumuliertes Kapital und dessen Liquidität. Negativ wirkten sich möglicherweise aus: die Konzentration in Wirtschafts- oder Handelszweigen, die durch die Industrialisierung ins Hintertreffen gerieten, gruppenspezifische Präferenzen im Wirtschaftsverhalten (z.B. Selbständigkeit), die die Anpassung erschwerten und vor allem die wirtschaftliche Diskriminierung durch die Umwelt. Diese Fragen sind nur aufgrund einer Reihe regional und thematisch differenzierter Untersuchungen befriedigend zu beantworten.

Ähnliches gilt auch für die Periodisierung: Die verallgemeinernde These, nach der die gesamte Industrialisierung für die Juden eine Periode wirtschaftlichen und sozialen Aufstiegs war, bedarf detaillierter Forschungen über die verschiedenen Etappen der Entwicklung. Die deutsche Industrialisierung war ein sich über einen langen Zeitraum hinziehender, uneinheitlich verlaufender Prozeß. Über ihren genauen Anfang, die Perioden ihres »Take-off« oder »großen Spurts«, ihren zyklischen Verlauf und dessen Wirkung auf die verschiedenen Wirtschaftszweige ist die wirtschaftshistorische Diskussion noch keineswegs abgeschlossen. Ihre Ergebnisse und laufend neuen Erkenntnisse sind auch für die jüdische Wirtschaftsentwicklung relevant. Beim gegenwärtigen Forschungsstand steht folgendes fest: Die Annahme, daß die Juden dank ihrer »besonderen sozialen Disponibilität« oder »sozialen Sonderstellung« ganz besonders »qualifiziert und prädestiniert waren, an die Spitze der kapitalistischen Entwicklung zu treten«[8], hat bestimmt keine allgemeine Gültigkeit für alle Phasen der deutschen Industrialisierungsgeschichte. Im Wirtschaftsleben der deutschen Juden setzte irgendwann ein entscheidender Trendumschwung ein, bei dem »die Tugend zur Not wurde«: Eigenarten, die bisher dem wirtschaftlichen Vorwärtskommen der Juden förderlich gewesen waren, hinderten ihren weiteren Aufstieg. Wann dies eintrat, läßt sich noch

---

8 Hans Mommsen, Zur Frage des Einflusses der Juden auf die Wirtschaft, in: Gutachten des Instituts für Zeitgeschichte, Bd. 2, Stuttgart 1966, S. 353.

Die deutschen Juden in der Zeit der Industrialisierung 19

nicht genau belegen, vermutlich jedoch früher als allgemein angenommen wird.

Gemeint ist hier vor allem die jüdische Konzentration im Handelssektor, genauer im Waren- und Produkthandel und besonders im Einzelhandel. Der schnelle Bevölkerungszuwachs und die Ausweitung der Marktwirtschaft hatten diesen Wirtschaftssektor während der ersten Jahrzehnte der Industrialisierung zu einem der am meisten bevorzugten gemacht.[9] Er umfaßte Anfang der 1840er Jahre knapp die Hälfte aller jüdischen Erwerbstätigen und um 1860 fast 60%.[10] Die Juden konnten also einige Jahrzehnte lang die allgemeine Wirtschaftsentwicklung vorteilhaft nutzen. Ihr verstärkter Zustrom in diese Berufe entsprach durchaus den Normen und Erwartungen rationellen wirtschaftlichen Verhaltens. Viel weniger rationell und einleuchtend ist jedoch ihr hartnäckiges Beharren in den gleichen Wirtschaftsbetätigungen während der »Großen Depression« 1873–1895, als der Wareneinzelhandel deutlich ins Hintertreffen geriet.[11] Später gesellten sich zu den zyklisch bedingten Schwierigkeiten, dem Preisverfall und der rückgehenden Nachfrage die verschärfte Konkurrenz der Konsumgenossenschaften, Verkaufskonzerne und Warenhäuser.[12] Trotzdem war 1895 immer noch knapp die Hälfte aller erwerbstätigen Juden in diesem Sektor konzentriert. Das änderte sich bis in die Weimarer Zeit kaum wesentlich. Die Frage, wann, wie und warum sich die Wirtschaftsposition der deutschen Juden von einer durch die Industrialisierung bevorzugten in eine durch deren weiteren Verlauf benachteiligte wandelte, kann nur durch eine auf die Unterschiede der einzelnen Perioden zielende Forschung beantwortet werden, die bisher noch aussteht.

Ein gutes Beispiel für die empirischen Forschungslücken und die Unzulänglichkeit allgemeiner, allzu umfassender statistischer Zahlenreihen ist die bisherige Behandlung der jüdischen Wanderbewegungen.

---

9 Knut Borchardt, Die industrielle Revolution in Deutschland, München 1972, S. 67.
10 Segall, Verhältnisse (wie Anm. 2), S. 32 f.; Esra Bennathan, Die demographische und wirtschaftliche Struktur der Juden, in: Werner E. Mosse / Arnold Paucker (Hrsg.), Entscheidungsjahr 1932. Zur Judenfrage in der Endphase der Weimarer Republik, Tübingen 1965, S. 103.
11 Karl Erich Born, Der soziale und wirtschaftliche Strukturwandel Deutschlands am Ende des 19. Jahrhunderts, in: Hans Ulrich Wehler (Hrsg.), Moderne deutsche Sozialgeschichte, Köln / Berlin 1966, S. 279 ff. Dies trifft übrigens auch für die Fertigwaren- und Konsumgüterindustrie zu, in der die überwiegende Teil der jüdischen Industriellen tätig war. Vgl. Hans Rosenberg, Große Depression und Bismarckzeit, Wirtschaftsablauf, Gesellschaft und Politik in Mitteleuropa, 2. Aufl., Berlin 1976, S. 38 ff.
12 Segall, Verhältnisse (wie Anm. 2), S. 32 f.; Borchardt, Revolution (wie Anm. 9), S. 101.

Die quantitativ sehr beträchtlichen Auswanderungswellen deutscher Juden, besonders seit der Mitte des 19. Jahrhunderts, sind nach meinen Schätzungen statistisch bisher unterbewertet und ihre Auswirkungen auf die wirtschaftliche Entwicklung und die Sozialstruktur der daheim gebliebenen Juden nicht genügend beachtet worden. Die jüdische Binnenwanderung wird allgemein als integraler Teil der gesamtdeutschen – von Ost nach West und aus den agrarischen in die sich industrialisierenden Regionen gerichteten – inneren Wanderungsbewegung betrachtet, wobei »der Unterschied zwischen Juden und Nichtjuden sich nicht in der Richtung, sondern im Tempo der Entwicklung kundtut«.[13] Das ist zwar in dieser Allgemeinheit nicht falsch, aber wenig aufschlußreich.

Bereits die wenigen bisher erschlossenen Quellen und die vorliegende Literatur weisen auf wichtige Unterschiede zwischen der allgemeinen und der jüdischen Binnenwanderung hin. So hatte das Ruhrgebiet, das größte Zuwanderungsgebiet während der Industrialisierung, für die Juden nur eine verhältnismäßig geringe Anziehungskraft. Sie fanden Handelszentren attraktiver. Daneben spielten aber auch Erziehungsmöglichkeiten, familiäre und kommunale Bindungen eine entscheidende Rolle.[14] Eine nach Ein- und Auszugsgebieten detaillierte Analyse der jüdischen Wanderungsbewegungen und ihrer beruflichen, altersmäßigen und sozialen Zusammensetzung wird zweifellos beträchtliche Unterschiede aufdecken.

Der Jerusalemer Forscher Uziel O. Schmelz weist nach, daß zwischen 1852 und 1933 die überwiegende Mehrheit der jüdischen Familien ihren Wohnort gewechselt hat, so daß ein wahrer Bevölkerungsaustausch der deutschen Juden stattfand. Von den 1852 im engeren Reichsgebiet angesiedelten Juden wanderte ein beträchtlicher Teil vor dem Ersten Weltkrieg aus und wurde durch Zuwanderer aus den östlichen Randgebieten und Einwanderer aus Osteuropa ersetzt. Die Bedeutung einer derartigen »Volkswanderung« für die Sozialstruktur und die innere Homogenität der jüdischen Minderheitsgruppe muß noch im einzelnen untersucht werden. Man kann jedoch voraussetzen, daß ihr Einfluß in vieler Hinsicht für die weiteren Entwicklungen entscheidend war. Die rein statistischen Zensuszahlen der periodischen Volkszählungen geben darüber allerdings nur geringen Aufschluß.[15]

---

13 Lestschinsky, Schicksal (wie Anm. 2), S. 53.
14 Vgl. in diesem Band den Beitrag: Die Juden in Deutschland am Beginn der Industrialisierung, S. 38–42.
15 Ebenda.

Von der Frühindustrialisierung bis 1871

Zu Beginn der Industrialisierung (bis 1871) hatten die deutschen Juden in mancher Beziehung die Entwicklungen vorweggenommen, die in ihrer Umgebung erst einsetzten. Seit den Napoleonischen Kriegen waren sie in sozialer und geographischer Hinsicht in Bewegung. Um die Jahrhundertmitte hatten sie bereits einige Jahrzehnte langsamen Aufstiegs hinter sich. Meist lebten sie in kleinen und mittleren Städten und erwarben ihren Unterhalt in zahlreichen, vorwiegend kommerziellen Berufen. Aus vielen der früheren Hausierer und »Nothändler« waren bereits Ladenbesitzer geworden. Aber nur etwa 15 % aller deutschen Juden konnten damals zum höheren oder mittleren Bürgertum gezählt werden. Weitere ungefähr 35 % gehörten dem unteren Mittelstand an; rund die Hälfte fristete immer noch das Leben an der Grenze des Existenzminimums.[16]

Bis zum Vorabend der Revolution von 1848 hatten die Juden im städtischen Bereich »den groß- und mittelbürgerlichen Allgemeinsektor noch nicht eingeholt. Auch die ländliche Oberklasse ist bei den Juden noch schwächer gestellt als bei den Nichtjuden. Aber die ländlichen Armen sind noch mehr verelendet als die armen Dorfjuden.«[17]

Die einsetzende Industrialisierung war somit für die Juden kein plötzlicher wirtschaftlicher Wendepunkt, sondern beschleunigte Mobilitätstrends, die bereits einige Jahrzehnte zuvor begonnen hatten. In fast allen individuellen Fällen beruhten jüdische Wirtschaftserfolge während der Industrialisierung auf früher erzielten (oder ererbten) Errungenschaften. Gleichzeitig war die Industrialisierung keineswegs mit einem Verschwinden gruppenspezifischer jüdischer Wirtschaftsmerkmale verbunden. Eine Anpassung an die Berufsschichtung und den sozialen Aufbau der nichtjüdischen Umwelt ist nicht festzustellen, eher noch eine weitere Akzentuierung der Unterschiede.

Die Auswanderung scheint beim Wandel des jüdischen Sozialprofils eine viel wichtigere Rolle gespielt zu haben, als bisher angenommen wurde. Über ihren Umfang bestehen immer noch bedeutende Meinungsverschiedenheiten; über ihre Altersschichtung und soziale Herkunft wissen wir bisher noch weniger. Nach meinen eigenen demographischen Berechnungen verließen in den 27 Jahren von 1845 bis 1871 nicht weniger als 110000 jüdische Auswanderer die deutschen Teilstaaten (gemäß dem Reichsgebiet von 1871).[18] Die Annahme scheint be-

---

16 Jacob Toury, Prolegomena zum Eintritt der Juden ins deutsche Bürgertum, Tel Aviv 1972 (hebr.), S. 122.
17 Ders., Soziale und politische Geschichte der Juden in Deutschland 1847–1871, Düsseldorf 1977, S. 101.
18 Avraham Barkai, The German Jews at the Start of Industrialisation. Structural

rechtigt, daß die meisten von ihnen jung, unverheiratet und mittellos waren – vielleicht aber auch tüchtiger und unternehmungslustiger als der Durchschnitt der Daheimgebliebenen.[19] Ihr Auszug verringerte zweifellos die gruppeninterne Konkurrenz um ökonomisch knappe Aufstiegsmöglichkeiten und war der vielleicht wichtigste Einzelfaktor, der zur bemerkenswerten Verminderung der jüdischen Unterschicht beitrug.[20] Die überkommenen Steuerregister beweisen deutlich, daß sich die Sozial- und Einkommensverhältnisse bis 1871 im Vergleich zu 1848 umkehrten: Je nach Gebieten unterschiedlich gehörten zu Beginn des Kaiserreichs nur noch 5–25 % aller Juden zu den niedrigsten Einkommensklassen, mehr als 60 % aber zu den mittleren und höheren.[21]

Bei diesem allgemeinen Aufstieg ist jedoch zu betonen, daß nur sehr wenige Juden höchste Spitzenpositionen erreichten.[22] 1871 war die jüdische Oberschicht zahlenmäßig nur klein und in zwei ziemlich scharf voneinander getrennte Gruppen aufgeteilt. Die Reichsten, meistens Privatbankiers und Nachkommen der früheren Hofjuden, hatten sich bereits weitgehend dem Judentum entfremdet. Ein Großteil war durch Taufe und Mischehe ausgeschieden.[23] Diese Gruppe spielte, mit wenigen allbekannten Ausnahmen, kaum eine Rolle im Leben der jüdischen Gemeinden. Die eigentliche, in den Gemeinden führende jüdische Bourgeoisie bestand zumeist aus neu arrivierten Unternehmern von schnell emporgekommenen Handels- und Industriebetrieben. Bezeichnend für diese war die Konzentration in der Produktion und/

Change and Mobility 1835–1860, Appendix, in: Werner E. Mosse / Arnold Paucker / Reinhard Rürup (Hrsg.), Revolution and Evolution 1848 in German-Jewish History, Tübingen 1981, S. 146–149. (Der Anhang mit der Darlegung der Berechnungsmethoden wurde für den vorliegenden Band nicht übersetzt.)

19 Rudolf Glanz, The German Jewish Mass Emigration 1820–1880, in: American Jewish Archives, Bd. 22 (1970), S. 52 f.; Jacob Toury, Jewish Manual Labour and Emigration. Records from some Bavarian Districts (1830–1857), in: Yearbook of the Leo Baeck Institute (künftig: YLBI), Bd. 16 (1971), S. 48 ff.; Jakob Lestchinsky, Jewish Migrations 1840–1956, in: Louis Finkelstein (Hrsg.), The Jews. Their History, Culture and Religion, 3. Aufl., New York 1960, Bd. 2, S. 1559 f.

20 Arthur Prinz, Juden im deutschen Wirtschaftsleben. Soziale und wirtschaftliche Struktur im Wandel 1850–1914, Tübingen 1984, S. 39 f.; vgl. auch Bernard D. Weinryb, Deutsch-Jüdische Wanderungen im 19. Jahrhundert, in: Der Morgen, Bd. 10 (1934), Nr. 1, S. 4 ff.

21 Toury, Geschichte der Juden (wie Anm 17), S. 114.

22 Vgl. Arcadius Cahan, General Survey. Part I, in: Nachum Gross (Hrsg.), Economic History of the Jews, New York 1975, S. 94 f.; Simon Kuznets, Economic Structure and Life of the Jews. Preliminary Draft (Vervielfältigtes Manuskript in der Bibliothek der Kaplan School, Hebräische Universität Jerusalem], S. 56 ff. Dies ist die ursprüngliche Fassung des stark gekürzten Beitrags von Simon Kuznets, Economic Structure of the Jews, in: Finkelstein, The Jews (wie Anm. 19).

23 Vgl. Hugo Rachel / Paul Wallich, Berliner Großkaufleute und Kapitalisten, 3. Aufl., Berlin 1967, Bd. 3, S. 28 ff.

oder im Vertrieb von Massenkonsumerzeugnissen, besonders Textil- und Konfektionswaren, Nahrungsmitteln und Tabak. In der Schwerindustrie, in Kohle, Eisen und Stahl, den wirklich führenden Zweigen der deutschen Industrialisierung, in denen in Deutschland die großen Vermögen investiert, aber auch akkumuliert wurden, waren jüdische Unternehmer eine Seltenheit.[24] Die jüdische »Großbourgeoisie« war im Vergleich dazu, mit wenigen Ausnahmen, eine Gruppe wohlhabender mittlerer Unternehmer.

Das Ergebnis all dieser Entwicklungen war, neben der Erhöhung des durchschnittlichen Einkommens innerhalb der jüdischen Minderheitsgruppe, ein langsamer, aber steter Prozeß des Einkommensausgleichs. 1871 waren die deutschen Juden nicht nur eine absolut und relativ zu ihrer Umgebung wohlhabendere, sondern auch in ihrem Sozialprofil homogenere Gruppe als eine Generation zuvor. Sie trug ausgesprochen mittelständische Züge und war bereits weitgehend urbanisiert. Ihre Großzahl bestand aus Kleinhändlern und Ladenbesitzern, und ihre verhältnismäßig geringe industrielle Betätigung war in einigen »typisch jüdischen« Zweigen konzentriert.

Hochindustrialisierung und »Große Depression« 1871–1914

Der am deutlichsten hervortretende, quantitativ belegte Richtungswechsel in der Entwicklung des deutschen Judentums nach 1871 ist der erstaunliche Rückgang seines natürlichen Wachstums. Die Daten für Preußen können hier als repräsentativ gelten:

Jährliche Durchschnittsraten in v. T. der mittleren Bevölkerung[25]

Jahre	Geburten		Sterbefälle		Natürl. Zuwachs	
	Ges. Bev.	Juden	Ges. Bev.	Juden	Ges. Bev.	Juden
1846/64	39,44	34,42	29,16	18,70	10,28	15,72
1875/80	41,05	32,26	27,16	18,80	13,89	13,46
1905/10	33,35	16,55	18,31	14,87	15,04	1,68

24 Lestschinsky, Schicksal (wie Anm. 2), S. 97f., 122ff.; Jacob Jacobsohn, Die Judenbürgerbücher der Stadt Berlin, Berlin 1962; Hartmut Kaelble, Berliner Unternehmer während der frühen Industrialisierung, Berlin / New York 1972, S. 23.
25 Berechnet nach Heinrich Silbergleit, Die Bevölkerungs- und Berufsverhältnisse der Juden im Deutschen Reich, Bd. 1: Freistaat Preußen, Berlin 1930, S. 14f.

Diese Zahlen zeugen von einer Entwicklung, für die es bisher noch keine völlig befriedigende Erklärung gibt: Sie belegen den Geburtenrückgang im Laufe einer Generation, der die natürliche Zuwachsrate der Juden fast vollkommen eliminierte. Bis in die 60er Jahre überstieg der jüdische Geburtenüberschuß den der Gesamtbevölkerung um mehr als ein Drittel. Daß der jüdische Bevölkerungsanteil im gesamten späteren Reichsgebiet trotzdem nicht anstieg, sondern mit einem Wert um 1,25 % mehr oder weniger konstant blieb, muß, wie oben gezeigt wurde, der verhältnismäßig stärkeren Auswanderung der Juden zugeschrieben werden. Zwischen 1843 und 1871 verließen 36 % des jüdischen natürlichen Zuwachses Preußen, gegenüber nur 8,7 % der Gesamtbevölkerung.[26]

In den 70er Jahren trat der entscheidende demographische Trendumschwung zutage, der die jüdische Geburtenrate im Laufe von nur dreißig Jahren auf die Hälfte reduzierte. Zeitgenossen begannen vom »Untergang des deutschen Judentums«[27] zu sprechen, spätere Beobachter von »einer ins Groteske ausartenden Abnormalität«.[28] Die Erklärung dieser Erscheinung mit der zunehmenden Verstädterung der Juden und/oder ihrem sozialen Aufstieg[29] ist zwar sicherlich nicht falsch, aber auch nicht genügend. Die Annahme scheint jedenfalls berechtigt, daß Überalterung das Ergebnis und teilweise auch der Anlaß dieser Entwicklung gewesen sein mag und daß dabei die Auswanderung vornehmlich jüngerer und unverheirateter Juden eine Rolle gespielt hat.

Neben den Taufen und vielleicht mehr noch Austritten aus den jüdischen Gemeinden, die statistisch schwer zu erfassen sind, führte diese demographische Entwicklung zum steten und konsequenten Rückgang des jüdischen Bevölkerungsanteils. Auch Ende des 19. Jahrhunderts scheint die Auswanderung weiterhin einen bisher noch unterschätzten Einfluß ausgeübt zu haben: Die Annahme, diese hätte um 1875 praktisch aufgehört, ist sichtlich korrekturbedürftig. Nach den vorliegenden Daten trat eher eine Pause ein, die Ende der 70er und besonders in den 80er Jahren durch eine erneute jüdische Emigrationswelle abgelöst wurde. Silbergleit berechnete für 1880/85 einen jahresdurchschnittlichen jüdischen Fortzugsüberschuß von 8,8 v.T. – eine vorher nie erreichte Rekordzahl.[30] Das bedeutet, daß in diesen fünf Jahren aus Preußen allein über 15 000 Juden auswanderten, und zwar ohne die nach Preußen einwandernden hinzuzurechnen. Preußen, und vor

---

26 Salomon Neumann, Die Fabel von der jüdischen Masseneinwanderung, Berlin 1880, Tab. A.
27 Felix A. Theilhaber, Der Untergang der deutschen Juden. Eine volkswirtschaftliche Studie, München 1911.
28 Silbergleit, Bevölkerungs- und Berufsverhältnisse (wie Anm. 25), S. 61.
29 Vgl. z. B. Arthur Ruppin, The Jews in the Modern World, London 1934, S. 74 ff.
30 Silbergleit, Bevölkerungs- und Berufsverhältnisse (wie Anm. 25), S. 61.

allem Berlin, war für die jüdische Binnenwanderung das hauptsächliche Anziehungsgebiet. Demnach muß die Auswanderung aus dem gesamten Reichsgebiet zwischen 1880 und 1885 die Zahl von 20000 weit überschritten haben. Das Jahrzehnt bis 1895 wies in Preußen noch immer einen jüdischen Fortzugsüberschuß auf, der über dem der Gesamtbevölkerung lag. Ein jüdischer Zuzugsüberschuß ist erst im Jahrfünft 1895–1900 verzeichnet, zweifellos infolge der verstärkten ostjüdischen Einwanderung.[31] Alles in allem scheint die Berechnung Theilhabers, nach der zwischen 1880 und 1910 50000 bis 70000 Juden aus den Reichsgrenzen auswanderten,[32] eher zu niedrig. Schmelz schätzt für 1871–1895 einen Wanderungsverlust der Juden von 75000 Personen.

Die ostjüdische Einwanderung war nicht nur in rein zahlenmäßiger Hinsicht für die weitere Entwicklung bedeutend, sie beeinflußte auch sichtlich die Berufsstruktur und das Sozialprofil der deutschen Juden um die Jahrhundertwende und danach. Sie verstärkte besonders die allgemeine Tendenz der Verstädterung, vor allem, wenn die Annahme von Monika Richarz, die Auswanderer seien zum größten Teil aus den Landgemeinden gekommen,[33] zutrifft. Darüber, daß die ostjüdischen Einwanderer meist in die Städte und Großstädte zogen, kann kein Zweifel bestehen: Ihre Zahl stieg zwischen 1880 und 1910 von ca. 15000 auf knapp 80000 an und ihr Anteil an der gesamten jüdischen Bevölkerung von 2,7 auf 12,8 %. Der Zuwachs von ca. 65000 Ostjuden verteilte sich fast zur Hälfte (30900) auf vier Großstädte (Berlin, München, Leipzig und Dresden), und davon zogen fast zwei Drittel (18750) nach Berlin.[34] Im übrigen ist der Verstädterungsprozeß der deutschen Juden zur Genüge bekannt: 1871 lebten 19,5 % aller Juden in Großstädten – 1910 bereits 58,3 %.[35]

Überalterung und ostjüdische Einwanderung haben zweifellos einen Einfluß auf die jüdische Beschäftigungsstruktur ausgeübt, den es noch näher zu untersuchen gilt. Sie können jedoch kaum als genügende Erklärung für deren gruppenspezifische Eigenart und verhältnismäßige Unveränderlichkeit dienen. Während der Frühindustrialisierung – bis in die 60er Jahre – kann von einer graduellen Anpassung der »anormalen« jüdischen Beschäftigungsstruktur an die der Gesamtbevölkerung

31 Schalom Adler-Rudel, Ostjuden in Deutschland 1880–1940. Zugleich eine Geschichte der Organisationen, die sie betreuten, Tübingen 1959, S. 22 f.
32 Theilhaber, Untergang (wie Anm. 27), S. 9 f.
33 Monika Richarz (Hrsg.), Jüdisches Leben in Deutschland. Selbstzeugnisse zur Sozialgeschichte im Kaiserreich, Bd. 2, Stuttgart 1979, S. 17.
34 Nach Adler-Rudel, Ostjuden (wie Anm. 31), S. 162.
35 Vgl. u. a. Helmut Genschel, Die Verdrängung der Juden aus der Wirtschaft im Dritten Reich, Göttingen 1966, S. 274. Berechnung nach offiziellen Statistiken des Deutschen Reiches im statistischen Anhang.

keine Rede sein. Aller »Erziehungspolitik« liberaler Emanzipatoren und den Bemühungen intern-jüdischer Vereine zum Trotz gingen in Preußen die Prozentsätze der im Handwerk beschäftigten Juden von 19,3 % im Jahre 1843 auf 16 % für 1861 zurück. Gleichzeitig stiegen sie im Handelssektor von 47,8 auf 57 %. Ebensowenig nahm die Tendenz zur Selbständigkeit bei den Juden ab: 1843 waren es 61,8 % – 1861 schon 66,3 % aller jüdischen Erwerbstätigen.[36]

Soweit es sich beim gegenwärtigen Forschungsstand bestimmen läßt, traten auch im weiteren Verlauf der industriellen Entwicklung keine wesentlichen Verschiebungen im jüdischen Berufsbild ein. Neuere detaillierte Arbeiten gibt es darüber kaum, und auch heute noch sind Autoren auf die von Segall und Lestschinsky zusammengestellten statistischen Daten angewiesen, deren Zuverlässigkeit gegenwärtigen Ansprüchen kaum genügt. Doch diese beweisen – trotz aller Mühe ihrer Verfasser – ebenfalls keineswegs die These eines wirtschaftlichen Umschichtungsprozesses, in dessen Verlauf »die Juden freiwillig die Erwerbsquellen des Handels, so ersprießlich sie auch sein mochten, verlassen haben, um die neu erschlossenen, ergiebigeren und zukunftsreicheren Stellungen der Industrie und der freien Berufe zu belegen«.[37] Von einem, noch dazu freiwilligen, Verlassen des Handels kann angesichts der Daten kaum die Rede sein. Lestschinskys eigene Zahlen für Preußen zeigen einen Rückgang im Sektor »Handel und Kreditwesen« um 11,1 % in 36 Jahren, von 1861 bis 1907. Aber 1907 waren noch immer 47,2 % aller jüdischen Erwerbstätigen in Preußen im gleichen Sektor und 1925 sogar 49,3 %.[38] Wilhelm Treue glaubt auch, aufgrund derselben Daten schließen zu können, daß sich die »Berufsstruktur des jüdischen Bevölkerungsanteils [...] im Zuge von Handel und Kreditwesen zu Industrie und Handwerk auf dem Wege der Normalisierung« befand.[39] Bedenkt man, daß auch nach Lestschinskys Daten in 64 Jahren eines grundlegenden industriellen Strukturwandels der deutschen Wirtschaft der Sektor »Industrie und Handwerk« in der Berufsgliederung der preußischen Juden von 16,5 % im Jahre 1861 auf 21,9 % für 1925, also um 5,4 %, gestiegen ist, dann klingt Treues Angabe nicht sehr überzeugend. Neuere Berechnungen nach den amtlichen Berufszählungen im Reich, die auch die mithelfenden Familienangehörigen

---

36 Nach der offiziellen Preußischen Statistik errechnet von: Henry Wassermann, Jews, »Bürgertum« and »bürgerliche Gesellschaft« in a Liberal Era (1840–1880). Diss., Jerusalem 1979, S. 22 ff.
37 Lestschinsky, Schicksal (wie Anm. 2), S. 86. Hervorhebung im Original.
38 Ebenda, S. 87.
39 Wilhelm Treue, Zur Frage des wirtschaftlichen Motives im deutschen Antisemitismus, in: Werner E. Mosse / Arnold Paucker (Hrsg.), Deutsches Judentum in Krieg und Revolution 1916–1923, Tübingen 1971, S. 394.

unter dem Begriff aller jüdischen »Erwerbspersonen« erfassen, ergeben 62,6 % im Sektor »Handel und Verkehr« im Jahre 1907 und 61,3 % für 1925.[40] Zieht man in Betracht, daß die Berufszählungen alle in der Industrie Beschäftigten zu diesem Sektor zählten und daß die jüdischen Angestellten zumeist in den kommerziellen Abteilungen der Unternehmen tätig waren, so muten die Thesen einer »produktiven Umschichtung« merkwürdig an. Die Zulässigkeit solcher normativen Begriffe ist natürlich eine andere Frage, die wir heute völlig anders beantworten würden als die deutschen Juden (und Antisemiten!) vor achtzig oder fünfzig Jahren. Den damaligen Zeitgenossen war es damit allerdings bitterer Ernst. Davon zeugt nicht nur die antisemitische »wirtschaftliche« Argumentation, sondern auch das Wiederaufleben jüdischer Organisationen zur »Förderung« des Handwerks und der Landwirtschaft unter den (mittellosen) Juden.[41]

Richtig ist allerdings, daß der absolute Zuwachs der im Handelssektor Beschäftigten bei den Nichtjuden erheblich höher war und infolgedessen der jüdische Anteil dauernd zurückging. Wenn also von einer gewissen Anpassungstendenz gesprochen werden darf, so war es hauptsächlich eine Anpassung der Nichtjuden: »Die obere Grenze der Aufnahmefähigkeit für das Handelsgewerbe war bei den Juden erreicht; bei der übrigen Bevölkerung war gerade das Gebiet des Handels offen und konnte noch große Teile der Bevölkerung aufnehmen […]. Es lagen also die großen Entwicklungsmöglichkeiten auf der Seite der nichtjüdischen Bevölkerung, während die jüdische Gewerbestruktur durch die Umstände eher fixiert als zur Veränderung gedrängt wurde.«[42] Um jedoch genauer zu bestimmen, warum eigentlich bei den Juden »obere Grenzen« erreicht waren, sie aber allem rationalen Wirtschaftsverhalten entgegengesetzt, mehr oder weniger in der alten Berufsstruktur verharrten, bedarf es eingehender Untersuchungen der spezifischen Wirtschaftszweige und Betriebsarten, des Handels, der Industrie und der jüdischen Aktivität in ihnen.

Das gleiche Festhalten an veralteten Strukturen ist auch in bezug auf die soziale Stellung der Juden bemerkbar. Hier gab es ebenfalls keine wesentlichen Verschiebungen. 1861 waren in Preußen 66,3 % aller jüdischen »Erwerbspersonen« (d. h. Familienhäupter) selbständig. Die ungefähr vergleichbaren Zahlen für das ganze Reichsgebiet waren 58 % für 1895 und 50 % für 1907. Die parallelen Zahlen für die Gesamtbevöl-

---

40 Bennathan, Struktur (wie Anm. 10), S. 104.
41 Dagmar T. Bermann, Produktivierungsmythen und Antisemitismus, Diss., München 1971, S. 65 f.
42 Hans Martin Klinkenberg, Zwischen Liberalismus und Nationalismus, in: Monumenta Judaica. 2000 Jahre Geschichte und Kultur der Juden am Rhein, Köln 1963, S. 370 f.

kerung waren 29 bzw. 22 %. Auch 1925 waren immer noch über die Hälfte (50,5 %) aller jüdischen Erwerbspersonen selbständig, aber nur 16 % der Gesamtbevölkerung.[43] Das heißt, daß in den dreißig Jahren bis 1925 der Anteil der Selbständigen in der Gesamtbevölkerung um 13 %, bei den Juden jedoch nur um 8 % zurückging. Das ist zum Teil aus den Entwicklungen in der Landwirtschaft erklärbar, in der viele der nichtjüdischen Selbständigen, kaum aber Juden zu finden sind. Hinzu kam die allgemeine wirtschaftliche Entwicklung im fortgeschrittenen Industrialisierungsstadium in Richtung auf Konzentration und Großbetrieb, der sich anscheinend die nichtjüdische Bevölkerung schneller anpassen konnte (oder: der sie stärker zum Opfer fiel?) als die jüdische.

Hier gelangen wir zu einem der zentralen Probleme jüdischer Wirtschaftsentwicklung in der Zeit der Industrialisierung: Inwieweit war tatsächlich der Verlust der Selbständigkeit großer Teile des »alten« Mittelstandes mit wirtschaftlichen Verlusten verbunden? Oder umgekehrt, war die erwiesenermaßen längere Erhaltung der Selbständigkeit für die Juden wirtschaftlich von Vorteil? Daß die betroffenen nichtjüdischen Handwerker und Kleinhändler den Verlust ihrer selbständigen Wirtschaftsstellung als sozialen Abstieg empfanden, ist genauso bekannt wie die Tatsache, daß viele von ihnen die Juden, als die Träger kapitalistischer Dynamik, dafür verantwortlich machten. Tatsächlich gehörten jedoch die Juden zum größten Teil zum gleichen Mittelstand und waren somit durch die industrielle Entwicklung nicht weniger betroffen als ihre nichtjüdischen Konkurrenten.[44] Dies gilt besonders für die Zeit der »Großen Depression« von 1873 bis 1895.

Die erste Phase der Industrialisierung – von ca. 1850 bis 1873 – fand die Juden zweifellos in bevorzugter Stellung. Es war eine Zeit steigenden Konsums und sich ausbreitender Marktwirtschaft, in der der Handel und die Konsumgüterindustrie, vor allem die Textilherstellung und -verarbeitung, die bis in die 1870er Jahre zwei Drittel aller in der Industrie Beschäftigten umfaßte, von expandierender Nachfrage und steigenden Preisen profitieren konnten.[45] Diese Situation änderte sich aber entschieden mit der 1873 einsetzenden Krise und besonders nach dem wirtschaftspolitischen Richtungswechsel 1878/79. Die »Große Depression« war eine Periode zurückgehender Nachfrage und fallender Preise, die besonders den Binnen- und Detailhandel und die Fertigwarenfabrikanten trafen.[46] Der staatliche Protektionismus nach 1878 bevorzugte

---

43 Genschel, Verdrängung (wie Anm. 35), S. 282f.
44 David S. Landes, The Jewish Merchant. Typology und Stereotypology in Germany, in: YLBI, Bd. 19 (1974), S. 19.
45 Borchardt, Revolution (wie Anm. 9), S. 67ff.; Born, Strukturwandel (wie Anm. 11), S. 279f.
46 Rosenberg, Depression (wie Anm. 11), S. 43.

offen die Großagrarier und die Schwerindustrie zum unverkennbaren Nachteil des Mittelstandes und der Konsumgüterindustrie.⁴⁷ Gleichzeitig jedoch konnten die Lohnempfänger von der »anonymen Sozialpolitik des Marktmechanismus«, d. h. von steigenden Reallöhnen, profitieren.⁴⁸ Der wirtschaftliche und industrielle Wachstumsprozeß kam auch in der Depression nicht zum Stillstand, aber die durchschnittlichen Wachstumsraten waren in den verschiedenen Sektoren sehr unterschiedlich, wie die Indexzahlen des Nettosozialprodukts nach Faktorpreisen (1850 = 100) für die verschiedenen Wirtschaftssektoren, in festen Preisen von 1913 errechnet, deutlich beweisen:⁴⁹

Jahr	Volkseink.	Landwirtsch.	Bergbau	Ind. u. Hdwk.	Handel u. Bankwesen.	Verkehr
1870	150	130	404	198	162	528
1890	250	176	1070	420	296	1656
1910	455	241	2429	900	591	4945

So problematisch die Aussagekraft derartiger historischer Zahlenreihen auch sein mag, so vermitteln sie doch ein ungefähres Bild von Entwicklungen und Größenordnungen. In unserem Zusammenhang geht aus ihnen eindeutig die industrielle Strukturverlagerung der deutschen Wirtschaft hervor, die auch während der sogenannten Depression, und in manchen Sektoren sogar sehr beschleunigt, vorangig. Außerdem wird deutlich, daß der Handel im Verhältnis zu den führenden Wirtschaftszweigen, in denen es nur wenige jüdische Beschäftigte und/oder Unternehmer gab, vor allem dem Bergbau und der Verkehrswirtschaft, ins Hintertreffen geriet.

Auch die verhältnismäßig wenigen Juden, denen der Übergang zur Industrie gelungen war, waren kaum in den führenden und am meisten begünstigten Zweigen zu finden. In der Schwerindustrie, Kohle, Eisen und Stahl, die seit 1825–1830 überdurchschnittliche Wachstumsraten aufwiesen und die führenden Wirtschaftszweige der deutschen Industrie wurden,⁵⁰ war der jüdische Anteil völlig unbedeutend. Die wenigen allgemein bekannten Ausnahmen, wie Friedländer-Fuld in

47 Ebenda, S. 171 f.
48 Ebenda, S. 217.
49 Berechnet nach Walter G. Hoffmann, Das Wachstum der deutschen Wirtschaft seit der Mitte des 19. Jahrhunderts, Berlin/Heidelberg 1965, S. 454 f.
50 Ders., The Take-Off in Germany, in: Walt Whitmann Rostov (Hrsg.), The Economies of Take-off into sustained Growth, London 1963, S. 104 f.

Schlesien,[51] das Kupferbergwerk von Aron Hirsch[52] oder die Maschinenbaufabrik Löwe,[53] waren spektakuläre Einzelfälle. Sie wurden sowohl von der antisemitischen Polemik als auch von der jüdischen Apologie immer wieder als Beispiele präsentiert, hatten jedoch nur einen verschwindend geringen Einfluß auf die wirtschaftliche und soziale Gruppenstruktur der deutschen Juden. Ganz abgesehen von der grundsätzlichen Frage, inwieweit diese zumeist dem Judentum und dem jüdischen Gemeindeleben ganz entfremdeten, zum Teil auch getauften Großindustriellen noch in das jüdische Gruppenbild gehörten, stellen sie methodologische Ausnahmefälle dar.[54]

Der Einfluß der oben skizzierten Entwicklungen auf die Einkommens- und Vermögensverhältnisse der deutschen Juden läßt sich beim gegenwärtigen Forschungsstand nicht quantitativ bestimmen. Theoretisch kann man mit ziemlicher Sicherheit annehmen, daß sich ab Mitte der 70er Jahre der jüdische Anteil am deutschen Volkseinkommen zu verringern begann und der Vorsprung des jüdischen Pro-Kopf-Einkommens im Vergleich zur nichtjüdischen Bevölkerung abnahm. Hierfür sprechen die allgemeinen volkswirtschaftlichen Trends sowie auch die erneute Zunahme minderbemittelter jüdischer Schichten infolge der Einwanderung von Ostjuden. Weiterer Forschung bleibt vorbehalten, auf diesem Gebiet Klarheit zu schaffen, soweit dies beim Quellenstand und der Beschaffenheit des statistischen Rohmaterials möglich ist.

Aber auch ohne statistisch einwandfreie quantitative Analysen erscheint es ziemlich sicher, daß in der fortschreitenden Industrialisierung der 70er und 80er Jahre die Juden »schon längst ins Hintertreffen geraten waren«.[55] Zumindest hat sich ihre Stellung im Vergleich zur Gesamtbevölkerung und zur vorangehenden Periode nicht mehr im gleichen Tempo verbessert. Der Vorsprung, den die Juden gegenüber der Gesamtbevölkerung (wahrscheinlich auch der Bevölkerung der Sätdte) besaßen, begann sich bereits in den 70er Jahren zu verringern, selbst wenn ihr absolutes Durchschnittseinkommen (wie alle anderen auch) weiterhin anstieg. Zweifellos konnten sie ebenso wie die übrige Bevölkerung vom Wirtschaftswachstum, besonders in der Konjunkturperiode zwischen 1895 und 1914, profitieren. Aber sie waren nicht mehr, wie noch eine Generation zuvor, in durch die allgemeine Wirt-

51 Kurt Schwerin, Die Juden in Schlesien, in: Bulletin des Leo Baeck Instituts, Neue Folge, 19. Jg. (1980), Nr. 56–57, S. 36 f.; Stefi Jersch-Wenzel, Einleitung zu Fritz V. Grünfeld, Das Leinenhaus Grünfeld, Berlin 1967, S. 15.
52 Siegfried M. Auerbach, Jews in the German Metal Trade, in: YLBI, Bd. 10 (1965), S. 181.
53 Zielenziger, Wirtschaft (wie Anm. 3), S. 103 f.
54 Kuznets, Economic Structure and Life (wie Anm. 22), S. 60.
55 Klinkenberg, Liberalismus und Nationalismus (wie Anm. 42), S. 314.

schaftsentwicklung bevorzugten Stellungen. Hinzu kam die verstärkte Diskriminierung durch das Aufleben des politischen und wirtschaftlichen Antisemitismus: »Die jüdischen Organisationen [...] waren bei der Untersuchung des Geschäftslebens und der Beschäftigungsverhältnisse über die Entdeckung dreier neuer Entwicklungen zu Recht schockiert: die Ausmerzung der jüdischen Kleinunternehmer, Einzelhändler und Handwerker; die verstärkte Konkurrenz nichtjüdischer Bewerber in Angestelltenberufen; das wachsende Eindringen des Antisemitismus in das deutsche Großunternehmertum und den wichtigsten Angestelltenverband.«[56]

Ein anderer Aspekt, den die gegenwärtige Forschung noch aufzuklären hat, ist der Einfluß dieser Entwicklungen auf die Verteilung der Einkommen und Vermögen innerhalb der jüdischen Gruppe. Alles deutet darauf hin, daß die frühere Tendenz einer allmählichen Einkommens- und Vermögensangleichung durch eine stärkere soziale Differenzierung abgelöst wurde. Dafür spricht, neben den internen wirtschaftlichen Entwicklungen, auch die Richtungsänderung der jüdischen Wanderungsbewegung um die Jahrhundertwende. Die beträchtlich ansteigende ostjüdische Einwanderung wirkte sich in wirtschaftlicher Hinsicht in der Richtung einer sozialen Differenzierung und der Abnahme der jüdischen Gruppenhomogenität aus. Die klar ersichtlichen kulturellen und intern-politischen Implikationen dieser Entwicklung sind ein anderes, unseren Rahmen überschreitendes Thema.

Was bei allen diesen nebeneinander verlaufenden und sich gegenseitig ergänzenden Entwicklungen verblüfft, ist die verhältnismäßig geringe Flexibilität des jüdischen Wirtschaftsverhaltens. Die Berufsstruktur und auch das Sozialverhalten der deutschen Juden veränderten sich nur sehr langsam und zögernd, und dies in einer deutlich gruppenspezifischen Richtung, deren hervorstechendes Merkmal die nur widerwillige Aufgabe der Selbständigkeit war: »Der Drang der Juden nach unabhängigen wirtschaftlichen Stellungen [...] mag die Anpassungsfähigkeit der Juden an die sich verändernden Formen des wirtschaftlichen Lebens im industriellen Deutschland vermindert haben.«[57]

Diese gruppencharakteristische Präferenz äußerte sich auch deutlich dort, wo sich die Berufsstruktur der Juden am entschiedensten veränderte, nämlich bei den freien Berufen. Ihr Anteil stieg besonders seit dem Ende des Jahrhunderts dauernd an, und zwar auf Kosten des Sektors Handel und Kreditwesen.[58] Die zweite und dritte Generation

---

56 Übersetzt aus: Ernst Hamburger, One Hundred Years of Emancipation, in: YLBI, Bd. 14 (1969), S. 23.
57 Bennathan, Struktur (wie Anm. 10), S. 126.
58 Genschel, Verdrängung (wie Anm. 35), S. 278f.

wirtschaftlich vorwärtsgekommener jüdischer Familien zog es oft vor, nach abgeschlossener Universität die Handels- und Geldgeschäfte ihrer Väter zu verlassen und einen gesellschaftlich »respektableren« freien Beruf zu ergreifen. Dies war eine Neuerscheinung; bis in die 80er Jahre waren in Preußen die Juden im Sektor »Freie Berufe und Beamtentum« unterrepräsentiert[59] gewesen, obwohl ihr Prozentsatz an den Universitäten weit über ihrem Bevölkerungsanteil lag.[60] Es ist jedoch für diesen Zustrom der jüngeren Generation zu den freien Berufen kennzeichnend, daß sie vor allem jene Ausbildungen bevorzugte, die eine selbständige Praxis ermöglichten: vor allem die Medizin und die Rechtswissenschaft. Das Ergebnis war, daß 1925 in Preußen 26,6% aller selbständigen Rechtsanwälte und 15,5% aller selbständig praktizierenden Ärzte Juden waren.[61] Die entsprechenden Ziffern für das gesamte Reichsgebiet waren noch im Juni 1933, als die jüdische Massenauswanderung bereits eingesetzt hatte, 16,3% aller Rechtsanwälte und Notare und 10,9% aller Ärzte.[62]

Zusammenfassend erscheint es fast, als seien den deutschen Juden im Laufe des Industrialisierungsprozesses gerade jene Eigenschaften abhanden gekommen, die sie angeblich zu »Pionieren des Kapitalismus« gemacht hatten, nämlich ihre Anpassungsfähigkeit und wirtschaftlich-soziale Disponibilität. Gerade das Beharren in Berufs- und Sozialstrukturen, die durch die wirtschaftliche Entwicklung überholt waren – sei es aus freier Wahl oder durch den Zwang der Umstände –, wurde ihnen wirtschaftlich zum Nachteil.

Das Hypothesenmodell von Simon Kuznets

In einer Reihe von Arbeiten unternahm Simon Kuznets den in der neueren Forschung wohl bedeutendsten Versuch, das wirtschaftliche Verhalten der Juden – und kleiner Minoritätsgruppen überhaupt – mit Hilfe eines theoretisch fundierten Hypothesenmodells zu erklären.[63] Er geht dabei von der Voraussetzung aus, daß »anormale« Berufsschichtung und Sozialstruktur der eigentliche Normalzustand kleiner Minderheiten sind, solange diese als solche existieren und nicht in der

59 Toury, Geschichte der Juden (wie Anm. 17), S. 93.
60 Monika Richarz, Der Eintritt der Juden in die akademischen Berufe. Jüdische Studenten und Akademiker in Deutschland 1678–1848, Tübingen 1974.
61 Lestschinsky, Schicksal (wie Anm. 2), S. 103.
62 Statistik des Deutschen Reichs, Bd. 451/5. Abgedruckt bei Bennathan, Struktur (wie Anm. 10), S. 111 f.
63 Vgl. Kuznets, Economic Structure and Life (wie Anm. 22); ders., Economic Structure of the Jews, (wie Anm. 22).

Gesamtbevölkerung verschwinden. Kuznets sucht die Erklärung für diese Erscheinung – wie auch für an sich »wirtschaftlich irrationale« Verhaltensmodelle der Minderheitsgruppen – im Zusammenwirken einer Reihe von ökonomischen und auch außerwirtschaftlichen, »exogenen« Bestimmungsfaktoren. Diese Faktoren sind in ihrer historischen Entwicklung zu untersuchen, deren Veränderungen und manchmal voneinander unabhängigen Richtungswechsel den wirtschaftlichen Struktur- und Verhaltenswandel der Minoritätsgruppe erklären können. Kuznets definiert fünf hauptsächliche Arten von Bestimmungsfaktoren (»constraints«), die hier in kurzer Zusammenfassung aufgezählt werden.[64] Drei Arten von Bestimmungsfaktoren betreffen das Verhalten und/oder die Eigenschaften der Minoritätsgruppe selbst:

1. Innerer Zusammenhang und Anschlußbedürfnis (affiliation constraint).

Dies ist der maßgebliche Wille der Mitglieder einer Minderheit, die gruppencharakteristische Besonderheit, wie zum Beispiel ihre Religion, zu erhalten und für die Zukunft zu sichern. Dieser Faktor beeinflußte zweifellos auch die Wanderbewegungen der deutschen Juden während der Industrialisierung. Er veranlaßte sie, in größere Gemeinden zu ziehen, wo Gottesdienst und vor allem jüdische Erziehung besser gewährleistet waren. Traditionsgesinnte Juden bevorzugten darüber hinaus, auch ihren Beruf und ihre wirtschaftliche Betätigung so zu wählen und zu gestalten, daß sie nicht mit den religiösen Geboten in Konflikt gerieten.

2. Überlieferte Fähigkeiten und wirtschaftliche Gewohnheiten (heritage equipment constraint).

Hierzu zählen bei den Juden in erster Linie die überlieferte Erfahrung in verschiedenen Handelszweigen, im kleinen Kreditwesen und in einigen traditionellen Handwerken, aber auch der Bildungsdrang und die traditionelle, statusbestimmende Bedeutung des »Lernens« – »the two-thousand-year-old experience as merchants and scholars«.[65]

3. Anpassung an neue Umgebung und Bedingungen (recent-entry constraint).

Dies trifft nicht nur auf Neueinwanderer aus dem Ausland, sondern auch auf die aus anderen Landesteilen oder der ländlichen Umgebung Zugewanderten zu. Hierher gehört auch der Eintritt in Berufe und Wirtschaftszweige, die den Juden erst mit fortschreitender Emanzipation zugänglich waren, also »wirtschaftliches Neuland« darstellten.

64 Simon Kuznets, Economic Structure of US Jewry. Recent Trends, Jerusalem 1972, S. 10–19.
65 Ebenda, Zitat auf S. 13. Kuznets bezieht sich hier auf Nathan Glazer, American Judaism, Chicago 1957, S. 80f.

Zwei weitere Gruppen von Bestimmungsfaktoren liegen nicht bei der Minderheit selbst, sondern betreffen ihre gesellschaftliche, politische und wirtschaftliche Umwelt.

4. *Die Einstellung der Mehrheitsbevölkerung (majority-bias constraint).* Dieser Punkt umfaßt zumeist negative, manchmal aber auch positive Vorurteile und Einschätzungen. Das Verhalten reicht von legaler und/oder gesellschaftlicher Diskriminierung und Beeinträchtigung der Chancengleichheit bis zu Sonderprivilegien und bevorzugter Behandlung auf wirtschaftlichem Gebiet.

5. *Wirtschaftsentwicklungen in der Umwelt (economic-growth-constraints),* die zu jedem gegebenen Zeitabschnitt den Eintritt in die einen oder anderen Wirtschaftsbereiche sowohl für die Juden als auch für ihre potentiellen Konkurrenten fördern oder erschweren bzw. die überlieferten wirtschaftlichen Betätigungen und Fähigkeiten der Minderheit bevorzugen oder in Nachteil setzen. Hier ist wieder auf die jüdische Konzentration im Warenhandel hinzuweisen, die zu Beginn der Industrialisierung als Vorteil, in ihrem weiteren Verlauf jedoch offenbar als Nachteil wirksam war.

Diese Klassifizierung von Bestimmungsfaktoren ist auch bei Kuznets nur angedeutet und muß spezifiziert und besonders für das Verhältnis zwischen Deutschen und Juden definiert werden. In diesem Rahmen und beim gegenwärtigen Forschungsstand ist dies nicht beabsichtigt. Aber der Wert des Kuznetsschen Versuchs ist unübersehbar: Er liegt vor allem darin, daß er von vornherein jeden apologetischen Ansatz ausschließt und die jüdischen Entwicklungen mit den objektiven Maßstäben eines für die allgemeine Minoritätsforschung gültigen Modells zu erklären sucht. Beachtenswert ist außerdem die Erkenntnis, daß die wirtschaftsgeschichtliche Erfassung eine Vielfalt von Bestimmungsfaktoren mit einbeziehen muß, die nur zum Teil rein ökonomischer Natur sind, selbst wenn eine genaue oder gar quantitativ definierbare Einschätzung des jeweiligen Gewichts der einzelnen Faktoren kaum möglich ist.

Was sich für das hier behandelte Thema bereits abzeichnet, aber noch durch eine detaillierte empirische Forschung geklärt werden muß, ist der Umstand, daß die außerwirtschaftlichen Anreize und Hemmnisse über die rein ökonomischen und »rationalen« in der Wirtschaftsentwicklung der deutschen Juden während der Industrialisierung das Übergewicht erhielten. Die Folge davon war nicht nur die »Verewigung« traditioneller Berufs- und Sozialstrukturen, sondern rückwirkend auch die Verstärkung der gruppenerhaltenden Tendenzen innerhalb der jüdischen Minderheitsgruppe im Deutschen Reich.

2. Die Juden in Deutschland am Beginn der Industrialisierung. Strukturwandel und Mobilität 1835–1860

Das Forschungsproblem

Jüdische Wirtschaftsgeschichte handelt in erster Linie von den Reaktionen einer kleinen Minderheitsgruppe auf Entwicklungen und Veränderungen in ihrer Umgebung, auf die sie selbst, wenn überhaupt, nur geringen Einfluß haben konnte. Trotzdem lassen manche Historiker sich oft zu Darstellungen verleiten, die Nachum Gross als die »Falle [...] apologetischer Argumentation, wie z. B. einer simplistischen ›Erklärung‹ der jüdischen Berufsstruktur oder einer Verherrlichung des jüdischen ›Beitrags‹ zur allgemeinen Wirtschaftsentwicklung« bezeichnet hat.[1] Der defensive Ton vieler Studien, die jüdische Verfasser in Deutschland vor und auch nach 1933 zum Thema veröffentlichen, ist in der Tat unverkennbar. Entweder versuchten sie, die »anormale« Berufsstruktur der Juden zu erklären und vorgebliche Tendenzen der »Normalisierung« oder »Produktivierung« nachzuweisen oder ihre hervorragenden Verdienste auf dem Gebiet der Wirtschaft hervorzuheben. In beiden Fällen waren sie sichtlich darum bemüht, die stereotypen Vorurteile nichtjüdischer Publizisten zu widerlegen, die die Juden wegen ihrer wirtschaftlichen »Anormalität«, ihres angeblich parasitisch-überproportionalen Reichtums verurteilten oder sie zweideutig als die Erfinder des Kapitalismus »priesen«. Ein deutliches Beispiel dafür ist die überempfindliche und zwiespältige jüdische Reaktion auf Werner Sombarts Buch »Die Juden und das Wirtschaftsleben«, das David Landes zu Recht als ein »pseudo-wissenschaftliches Machwerk« bezeichnet hat.[2]

1 Nachum Gross (Hrsg.), Economic History of the Jews, New York 1975, S. IX f.
2 David S. Landes, The Jewish Merchant. Typology and Stereotypology in Ger-

Erst in den letzten Jahren ist, besonders in den Veröffentlichungen des Leo Baecks Instituts, eine andere Einstellung zu bemerken. Die moderne Wirtschafts- und Sozialgeschichte hat neue Forschungsansätze eröffnet und neue Fragen gestellt. Statt sich in erster Linie mit den in der Wirtschaft führenden Persönlichkeiten oder Familien zu befassen, versucht sie, anhand möglichst umfassender und möglichst statistisch belegter Daten Erkenntnisse über das wirtschaftliche Verhalten und Schicksal der »einfachen Leute«, also der Mehrheit der untersuchten Bevölkerung oder Bevölkerungsgruppe, zu gewinnen. Im hier behandelten Kontext ist dies angesichts der allseits bekannten unzureichenden Quellenlage ein schwieriges Unterfangen. Trotzdem soll versucht werden, den Einfluß des industriellen »Take-offs« im 19. Jahrhundert auf die jüdische Minderheitsgruppe, auf ihre Migrationsbewegungen, ihre berufliche und soziale Mobilität, soweit möglich auch auf ihre Einkommen, Vermögen und deren gruppeninterne Verteilung, zu untersuchen.

Beim gegenwärtigen Forschungsstand werden sich dabei vielleicht mehr Fragen als Antworten ergeben. Manche Ergebnisse können höchstens als vorläufig gelten und sind durch spätere Forschungen noch zu bestätigen, genauer zu differenzieren, möglicherweise auch zu revidieren, um so mehr, als sich bereits in dieser frühen Untersuchungsperiode die Frage stellt, wer als Jude zu betrachten sei. Allgemein waren die Juden in Deutschland damals noch eine deutlich erkennbare Minderheitsgruppe. In ihren Gemeinden hielten die traditionellen religiösen und familiären Bindungen sie noch stark zusammen, und von der Umwelt waren sie durch Vorurteil und gesetzliche Diskriminierung abgesondert. Nur eine geringe Minderheit versuchte, diesem Zustand durch die Taufe und/oder die Verehelichung mit Nichtjuden zu entrinnen. Jacob Toury schätzt ihre Zahl zwischen 1800 und 1871 auf etwas über 9000, nicht mehr als jährlich sechs oder sieben Personen auf 10000 der jeweils in den deutschen Ländern lebenden Juden.[3] Aber der Grad der Absonderung war je nach Wohnort, sozialer und beruflicher Stellung sehr unterschiedlich. Daher kann der statistische Einbezug bzw. Ausschluß der aus der jüdischen Gemeinschaft Ausgeschiedenen das Gesamtbild derselben in mancher Beziehung beeinflussen. Trotzdem glaube ich, daß die Forschungsergebnisse der letzten Jahrzehnte es ermöglichen, die allgemeinen Züge der Entwicklung zusammenzufassen.

many, in: Yearbook of the Leo Baeck Institute (künftig: YLBI), Bd. 19 (1974), S. 22; vgl. auch in diesem Band den Aufsatz: Juden, Judentum und die Entwicklung des Kapitalismus, bes. S. 66–70.
3 Jacob Toury, Soziale und politische Geschichte der Juden in Deutschland 1847–1871, Düsseldorf 1977, S. 53, 60.

Zur Sozialstruktur der jüdischen Minderheit in Deutschland

Unsere Untersuchungsperiode deckt sich mehr oder weniger mit der ersten Industrialisierungsphase in Deutschland. Obwohl in der Wirtschaftswissenschaft die Diskussion um die genaue Datierung des deutschen »Take-offs« noch anhält, besteht kein Zweifel daran, daß dieser Prozeß, im weiteren Sinne eines wirtschaftlichen Strukturwandels, Anfang der 1840er Jahre schon im Gang war und die Entwicklung der jüdischen Minderheitsgruppe beeinflußte.

1847 lebten in den Grenzen des Deutschen Bundes (ausschließlich der Habsburger Länder) rund 410000 Juden, 1,23 % der ca. 34 Millionen zählenden Gesamtbevölkerung. Zwanzig Jahre später war ihre Zahl, bei unverändertem prozentualem Anteil, auf 470000 gestiegen.[4] Nur 56000 Juden, d. h. 14 %, lebten um 1840 in 24 Großgemeinden, die irgendwann zwischen 1840 und 1885 mehr als 2000 jüdische Personen umfaßten.[5]

Wie Tabelle 1 beweist, lebten auch 1852 weniger als 40000 oder 9 % aller Juden in den elf Städten mit damals über 50000 Einwohnern:

Tabelle 1: Städte mit mehr als 50000 Einwohnern und ihre jüdische Bevölkerung (1852)

Stadt	Insgesamt	Davon Juden:	v. H.
Berlin	443 000	9950	2,25
Hamburg	170 000	9000	5,29
Breslau	121 000	7450	6,16
München	118 000	860	0,73
Köln	101 000	1500	1,49
Dresden	100 000	650	0,65
Leipzig	67 000	530	0,79
Frankfurt a. M.	62 500	5000	8,00
Bremen	56 000	1150	2,05
Nürnberg	54 000	100	0,19
Stettin	52 200	750	1,44

Quellen: Hugo Franz Brachelli, Deutsche Städtekunde. Handbuch der Statistik, Bd. 1, Wien 1856, S. 59; Toury, Geschichte der Juden (wie Anm. 3), S. 34.

4 Ebenda, S. 9.
5 Ebenda, S. 34.

Die massive Konzentration der Juden in den Großstädten begann nicht vor 1860, aber schon um 1840 lebte die Mehrzahl von ihnen in Kleinstädten, in Preußen nicht weniger als 80%, gegenüber nur knapp 30% der Gesamtbevölkerung.[6] In Süd- und Westdeutschland lebten damals noch mehr Juden in Dörfern, aber da die Hälfte der jüdischen Bevölkerung zu Preußen gehörte, kann diese generell als eine zunehmend städtische, aber noch lange nicht großstädtische Gruppe gelten.

Dies war das am stärksten hervortretende Gruppenmerkmal der Juden in demographischer, wirtschaftlicher und sozialer Beziehung. Von einem gemeinsamen »jüdischen Wirtschaftssektor« kann natürlich keine Rede sein, aber es gab durchaus ein gruppenspezifisches jüdisches Wirtschaftsverhalten. Außer einer kleinen Zahl von jüdischen Gemeindebeamten und einer etwas größeren Anzahl in jüdischen Familien beschäftigter Hausangestellten mußte jeder Jude den Lebensunterhalt für sich und seine Familie dadurch verdienen, daß er durch individuelle Anstrengung und Initiative die Chancen zu nutzen versuchte, die sich aus der allgemeinen wirtschaftlichen Entwicklung der Umgebung ergaben. Aber dieses Bemühen wurde stets auch durch die interdependenten Faktoren Gruppenzusammenhalt und Diskriminierung bestimmt. Daraus ergab sich die offensichtliche Ähnlichkeit des Verhaltens, nicht nur bei der Wahl des Berufs aus einer beschränkten Zahl von lohnenden Tätigkeiten, sondern auch bei den einzelnen wirtschaftlichen Entscheidungen wie der Bevorzugung der Selbständigkeit, der Betonung von Liquidität und Sparsamkeit usw. Dadurch erscheint die deutsche Judenheit als eine auch in wirtschaftlicher Hinsicht deutlich unterschiedene Minderheitsgruppe.

Die regionale Verteilung der jüdischen Bevölkerung kann, zumindest am Beginn der hier untersuchten Periode, nicht auf die rein ökonomischen Rahmenbedingungen zurückgeführt werden. Sie wurde vielmehr durch die geschichtliche Entwicklung in den Ansiedlungsgebieten: das Maß der Freizügigkeit und die sonstigen rechtlichen Verhältnisse, bestimmt. Das wirtschaftliche Interesse territorialer Herrscher, die den Juden Niederlassung gewährten oder sie vertrieben, deckte sich nur selten mit deren eigenen Interessen. Erst seit Ende der 1820er Jahre war die jüdische Wanderung infolge der sich langsam ausbreitenden Emanzipation zunehmend das Ergebnis eigener, darunter auch ökonomisch motivierter Entscheidungen.

6 Berichte von Dieterici, Direktor des Preußischen Statistischen Büros, an die preußischen Innenminister von Arnim und von Westphalen vom 24. 9. 1844 und vom 13. 2. 1851, Central Archives for the History of the Jewish People, Jerusalem (künftig: CAHJP), P12 (Sammlung Ismar Freund), Kopien aus dem Geheimen Staatsarchiv Preußischer Kulturbesitz in Berlin Dahlem.

Die jüdische Binnenwanderung wird zumeist als ein manchmal etwas früher einsetzender Prozeß der deutschen Bevölkerungsbewegung betrachtet, die viele Menschen von Ost nach West in die Zentren des industriellen Wachstums führte.[7] Nach der neueren Forschung muß diese Anschauung jedoch differenziert werden. Die Industrialisierung war in Deutschland nicht nur nach Ländern, sondern auch nach Provinzen, Kreisen und Bezirken sehr unterschiedlich.[8] Demnach müßten auch die jüdische Wanderung und ihre Abzugs- und Zuzugsgebiete detailliert im Hinblick auf den Zusammenhang mit dem industriellen Wachstumsprozeß untersucht werden. Außerdem wären die demographischen wie auch sozialen Charakteristika der jüdischen mit denen der nichtjüdischen Migranten zu vergleichen. All dies steht vorerst noch aus, doch treten schon bei einem oberflächlichen Blick auf die vorhandenen Daten elementare Unterschiede hervor: Die meisten nichtjüdischen Migranten waren junge, unverheiratete und besitzlose Agrararbeiter, die in Bergwerken und Fabriken Anstellung fanden. Dagegen wanderten die Juden zumeist mit ihren Familien ab und suchten sehr unterschiedliche Wirtschaftstätigkeiten.[9] Einige Beispiele können diese Unterschiede verdeutlichen.

Am schnellsten ging die Industrialisierung bekanntlich im Ruhrgebiet voran, zu dem, mit den wichtigsten Industriestädten Düsseldorf, Bochum, Dortmund, Gelsenkirchen und Essen, die Regierungsbezirke Arnsberg in Westfalen und Düsseldorf im Rheinland gehörten. Hier fand zwischen 1849 und 1910 der bedeutendste Bevölkerungszuwachs statt.[10] Aber die jüdische Bevölkerung vergrößerte sich hier im gleichen Zeitraum in absoluten Zahlen nur geringfügig, wodurch der relative jüdische Bevölkerungsanteil zurückging. In der Provinz Westfalen stieg die Zahl der Juden von 1846 bis 1866 um nur 1300 Personen an, während ihr Anteil an der Gesamtbevölkerung von 1,03 auf 0,99 % abfiel. Gleichzeitig wuchs die jüdische Bevölkerung des Bezirks Düsseldorf um 2500 Personen und ihr Anteil stieg von 0,8 auf 0,9 %.[11] Der jüdische Bevölkerungsanteil erreichte im Ruhrgebiet niemals den jeweiligen reichsdeutschen Durchschnitt, und er ging im Verlauf der Industrialisierung konsequent zurück. 1895 betrug er im

---

7 Jakob Lestschinsky, Das wirtschaftliche Schicksal des deutschen Judentums. Aufstieg, Wandlung, Krise, Ausblick, Berlin 1932, S. 53 ff.
8 Frank B. Tipton, Regional Variations in the Economic Development of Germany during the 19th Century, Middleton / Conn. 1976, S. 45 ff.
9 Monika Richarz (Hrsg.), Jüdisches Leben in Deutschland. Selbstzeugnisse zur Sozialgeschichte 1780–1871, Bd. 1, Stuttgart 1976, S. 139, 148 f., 169 f., 191 und passim; Toury, Geschichte der Juden (wie Anm. 3), S. 47.
10 Tipton, Variations (wie Anm. 8), S. 92.
11 Toury, Geschichte der Juden (wie Anm. 3), S. 11.

Bezirk Arnsberg 0,7 %, im Bezirk Düsseldorf 0,75 %, gegenüber 1,5 % im Reich.[12] Als weiteres Beispiel kann das Königreich Sachsen gelten, das um die Mitte des 19. Jahrhunderts an der Spitze der industriellen Spezialisierung und der entsprechenden Bevölkerungsentwicklung stand.[13] Es wäre daher zu erwarten, daß dieses Gebiet auch für jüdische Zuwanderer besonders attraktiv war. Tatsächlich führte Jakob Lestschinsky Sachsen als Beispiel für die von ihm angenommene jüdische Zuwanderung in die Industriegebiete im Verlauf ihrer vorgeblichen »Produktivierung« an.[14] Betrachtet man jedoch die statistischen Daten etwas genauer, so tritt der »Trugschluß der kleinen Zahlen« deutlich hervor: Bis 1840 lebten im gesamten Königreich nicht mehr als 800 bis 900 Juden oder 0,05 % der Gesamtbevölkerung. 1871 waren es 3500 oder 0,13 %,[15] somit also viermal so viele wie 1840, aber immer noch nur 0,7 % aller in Deutschland lebenden Juden. Der später eintretende schnelle Zuwachs war hauptsächlich die Folge der Einwanderung von osteuropäischen Juden, die bereits 1905 etwa 60 % aller Juden im Königreich Sachsen ausmachten. Es ist klar, daß hier nicht die ökonomische, sondern die rechtlich-politische Entwicklung den Ausschlag gab. Obwohl Sachsen die 1849 den einheimischen Juden gewährte Emanzipation nicht rückgängig machte, blieben seine Grenzen bis 1867 jüdischen Einwanderern verschlossen.[16]

In Schlesien begann die schnelle Industrialisierung etwas später,[17] und der bemerkenswerte jüdische Bevölkerungszuwachs (im Regierungsbezirk Oppeln von 16 400 oder 1,77 % im Jahre 1846 auf 22 000 oder 1,9 % 1866) kann daher nicht als Folge der Industrialisierung bewertet werden. Vielmehr gab es zwei Gründe: die wirtschaftliche Rückständigkeit des nachbarlichen Posens und des zwischen Österreich und Rußland geteilten Polens sowie die traditionelle Freizügigkeit in Oberschlesien.[18] Aber zweifellos war die spätere Industrialisierung der Grund dafür, daß die neu hinzugezogenen Juden nicht weiterwanderten und ihre absolute, jedoch nicht relative, Bevölkerungszahl weiter anstieg.

Allgemein traten ökonomische Beweggründe für die jüdische Wan-

12 Die Gemeinden und Gutsbezirke des Preußischen Staates, Berlin 1871 und 1895.
13 Tipton, Variations (wie Anm. 8), S. 30 ff.
14 Lestschinsky, Schicksal (wie Anm. 7), S. 53.
15 Die Juden im Königreich Sachsen 1834–1905, in: Zeitschrift für Demographie und Statistik der Juden, 1908, S. 108 f.
16 Adolf Diamant, Chronik der Juden in Dresden, Darmstadt 1973, S. 31 ff.; Toury, Geschichte der Juden (wie Anm. 3), S. 305 ff., 341.
17 Tipton, Variations (wie Anm. 8), S. 132 f.
18 Toury, Geschichte der Juden (wie Anm. 3), S. 39.

derung hauptsächlich in negativer Hinsicht auf. Die wirtschaftlich eher rückständigen Gebiete, vor allem Posen, Westpreußen, Bayern und Württemberg, verloren zwischen 1816 und 1871 in relativen, manchmal selbst in absoluten Zahlen große Teile ihrer jüdischen Bevölkerung.[19] Dies waren die hauptsächlichen Ursprungsländer der jüdischen Auswanderung, deren Umfang und Einfluß erst in letzter Zeit von der historischen Forschung genügend beachtet worden sind.[20]

Auch durch die Binnenwanderung verloren diese Gebiete große Teile ihrer jüdischen Bevölkerung, doch scheint die Amerikawanderung, zumindest in Süddeutschland bis zur Mitte des Jahrhunderts, die Bevölkerungsentwicklung deutlicher beeinflußt zu haben. Um 1840 lebten in Berlin, der größten Stadt in Deutschland, nur 5600 Juden, die, nach Hamburg und Posen, nur die drittgrößte jüdische Gemeinde bildeten.[21] Erst danach setzte die beschleunigte Konzentration der deutschen Juden in den Metropolen ein.

Aber überall in Deutschland befand sich die jüdische Bevölkerung in Bewegung. Immer mehr jüdische Familien verließen die Dörfer und Kleinstädte, um ihre wirtschaftliche Lage zu verbessern. Die Suche nach besseren Erziehungsmöglichkeiten für die Kinder spielte dabei eine zumindest ebenso wichtige Rolle, doch lassen sich diese Motivationen kaum voneinander trennen. Es brauchte einen stärkeren Anstoß als die traditionelle Hochachtung des »Lernens«, um jüdische Familien zum Verlassen ihres oft jahrhundertelangen Heimatortes zu bewegen. Länger andauernde und kostspielige Ausbildung sind sowohl die Folge als auch die Vorbedingung erhöhten Einkommens. Eine Generation

---

19 Ebenda, S. 11 ff., 37; Lestschinsky, Schicksal (wie Anm. 7), S. 52; Max Aschkewitz, Zur Geschichte der Juden in Westpreußen, Marburg (Lahn) 1967, S. 87 f.
20 Seit der ersten Veröffentlichung dieses Aufsatzes sind einige neue Arbeiten zum Thema erschienen. Der 1995 verstorbene Demograph Uziel O. Schmelz und seine Mitarbeiter am Jerusalemer Institute for Contemporary Jewry begannen vor Jahren eine umfassende Studie zur jüdischen Bevölkerungsentwicklung in Deutschland im 19. und 20. Jahrhundert. Professor Schmelz konnte davon nur eine knappe, jedoch äußerst aufschlußreiche, allgemeine Übersicht und den Band über Hessen veröffentlichen: Die demographische Entwicklung der Juden in Deutschland von der Mitte des 19. Jahrhunderts bis 1933, in: Zeitschrift für Bevölkerungswissenschaft, Heft 1/1982, S. 31–72; Die jüdische Bevölkerung Hessens. Von der Mitte des 19. Jahrhunderts bis 1933, Tübingen 1996. Das umfangreiche, fast vollkommen für die heutige Datenbearbeitungstechnik vorbereitete statistische Material für das gesamte Reichsgebiet wird hoffentlich in absehbarer Zeit erscheinen. – Speziell die jüdische Wanderung betreffend: Avraham Barkai, Branching Out: German-Jewish Immigration to the United States, 1820–1914, New York 1994, und ders., German-Jewish Migrations in the Nineteenth Century, in: YLBI, Bd. 30 (1985), S. 301–318.
21 Toury, Geschichte der Juden (wie Anm. 3), S. 34 f.

vorher hätten es sich viel weniger jüdische Familien leisten können, ihren Kindern eine verlängerte Schul- oder gar Hochschulbildung zu ermöglichen. Die Tatsache, daß eine immer größere Zahl von ihnen es jetzt, wenn auch oft unter großer Anstrengung aller Familienmitglieder, verwirklichen konnte, war das Ergebnis früheren wirtschaftlichen Erfolgs und wurde auch richtig als ein Mittel zum weiteren wirtschaftlichen und gesellschaftlichen Aufstieg der nächsten Generation aufgefaßt.[22]

Auch die Richtung der jüdischen Binnenwanderung unterschied sich von der der Gesamtbevölkerung. In seinem Bericht von 1842 zeigte sich der Direktor des Preußischen Statistischen Büros verwundert darüber, daß »viele der angesehensten Städte [...] nur eine wenig zahlreiche Judenschaft [enthalten], und selbst die vorzüglich gewerbreichen großen Städte Elberfeld, Barmen und Aachen hatten nach der letzten Zählung noch bei weitem nicht 300 Juden unter ihren Einwohnern«.[23] Dagegen wiesen Handelsstädte wie Mannheim, Stuttgart oder Nürnberg, besonders solche mit guter Eisenbahnverbindung, zur gleichen Zeit ein schnelles Wachstum ihrer jüdischen Bevölkerung auf.[24]

Generell begann die jüdische Binnenwanderung in der Anfangsphase der deutschen Industrialisierung etwas früher, war relativ umfangreicher und wies in ihrer Richtung, ihrer demographischen sowie auch sozialen Struktur bedeutende Unterschiede zu der der Nichtjuden auf. Diese Unterschiede erklären sich aus dem politisch-rechtlichen Sonderstatus der Juden in den Ab- und Zuzugsregionen, aus ihrer Berufs- und Sozialstruktur zu Beginn der Untersuchungsperiode und den gruppenspezifischen Trends ihrer Entwicklung im Verlauf der fortschreitenden Industrialisierung.

Sozialer Aufstieg der Juden zwischen den Napoleonischen Kriegen und der Revolution von 1848

Der wirtschaftliche Aufstieg der Juden begann in Deutschland noch vor der Industrialisierung, am deutlichsten zur Zeit der Napoleonischen Kriege. Auch jüdische Kleinhändler und Trödler nutzten die

---

22 Vgl. die Einleitung von Richarz, Jüdisches Leben (wie Anm. 9), S. 30, und die dort abgedruckten Memoiren, bes. S. 139, 170, 198 und passim.
23 Johann G. Hoffmann, Zur Judenfrage. Statistische Erörterung über Anzahl und Verteilung der Juden im Preussischen Staate, nach einer Vergleichung der Zählungen zu Ende der Jahre 1840 und 1822, Berlin 1842, S. 18 f.
24 Arthur Prinz, Juden im deutschen Wirtschaftsleben. Soziale und wirtschaftliche Struktur im Wandel 1850–1914, Tübingen 1984, S. 40 f.

Verdienstmöglichkeiten, die sich zum einen bei der Armeeversorgung und zum anderen durch den Warenmangel boten und eine beträchtliche Kapitalbildung im Handelssektor begünstigten.[25] Viele später florierende mittelständische Firmen konnten, besonders im Rheinland, in den Kriegsjahren ihr erstes Betriebskapital ersparen. Danach folgte eine Periode des allgemeinen, wenn auch gelegentlich unterbrochenen und regional uneinheitlichen Wachstums und der Konsolidierung. In diesem Prozeß »der Auflösung traditioneller Strukturen und der Umverteilung der wirtschaftlichen Gelegenheiten«[26] standen die meisten Juden sichtlich auf seiten der Gewinner.

Besonders die jüdische Berufsstruktur erweiterte und diversifizierte sich deutlich schon seit Beginn des 19. Jahrhunderts. Am deutlichsten tritt hierbei die Ausweitung des stationären Warenhandels, bei Rückgang der bisher vorherrschenden kleinen Geldwechsel- und Pfandleihegeschäfte und des wandernden »Not- und Schacherhandels«, hervor. Mag auch manches nur ein semantischer Ausdruck sich verändernder Klassifizierung oder Wertschätzung sein, so ist die Tendenz doch unverkennbar: Im Verlauf der expandierenden Marktwirtschaft wurde der jüdische Handel zunehmend »ehrbar«.

Daneben zeigen alle verfügbaren statistischen Daten eine bemerkenswerte prozentuale Zunahme jüdischer Handwerker. Hier hat die preußische Inbesitznahme von früher polnischen Gebieten sicherlich eine Rolle gespielt, doch ist die gleiche Tendenz auch außerhalb Preußens erkennbar. Heute wissen wir, daß dies eine nur zeitweilige und vorübergehende Erscheinung war, die schon damals durch statistische Manipulationen und irreführende Eintragungen stark übertrieben dargestellt wurde.[27] Die »Erziehungspolitik« der Regierungen und selbst wohlmeinender deutscher »Emanzipatoren« rief über vierzig jüdische Organisationen »zur Förderung der Landwirtschaft und des Handwerks unter den Juden« ins Leben. Da deren Anstrengungen jedoch entschieden gegen den Trend der allgemeinen wirtschaftlichen Entwicklung liefen, konnten sie wenig Erfolg verzeichnen. Die Bemühungen waren immerhin nicht völlig umsonst: Vielen armen jungen Menschen eröffnete sich dadurch eine Berufsmöglichkeit, oftmals als Vorstufe zu späterer Auswanderung. Besonders in den Textilbranchen mögen die auf diese Weise erworbenen handwerklichen Kenntnisse manchen Juden in ihren neu gegründeten industriellen oder

---

25 Richarz, Jüdisches Leben (wie Anm. 9), S. 92 ff., 124 f.; Hans Mottek, Wirtschaftsgeschichte Deutschlands, Berlin (Ost) 1976, S. 81 f., 120 f.
26 Knut Borchardt, Germany 1700–1914, in: The Fontana Economic History of Europe, Bd. 4, London 1976, S. 94.
27 Richarz, Jüdisches Leben (wie Anm. 9), S. 34; Toury, Geschichte der Juden (wie Anm. 3), S. 75 f., 370 f.

auch kommerziellen Unternehmen nützlich gewesen sein. Aber, wie Tabelle 2 beweist, blieb nur eine kleine Minderheit länger im erlernten Handwerk tätig.[28]

Tabelle 2: Die Berufsstruktur der Juden in Preußen 1843–1861 (in %)

Berufe nach Wirtschaftssektor	1843	1861
1. Selbständige	61,8	66,3
Davon: Landwirtschaft	1,0	0,9
Industrie und Handwerk	13,5	11,6
Handel	39,7	44,6
Freie Berufe	2,7	2,9
Rentner und Pensionäre	2,7	4,2
Sonstige	2,2	2,1
2. Arbeiter und Angestellte	29,5	27,2
Davon: Industrie und Handwerk	5,8	4,4
Handel	8,1	12,4
Niedere Gemeindedienste	1,3	0,6
Tagelöhner	4,2	3,0
Hausangestellte	10,1	6,8
3. Personen ohne Einkommen	8,7	6,5
	100,0	100,0

Quellen: Errechnet nach Eduard Bleich (Hrsg.), Der erste vereinigte Landtag in Berlin 1847, 1. Teil: Ergebnis der Ermittlungen betreffend die sozialen Verhältnisse der Juden in der Preußischen Monarchie und deren sittlichen Zustand, Berlin 1847; Die Ergebnisse der Volkszählung und der Volksbeschreibung nach den Aufnahmen vom 3. Dezember 1861, resp. Anfang 1862, Preußische Statistik, Bd. V, Berlin 1864, S. 5 ff.

28 Dagmar T. Bermann, Produktivierungsmythen und Antisemitismus, Diss., München 1971, S. 54 ff.; Monika Richarz, Jewish Social Mobility in Germany during the Time of Emancipation, in: YLBI, Bd. 20 (1975), S. 217 ff.; Jacob Toury, Jewish Manual Labour and Emigration. Records from some Bavarian Districts (1830–1857), in: YLBI, Bd. 16 (1971), S. 48 f.

Als deutlichstes Zeichen der allgemeinen Mobilität ging, auf der untersten sozialen Stufe, die Zahl der Landstreicher und Betteljuden und auch der Tagelöhner und Hausangestellten bedeutend zurück. Unser Wissen über das Leben dieser Menschen ist gering, da sie und ihre Nachkommen kaum Aufzeichnungen oder Memoiren hinterließen. Dies ist bedauerlich, denn diese Sozialschicht umfaßte, nach manchen gut fundierten Schätzungen, noch um 1830/40 nicht weniger als 15 bis 20 % der jüdischen Bevölkerung. Selbst wenn diese Schätzung übertrieben ist, kann kein Zweifel daran bestehen, daß zur Zeit der Napoleonischen Kriege und noch kurz danach mindestens ein Drittel aller Juden zu ihr gehörte.[29] Wie und wohin diese erhebliche Masse fast völlig verschwand, ist bisher nicht geklärt. Die Annahme ist immerhin nicht von der Hand zu weisen, daß ein großer Teil auswanderte und ein anderer völlig in die Randschichten der nichtjüdischen Umwelt integriert wurde.[30] Im Deutschland des 19. Jahrhunderts scheint die Unterwelt die toleranteste Gesellschaftsschicht gewesen zu sein.

Betrachten wir zuletzt die freien Berufe: Seit Beginn des Jahrhunderts war die Zahl jüdischer Studenten in stetem Anstieg. Es überrascht daher, daß der Prozentsatz der freien Berufe ein viel geringeres Wachstum aufwies, als eigentlich zu erwarten wäre, und erst 1882 mit 4,9 % den Durchschnittswert der Gesamtbevölkerung erreichte.[31] Gesetzlich festgelegte, offen oder verhalten ausgeübte Diskriminierungen verschlossen Juden den Zugang zu staatlichen oder akademischen Stellungen. Die Folge war eine, im Vergleich zur Gesamtheit der Juden, relativ hohe Anzahl von Konvertiten unter jüdischen Hochschulabsolventen,[32] doch zogen die meisten es vor, das Handelsgeschäft der Väter fortzuführen oder neue Firmen zu gründen.

Eine Episode aus dem Jahr 1839 ist für die Situation bezeichnend: Der »Telegraph für Deutschland« hatte einen Aufruf zur Errichtung einer Stiftung veröffentlicht, aus deren Mitteln »alle israelitischen Gelehrten, die sich mit Erfolg den philosophischen Studien gewidmet [haben], mit Gymnasial- und Universitätszeugnissen und dem Doktordiplom versehen sind, als Juden aber keine Beförderung im Staate fin-

29 Eleonore Sterling, Judenhaß. Die Anfänge des politischen Antisemitismus in Deutschland, 1815–1850, Frankfurt a. M. 1969, S. 31 f.; Prinz, Wirtschaftsleben (wie Anm. 24), S. 20 f.
30 Rudolf Glanz, Geschichte des niederen jüdischen Volkes in Deutschland, New York 1968, S. 156 ff.; Jacob Katz, Out of the Ghetto. The Social Background of Jewish Emancipation, Cambridge / Mass. 1973, S. 121.
31 Toury, Geschichte der Juden (wie Anm. 3), S. 93.
32 Monika Richarz, Der Eintritt der Juden in die akademischen Berufe. Jüdische Studenten und Akademiker in Deutschland 1678–1848, Tübingen 1974, S. 134 ff., 160 f.

den können, so lange sie in diesem Religionsbekenntniß verharren, [...] eine jährliche Unterstützung beziehen« sollten. Gabriel Riesser verweigerte seine Teilnahme mit folgender Begründung: »Das vorgeschlagene Unternehmen hat neben seinen unleugbaren guten Seiten manche schwierige und bedenkliche [...]. Es ist immer eine eigene Sache um eine Unterstützung, die ohne Gegenleistung, für eine mögliche Entbehrung, zur Vermeidung einer Treulosigkeit verliehen wird. Ich bezweifle, daß der Zartfühlende sie annehmen wird [...]. Welcher charaktervolle Mann wird nicht lieber Stunden geben, als sich eine Pension für sein Judentum zahlen lassen?«[33]

Die allgemeine wirtschaftliche Situation der Juden und ihre soziale Schichtung sind mit Hilfe des vorliegenden statistischen Materials nur schwer quantitativ zu bestimmen. Angaben über Einkommen und Vermögen sind, soweit überhaupt vorhanden, nur mit großer Vorsicht vergleichend zu analysieren, und solche über die Berufsstruktur, die den meisten Schätzungen zugrunde liegen, sind kaum verläßliche Quellen. Die Berufsangaben wurden bei der Aufnahme sowohl von den befragten Juden als auch von den befragenden Beamten oft manipuliert. Nicht jeder »mit Gelde, umlaufenden Papieren und Wechseln Geschäfte machende« Mann war ein Bankier, und nicht alle »Lieferanten, Agenten, Kommissionäre und Makler, auch Pfandleiher« gehörten zur oberen Mittelklasse. Vorliegende Steuerlisten beweisen, daß Menschen, die als von »Einkommen aus eigenem Vermögen, Renten und Pensionen« lebend klassifiziert wurden, oft sehr arme, manchmal jedoch auch die reichsten Leute in der Gemeinde waren.

Dies erklärt die bisher sehr unterschiedlichen Einschätzungen der jüdischen Sozialstruktur und Vermögen um 1848. Stefi Jersch-Wenzel nimmt an, man könne »um die Mitte des Jahrhunderts [...] von einem nicht unbeträchtlichen jüdischen Großbürgertum, von einer gutsituierten jüdischen Mittelschicht und einem relativ breiten jüdischen Kleinbürgertum sprechen. Ein jüdisches Proletariat hatte sich nicht herausgebildet.«[34]

Genau die entgegengesetzte Meinung vertrat Alfred Marcus um 1930 in einem unveröffentlichten Manuskript; er beklagte, »daß die im nicht-österreichischen Gebiet in der Zeit von 1760 bis 1848 lebenden Juden im allgemeinen arm waren und daß es ihnen nicht gelang, eine Mittelklasse zu bilden, die später, d. h. nach der ›zweiten Emanzipa-

---

33 Meyer Isler, Gabriel Riessers Leben nebst Mitteilungen aus seinen Briefen, Frankfurt a. M. / Leipzig 1871, S. 318 f.
34 Stefi Jersch-Wenzel, Die Lage von Minderheiten als Indiz für den Stand der Emanzipation einer Gesellschaft, in: Hans Ulrich Wehler (Hrsg.), Sozialgeschichte heute. Festschrift für Hans Rosenberg, Göttingen 1974, S. 370.

tion‹, so charakteristisch wurde«.³⁵ Obwohl eine Schätzung, die sich auf fast hundert ereignisreiche Jahre bezieht, große Unsicherheiten enthält, war Marcus überzeugt, daß der jüdische bürgerliche Mittelstand sich überwiegend erst nach 1848 etabliert habe. Steven M. Lowenstein scheint diese Meinung zu teilen: »[...] in der Zeit der Emanzipation [...] handelte es sich mit Ausnahme der Hoffaktoren und Bankiers bei der großen Mehrheit der deutschen Juden entweder um kleine Händler (im östlichen Deutschland um kleine Handwerker), die kaum in der Lage waren, ihren Lebensunterhalt zu verdienen, oder, noch schlimmer, um Bettler oder Vagabunden, die am Rande der Gesellschaft und oft außerhalb des Gesetzes lebten.«³⁶

Alle diese und sonstige Schätzungen basieren meines Erachtens auf einer zu geringen, zumeist lokal begrenzten Datenbasis. Jersch-Wenzels Strukturbild mag vielleicht für Berlin zutreffen, das jedoch damals durchaus nicht repräsentativ war. Um 1840 lebten dort nur 5600 Juden, 1,4 % aller Juden in Deutschland, unter sozialen und wirtschaftlichen Bedingungen, die durch die Politik der preußischen Könige bestimmt waren, nur reichen Juden die Ansiedlung zu gewähren. Lowenstein stützt sich dagegen auf Steuerangaben von zwei kleinen Städten in Württemberg und Posen, die auch nicht als zuverlässige Beispiele gelten können. Ich neige eher zu Jacob Tourys vorsichtigem und ausgewogenem Urteil, wonach sich von den Napoleonischen Kriegen bis zum Beginn der Revolution »hauptsächlich in den Städten allmählich eine gut situierte jüdische Mittelklasse herausbildete«, dieser Prozeß jedoch 1848 längst noch nicht abgeschlossen war.³⁷ Auch Toury betont den Ausnahmecharakter der Angaben für Berlin-Brandenburg und kommt zu dem Schluß, daß 1848 etwa 15 % aller Juden zum gehobenen und mittleren, 35 % zum niederen Bürgertum gehörten, während die restliche Hälfte hart am Rande des Existenzminimums lebte.³⁸

Einige neu erschlossene Daten über die Steuerveranlagungen in jüdischen und staatlichen Archiven³⁹ bestätigen Tourys Annahme. Sie beweisen, daß gegen Mitte des 19. Jahrhunderts der Aufstieg zur Steuer veranlagter Juden in die mittleren und höheren Steuerklassen bereits

---

35 Alfred Marcus, Eine Untersuchung über die wirtschaftliche Tätigkeit und Situation der Juden in Deutschland vom Beginn des modernen Kapitalismus bis zum Ende der Weimarer Republik, Manuskript im Leo Baeck Institut Jerusalem, S. 37 f.
36 Steven M. Lowenstein, The Pace of Modernisation of German Jewry in the Nineteenth Century, in: YLBI, Bd. 21 (1976), S. 49.
37 Jacob Toury, Turmoil and Confusion in the Revolution of 1848, Merhavia 1968 (hebr.), S. 15.
38 Ders., Prolegomena zum Eintritt der Juden ins deutsche Bürgertum, Tel Aviv 1972 (hebr.), S. 122.
39 Ders., Geschichte der Juden (wie Anm. 3), S. 103 ff.

einige Jahrzehnte zuvor begonnen hatte, während in den untersten Sparten viele Juden erst vor kurzem steuerpflichtig geworden waren. Aber das Einkommen des größten Teils der Juden blieb noch lange danach unter dem Steuerminimum.[40] Zusammenfassend können wir die Ausgangsposition so definieren: Zu Beginn der Industrialisierung waren die Juden in mancher Hinsicht der Entwicklung voraus. Sie hatten bereits einige Jahrzehnte langsamen, aber beständigen sozialen Aufstiegs hinter sich und befanden sich sowohl wirtschaftlich als auch geographisch in Bewegung. Die Mehrheit der Juden lebte in kleinen und mittleren Städten und schöpfte ihr Einkommen jetzt aus einer breiteren und viel stärker diversifizierten Palette kommerzieller Tätigkeiten. Aber diese Einkommen waren noch immer relativ niedrig, und nicht weniger als die Hälfte der Juden mußte schwer für ihre bloße Existenz arbeiten. In Tourys Worten: »Im städtischen Bereich haben die Juden bis 1847 den groß- und mittelbürgerlichen Allgemeinsektor noch nicht eingeholt. Auch die ländliche Oberklasse ist bei den Juden noch schwächer gestellt als bei den Nichtjuden. Aber die ländlichen Armen sind [...] noch mehr verelendet als die armen Dorfjuden, die nicht allein vom Feldertrag lebten.«[41]

So gesehen, war es eine Geschichte jüdischen Erfolgs. In den Augen der Nachbarn war dieser Erfolg verdächtig, da sie, besonders auf dem Lande, glaubten, daß er auf ihre Kosten erreicht worden war. Die Märzpogrome können keineswegs ausschließlich wirtschaftlichen Motiven zugeschrieben werden, aber die Tatsache, daß zu dieser Zeit jüdisches Vermögen genügend sichtbar vorhanden war, um den Neid und die Mißgunst des plündernden Pöbels zu wecken, zeugt vom wirtschaftlichen Aufstieg der jüdischen Besitzer.[42]

40 Vgl. jetzt: Avraham Barkai, Jüdische Minderheit und Industrialisierung. Demographie, Berufe und Einkommen der Juden in Westdeutschland 1850–1914, Tübingen 1988; CAHJP, GA, Darmstadt-KGe 8/I; Altenkunstadt-FII/34; Weisenau-Rh/Wei, 26–45.
41 Toury, Geschichte der Juden (wie Anm. 3), S. 101.
42 Vgl. z. B. Abraham Gilam, Die historische Bedeutung der Megillath Baisingen, in: Bulletin des Leo Baeck Instituts, Neue Folge, 15. Jg. (1976), Nr. 52, S. 80 und passim.

Nivellierungstendenzen im jüdischen Mittelstand

Waren die Juden zu Beginn der Industrialisierung dazu »prädestiniert und qualifiziert«,[43] die sich bietenden Möglichkeiten der erweiterten Marktwirtschaft wahrzunehmen, so kann dies doch nicht als ein plötzlicher Wendepunkt in ihrer wirtschaftlichen Entwicklung angesehen werden. In der vorangegangenen Periode der verzögerten Emanzipation hatte bereits eine merkliche Aufwärtsbewegung stattgefunden, auf der, in vielen Einzelfällen, die Nachfolgegeneration während der Industrialisierungsperiode aufbauen konnte. So förderte und beschleunigte diese zwar den Mobilitätstrend, beseitigte jedoch keineswegs die gruppenspezifischen sozioökonomischen Merkmale, sondern ließ sie noch mehr hervortreten. Jedenfalls lassen sich im hier behandelten Untersuchungszeitraum keine Zeichen irgendwelcher »Normalisierung« der jüdischen Verhaltensmuster in bezug auf Beruf, Kapitalbildung oder Einkommensverteilung feststellen.

Tabelle 2 beweist diese Beständigkeit der Berufs- und Sozialstruktur. Der scheinbare Anstieg bei den manuellen Berufen in der ersten Hälfte des Jahrhunderts wandelte sich schnell. Selbst in Posen fiel zwischen 1843 und 1861 die absolute und relative Zahl der jüdischen Handwerker, die dort traditionell stärker vertreten gewesen waren als sonst in Deutschland.[44] Die Söhne der Trödler, die eine handwerkliche Lehre genossen hatten, etablierten sich zumeist als kleine Händler und Ladenbesitzer oder wanderten aus.[45] Die soziale Mobilität, die sich aus der allmählichen, aber doch fortschreitenden Emanzipation und der größeren Bewegungsfreiheit der Juden ergab, beschränkte sich vornehmlich auf den tertiären Sektor, auf Handels- und Finanzbranchen und, weniger ausgeprägt, freie Berufe, für die sich im Zusammenhang mit der Industrialisierung neue Betätigungsfelder ergaben.[46]

Über den Umfang und die soziale Zusammensetzung der Auswanderung nach Übersee[47] und Westeuropa[48] und deren Einfluß auf die wirtschaftliche Entwicklung der in Deutschland verbliebenen Juden gibt es bisher keine einheitlichen Schätzungen. Die vorhandenen Quel-

---

43 Hans Mommsen, Zur Frage des Einflusses der Juden auf die Wirtschaft, in: Gutachten des Instituts für Zeitgeschichte, Bd. 2, Stuttgart 1966, S. 353.
44 Julian Bartys, Grand Duchy of Poznan under Prussian Rule. Changes in the Economic Position of the Jewish Population 1815–1848, in: YLBI, Bd. 17 (1972), S. 202; Toury, Geschichte der Juden (wie Anm. 3), S. 96 ff.
45 Landes, Merchant (wie Anm. 2), S. 14 ff.; Richarz, Mobility (wie Anm. 28), S. 75.
46 Landes, ebenda, S. 15.
47 Toury, Geschichte der Juden (wie Anm. 3), S. 43 f., 50.
48 Ebenda; Liebmann Hersch, Jewish Migration during the last Hundred Years, in: The Jewish People, Past and Present, New York 1946, Bd. 1, S. 407 f.

len lassen mit einiger Sicherheit die Annahme zu, daß die meisten Emigranten jung, arm und unverheiratet waren und aus Dörfern und Kleinstädten kamen. Die zur gleichen Zeit auswandernden Nichtjuden waren zumeist Bauern und Handwerker, die nach dem Verkauf ihrer Besitztümer die Überfahrt mit ihren Familien unternehmen konnten, während die landlosen, armen und unverheirateten nichtjüdischen Lohnarbeiter in die schnell wachsenden deutschen Industriezentren zogen.[49]
Bei den Juden zogen dagegen die besser situierten Familien in die Städte und die ärmeren Jugendlichen nach Amerika. Darunter waren viele junge Männer und Frauen, denen die bestehenden Matrikelgesetze oder ähnliche Einschränkungen die Eheschließung an ihrem Heimatort verwehrten. Oft wurden sie bei der Auswanderung durch jüdische Wohlfahrtseinrichtungen unterstützt. Nach dem bewährten Grundsatz: »Pattern (jiddisch für ›loswerden‹) ist Geld wert«, waren jüdische Gemeinden zu vielen Opfern bereit, um ihre eigenen oder durchziehende Arme auf den Weg zu schicken.[50] Die wenigen vermögenden Geschäftsleute und Bankiers, die in die Neue Welt zogen, um dort Filialen ihrer etablierten Firmen zu gründen, waren nur Ausnahmen unter der Masse jüdischer Auswanderer. So darf man annehmen, daß die Menschen, die auszogen, um ihr Glück in der Ferne zu suchen, zumeist zu den jüngeren und weniger begüterten, vermutlich jedoch auch zu den handwerklich ausgebildeten und unternehmensfreudigeren Juden gehörten. Unbeabsichtigt verringerten sie dadurch die Konkurrenz um die knappen Arbeitsplätze und Verdienstmöglichkeiten am Ort und trugen damit entscheidend zum bemerkenswerten Rückgang der jüdischen Unterschicht bei.[51]
Bei diesem Wandlungsprozeß ist beachtlich, daß die Aufwärtsbewegung unverkennbar fast alle Schichten umfaßte und dadurch, zumindest zeitweise, bis die Einwanderung ab etwa 1880 ansehnliche Zahlen unbemittelter Juden aus Osteuropa ins Land führte, eine Nivellierung der Einkommen stattfand. Nach Toury befanden sich bereits 1871 über 60 % aller deutschen Juden in den mittleren und höheren Einkommmensparten und – regional unterschiedlich – nur noch 5 bis 25 % in den untersten. 1848 war das Bild fast genau umgekehrt gewesen. Die

---

49 Mack Walker, Germany and the Emigration 1816–1885, Cambridge/Mass. 1964, S. 156f.
50 Rudolf Glanz, The German Jewish Mass Emigration 1820–1880, in: American Jewish Archives, Bd. 22 (1970), 52f., 56; Toury, Manual Labour (wie Anm. 28), S. 48f.; Jakob Lestschinsky, Jewish Migrations 1840–1956, in: Louis Finkelstein (Hrsg.), The Jews. Their History, Culture and Religion, 3. Aufl., New York 1960, Bd. 2, S. 1559f.
51 Prinz, Wirtschaftsleben (wie Anm. 24), S. 40f.; Toury, Manual Labour (wie Anm. 28), S. 53ff.; Bernhard Weinryb, Deutsch-Jüdische Wanderungen im 19. Jahrhundert, in: Der Morgen, Bd. 10 (1934), Nr. 1, S. 4ff; vgl. auch: Barkai, Branching Out (wie Anm. 20), S. 15ff.

von mir untersuchten Steuerstatistiken (Tabellen 3–4) weisen die gleiche Tendenz auf, die sich jedoch in kleinen Dorfgemeinden nur bedeutend langsamer durchsetzen konnte.[52]

Tabelle 3: Darmstadt: »Normalsteuern« der jüdischen Gemeindemitglieder 1840–1861 (in Gulden)

	1840	1850	1861
Steuerzahler	112	128	172
Steuersumme	18 760	22 009	41 477
Steuerdurchschnitt	167,5	171,9	241,1
Es zahlten:			
Über 1000 fl.	1	1	6
501–1000 fl.	6	10	18
171–500 fl.	30	23	47
21–170 fl.	26	18	27
1–20 fl.	9	16	18

Quelle: CAHJP, GA, KGe 8/I, 71/72

Von den 71 Namen, die 1861 in den drei obersten Steuerstufen erscheinen, waren 1840 nur 15 in derselben Kategorie gewesen. 30 Personen scheinen neu hinzugezogen zu sein. 26 Steuerpflichtige waren aus niedrigeren Kategorien aufgestiegen. Von 18 Namen, die 1861 in der untersten Steuerstufe auftauchen, waren nur 5 in den Listen von 1840 enthalten. 13 Personen waren entweder neu hinzugezogen oder vorher steuerbefreit.

Tabelle 4: Weisenau (Rheinhessen): Jüdische Steuerzahlungen 1843–1855 (in Gulden)

	1843	1855
Steuerzahlende Gemeindemitglieder	23	30
Gesamtsteuersumme	733	1187
Steuerdurchschnitt	31,9	39,6

52 Toury, Geschichte der Juden (wie Anm. 3), S. 114; Barkai, Minderheit (wie Anm. 40), S. 134 ff.

52 Die Juden in Deutschland am Beginn der Industrialisierung

Es zahlten:	1843		1855	
	Personen	% des Steueraufkommens	Personen	% des Steueraufkommens
über 50 fl.	5	49,9	10	69,6
25 – 50 fl.	4	18,0	5	14,1
1 – 24 fl.	14	32,1	15	16,1
Summe	23	100,0	30	99,8

Quelle: CAHJP, GA, F II, 34. Rh/Wei, 2632

Von den 10 Namen, die 1855 in der höchsten Gruppe erscheinen, waren 4 schon 1843 in ihr verzeichnet gewesen. 3 scheinen die Nachkommen von Familien gewesen zu sein, die 1843 in der höchsten Gruppe aufgeführt waren. Eine Person war früher niedriger eingestuft. Über die restlichen zwei haben wir keine Informationen. Bei aller Vorsicht beweisen die Unterschiede zu Darmstadt die langsamere Entwicklung in den ländlichen Kleingemeinden.

Tabelle 5: Altenkunstadt (Bayern): Vermögensschätzung 1835 – 1861

	1835	1861
Veranlagte Gemeindemitglieder	64	67
Gesamtvermögen (Gulden)	160 700	328 325
Im Durchschnitt	2511	4900
Davon besaßen:		
Über 20 000 fl.	0	2
15 – 20 000 fl.	1	3
10 – 15 000 fl.	0	3
5 – 10 000 fl.	7	17
2 – 5000 fl.	18	18
500 – 2000 fl.	25	14
Unter 500 fl.	13	10

Quelle: CAHJP, GA, F II, 34.

Die Daten dieser Tabellen sind nur begrenzt aussagekräftig, da nur die zu den verschiedenen Steuern veranlagten Juden erfaßt wurden. Obwohl wir für diese frühe Zeit keine Unterlagen haben, ist mit ziemlicher Gewißheit anzunehmen, daß diejenigen, deren Einkommen unter der Steuerfreigrenze lag, bei den Juden, ebenso wie bei den Nichtjuden, die Mehrheit bildeten. Trotzdem deuten diese Tabellen eine allgemeine Angleichungstendenz bei den Einkommen an, die durch die wenigen vorliegenden, vergleichbaren Vermögensschätzungen bestätigt wird. Diese Erscheinung ist auch theoretisch plausibel: Die Juden waren zu Beginn der Industrialisierung in Wirtschaftszweigen konzentriert, die durch die allgemeine Entwicklung begünstigt wurden. Da sie nur eine kleine Minderheit waren, deren ärmste Schichten durch Auswanderung oder aus anderen Gründen stark abgenommen hatten, verringerte sich die gruppeninterne Konkurrenz um die sich neu bietenden wirtschaftlichen Möglichkeiten und die meisten konnten sie vorteilhaft nutzen.[53] Daß vorerst nur wenige die höchsten Einkommen und Vermögen in der Gesamtbevölkerung erreichten, verstärkte die Tendenz der Nivellierung.[54]

Allgemein stiegen in dieser Periode die Einkommen der Selbständigen im Handelssektor bedeutend stärker an als die der Arbeiter und Angestellten in anderen Wirtschaftssektoren.[55] So ist es nicht erstaunlich, daß die Juden die traditionelle Bevorzugung selbständiger Betätigung beibehielten und eher noch verstärkten. Irrtümlicherweise hat Jakob Lestschinsky den absoluten und prozentualen Zuwachs von jüdischen Angestellten im Handel mit der gleichzeitigen Abnahme der Zahl der Trödler und Kleinhändler in Beziehung gebracht.[56] In Wahrheit kamen, wie Tabelle 2 oben deutlich beweist, die meisten neuen kaufmännischen Angestellten aus den Reihen der früheren Bettler, Tagelöhner und Hausgehilfen, oder die Eltern hatten dieser Schicht angehört. In Preußen ging bei den Juden zwischen 1843 und 1861 die Gesamtzahl der unselbständig Beschäftigten sogar zurück.

53 Vgl. Arcadius Cahan, General Survey. Part I, in: Gross, Economic History (wie Anm. 1), S. 94 f.; Simon Kuznets, Economic Structure and Life of the Jews. Preliminary Draft. Vervielfältigtes Manuskript in der Bibliothek der Kaplan School, Hebräische Universität Jerusalem, S. 56 ff. Dies ist die ursprüngliche Fassung des stark gekürzten Beitrags von Simon Kuznets, Economic Structure of the Jews, in: Finkelstein, The Jews (wie Anm. 50).
54 Toury, Geschichte der Juden (wie Anm. 3), S. 107 ff.; Barkai, Minderheit (wie Anm. 40), S. 94 ff.
55 Jürgen Kuczinsky, Geschichte der Lage der Arbeiter in Deutschland von 1800 bis in die Gegenwart, Berlin (Ost) 1949, Bd. 1, S. 107; Prinz, Wirtschaftsleben (wie Anm. 24), S. 37 f.
56 Lestschinsky, Schicksal (wie Anm. 7), S. 30.

Zusammensetzung der wirtschaftlichen Oberschicht

Wenn wir nun die Entwicklung des jüdischen Großbürgertums betrachten, so muß zwischen zwei Gruppen unterschieden werden. Die eine bestand aus den Nachkommen der Hofjuden und betätigte sich vornehmlich im Bank- und Finanzwesen. Hier finden wir alle berühmten, oft erwähnten Namen, die Rothschilds, Oppenheimers, Seligmanns, Mendelssohns und viele andere mehr. Die zweite, etwas weniger prominente Gruppe bildeten eher im Handel im engeren Sinn tätige Unternehmer der ersten oder höchstens zweiten Generation, die erst vor kurzem aus bescheidenen Anfängen aufgestiegen waren, nachdem sie in der vorangegangenen Periode einiges Kapital angesammelt und zum Aufbau großer und angesehener Handelsfirmen genutzt hatten. Sie belieferten den Binnen- und Auslandsmarkt mit Textilien, Metallwaren und allen möglichen anderen Gütern und nicht wenige begannen, sich außer im Handel auch in der Produktion zu betätigen. Zwar war die Kluft zwischen diesen beiden Gruppen nicht völlig unüberbrückbar, doch unterhielten sie kaum soziale oder sogar geschäftliche Beziehungen und schlossen nur selten Ehen untereinander. Ihre wirtschaftlichen und gesellschaftlichen Positionen und Einstellungen waren genauso verschieden wie ihre Rolle im Leben der jüdischen Gemeinden.

Am meisten wissen wir bisher über die Bankiers, die, sichtbar wie sie waren, Aufsehen, wohl auch Mißgunst, bei den Zeitgenossen und Interesse bei den Historikern weckten. Jüdische Privatbanken gab es bereits im 18. Jahrhundert, von denen, nach Kurt Grunwald, die zwölf bedeutendsten zwischen 1750 und 1800 gegründet wurden, die meisten in einem kleinen Gebiet im Südwesten Deutschlands, von wo aus sie in der Folge ein Netz finanzieller Verbindungen über ganz Westeuropa und Amerika spannen konnten.[57] Die Erklärung für dieses äußerst interessante Kapitel jüdischer Unternehmensgeschichte liegt bereits in Grunwalds Beschreibung der Geschäftstätigkeit dieser Gruppe als »Epilog der Hofjuden«. War doch Südwestdeutschland mit seinen vielen kleinen Fürstentümern das eigentliche Kernland der jüdischen Hoffaktoren oder Hofagenten des siebzehnten und achtzehnten Jahrhunderts gewesen.[58] Die Hofjuden verschwanden Anfang des 19. Jahrhunderts von der Bildfläche, aber zumindest ein Teil ihrer Vermögen

---

[57] Kurt Grunwald, Studies in the History of the German Jews in Global Banking. The Jewish Economic History Project, Hebrew University Jerusalem 1981; ders., Three Chapters of German-Jewish Banking History, in: YLBI, Bd. 22 (1977), S. 191–208.
[58] Vgl. Selma Stern, The Court Jew, Philadelphia 1950; Heinrich Schnee, Die Hoffinanz und der moderne Staat, Berlin 1953–1956, 6 Bde.

blieb in den Händen ihrer Erben erhalten. Viele jüdische Bankiers, sowohl im Rheinland als auch in Berlin, waren ihre Nachkommen.

Unter den Wirtschaftshistorikern gibt es unterschiedliche Meinungen über die Bedeutung des Bankwesens für die Industrialisierung in Deutschland. Alexander Gerschenkron vertritt die nach ihm benannte These, daß dem deutschen Bankensystem, da es Kapital und Unternehmerinitiative zur Verfügung stellte, die entscheidende Rolle beim industriellen »Take-off« zuzusprechen sei.[59] Diese These ist von Spezialisten, sowohl der Banken- als auch der Industriegeschichte, angefochten worden. Diese schreiben den Banken, zumindest für die hier behandelte Zeit, eine höchstens marginale Rolle zu.[60] Jedenfalls stützt Gerschenkron seine Argumentation hauptsächlich auf Untersuchungen der großen Aktienbanken, viel weniger der Privatbanken. Diese wurden jedoch von sachkundiger Seite als »ein gutes Beispiel für die Grenzen von finanziellen Institutionen als Entwicklungsinstrumente« hingestellt,[61] und gerade sie waren, besonders im Rheinland, das Haupttätigkeitsfeld der jüdischen Bankiers. Wie dem auch sei, die Bedeutung der Juden ist selbst im beschränkten Bereich der Privatbanken oft übertrieben dargestellt worden. Sie waren dort, wie im gesamten kommerziellen Sektor, zweifellos überproportional vertreten, aber keineswegs war das private Bankwesen in Deutschland in irgendeiner Hinsicht von Juden »beherrscht«. Selbst in Frankfurt am Main, dem Zentrum der jüdischen Bankiers, waren die führenden Leute der »Effectensociätät« von 1835 altangesessene Christen. Ihr Historiker betont, daß die Frankfurter Juden »nicht minder ergiebig, indessen – entgegen mancher anderen Annahme – auch nicht ergiebiger« waren als die Nichtjuden.[62]

Eine Episode mag diese Situation illustrieren: 1856 erbat eine Gruppe von neun Banken, darunter sechs in jüdischem Besitz, vom Senat die Erlaubnis, einen »Frankfurter Kreditverein« nach dem Muster des Pariser »Crédit Mobilier« zu gründen. Kirchholtes bezeichnet die Initiatoren als »jene jüngeren Kräfte [...], die noch kein großes Vermögen gebildet hatten«. Aufgrund einer Intervention von »sieben der angesehensten Bankenfirmen«, darunter Rothschild als einziger jüdischer Bank, wurde das Gesuch abgelehnt. Der Historiker schließt daraus,

---

59 Alexander Gerschenkron, Economic Backwardness in Historical Perspective, Cambridge/Mass. 1962, S. 45.
60 Rondo Cameron (Hrsg.), Banking and Economic Development, New York 1972, S. 11 f.; Mottek, Wirtschaftsgeschichte (wie Anm. 25), S. 126 f.; Borchardt, Germany (wie Anm. 26), S. 147 ff.
61 Richard Tilly, Financial Institutions and Industrialization in the Rhineland 1815–1870, Wisconsin 1966, S. 114 f.
62 Erich Achterberg, Frankfurter Bankherren, Frankfurt a. M. 1956, S. 12.

»daß die jüngeren, in der Mehrzahl jüdische Firmen, einfallsreicher, entschlossener und rascher gewesen waren, daß ihnen die etablierten Bankherren den Vorsprung neideten und verwehrten [...]. Daß die christlichen Bankhäuser über eine gesicherte Existenz verfügten, war verständlich, da sie im Gegensatz zu ihren jüdischen Konkurrenten Besitz von Grund und Boden [...] als selbstverständlich ansahen [...]. Das Haus M.A. von Rothschild & Söhne, das sich gleichfalls gegen das Projekt gestellt hatte, kann in diesem Zusammenhang nur bedingt angeführt werden, weil seine grundsätzliche Einstellung gegen Kreditvereine in der Art des Crédit Mobilier allgemein bekannt war.«[63]

Wie groß oder gering auch immer der wirtschaftliche Einfluß der jüdischen Banken und ihre effektive Rolle bei der Industrialisierung gewesen sein mag, Ärgernis erregten sie auf jeden Fall. Sie wurden jahrzehntelang mit ununterbrochener Persistenz in antisemitischen Pasquillen, aber ebenso auch in apologetischen Laudatien hervorgehoben. Auch in dieser Hinsicht waren die jüdischen Banken ein »Epilog der Hofjuden«. Das Problem im hier behandelten Kontext ist jedoch, inwieweit diese Gruppe zu Recht als echte jüdische Großbourgeoisie betrachtet werden kann. Als ein besonderes und interessantes Kapitel jüdischen Wirtschaftserfolgs gehört sie fraglos zu unserer Erzählung. Aber wie lange war sie wirklich noch Teil der jüdischen Minderheitsgruppe, deren wirtschaftliches Gesamtschicksal hier untersucht wird? Um die Mitte des 19. Jahrhunderts waren viele, vielleicht sogar die meisten, dieser Bankiers nur ihrer Abstammung nach noch Juden. In den folgenden Jahren verschwanden viele weitere durch Konversion und Eheschließung mit Nichtjuden aus der jüdischen Gemeinschaft.[64] Es war eine exklusive, eng verknüpfte Gruppe von Familien, die stets unter sich blieb, untereinander heiratete und zumeist nur für sich selbst sorgte. Darüber hinaus waren ihre gesellschaftlichen Kontakte und Aspirationen auf die herrschenden aristokratischen Kreise ausgerichtet, und nicht wenigen gelang es auch, dort Eintritt zu finden. Wohl nutzte ihnen dies in den Augen rassistischer Antisemiten ihrer eigenen oder späterer Zeit nur wenig: Die von Eichthals blieben für diese immer Seligmanns und die Hitzigs Itzigs. Inwieweit jedoch wurden sie von ihren jüdischen Zeitgenossen als zu ihnen gehörig betrachtet? Mit nur wenigen bekannten Ausnahmen spielten sie kaum eine Rolle in den jüdischen Gemeinden und nur wenig mehr im jüdischen Stiftungs- oder Wohlfahrtswesen.

63 Hans-Dieter Kirchholtes, Jüdische Privatbanken in Frankfurt am Main, Frankfurt a. M. 1969, S. 25, 38 f.
64 Hugo Rachel/Paul Wallich, Berliner Großkaufleute und Kapitalisten, 3. Aufl., Berlin 1967, Bd. 3, S. 28 ff.

In dieser Beziehung und auch sonst war die zweite, neu arrivierte bürgerliche Gruppe sehr verschieden. Sie stellte die Führungsspitze der jüdischen Gemeinden und unterhielt deren philanthropische, kulturelle und erzieherische Institutionen. Diese Familien, nicht die entfremdeten, getauften oder ungetauften Nachkommen der Hofjuden, bildeten das eigentliche jüdische Großbürgertum. Sie hatten ihr Kapital zumeist im Warenhandel, weniger im Finanz- und Geldgeschäft, erworben, und viele hatten relativ früh Fabriken gegründet. Zwischen 1800 und 1848 sind nicht weniger als 330 solcher Betriebe bekannt, davon 102 allein in Berlin. Jacob Toury schätzt ihre Zahl sogar auf knapp 500, darunter nur eine kleine Zahl vorindustrieller, von Hofjuden gegründeter Manufakturen. Diese waren meistens in vorindustrieller Zeit auf Anordnung der preußischen Könige entstanden, stellten Textil- oder Luxuswaren her und gingen ein, nachdem ihnen das königliche Monopol entzogen worden war. Für die durch die expandierende Massennachfrage angeregte industrielle Entwicklung waren diese Manufakturen völlig irrelevant.[65] Hier setzte die Geschichte der neu aufsteigenden jüdischen Unternehmer »vom Ghettohändler zum Wirtschaftsführer« (Kurt Zielenziger) ein.

Der Aufstieg dieser ehemaligen Kleinhändler und Warentrödler ist vielfach belegt. Sie betätigten sich in fast allen Zweigen der industriellen Produktion, und ihre Zahl wuchs mit deren Ausbreitung schnell an. Sogar in der Schwerindustrie waren einige zu finden: Moritz Friedländer spielte im schlesischen Bergbau eine wichtige Rolle;[66] Aron Hirsch aus Halberstadt eröffnete bereits um 1820 ein Kupferbergwerk im Harz;[67] Ludwig Löwe, der Sohn eines armen jüdischen Lehrers, errichtete eine bedeutende Maschinenbaufirma;[68] Alexander Koppel war in der Solinger Metall- und Besteckfabrikation führend.[69] Vielleicht wäre hier auch die bedeutende jüdische Unternehmerinitiative beim Eisenbahnbau zu erwähnen, obwohl es sich dabei überwiegend um Kapitalinvestitionen der Banken und nicht um industrielle Projekte handelte.

Insgesamt war jedoch die industrielle Betätigung von Juden in der Schwerindustrie eher die Ausnahme. Von Anbegin konzentrierten sie sich vornehmlich in der Textil- und Bekleidungsindustrie, in etwas geringerem Ausmaß in den Ernährungs- und Tabakbranchen. 52 von 102

---

65 Toury, Prolegomena (wie Anm. 38), S. 83 ff.
66 Stefi Jersch-Wenzel, Einleitung zu Fritz V. Grünfeld, Das Leinenhaus Grünfeld, Berlin 1967, S. 15.
67 Siegfried M. Auerbach, Jews in the German Metal Trade, in: YLBI, Bd. 10 (1965), S. 181.
68 Kurt Zielenziger, Juden in der deutschen Wirtschaft, Berlin 1930, S. 103 ff.
69 Heinz Rosenthal, Jews in the Solingen Steel Industry. Records of a Rhineland City, in: YLBI, Bd. 17 (1972), S. 210 f.

Berliner Fabriken, die zwischen 1800 und 1848 in jüdischem Besitz waren, produzierten Stoffe und Kleidung, 16 Nahrungs- und Genußmittel. Keine einzige von ihnen stellte Metallwaren her.[70] Anderenorts war diese Konzentration zwar etwas weniger auffallend, doch nahmen Textil- und Bekleidungsfirmen überall den ersten Platz unter den von Juden betriebenen Industrieunternehmen ein.

Wir dürfen annehmen, daß es für diese Konzentration vornehmlich zwei ökonomische Gründe gab: die bisherige Berufserfahrung der jüdischen Unternehmer und ihre Kapitalausstattung. Neuere Studien zur Unternehmensgeschichte zeigen, daß zur Industrie übergehende Kaufleute generell die Konsumgüterindustrie bevorzugten, die eine genaue Kenntnis der Marktverhältnisse verlangte. Hingegen widmeten sich gelernte und erfinderische Handwerker in vorerst kleinen, aber oft sehr kostspieligen Unternehmen der spezialisierten Produktion von Investitionsgütern.[71] Die jüdische Konzentration in den Konsumgüterbranchen stützt diese Hypothese. Ebenso wichtig war der zweite Grund für die Bevorzugung der Textilindustrie. Um Wäsche- oder Kleidungsstücke im Verlagssystem durch Heimarbeiter herstellen zu lassen oder gelegentlich auch einige Webstühle in einer Strafanstalt aufzustellen, brauchte ein kleinstädtischer Händler nur ein geringes Anlagekapital.[72] Das nötige Betriebskapital erhielt er durch Lieferantenkredite oder kleine Anleihen bei Freunden und Verwandten. Nachdem die Produktion einmal angelaufen war, wurde der Betrieb durch harte Arbeit und kaufmännische Findigkeit allmählich erweitert, wobei, zumindest am Anfang, die sparsame persönliche Lebensführung und weitgehende Investition der Einnahmen oft wesentlich zum Erfolg beitrugen. Wie die von Monika Richarz herausgegebenen Memoiren belegen, stiegen auf diese Weise aus sehr bescheidenen Anfängen in relativ kurzer Zeit eine Reihe florierender jüdischer Unternehmen auf.

Das geringe Anfangskapital jüdischer Unternehmer war nicht nur ein Anlaß zur Konzentration in den Gebrauchsgüterbranchen, sondern erklärt auch die relativ begrenzte neue Kapitalbildung. Am Beginn waren Transport, Bergwerke und Maschinenbau die führenden Zweige der deutschen Industrialisierung. Kohle, Eisen und Stahl waren die Wirtschaftszweige, in denen damals eine formidable Kapitalbildung stattfand – und in diesen waren Juden kaum vertreten. Dagegen stieg die Haushaltsnachfrage nach Konsumgütern viel langsamer an, was das Wachstum und die technologische Entwicklung der betreffen-

---

70 Jacob Jacobson, Die Judenbürgerbücher der Stadt Berlin, Berlin 1962, Nr. 1–3128; Hartmut Kaelble, Berliner Unternehmer während der frühen Industrialisierung, Berlin / New York 1972, S. 23.
71 Ebenda, S. 43.
72 Richarz, Jüdisches Leben (wie Anm. 9), S. 248 f., 300.

den Industriezweige verzögerte. Die wirklich großen Vermögen wurden nicht in der Textil- und Bekleidungsindustrie erworben, in denen noch bis in die 1880er Jahre ein großer Teil des Produkts in Heimarbeit hergestellt wurde.[73] Daher blieben, von einigen besonders erfolgreichen Unternehmen abgesehen, die meisten in diesen Branchen tätigen jüdischen Firmen nur kleine oder mittelgroße Betriebe und ihre Besitzer begrenzt wohlhabende, mittelständische Unternehmer. Diese Feststellung mag erstaunen und als übermäßige Verallgemeinerung erscheinen. Die Frage drängt sich natürlich auf, wie oder wo alle die berühmten reichen Juden und prominenten »Wirtschaftsführer«, die die Seiten der Bücher von Zielenziger und anderen Autoren füllen, in diese Darstellung hineinpassen. Die Antwort ist, daß bei dem hier vorliegenden Versuch, die wirtschaftliche Entwicklung der jüdischen Minderheitsgruppe in ihrer Gesamtheit zu untersuchen, die Vernachlässigung extremer Ausnahmefälle unvermeidlich ist. Nach Simon Kuznets, zweifellos eine Autorität auf dem Gebiet der quantitativ-analytischen Wirtschaftsgeschichte und der Minderheitenforschung, »machen einzelne Ausnahmefälle bei einer Minderheit kaum etwas aus. Daß Mr. X, Jude nach irgendeiner Definition, ein reicher Mann mit einer imponierenden Menge an finanziellen Forderungen ist, hat für das Wirtschaftsleben der jüdischen Minderheit als einer sozialen Gruppe wenig Bedeutung. Für sie ist das Funktionieren der Gruppe als ganzer entscheidend, während Zugehörigkeit und Funktion eines einzelnen oder einer kleineren Gruppe von den Launen des Zufalls abhängen und niemals stark genug sein können, um im Leben der Minderheit viel Gewicht zu haben — es sei denn, daß diese den einzelnen durch erfolgreiche Führung in Anspruch nimmt [...]. Bei der Beschreibung der Wirtschaftsstruktur der Juden müssen die Grundmuster des Lebens und der Arbeit der breiten Massen den Schwerpunkt bilden, und nicht die peripheren Themen wie ihr Verhalten als Investoren oder die auffallenden Erfolge irgendeiner kleinen Gruppe von Individuen, die in der Welt des Reichtums hohe Stellungen erreicht haben mögen.«[74] Die prominenten Unternehmer, die aus entgegengesetzten tendenziösen Absichten immer wieder lobend oder verdammend hervorgehoben werden, sind fraglos solche Ausnahmefälle. Selbst wenn sie in unserem Zusammenhang nicht ganz so irrelevant sind, wie Kuznets meint, hat die übertriebene »Leistungsparade« mancher früheren Darstellungen das Bild der jüdischen Wirtschaftsentwicklung in Deutschland ent-

---

73 Borchardt, Germany (wie Anm. 26), S. 132 ff.; Helmuth Böhme, Prolegomena zu einer Sozial- und Wirtschaftsgeschichte Deutschlands im 19. und 20. Jahrhundert, 6. Aufl., Frankfurt a. M. 1972, S. 48 f.; Theodor S. Hamerow, The Social Foundations of German Unification 1857–1871, Princeton 1969, Bd. 1, S. 16 ff.
74 Kuznets, Economic Structure and Life (wie Anm. 53), S. 60.

schieden entstellt. Die meisten dieser »Wirtschaftsführer« hatten ihren Sitz in Berlin, wo bis spät in die 1860er Jahre weniger als 8 % aller deutschen Juden unter außergewöhnlichen Bedingungen lebten. Nach einer Berechnung Hartmut Kaelbles waren um 1849 die Berliner Unternehmer etwa zur Hälfte Juden, was seiner Meinung nach den untergeordneten sozialen Status der Berliner Unternehmer erklärt.[75] Dieser an sich sehr interessante Sachverhalt wäre eine besondere Untersuchung wert, ist jedoch für ganz Deutschland, oder auch nur ganz Preußen, in keiner Weise repräsentativ.

Schlußfolgerungen

Zusammenfassend ergibt sich, daß die bedeutende Mobilität der deutschen Juden, die Veränderung ihrer Wohnorte, ihrer Berufsausübung und ihres wirtschaftlichen und sozialen Status, Entwicklungen vorwegnahm, die für die deutsche Industrialisierung typisch waren. Als diese begann, hatten die Juden insgesamt Stellungen erreicht, die ihnen ermöglichten, die durch die Industrialisierung und die sich rasch ausbreitende Marktwirtschaft gebotenen Aufstiegschancen zu nutzen und ihre Lage weiterhin zu verbessern. Um 1860 stellten sie eine allgemein sehr viel besser situierte Gruppe dar als nur eine Generation davor.

Bei dieser Entwicklung zeigten sich im ökonomischen Verhalten ganz besondere gruppenspezifische Züge, die sich stark von dem der Mehrheitsgesellschaft unterschieden. Zwar hatte sich die Berufsstruktur der Juden in Deutschland stark diversifiziert, und sie waren jetzt in vielen Wirtschaftszweigen tätig, die ihnen früher verschlossen gewesen waren; aber ihre Wirtschaftsstruktur war nicht stärker, sondern eher noch weniger »normal« als vorher. Es konnte wohl auch nicht anders sein. Nach dem von Simon Kuznets entwickelten Modell der Wirtschaftsstruktur kleiner Minderheiten ist deren »Anormalität« ihr eigentlicher Normalzustand: »Wenn die Wirtschaftsstruktur der Gesamtbevölkerung eines Landes ›normal‹ ist, dann muß, fast per definitionem, die Wirtschaftsstruktur einer kleinen und dauerhaften Minderheit anormal sein.«[76] Dementsprechend muß die Streubreite ihrer Verteilung auf Berufe und Wirtschaftszweige um so schmaler sein, je kleiner eine Minderheit ist.

Als Gruppe, die nur rund ein Hundertstel der Gesamtbevölkerung ausmachte, waren die Juden Deutschlands eine wirklich kleine Minderheit. Die Auswanderung vieler armer und die Dissoziation vieler rei-

---
75 Kaelble, Unternehmer (wie Anm. 70), S. 191 f.
76 Kuznets, Economic Structure and Life (wie Anm. 53), S. 8.

cher Juden hatte sich in der gleichen Richtung ausgewirkt und die Spannbreite der Berufs- und Sozialstruktur noch bedeutend verringert. Dadurch wurde auch, zumindest vorübergehend, eine Tendenz zur gruppeninternen Egalisierung der Einkommen und Vermögen ausgelöst. Alle vorhandenen Daten lassen die Vermutung zu, daß die deutschen Juden um 1860, im Vergleich zur Gesamtbevölkerung und zur eigenen Situation vor nur zwanzig oder fünfundzwanzig Jahren, nicht nur eine wohlhabendere, sondern auch eine sozial homogenere, ausgesprochen mittelständische Gruppe bildeten. Sie bestand vornehmlich aus kleinen Händlern und Ladenbesitzern in »typisch jüdischen« Berufszweigen wie dem Handel mit Textilwaren und Bekleidung, Nahrungsmitteln und Wohnbedarf. Auch die wenigen Unternehmer, die schon erste Schritte in den Produktionssektor gewagt hatten, waren deutlich in diesem Konsumbereich konzentriert.

Abschließend noch einige Bemerkungen über den, je nach der Einstellung des Betrachters, lobens- oder verdammenswerten jüdischen Beitrag zur Entwicklung des Kapitalismus in Deutschland.[77] Meines Erachtens wird darüber nie eine quantitativ fundierte, wissenschaftlich zuverlässige Aussage möglich sein. Wer kann darüber entscheiden, welchen Juden mehr Verdienste bzw. Schuld daran zukommen, dem »Eisenbahnkönig« Strousberg oder den Zehntausenden kleiner Hausierer, die die traditionelle wirtschaftliche Ordnung untergruben und den kapitalistischen Markt erweiterten, indem sie mit den Waren unzünftiger Handwerker über Land zogen?

Vielleicht wird die Sinnlosigkeit dieser Frage bereits allein durch die Größenordnung evident: Kann überhaupt von einer so kleinen, vornehmlich mittelständischen Gruppe mit nur geringem Kapital erwartet werden, daß sie die, oder auch nur eine, »treibende Kraft« bei der Industrialisierung des ganzen Landes sei? Dies schließt nicht aus, daß die Initiative einzelner jüdischer Unternehmer eine wichtige Rolle bei der industriellen Entwicklung einzelner Orte oder Regionen spielte, wie z. B. im schlesischen Landeshut oder im württembergischen Göppingen. Natürlich beteiligten sich jüdische Kaufleute, Bankiers, neben ihren nichtjüdischen Geschäftspartnern oder Konkurrenten, an der deutschen Industrialisierung – aber sie taten dies in ihrer Funktion als Unternehmer und nicht als Folge ihrer ethnischen oder religiösen Zugehörigkeit. Hätte es in Deutschland überhaupt keine Juden gegeben, wäre der Industrialisierungsprozeß kaum anders verlaufen.

77 Vgl. dazu den Aufsatz: Juden, Judentum und die Entwicklung des Kapitalismus in diesem Band.

3. Juden, Judentum und die Entwicklung des Kapitalismus. Klassische Interpretationen im Licht neuer empirischer Forschung

Wie der Titel des Beitrags andeutet, ist das Problem, um das es hier geht, unter drei Aspekten zu betrachten: Erstens wird die Wirkung der kapitalistischen Wirtschaftsentwicklung in ihren verschiedenen Phasen auf die wirtschaftliche und gesellschaftliche Stellung der Juden als Minderheitsgruppe untersucht; d. h. es wird nach dem wirtschaftlichen Schicksal der Juden gefragt. Zweitens soll geklärt werden, ob die Juden durch eine gruppenspezifische Wirtschaftstätigkeit die Entwicklung des Kapitalismus entscheidend gefördert oder gar verursacht haben. Hier wird nach der Rolle der Juden, oder zumindest eines signifikanten Teils von ihnen, bei der Entstehung des Kapitalismus gefragt. Drittens wird der Frage nachgegangen, ob das Judentum als ein in sich geschlossenes Glaubens- und Wertesystem die Anpassung der Juden an die kapitalistische Wirtschaftsform erleichtert oder erschwert, sie vielleicht sogar besonders dazu befähigt hat, eine zentrale oder führende Rolle bei der Entwicklung des Kapitalismus zu spielen.

Die Unterscheidung zwischen passivem Schicksal oder aktiver Rolle der Juden im Kapitalismus, indem sie einmal als Objekt, das andere Mal als Subjekt der Entwicklung betrachtet werden, entspricht zwei entgegengesetzten Ansätzen bei der Darstellung der Geschichte der Juden überhaupt. Daß hier hauptsächlich von den Juden im deutschsprachigen Raum die Rede ist, hat seinen Grund: Die meisten frühen Arbeiten über die jüdische Wirtschaftstätigkeit wurden im 19. und 20. Jahrhundert auf deutsch von jüdischen oder nichtjüdischen Historikern geschrieben, die empirische Untersuchungen über die ökonomische Situation der Juden in Deutschland vom Mittelalter bis in die neueste Zeit zum Beweis ihrer oft stark verallgemeinernden Thesen benutzten.

Das erste wirtschaftsgeschichtliche Werk über die Juden veröffentlichte Otto Stobbe im Jahre 1866.[1] Dieses Buch ist, in Anlehnung an Heinrich Grätz, ganz im Geist der zeitgenössischen liberalen Historiographie geschrieben und behandelt vornehmlich das Schicksal, weniger die wirtschaftliche Rolle der Juden. Stobbe untersuchte die katastrophal verschlechterte Wirtschaftslage der Juden in und nach der Zeit der Kreuzzüge. Den Grund dafür sah er primär im religiösen Fanatismus der Christen, der die Juden zwang, von ihren früheren Berufen zu der als Wucher verrufenen Zinsleihe und dem Geldgeschäft überzugehen. Erfüllten sie damit auch eine wirtschaftlich notwendige Funktion, so war dies doch sichtlich zu ihrem Nachteil. Das Zinsverbot im kirchlichen Gesetz überließ den Geldhandel den Juden, unter der Bedingung, daß der Zinsfuß durch die staatliche Hoheit bestimmt und kontrolliert würde. Dadurch waren die Juden der Willkür der territorialen Herren ihres Wohngebiets ausgeliefert, die sich oft durch plötzliche Enteignung und Austreibung der Juden bereicherten. Nach Stobbe wurde ein Circulus vitiosus in Gang gesetzt: Die religiöse Verfolgung war der Grund für die veränderte, von nun an charakteristische Wirtschaftstätigkeit der Juden, und diese wurde zum Anlaß für immer neue Verfolgungen. Daß Stobbe dabei Entwicklungen, die erst im 14. Jahrhundert voll zur Wirkung kamen, um zwei Jahrhunderte vorverlegte, war ein Irrtum, der von manchen späteren Historikern unkritisch übernommen wurde.[2]

Wilhelm Roscher kehrte einige Jahre später den kausalen Zusammenhang um, indem er die religiösen Verfolgungen auf die wirtschaftliche Konkurrenz zurückführte.[3] Nach Roschers Darstellung nutzte der christliche Handelsstand die durch die Kreuzzüge geschaffene Situation dazu aus, die jüdischen Konkurrenten gewaltsam auszuschalten. Diese Analyse nahm in mancher Hinsicht Argumente vorweg, die später Ber Borochov, der Begründer der russischen »Poale Zion« (einer zionistisch-sozialistischen Arbeiterpartei), als Grundlage einer marxistischen Erklärung des Antisemitismus entwickelte. Demnach entsprang der Antisemitismus der »nationalen Konkurrenz« um die »Produktionsbedingungen«, die sich gegen die Juden als »exterritoriales

---

1 Otto Stobbe, Die Juden in Deutschland während des Mittelalters in politischer, sozialer und rechtlicher Beziehung, Braunschweig 1866.
2 Vgl. Toni Oelsner, The Place of the Jews in Economic History as viewed by German Scholars, in: Yearbook of the Leo Baeck Institute (künftig: YLBI), Bd. 7 (1962), S. 183–212.
3 Wilhelm Roscher, Die Stellung der Juden im Mittelalter, betrachtet vom Standpunkt der allgemeinen Handelspolitik, in: Tübinger Zeitschrift für die gesamte Staatspolitik, 1875, S. 503–526. (Hier nach der englischen Übersetzung in: Historia Judaica, VI/1 [New York 1944], S. 13–26).

Volk« immer dann wende, wenn ihre wirtschaftliche Funktion erfüllt sei. Sobald innerhalb der nichtjüdischen Mehrheitsbevölkerung die Klassen heranreiften, die die wirtschaftlichen Funktionen der Juden übernehmen könnten, würden diese verdrängt und politisch verfolgt.[4]

In ähnlicher Weise hatte Roscher die Verfolgung und Vertreibung der Juden im Mittelalter dadurch erklärt, daß sie an ihren Ansiedlungsorten wirtschaftlich »überflüssig« wurden, sobald ihre Berufe von christlichen Kaufleuten übernommen werden konnten. Danach mußten die Juden eine neue Nische finden, in der nur sie eine wirtschaftlich wichtige Funktion erfüllen konnten, und diese fanden sie im Pfandleihe- und Geldgeschäft, das den Christen verboten war. Hier konnten sie lange Zeit ein, wenn auch spärliches und stets gefährdetes, Einkommen erwerben, bis nichtjüdische Konkurrenten, die Wege zur Umgehung des christlichen Zinsverbots fanden, sie erneut verdrängten. Dabei fielen sie sowohl dem Haß der sich übervorteilt fühlenden Kreditnehmer wie der Habgier der Landesherren zum Opfer, die die Juden erst als Werkzeug zur Ausbeutung der Bevölkerung nutzten und sie danach austrieben, um sich ihr Vermögen anzueignen.[5]

Die Forschung des 19. Jahrhunderts beschränkte sich fast ausschließlich auf die Wirtschaftstätigkeit der Juden im Mittelalter, ist jedoch für die hier behandelte Problematik trotzdem relevant. Wie vor ihm Stobbe ging auch Wilhelm Roscher von der Voraussetzung aus, daß die Juden im frühen Mittelalter die Hauptträger des Handels in Europa waren und besonders den interkontinentalen Osthandel mit Luxuswaren und Sklaven beherrschten. Eugen Täubler hat diese Annahme bereits 1916 durch die empirische Erforschung der Wirtschaftsentwicklung vor und nach dem 11. Jahrhundert widerlegt.[6] Der Irrtum hat sich trotzdem bis in unsere Zeit erhalten, ebenso wie die allgemein geläufige Auffassung von der fast unumschränkten Monopolstellung der Juden in der Zinsleihe und dem Geldhandel des späteren Mittelalters. Beide fast axiomatisch vorausgesetzten Annahmen lagen den für unser Thema relevanten Arbeiten von Max Weber und Werner Sombart zugrunde und wurden von späteren Historikern übernommen.[7]

Auch die Vordenker des Sozialismus im 19. Jahrhundert übernahmen von den Physiokraten die negative Einstellung zum Handel im allge-

---

4 Ber Borochov, Unsere Plattform (Russisch 1906), hier nach der hebräischen Übersetzung in: Ders., Gesammelte Schriften, Bd. 1, Tel Aviv 1956, S. 196 ff.
5 Roscher, Stellung der Juden (wie Anm. 3), S. 17 ff., 20 ff.
6 Eugen Täubler, Zur Handelsbewegung der Juden in Deutschland vor Beginn des Städtewesens, in: Festschrift zum 70. Geburtstag Martin Philippsons, Leipzig 1916, S. 370 ff.
7 Vgl. die Bibliographie bei Oelsner, Jews in Economic History (wie Anm. 2), S. 187 ff.

meinen und zum jüdischen Handel im besonderen. Seitdem gehört sie zu den aus dem Gedankengut der vorindustriellen Gesellschaft übernommenen antisemitischen Stereotypen. Selbst ein liberaler Nationalökonom wie Lujo Brentano ging davon aus, daß in Gesellschaften, in denen die Güterproduktion und -verteilung im Rahmen der erweiterten Familie des Feudalbesitzes oder von geschlossenen Gilden und Zünften geregelt wurden, der Handel den Fremden, darunter auch den Juden, überlassen blieb.[8] Zu beachten ist jedoch, daß lombardische und besonders deutsche Handelstreibende, wie z. B. die Fugger, schon rein semantisch von den Juden unterschieden wurden: Die ersteren waren ehrbare »Kaufleute« oder »Bankiers«, die Juden trieben »Wucher« oder »Schacher«.

Auch Werner Sombart und Max Weber konnten sich offenbar nicht von der negativen Einstellung zum Handel befreien. Trotzdem vertraten sie sehr verschiedene Auffassungen, sowohl hinsichtlich der Definition und Periodisierung des Kapitalismus als auch der den Juden dabei zugeschriebenen Rolle. Für Sombart war die Trennung der wirtschaftlichen Tätigkeit von der unmittelbaren Bedarfsdeckung zum Zweck maximalen, im Geldgewinn realisierten Profits das entscheidende Charakteristikum des kapitalistischen Systems. Die durch plötzliche außerwirtschaftliche Umwälzungen eingeleitete Wiederbelebung des Welthandels im späten Mittelalter betrachtete er dementsprechend als das Anfangsstadium des modernen Kapitalismus. Um 1902 erklärte Sombart die Eroberung und Plünderung Konstantinopels im Jahre 1204 zur Geburtsstunde des Kapitalismus, der, sozusagen wie »deus ex machina«, aus den geplünderten byzantinischen Schätzen als Handelskapital emporstieg.[9] Zehn Jahre später verschob Sombart nicht nur das Geburtsdatum des Kapitalismus von 1204 auf 1492, sondern verlegte auch dessen Geburtsort von Kleinasien nach Holland, Frankreich und England. Den entscheidenden Anstoß gab dieses Mal die Vertreibung der Juden von der Iberischen Halbinsel. Seitdem »geht Israel wie die Sonne über Europa: wo es hinkommt, sprießt neues Leben empor, von wo es wegzieht, da modert alles, was bisher geblüht hatte«.[10] Auf diese Weise schrieb Sombart den Juden die entscheidende Rolle bei der Entstehung des Kapitalismus zu.

Zwischen den beiden hier zitierten Büchern Sombarts erschien 1904/05 Max Webers grundlegende Arbeit zur Entstehungsgeschichte

---

8 Lujo Brentano, Die Anfänge des modernen Kapitalismus, München 1916, S. 86 f.; vgl. auch: David S. Landes, The Bleichröder Bank: An Interim Report, in: YLBI, Bd. 5 (1960), S. 203 ff.
9 Werner Sombart, Der moderne Kapitalismus, Bd. 1, München/Leipzig 1902, S. 392.
10 Ders., Die Juden und das Wirtschaftsleben, Leipzig 1911, S. 15.

des Kapitalismus. In ihr definierte Weber den Kapitalismus, weit positiver als Sombart, als die rational disziplinierte, auf freier Arbeit beruhende industrielle Organisation des Wirtschaftsprozesses, wobei er sich ausdrücklich gegen die negative Einschätzung wandte, daß die ungezügelte Bereicherungssucht (appetitus divitiarum infinitus) das wesentliche Merkmal sei.[11] Weber versuchte auch nicht, ein genaues Geburtsdatum des Kapitalismus festzulegen. Vielmehr betonte er den Entwicklungsprozeß und berücksichtigte auch verschiedene frühkapitalistische Wirtschaftsformen. Aber das Thema seiner Darstellung war explizit der moderne, westeuropäische Kapitalismus, der nicht vor dem 16. oder 17. Jahrhundert in Erscheinung trat. Darin entspricht Webers Ansatz der von Karl Marx eingeführten Periodisierung. Im Gegensatz zum materialistischen Determinismus bei Marx, maß Max Weber jedoch den religiös-ideologischen Normen der Reformation – genauer: dem Puritanismus, wie er besonders in den Lehren Calvins formuliert ist – eine entscheidende, wenn auch nicht die alleinige Rolle bei der Entwicklung des Kapitalismus zu.

Sombart schrieb »Die Juden und das Wirtschaftsleben« als Entgegnung auf die Thesen Max Webers: »Denn wie eine genaue Prüfung der Weberschen Beweisführung ergab, waren alle diejenigen Bestandteile des puritanischen Dogmas, die mir von wirklicher Bedeutung für die Herausbildung des kapitalistischen Geistes zu sein scheinen, Entlehnungen aus dem Ideenkreis der jüdischen Religion.«[12] Aber obwohl Sombart den jüdischen Religionsgrundsätzen – oder dem, was er darunter verstand – über 70 Seiten seines Buches widmete, billigte er ihnen doch nur eine sekundäre und funktionelle Rolle zu. Folgt man Sombarts Gedankengängen genau, so machte nicht die Religion die Juden zu Wegbereitern des Kapitalismus, sondern ausschlaggebend waren ihre kollektiven und rassebedingten Charaktereigenschaften, die u. a. auch in ihrer Religion Ausdruck fanden. Schon in der Einleitung formulierte er programmatisch seine Auffassung, »damit es dem Leser gleichsam als Leitmotiv in den Ohren klinge«. Die »alle anderen Einflüsse weit übergipfelnde Bedeutung der Juden für das moderne Wirtschaftsleben« schrieb er »der (historisch zufälligen) Tatsache zu [...], daß ein ganz besonders geartetes Volk – ein Wüstenvolk und ein Wandervolk, ein heißes Volk – unter wesensverschiedene Völker – naßkalte, schwerblütige, bodenständige Völker – verschlagen worden ist. [...] Wären sie alle im Orient geblieben [...] es wäre niemals zu dem Knalleffekt der menschlichen Kultur: dem modernen Kapitalismus, gekom-

---

11 Max Weber, Die protestantische Ethik und der Geist des Kapitalismus, zuerst in: Archiv für Sozialwissenschaft und Sozialpolitik, Bd. 20/21 (1904/1905).
12 Sombart, Juden (wie Anm. 10), S. V.

men.«[13] Angesichts dieser unverkennbaren Untertöne sind die späteren engen Beziehungen Sombarts zur Konservativen Revolution, insbesondere zum »Tat«-Kreis, und später auch zur NSDAP keineswegs überraschend.[14]

Max Weber hat seine spätere, posthum veröffentlichte Studie »Das antike Judentum«[15] mit keinem Wort als eine Erwiderung auf Sombarts Buch bezeichnet und ihm auch keine unmittelbare Stellungnahme gewidmet. Webers Studie bildet den dritten Teil seines umfassenden Forschungsprojekts über das Verhältnis zwischen der Wirtschaftsentwicklung und den großen Weltreligionen, das er nicht vollenden konnte. Im Gegensatz zu Sombarts »Juden und das Wirtschaftsleben« war Webers Werk eine tiefgründige wissenschaftliche Leistung. Seine Darstellung der antiken Königreiche Israel und Judäa fußte zwar auch nicht auf den ihm sprachlich unzugänglichen Primärquellen, aber sie bewies eine gründliche Kenntnis und einfühlende Verarbeitung der einschlägigen zeitgenössischen Forschungsliteratur. Weber selbst betonte ausdrücklich, daß er keineswegs beanspruche »›neue‹ Tatsachen und Auffassungen vorzutragen. [...] In gewissem Umfang neu sind einige der soziologischen Fragestellungen, unter denen die Dinge behandelt werden.«[16] Besonders wertete er die bahnbrechenden Arbeiten deutscher Historiker und Bibelexegeten wie Eduard Meyer oder Julius Wellhausen aus, um eine Synthese der wirtschaftlichen, gesellschaftlichen und religiösen Struktur des antiken Judentums zu erstellen.

Auf dieser Grundlage entwickelte Max Weber seine These vom »Pariacharakter« des jüdischen Volkes. Die breitangelegte Analyse der moralischen und religiösen Normen in ihrer Beziehung zur Wirtschaftstätigkeit der Juden – von den Urvätern über die Leviten und Pharisäer bis in die talmudische Zeit –, die ihn zu dieser Definition führte, kann hier nicht im einzelnen dargestellt werden. Das nach Weber entscheidende Merkmal der Absonderung der Juden von ihrer Umgebung aus religiösen Motiven und eigenem Antrieb, noch bevor äußerer Druck sie dazu zwang, hat er selbst nicht bis in die Zeit der Diaspora weiterverfolgen können. Entscheidend bleibt im gegenwärtigen Zusammen-

---

13 Ebenda, S. VII.
14 Vgl. Paul Mendes-Flohr, Werner Sombart's The Jews and Modern Capitalism. An Analysis of its Ideological Premises, in: YLBI, Bd. 21 (1976), S. 87–107; Werner Krause, Werner Sombarts Weg vom Kathedersozialismus zum Faschismus, Berlin (Ost) 1962; Avraham Barkai, Das Wirtschaftssystem des Nationalsozialismus. Ideologie, Theorie, Politik, 1933–1945, 2. Aufl., Frankfurt a.M. 1988, S. 90ff.
15 Max Weber, Das antike Judentum. (= Gesammelte Aufsätze zur Religionssoziologie, Bd. 3), Tübingen 1920.
16 Ebenda, S. 6 (Anm.).

hang seine soziologische Charakterisierung der Juden, in Anlehnung an das indische Kastensystem, als »ein Pariavolk [...] ein rituell, formell oder faktisch von der sozialen Umwelt geschiedenes Gastvolk. Alle wesentlichen Züge seines Verhaltens zur Umwelt, vor allem seine längst vor der Zwangsinternierung bestehende freiwillige Ghettoexistenz und die Art des Dualismus von Binnen- und Außenmoral lassen sich daraus ableiten.« Aus dem Begriff des »Pariavolks« leitete Weber den des »jüdischen Paria-Kapitalismus« ab, worunter er alle »vom Puritanismus perhorreszierten Formen des Staats- und Raub-Kapitalismus, neben reinem Geldwucher und Handel«, verstand.[17]

Die Art, in der Max Weber die jüdische Wirtschaftstätigkeit darstellte, beweist, daß er sie nicht weniger abwertend beurteilte als die Calvinisten. Die damals gängige negative Einstellung zum Handel hat auch er geteilt. Vielleicht war dies auch ein Grund dafür, daß er irgendeine positive Relation zwischen den religiösen Grundsätzen der Juden und dem Kapitalismus, wie ihrer Wirtschaftstätigkeit überhaupt, entschieden ablehnte: »Niemals konnte [bei den Juden] ökonomischer Erwerb eine Stätte religiöser ›Bewährung‹ werden. Wenn Gott die Seinen durch ökonomischen Erfolg ›segnete‹, so nicht um ihrer *ökonomischen* ›Bewährung‹ willen, sondern weil der fromme Jude *außerhalb* dieser Erwerbstätigkeit gottgefällig gelebt hat [...]. Das Gebiet der Bewährung der Frömmigkeit liegt beim Juden auf einem durchaus anderen Gebiet als dem einer rationalen Bewältigung der ›Welt‹, insbesondere der Wirtschaft [...]. Jedenfalls haben jene orientalischen, südeuropäischen und osteuropäischen Gebiete, in denen sie am längsten und meisten heimisch waren, weder in der Antike noch im Mittelalter noch in der Neuzeit die dem modernen Kapitalismus *spezifischen* Züge entwickelt. Ihr wirklicher Anteil an der Entwicklung des Okzidents beruhte höchst wesentlich auf dem *Gastvolk*charakter, den die selbstgewollte Absonderung ihnen aufprägte.«[18]

Weber hat im Zusammenhang des obigen Zitats Sombart nicht namentlich genannt, obwohl ihm der diametrale Gegensatz der Auffassungen sicher nicht entgangen ist. Angesichts der Wortwahl und der abwertenden Darstellung der jüdischen Wirtschaftstätigkeit kann man Weber kaum als »Philosemiten« bezeichnen, doch will ich mich hier weder mit dieser Einschätzung noch mit seiner Theorie auseinandersetzen. Aber es soll immerhin erwähnt werden, daß Webers Äußerungen bei Wissenschaftlern niemals auf die gleiche entschiedene Kritik gestoßen sind wie vielfach Sombarts Schrift: »Die Juden und das Wirtschaftsleben«. Auch Historiker und Theologen, die Webers Theorien

---

17 Ebenda, S. 3 f., 360.
18 Ebenda, S. 360 (alle Hervorhebungen im Original).

ablehnten, haben seine wissenschaftliche Integrität und die Gründlichkeit seiner Forschung stets anerkannt. Ein sprechendes Beispiel dafür ist das Urteil von Lujo Brentano, einem der angesehensten Wirtschaftshistoriker seiner Zeit: »Dieses Sombartsche Buch ist eine der betrüblichsten Erscheinungen auf dem Gebiete der deutschen Wissenschaft. Wenn ich im vorigen Abschnitte der Lehre von Max Weber entgegengetreten bin, habe ich dies nur mit der größten Überwindung getan; denn ich verehre in ihm einen Mann von ungewöhnlichem Geiste, außerordentlicher Gelehrsamkeit und unerbittlichem wissenschaftlichen Ernst [...]. Anders mit Sombart. Schon sein Werk von 1902 hat [...] über das, was die Quellen besagen, mit der größten Willkür geschaltet, um sie mit seinen Lehren in Übereinstimmung zu bringen. Sein Buch von 1911 zeigt diese Willkür in gesteigertem Maße [...]. Es ist voll der Frivolitäten eines sich als Übermenschen fühlenden Übermütigen, der die Seifenblasen seiner Laune dem durch Geistreichereien verblüfften Leser mit souveräner Verachtung ins Gesicht bläst und dazu von ihm verlangt, daß er seine Einfälle als ›unwiderleglich richtige‹ wissenschaftliche Sätze annehme.«[19]

Wie dem auch sei, unterschied sich die Einstellung Sombarts zum Kapitalismus sehr wesentlich von der Max Webers. Sombarts Verhältnis hat zwar deutlich erkennbare Metamorphosen durchgemacht, doch in seinen späteren Arbeiten kommt seine negative Einschätzung klar zum Ausdruck. Er betrachtete den Kapitalismus als eine zwar notwendige und vielleicht unabwendbare Entwicklungsstufe, die er aber bedauerte, weil er sie als eine für die moralische, gesellschaftliche und nationale Entwicklung Deutschlands schädliche Erscheinung ansah.[20] In Anbetracht dieser Sicht irrten sich die jüdischen Apologeten, die Sombarts »Anerkennung« des Beitrags der Juden zur Entwicklung des Kapitalismus als Kompliment auffaßten. Dagegen beurteilte Max Weber den Kapitalismus entschieden positiver als eine rationale und darum fortschrittliche Erscheinung. Inwieweit diese Einstellung sein Urteil über die geschichtliche Rolle der Juden bei der Entwicklung des Kapitalismus beeinflußte, läßt sich nicht klar nachvollziehen.

Wir können hier die Argumentation Sombarts und Webers nicht im einzelnen verfolgen, und es wäre auch müßig, entscheiden zu wollen, wer von den beiden der geschichtlichen Wahrheit näher kam. Aber wie das Verhältnis zwischen der Entwicklung des modernen Kapitalismus und der Wirtschaftstätigkeit der Juden tatsächlich aussah, kann für die

---

19 Brentano, Kapitalismus (wie Anm. 8), S. 159f. Für eine Übersicht der zeitgenössischen Kritik vgl. Julius Guttmann, Die Juden und das Wirtschaftsleben, in: Archiv für Sozialwissenschaft und Sozialpolitik, Bd. 36 (1913), S. 151ff.
20 Werner Sombart, Der deutsche Sozialismus, Berlin 1934, S. 318 und passim.

Zeit seit dem 19. Jahrhundert, besonders am Beispiel der deutschen Juden, aufgrund der relativ günstigen statistischen Quellenbasis und der bisherigen Forschung kurz nachgezeichnet werden.

Betrachten wir zuerst, was ich oben als den »Beitrag« der Juden zur Entwicklung des Kapitalismus bezeichnet habe. Es ist kaum jemals behauptet worden, daß die Juden irgendeine wesentliche Rolle bei der frühen industriellen Revolution in Europa gespielt hätten. An den technologischen Innovationen zuerst in der Landwirtschaft und später in der Industrie Englands hatten sie keinen Anteil. In den Ländern der späteren industriellen Entwicklung wie Frankreich, Holland und Deutschland oder, noch später, im östlichen Europa sind jüdische Unternehmer in einigen spezifischen Wirtschaftszweigen als Innovatoren nachweisbar, zumeist jedoch eher als Finanziers, wie unbestreitbar bei der Entwicklung des mitteleuropäischen Eisenbahnnetzes.[21] Trotzdem wäre es zweifellos übertrieben, diesen wenigen jüdischen Unternehmern die Hauptrolle bei der Industrialisierung der betreffenden Länder zuzuschreiben. Ihr Einfluß beschränkte sich gewöhnlich auf wirtschaftliche und geographische Teilgebiete, die zumeist nicht zu den primär mobilisierenden, die Industrialisierung vorantreibenden Zweigen gehörten. Daher habe ich, aufgrund eigener Forschungen, vor Jahren die Annahme geäußert, daß der jüdische »Beitrag« zur Industrialisierung Deutschlands marginal war und diese kaum anders verlaufen wäre, wenn es in Deutschland überhaupt keine Juden gegeben hätte.[22]

Viel wesentlicher ist nach meiner Auffassung die Frage nach dem Einfluß des Kapitalismus auf das wirtschaftliche Schicksal der Juden als ethnischer und religiöser Minderheitsgruppe mit bestimmten sozioökonomischen Merkmalen. Hier steht außer Zweifel, daß die neu eröffneten wirtschaftlichen Möglichkeiten zu ihren Gunsten wirkten: Sowohl die Wirtschaftselite als auch die meisten der weniger bemittelten Juden konnten ihre Lage schon in der vorindustriellen Zeit, etwa ab Anfang des 19. Jahrhunderts, erheblich verbessern. Das schnelle Wachstum der Bevölkerung und die damit verbundene Ausbreitung der Marktwirtschaft waren für die Entwicklung der kommerziellen Tätigkeiten, in denen die meisten Juden wirkten und spezialisiert waren, besonders vorteilhaft. Die Folge war eine erhebliche Erhöhung ihrer durchschnittlichen Einkommen und Vermögen, sowohl absolut als auch im Vergleich zur Gesamtbevölkerung. Noch zu Beginn des 19. Jahrhunderts lebte fast ein Viertel aller deutschen Juden an der Grenze

---

21 Kurt Grunwald, Europe's Railways and Jewish Enterprise. German Jews as Pioneers of Railway Promotion, in: YLBI, Bd. 12 (1967), S. 192 ff.
22 Vgl. meinen Aufsatz in diesem Band: Die Juden in Deutschland am Beginn der Industrialisierung , besonders S. 61.

des Existenzminimums als Vaganten und »Betteljuden« ohne feste Niederlassung. Um 1848, also kurz vor Beginn des industriellen »Take-off« in Deutschland, waren bereits etwa 70 % aller jüdischen Familien steuerpflichtig, allerdings zumeist in der untersten Einkommensgruppe. Um 1871 hatte sich ihre Situation noch mehr verbessert: Über 60 % gehörten jetzt zum gutsituierten Mittelstand, darunter nicht wenige, die zu erheblichem Reichtum gelangt waren.[23]

Die ins Ausland abgewanderten deutschen Juden hatten noch größere Erfolge. Die Verbesserung des Seetransports, die Masseneinwanderung in die USA und die Industrialisierung Amerikas waren ein Teil der kapitalistischen Expansion jener Zeit. Bereits um 1820 begann die jüdische Auswanderung aus Deutschland nach Amerika, und bis 1880 hatten sich dort etwa 200000 deutschsprachige Juden angesiedelt. In politischer, gesellschaftlicher und wirtschaftlicher Hinsicht waren diese allgemein noch bedeutend besser situiert als die in der Heimat verbliebenen deutschen Juden. In der Zeit vor dem Beginn der jüdischen Massenwanderung aus Osteuropa kann die amerikanische Judenheit mit ihren verzweigten religiösen und sozialen Institutionen durchaus als ein Zweig des deutschen Judentums angesehen werden, mit dem sie lange in Kontakt blieb.[24] Auf beiden Seiten des Atlantiks war diese Entwicklung eng mit der Ausbreitung des industriellen Kapitalismus verbunden.

Aus alledem drängt sich die Schlußfolgerung auf, daß die Juden, wenn sie auch nicht die Begründer des modernen Kapitalismus waren, doch gewisse kollektive Eigenschaften besaßen, die sie besonders anpassungsfähig an die kapitalistische Wirtschaftsform machten. Untersucht man jedoch die Berufsstruktur und das Wirtschaftsverhalten der jüdischen Gesamtgruppe in der hier behandelten Periode und darüber hinaus bis ins 20. Jahrhundert, so stellt sich heraus, daß die Änderungen erstaunlich gering waren. In Deutschland war noch 1925 annähernd die Hälfte aller jüdischen Erwerbspersonen im Handel, zumeist in den seit Generationen von Juden bevorzugten Spezialbranchen, tätig. Ebenso auffällig ist die Bevorzugung der Selbständigkeit, im Gegensatz zur allgemeinen wirtschaftlichen Entwicklung. Die Verbesserung der Situation der Juden war eine Folge der erweiterten Diversität im kommerziellen Sektor selbst; ins industrielle Unternehmertum wechselten relativ wenige. Die bedeutendste Veränderung war die

---

23 Jacob Toury, Soziale und politische Geschichte der Juden in Deutschland 1847–1871, Düsseldorf 1977; Avraham Barkai, Jüdische Minderheit und Industrialisierung. Demographie, Berufe und Einkommen der Juden in Westdeutschland 1850–1914, Tübingen 1988.
24 Vgl. Avraham Barkai, Branching Out: German-Jewish Immigration to the United States, 1820–1914, New York 1994.

Zunahme der akademischen Berufe, aber auch hier bevorzugten die meisten Juden die selbständige Stellung als privat praktizierende Rechtsanwälte und Ärzte.[25] Dies bedeutet, daß die Juden die neuen Expansionsmöglichkeiten der kapitalistischen Entwicklung in den Wirtschaftszweigen zu nutzen wußten, in denen sie seit Generationen tätig gewesen waren und daher auch einen relativen Vorteil gegenüber den neu in diese Berufe eintretenden Nichtjuden besaßen.

Dagegen bewiesen die Juden erstaunlich geringe Elastizität und wenig Anpassungsvermögen, sobald eine grundlegende Umstellung hinsichtlich der Berufswahl und der sozialen Stellung wirtschaftlich geboten war. Trotz der fortgeschrittenen Industrialisierung blieb die von vielen erwartete und befürwortete »Produktivierung« oder »Normalisierung« der jüdischen Wirtschaftsstruktur aus. Dabei lasse ich die Frage nach einem möglichen Konnex dieser Beharrungstendenz mit dem Verhalten der Umwelt, d. h. mit dem in der Phase des hochentwickelten Kapitalismus wiedererwachten Antisemitismus, offen. Vielleicht hatten Wilhelm Roscher und Ber Borochov recht, wenn sie in der »Überflüssigkeit« der Juden und dem daraus entspringenden Konkurrenzneid einen Grund für ihre Verfolgung und Austreibung sahen?

Eine befriedigende Erklärung für diese mangelnde Flexibilität und ungenügende Anpassung des jüdischen Wirtschaftsverhaltens steht noch aus. Wie ist die verpaßte »Normalisierung« der Berufsstruktur mit der fortgeschrittenen Emanzipation der Juden, die die rechtlichen Barrieren für Ansiedlung und Berufswahl beseitigte, in Einklang zu bringen? Und wie erklärt sich die verblüffende Ähnlichkeit des Wirtschaftsverhaltens und der beruflichen Spezialisierung der Juden in den verschiedenen Ländern der Diaspora, deren kapitalistische Entwicklung sehr unterschiedlich verlief? Können diese Parallelen vielleicht doch, in Anlehnung an die Thesen Max Webers, durch eingewurzelte religiöse Normen erklärt werden, die noch im Zeitalter der Säkularisierung, in dem auch die meisten Juden nicht mehr streng nach dem religiösen Gebot lebten, wirksam blieben?

Was die zentrale Bedeutung der religiösen Gesetze und Normen für alle Bereiche des jüdischen Lebens in der vormodernen Zeit angeht, kann niemand ernsthaft die Argumente Max Webers bestreiten. Ebenso klar ist, daß die Sabbat- und Speisegesetze seit der Antike und

---

25 Esra Bennathan, Die demographische und wirtschaftliche Struktur der Juden, in: Werner E. Mosse / Arnold Paucker (Hrsg.), Entscheidungsjahr 1932. Zur Judenfrage in der Endphase der Weimarer Republik, Tübingen 1965, S. 88–113; Uziel O. Schmelz, Die demographische Entwicklung der Juden in Deutschland von der Mitte des 19. Jahrhunderts bis 1933, in: Zeitschrift für Bevölkerungspolitik, Heft 1/1982, S. 31–72; vgl. meinen Beitrag in diesem Band: Die Juden als sozioökonomische Minderheitsgruppe in der Weimarer Republik, S. 98–103.

bis spät in die Neuzeit den gesellschaftlichen Umgang von Juden mit Nichtjuden erschwerten, was ihnen oft als überhebliche Absonderung übelgenommen wurde. Kritisch zu überprüfen ist dagegen die religionssoziologische Analyse Max Webers, der den religiösen Bindungen einen dauernden Einfluß auf das wirtschaftliche Verhalten des jüdischen Volkes zuschrieb und in ihnen schlechthin die entscheidende Ursache für dessen »Pariacharakter« sah. Diese Verallgemeinerung wird schon dadurch in Frage gestellt, daß die größten wirtschaftlichen Erfolge zumindest der deutschen Juden auf beiden Seiten des Atlantiks zeitlich gerade mit der Lockerung der religiösen Bindungen zusammenfielen. Besonders in der Oberschicht waren viele zum Christentum konvertiert, weil sie in diesem Schritt eine Voraussetzung dafür sahen, weitere wirtschaftliche Fortschritte zu erzielen und gesellschaftlich akzeptiert zu werden.

Auch bei den Juden, die den Glauben ihrer Väter nicht aufgeben wollten, blieb die Religion, oder die persönliche Beziehung zu ihr, nicht unverändert. Die Auswanderer gaben die strenge Beachtung der religiösen Gebote zumeist schon bei der Überfahrt oder kurz nach der Ankunft in der »Neuen Welt« auf. Die besonders in Amerika sich ausbreitende Reformbewegung war u. a. auch durch Notwendigkeiten motiviert, die sich aus dem wirtschaftlichen Alltag ergaben.[26] Um so mehr erstaunt es, daß die wirtschaftliche Assimilation der Juden hinter der kulturellen und religiösen zurückblieb. Wenn nach Marx das »Sein das Bewußtsein« bestimmt, so blieb bei den Juden offensichtlich das wirtschaftliche »Sein« noch wesentlich unverändert, als der »ideologische Überbau« ihres »Bewußtseins« sich schon lange stark dem der nichtjüdischen Umwelt angepaßt hatte. Eine voll befriedigende Erklärung dieser Erscheinung bleibt immer noch ein provokantes Desiderat für die soziologische, religiöse und wirtschaftliche Erforschung des modernen Judentums.

---

26 Michael A. Meyer, Response to Modernity. A History of the Reform Movement in Judaism, New York / Oxford 1988.

4. Auswanderung als Emanzipationsersatz? Deutsch-jüdische Gruppenidentität jenseits des Ozeans

In dem Jahrhundert vor dem Ersten Weltkrieg verließen über fünfzig Millionen Menschen Europa. Die mehr als vier Millionen Juden, die an diesem gewaltigen Bevölkerungstransfer teilnahmen, waren dabei weit stärker vertreten, als es ihrem Anteil an der europäischen Bevölkerung entsprach. Sie waren die zahlenmäßig viertgrößte ethnische Gruppe von Auswanderern, 7 bis 8 % der Gesamtzahl, obwohl sie um 1800 nur 1,2 % der europäischen Gesamtbevölkerung ausmachten und bis 1914 niemals 2 % überstiegen.[1]

War also die Auswanderung von Juden fraglos ein Teil der allgemeinen Wanderungsbewegung, so bedarf doch ihr so stark überproportionaler Anteil der Erklärung. Wir stehen hier theoretisch vor zwei Möglichkeiten: Wenn die jüdische Auswanderung von den gleichen Motiven ausgelöst und angespornt wurde wie die Gesamtauswanderung, so müssen diese auf die Juden erheblich stärker eingewirkt haben als auf die Nichtjuden. Oder es gab bei den Juden besondere gruppenspezifische Gründe, die sie drängten, ihre Geburts- und Heimatorte zu verlassen, um sich an neuen Gestaden anzusiedeln. Tatsächlich setzten beide Motivationsketten, die in der demographischen Forschung als »Push-« oder »Pull-«Kräfte bezeichnet werden, den weltweiten Umsiedlungsprozeß des jüdischen Volkes in Bewegung.

Die demographischen, wirtschaftlichen und politischen Umwälzungen, die den allgemeinen Wanderungsprozeß auslösten, hatten ausgesprochen revolutionäre Dimensionen. Die Bevölkerung Europas wuchs zwischen 1800 und 1920 von etwa 190 auf 450 Millionen Men-

---

1 Jakob Lestschinsky, Jüdische Wanderungen im letzten Jahrhundert, in: Weltwirtschaftsarchiv, Kiel 25/1 (1927), S. 69.

schen. Rechnet man die Auswanderer nach Übersee und deren dort geborene Nachkommen hinzu, so vermehrte sich die Zahl der »Europäer« auf beiden Seiten des Atlantischen Ozeans bis 1920 auf etwa 600 Millionen Menschen, also um mehr als das Dreifache ihrer Zahl von 1800. Bei den europäischen Juden war dieses Wachstum noch beeindruckender: In den gleichen 120 Jahren stieg ihre Zahl in Europa und Amerika von schätzungsweise etwas über zwei auf 13 Millionen, d. h. um das Sechsfache, an.[2] Über die Gründe dieses ungewöhnlichen Wachstums gibt es bisher mehr Spekulationen als allgemein akzeptierte Erklärungen, aber es spielte zweifellos eine entscheidende Rolle bei der transatlantischen jüdischen Wanderung. Dies ist ein hervorragendes Beispiel für das stärkere Auftreten einer allgemeinen demographischen Entwicklung in der jüdischen Minderheitsgruppe.

Die ökonomischen Triebkräfte der Massenauswanderung waren zumindest teilweise ein Ergebnis des Bevölkerungswachstums. Selbst die gleichzeitigen Fortschritte bei der Modernisierung der Landwirtschaft und der Industrialisierung Europas konnten den Bedürfnissen einer so explosiv wachsenden Bevölkerung nicht gerecht werden. Die technologische Entwicklung selbst, der schnelle Wandel der agrarischen und industriellen Produktionsmethoden, bewirkte die massenhafte Entwurzelung und Verarmung vieler Menschen, die bisher einen mehr oder weniger stabilen, wenn auch bescheidenen Unterhalt hatten finden können. Die bekanntesten Beispiele für diese Entwicklung sind die Einzäunungen der Anbauflächen und der Niedergang des traditionellen Handwerks im Laufe der industriellen Revolution in England und die etwas später einsetzenden ähnlichen Folgen der Agrarreform und der Industrialisierung in Deutschland.

Bei den Juden waren die wirtschaftlichen Triebkräfte der Auswanderung anders und komplizierter. Ihre Wirtschafts- und Berufsstruktur unterschied sich so deutlich von derjenigen der Gesamtbevölkerung ihres Siedlungsgebiets, daß sie überall in Europa eine nicht nur in religiöser und rechtlicher, sondern auch in wirtschaftlicher und sozialer Beziehung distinktive Minderheitsgruppe bildeten. Aus diesem Grund mußten auch ihre Wanderungen besondere, von denen der nichtjüdischen Mehrheit der Auswanderer deutlich abweichende Merkmale aufweisen. Die Migrationsforschung hat die Unterschiede bei den Beweggründen, der demographischen und sozialen Struktur und der Ansiedlung zwischen den jüdischen und nichtjüdischen deutschen Auswanderern verdeutlicht; aber auch im Vergleich zu der späteren osteuropäisch-jüdischen Massenauswanderung trug die deutsch-jüdische Amerikawanderung andersartige Züge.

2 Ebenda, S. 70.

Am wichtigsten war vielleicht die unterschiedliche wirtschaftlich-soziale Ausgangsposition. Die Emigration aus den bereits weitgehend akkulturierten jüdischen Gemeinden West- und Süddeutschlands begann schon um 1830 und erreichte ihren ersten Höhepunkt in der Mitte des Jahrhunderts. Obwohl sich der jüdische Mittelstand zu dieser Zeit erst langsam entwickelte, hatten die Juden doch schon einige Jahrzehnte hinter sich, in denen ihre Einkommen und Vermögen insgesamt gewachsen waren, und erwarteten einen fortgesetzten wirtschaftlichen Aufstieg.[3] Die Menschen, die in den späteren Wellen der deutsch-jüdischen Wanderung nach Amerika kamen, waren zum großen Teil noch weitaus besser ausgebildet und situiert.[4] Wir dürfen daher annehmen, daß für sie – in deutlichem Unterschied zu den gleichzeitig auswandernden nichtjüdischen Deutschen oder den verarmten ostjüdischen Emigranten gegen Ende des Jahrhunderts – ökonomische Motive bei dem Entschluß, Familien und Heimatorte zu verlassen, weniger ausschlaggebend waren als andere Beweggründe. Unter diesen »anderen Beweggründen« stand die rechtliche, politische und soziale Diskriminierung der Juden in den deutschen Ländern an erster Stelle. Die in Bayern im Jahr 1813 erlassenen »Matrikelgesetze« beschränkten das Wohnrecht, die Berufswahl und damit auch die Heiratsmöglichkeiten der jüngeren Juden und spielten um 1830 zweifellos eine entscheidende Rolle bei der Auslösung der ersten Auswanderungswelle. Aus ähnlichen Gründen machten sich bald darauf die Juden der angrenzenden Länder Württemberg und Baden und der preußischen Provinzen Rheinland und Westfalen auf den Weg. Die während der französischen Besetzung durch Napoleon gewährte Emanzipation war dort bald nach dessen Niederlage weitgehend rückgängig gemacht und durch einen langwierigen Prozeß zögernder und bedingter Gewährung der bürgerlichen Rechte abgelöst worden. Als Folge davon wurden die in diesen Gebieten lebenden Juden, nach Jakob Lestschinsky, zu »Pionieren der Ausbreitung der Juden über den Erdball wie auch der Neueinwanderung in eine größere Anzahl europäischer Staaten. Sie haben in der ersten Hälfte des 19. Jahrhunderts Auswanderer nach England und

---

3 Vgl. in diesem Band: Die Juden in Deutschland am Beginn der Industrialisierung, besonders S. 42–48, und Avraham Barkai, Jüdische Minderheit und Industrialisierung. Demographie, Berufe und Einkommen der Juden in Westdeutschland 1850–1914, Tübingen 1988, besonders S. 58ff.
4 Soweit nicht anders angegeben, stützen sich die Angaben über die deutsch-jüdische Wanderung und Ansiedlung in Amerika auf mein Buch: Avraham Barkai, Branching Out: German-Jewish Immigration to the United States, 1820–1914, New York 1994 und den Aufsatz: Avraham Barkai, German-Jewish Migrations in the Nineteenth Century, in: Yearbook of the Leo Baeck Institute, Bd. 30 (1985), S. 301–318.

Frankreich gesandt. Der größte Teil der sogenannten englischen Juden, d. h. der englisch-jüdischen Groß- und Mittelbourgeoisie [...] stammt von deutschen Juden ab, deren Vorfahren noch vor etwa hundert Jahren in den Kleinstädten und Dörfern Bayerns und Preußens gelebt haben. Auch die Vorfahren eines großen Teils der heutigen alteingesessenen französischen Juden stammten aus Posen oder Bayern, ganz zu schweigen von den elsässischen Juden, die für Paris dasselbe bedeuteten wie die Posener Juden für Berlin.«[5] Aber die meisten deutsch-jüdischen Emigranten überquerten den Ozean und bahnten den Weg für die spätere jüdische Masseneinwanderung aus Osteuropa.

Jüdische Gruppenidentität und Emanzipation

Ist es daher berechtigt, die deutsch-jüdischen Wanderungen des 19. Jahrhunderts als eine Art »Emanzipationsersatz« anzusehen, als ein Phänomen, das in erster Linie durch die rechtliche und politische Diskriminierung in Gang gesetzt wurde? Günter Moltmann hat eine ähnliche Frage in bezug auf die massenweise Amerikawanderung der nichtjüdischen Deutschen gestellt, die nach der Enttäuschung von 1848 als »Revolutionsersatz« gelten könnte. In diesem Falle gibt es keine eindeutige Antwort. Nach mündlich überlieferten oder in der zeitgenössischen Literatur publizierten Äußerungen einzelner Auswanderer war deren Emigration tatsächlich eine Art revolutionären Protests. Manche in der Revolution führende Politiker mußten Deutschland im Laufe der Restauration verlassen, um Gerichtsverfahren und Gefängnisstrafen zu entgehen. Allgemein jedoch lassen sich die Auswanderer schwerlich als eine Masse enttäuschter Revolutionäre einordnen. Trotzdem hat Moltmann die Frage in einem erweiterten Sinne positiv beantwortet: »Auswanderung war in gewisser Weise und bis zu einem nicht genau bestimmbaren Grade tatsächlich ›Revolutionsersatz‹. Für das, was in Deutschland nicht gelang, nämlich für die Herstellung einer auf dem Prinzip der Volkssouveränität beruhenden staatlichen Ordnung, fanden unzufriedene Auswanderer in Amerika Ersatz.«[6] Man könnte vielleicht hinzufügen, daß eine viel größere Zahl in Amerika Ersatz für ihre wirtschaftlichen Bestrebungen fand, die in der Heimat nach der mißlungenen Revolution nicht mehr erreichbar waren.

Im Fall der jüdischen Emigration in der Zeit zwischen 1820 und 1850 ist ein direkter Zusammenhang mit dem politischen Kampf um die

---

5 Lestschinsky, Wanderungen (wie Anm. 1), S. 74.
6 Günter Moltmann, Auswanderung als Revolutionsersatz?, in: Michael Salewski (Hrsg.), Die Deutschen und die Revolution, Göttingen 1984, S. 297.

Gleichberechtigung noch viel schwerer zu beweisen. Die Emanzipation der deutschen Juden war, zumindest in ihrem Anfangsstadium, ein Importartikel der französischen Revolution infolge von Napoleons Eroberungen. Nach 1815 wurden die meisten der den Juden gewährten bürgerlichen Rechte wieder annulliert. Darauf folgte die Periode der stückweisen und verzögerten Emanzipation, die unter dem Einfluß der Ideen der westlichen Aufklärung mehr durch die Initiativen der staatlichen Bürokratie als durch die aktive politische Betätigung der Juden selbst vorwärtsgetrieben wurde. Einige durch die Niederlage von 1848 enttäuschte jüdische Intellektuelle in Wien und Prag gründeten zwar die kurzlebige »Auf nach Amerika«-Bewegung, die aber nur wenig Erfolg hatte.[7] Das geht schon aus der bis 1870 verschwindend kleinen Zahl akademisch gebildeter jüdischer Immigranten in den USA hervor. Mit der ersten Welle der jüdischen Amerikawanderung kamen vornehmlich ungebildete junge, aber tüchtige und unternehmungslustige Menschen. Wenn die Revolution von 1848 überhaupt einen Einfluß auf ihre Entscheidung hatte, so eher durch die negativen Erfahrungen, die sie für die Juden mit sich brachte. Vielerorts kam es am Anfang und im Verlauf des Aufstandes zu antijüdischen Krawallen. Die meisten deutschen Juden verfolgten die Ereignisse mit besorgtem Abstand und begrüßten die »Wiederherstellung von Ruhe und Ordnung« nach der Niederlage der revolutionären Bewegung.[8]

In einem weiteren Kontext mag das Scheitern der Revolution von 1848 dadurch, daß die Hoffnungen der Juden auf Emanzipation enttäuscht wurden, allerdings die verstärkte Fortsetzung der Auswanderung bewirkt haben. Nach Jakob Katz setzte »der klassische Begriff der Emanzipation […] voraus, daß sich die Emanzipation allmählich auf die ganze Judenheit ausbreite, also jedes Land die innerhalb seiner Grenzen lebenden Juden integrieren würde, um auf diese Weise der sich wiederholenden jüdischen Wanderung von Land zu Land ein Ende zu bereiten […]. Die Hoffnung auf eine Ausdehnung der Emanzipation hat sich, wie wir wissen, nicht erfüllt, und dieses Versagen muß als richtunggebender Wendepunkt der jüdischen Geschichte gesehen werden.«[9] Katz datiert diesen Wendepunkt mit dem Beginn der jüdischen

---

7 Guido Kisch, The Revolution of 1848 and the Jewish ›On to America‹ Movement, in: Proceedings of the American Jewish Historical Society, Bd. 38 (1948/49), S. 185–234.
8 Vgl. Jacob Toury, Turmoil and Confusion in the Revolution of 1848, Merhavia 1968 (hebr.); Michael Brenner, Stefi Jersch-Wenzel und Michael A. Meyer, Emanzipation und Akkulturation 1780–1871, München 1996 (= Deutsch-jüdische Geschichte in der Neuzeit, hrsg. im Auftrag des Leo Baeck Instituts von Michael A. Meyer, Bd. 2), S. 43 ff., 288 ff.
9 Jakob Katz, Vom Ghetto zum Zionismus. Gegenseitige Beeinflussung von Ost

Massenauswanderung aus Rußland um 1880, aber wie wir sahen, begann dieser Prozeß bereits viel früher mit den »Pionieren« aus den deutschen Ländern, die in Amerika die politische Gleichberechtigung und wirtschaftliche Chancengleichheit fanden, die ihnen in der Heimat versagt blieben. Hier stehen wir vor einem Problem: Wie ist es zu erklären, daß die Auswanderung, wenn sie wirklich eine Folge der ausbleibenden Emanzipation war, gerade dort begann, wo diese am meisten fortgeschritten war? In Holland, England und sogar in Deutschland waren immerhin der rechtliche Status der Juden und auch ihre wirtschaftliche Lage weitaus besser als im beschränkten jüdischen »Siedlungsgebiet« des russischen Zarenreiches. Warum wanderten gerade aus diesen Ländern, und besonders aus Deutschland, Juden in beachtlichen Zahlen nach Amerika aus, wo bis dahin nur wenige tausend alteingesessene Juden lebten?

Die Erklärung dafür ist, daß die Emigration im Kontext der allgemeinen und vielschichtigen Modernisierung des jüdischen Lebens in Europa betrachtet werden muß. Diese begann bereits im 18. Jahrhundert mit der jüdischen Aufklärungsbewegung, die als »Berliner Haskalah« mit dem Namen Moses Mendelssohns verbunden ist. Aber die kulturellen, religiösen und erzieherischen Aspekte der Modernisierung basierten auf einem viel breitere Kreise umfassenden, kumulativen Wandlungsprozeß, der die Einstellungen und das Verhalten der jüdischen Menschen gegenüber den gesellschaftlichen Normen und Institutionen veränderte und die Grundlagen des traditionellen Gemeindelebens untergrub. Der wissenschaftliche Rationalismus der Aufklärung beeinflußte eine nur kleine Gruppe von Intellektuellen der sozialen Oberschicht. Auf die Mehrheit der Juden hatte das nur geringe und individuelle Auswirkungen, aber die revolutionären Umwälzungen der Zeit ließen sie nicht unberührt. Langsam, doch nachhaltig wurden bisher geltende Einstellungen zur nichtjüdischen Umwelt und zur eigenen Religion in Frage gestellt und die Autorität der jüdischen »Kehillah« [Gemeinde] und der Rabbiner untergraben.

Nur in einer solchen Aufbruchsatmosphäre konnte der Gedanke der Emigration entstehen, der im zweiten und dritten Jahrzehnt des neunzehnten Jahrhunderts reale Formen annahm. Daher begann die zahlenmäßig signifikante Amerikawanderung in den Ländern, in denen die Modernisierung der jüdischen Gesellschaft schon fortgeschritten war. Die ersten, noch kleinen Gruppen kamen aus Frankreich, England und Holland. Aber außerhalb des osteuropäischen jüdischen Siedlungsgebiets lebten die meisten Juden in den deutschsprachigen Ländern und

---

und West, in: Bulletin des Leo Baeck Instituts, Neue Folge, 22. Jg. (1983), Nr. 64, S. 11.

den angrenzenden Provinzen Posen und Galizien. Von dort kam deshalb zunächst die größte Zahl der Einwanderer, die das moderne amerikanische Judentum begründeten. Daß hier auch die westlich-jüdische Haskalah und die religiöse Reform ihren Ausgang nahmen, war kein Zufall. Sowohl die demographisch-sozialen als auch die kulturell-religiösen Bewegungen der Zeit waren Ausdruck der Modernisierung, die mehr als irgendein anderer Faktor, wie z. B. die Beschaffung der Geldmittel für die Überfahrt, die grundlegende Vorbedingung für die Emigration war. Aus diesem Grund war für diesen Zeitpunkt eine mehr als nur einige hundert Menschen umfassende Auswanderung aus dem jüdischen Hauptansiedlungsgebiet in Europa, d. h. aus Polen oder Rußland, undenkbar. Nach Lestschinsky »genügt Armut allein nicht, um eine Massenwanderung in die Wege zu leiten. Einige abenteuerlustige Individuen, die sich durch die Ablehnung ihrer Gemeinden und die Gefahren einer unbekannten Welt nicht abschrecken lassen, mögen auswandern. Aber die große Masse mußte erst zu der bloßen Absicht bereit sein, ihre Heimat zu verlassen und in einem anderen Land zu leben. Dies hängt seinerseits von dem Grad des Eindringens neuer Gedanken, Erfahrungen und Kontakte in ihre bisher isolierte Existenz und der sozialen Desintegration ihrer Gemeinschaft ab.«[10] Es erübrigt sich, lange auf die unterschiedliche Entwicklung der jüdischen Gemeinden in den verschiedenen Ländern einzugehen, um zu verstehen, warum die Auswanderung in Deutschland bereits vor 1830 und erst fünfzig Jahre später in Rußland begann.

War somit die jüdische Wanderung Teil und Ergebnis der bereits begonnenen Modernisierung, so war sie gleichzeitig auch das wichtigste Mittel, um sie voranzutreiben und auf die jüdischen Gemeinden anderer Länder auszudehnen. Dadurch wurde die jüdische Identität zum ersten Mal in ihrem Kern auf die Probe gestellt. Frühere Generationen hatten dieses Problem kaum gekannt. Jüdische »Identität« umfaßte das gesamte Leben des Juden in der Gemeinde, mit allen religiösen und sozialen Bindungen oder Fesseln. Die Gemeinde beschränkte zwar die Handlungsfreiheit des einzelnen Juden, aber sie gewährte ihm auch weitestmöglichen Schutz und die Sicherheit gegenseitiger Hilfe angesichts einer zumeist feindseligen Umgebung. Jüdische Identität bedeutete unter den früheren Bedingungen viel mehr als ein religiöses Bekenntnis oder die Zugehörigkeit zu einer organisierten »Kirche«. Sie war der gesetzlich vorgeschriebene, rechtlich verpflichtende Status

---

10 Jacob Lestschinsky, Jewish Immigration to the United States 1870–1900, in: Elias Tcherikower (Hrsg.), The Early Jewish Labor Movement in the United States. Translated and Revised by Aaron Antonowsky from the Original Yiddish, New York 1961, S. 52.

eines jeden Juden, solange er sich zu seiner Religion bekannte. Jüdische Identität umfaßte auch ganz bestimmte Formen wirtschaftlichen Verhaltens in einer beschränkten Zahl von Berufen, die den Juden erlaubt waren. So schloß tatsächlich die jüdische Identität fast alles ein: rechtlichen Status und Wirtschaftstätigkeit, religiösen Glauben und Kultus und die formelle oder informelle Identifizierung und Solidarität des einzelnen mit der jüdischen Gemeinschaft in oder außerhalb seines Wohnortes.

Die Emanzipation, die mehr oder weniger über die jüdischen Gemeinden »hereinbrach«, stellte ihre ganze weitere Existenz in Frage. Die französische Nationalversammlung gewährte 1791, nach einem bekannten Ausspruch des Abgeordneten Clermont-Tonnerre, »den Juden als Nation nichts, den Juden als Individuen alles«. Selbst nachdem in den von den Franzosen zurückeroberten Ländern und Provinzen Deutschlands die Emanzipation der Juden praktisch wieder rückgängig gemacht worden war, erstrebten nicht nur wohlmeinende liberale Staatsbeamte, sondern auch manche jüdische Liberale und Sozialisten die Auflösung oder zumindest weitgehende Reform der jüdischen Gemeinden. Sie alle betrachteten die Emanzipation als ersten Schritt auf dem Weg der völligen Assimilation der Juden, die durch die Auslöschung jeder Art von jüdischer Identität die »Judenfrage« endgültig lösen sollte. Wie wir heute wissen, erwiesen sich der jüdische Gruppenzusammenhalt und die antijüdischen Vorurteile als widerstandskräftiger als erwartet und verhinderten den »normalen« Fortgang der Assimilation. Die Interaktion von intern-jüdischen und allgemeinen sozialen und politischen Entwicklungen bewirkte den Fortbestand und die Reform des institutionellen Rahmens und des spirituell-kulturellen Inhalts des jüdischen Gemeindelebens, so daß jüdische Identität in ihm auch weiterhin den bewußtesten Ausdruck fand.

Diese Kontinuität war jedoch keineswegs geradlinig. Die Funktionen und Inhalte jüdischen Gemeindelebens mußten der Modernisierung der allgemeinen deutschen und der jüdischen Gesellschaft gerecht werden. Auf der institutionellen Ebene wurde fast überall die Zugehörigkeit zur Gemeinde in die freie Entscheidung des einzelnen gestellt, der damit auch über deren Finanzkraft mitentschied. Auch die rabbinische Gerichtsbarkeit, soweit sie überhaupt erhalten blieb, beruhte auf der freiwilligen Bereitschaft der Parteien, ihre Autorität zu respektieren. Die religiös-kulturelle Tätigkeit mußte den wechselnden, säkularisierten Interessen und gesellschaftlichen Bedürfnissen der Gemeindemitglieder angepaßt werden. Die Lehrtätigkeit der jüdischen Schulen hatte den Ansprüchen der modernen Gesellschaft zu genügen und unterstand der allgemeinen staatlichen Aufsicht.

Neben diesen bewußten, jetzt zunehmend voluntären Maßnahmen

gab es schon immer auch unbewußte, von der individuellen Entscheidung weitgehend unabhängige, gruppencharakteristische Züge jüdischer Identität. Auf wirtschaftlichem Gebiet waren es besonders die Berufsstruktur, die Bevorzugung selbständiger Tätigkeit, die Konzentration in gewissen Wirtschaftszweigen, Konsum- und Sparverhalten, familiäre und intern-jüdische Zusammenarbeit. Auch das Familienleben, das kulturelle Interesse, die Hochachtung des »Lernens« und der Schriftgelehrten, die Freizeitgestaltung und der Umgang mit Alkohol unterschieden sich deutlich von den Verhaltensmustern der Umwelt. Diese Besonderheiten wandelten sich im Laufe der Modernisierung und durch den enger werdenden Kontakt mit der nichtjüdischen Umgebung. Viele der früheren gesellschaftlichen Normen und religiösen Regeln des jüdischen Alltags änderten sich oder wurden weniger streng beachtet. Trotzdem kann der Historiker, der diese Wandlungen verfolgt, sich nur darüber wundern, wie deutlich, auch nach diesen Änderungen, die Juden durch ihre sozio-ökonomische Struktur und selbst durch ihre Alltagskultur als distinktive Minderheitsgruppe erkennbar blieben. Über Generationen jüdischer Existenz unter sich extrem verändernden Bedingungen hinweg zeichnete sich die jüdische Gruppenidentität durch eine erstaunliche Beständigkeit aus, aber gleichzeitig auch durch eine überaus flexible Anpassungsfähigkeit an die veränderten Bedürfnisse und Aspirationen der modernen Juden. Neben dem äußeren Druck des nicht weniger beständigen und politisch aktivierten Antisemitismus erklärt diese Anpassungsfähigkeit das trotzige Fortbestehen jüdischer Identität in all ihren vielfältigen Formen und Ausdrucksweisen.

Deutsche Einwanderer als Gründer jüdischer Gemeinden in den USA

Kehren wir nun zu unserem eigentlichen Thema, der Interaktion von Auswanderung und den hier nur kurz skizzierten Veränderungen der jüdischen Identität, zurück. Wie wir sahen, war die Emigration selbst bereits ein frühes Ergebnis der Lockerung traditioneller Bindungen in Gemeinde und Familie. Für die zu Beginn der 1830er Jahre aus den kleinen Landgemeinden Bayerns, Badens oder Württembergs auswandernden, zumeist jungen und unverheirateten Menschen bedeutete die Emigration den erstrebten oder zumindest bewußt in Kauf genommenen Bruch mit ihrer Tradition. Den meisten von ihnen muß es auch klar gewesen sein, daß damit die Aufgabe oder zumindest Vernachlässigung der religiösen Gebote verbunden war. Die Speisegesetze oder die

Sabbatruhe wurden zumeist schon während der anstrengenden langen Wochen der Seeüberfahrt weniger beachtet. Jenseits des Atlantiks würde die Berufstätigkeit als wandernder Händler eine streng koschere Verpflegung und das tägliche Gebet, zumindest in dem vorgeschriebenen »Minjan« von zehn Männern, kaum ermöglichen – selbst wenn sich die Auswanderer darum bemühen wollten, was nur für wenige zutraf. Orthodoxe Eltern und Rabbiner, die versuchten, ihre Kinder und Schüler von der Auswanderung in die »treifene Medineh« (d. h. das unreine Land) abzuhalten, wußten, wovon sie sprachen.

In Amerika standen die Neueinwanderer in fast allen Lebensbereichen vor einer völlig neuen Wirklichkeit. Die amerikanische Verfassung und die »Bill of Rights« gewährten den Juden die gesetzliche Gleichberechtigung und Chancengleichheit, die ihnen die verzögerte Emanzipation in der alten Heimat vorenthalten hatte. Die Gewährung voller politischer Rechte war zwar noch den einzelnen Staaten überlassen und noch nicht überall durchgesetzt, aber nirgendwo in den Vereinigten Staaten war die Ansiedlungs- oder Berufsfreiheit der Juden irgendwie eingeschränkt. Vielleicht zum ersten Mal in ihrer Geschichte fanden Juden die Bedingungen und Möglichkeiten, ihre Berufsstruktur und ihr Wirtschaftsverhalten zu »normalisieren«, d. h. den Verhältnissen in der Gesamtgesellschaft voll anzugleichen. Hätten sie gewollt, konnten sie sich in den USA, ebenso wie die englischen Siedler oder die mit ihnen eingewanderten nichtjüdischen Deutschen, als Farmer ansiedeln. Sie konnten auch Arbeiter, Handwerker oder Polizisten werden, wie die Polen, Italiener oder Iren. All dies ist natürlich völlig theoretisch. In der Praxis zogen fast alle deutsch-jüdischen Einwanderer, selbst solche, die in der Heimat eine handwerkliche Ausbildung genossen hatten, die kommerziellen Berufe vor. Über die tieferen Gründe dieser Präferenz und das tatsächliche Ausmaß ihrer freien rationalen Entscheidung mag man spekulieren, aber offenbar übten frühere Erfahrungen und gruppenspezifische Neigungen einen starken bewußten oder unbewußten Einfluß auf die individuellen Entscheidungen aus. Das Beispiel der früheren Einwanderer und schlichter Common sense veranlaßten die jüdischen Neuankömmlinge, die vielversprechenden kommerziellen Möglichkeiten der schnell wachsenden und in immer neue Gebiete vordringenden Marktwirtschaft wahrzunehmen.

Zwischen 1800 und 1880 wuchs die Zahl der in Amerika lebenden Juden von etwa 3000 auf eine viertel Million Menschen. In der amerikanisch-jüdischen Historiographie wird diese Zeit als »The German Period« bezeichnet, im Gegensatz zu der vorangehenden der sefardischen und der späteren Periode der osteuropäischen Masseneinwanderung. Diese Klassifizierung ist nur teilweise berechtigt: Die für 1799 bekannten sieben jüdischen Gemeinden waren nur nach ihrem religiö-

Deutsche Einwanderer als Gründer jüdischer Gemeinden in den USA

sen Kultus »sefardisch«. Die meisten ihrer Mitglieder waren bereits damals aschkenasische Juden, frühe Einwanderer aus Deutschland, England, Frankreich, Polen und anderen europäischen Ländern. Der sefardische Kultus war von den allerersten jüdischen Ansiedlern in den nordamerikanischen Kolonien eingeführt worden, sefardischen Juden aus Amsterdam, die sich zuerst in den portugiesischen Kolonien Brasilien und Westindien angesiedelt hatten und um 1650 nach New York gekommen waren, das damals noch New Amsterdam geheißen hatte. Die von diesen sefardischen Juden gegründeten ersten Gemeinden prägten für etwa 150 Jahre den vorherrschenden Gottesdienstritus in den USA, obwohl die aschkenasischen Juden bald die Mehrheit stellten. Selbst die holländischen Juden, die später direkt nach Nordamerika auswanderten, waren zumeist Aschkenasim. Diese Zusammensetzung entsprach der Entwicklung der Amsterdamer Judenheit. Amsterdam hatte zu Beginn des 19. Jahrhunderts die größte jüdische Gemeinde der Welt mit über 30 000 Mitgliedern, sogar die einzige, die mehr als 10 000 Personen zählte. Nur etwa 5000 von ihnen waren sefardischer Herkunft. In Amerika behaupteten sich die sefardischen Pioniere der jüdischen Ansiedlung jedoch lange als die aristokratische Elite der Gemeinden in New York und Philadelphia an der Ostküste oder Savannah und Charleston im Süden. Die wenigen frühen Einwanderer aus Bayern, die schon am Ende des 18. Jahrhunderts nach Amerika kamen, wurden in diesen Gemeinden bereitwillig aufgenommen und integriert und übernahmen den in ihnen herrschenden religiösen Ritus. Nach einiger Zeit heirateten sie in die sefardischen Familien ein und begründeten einige der angesehensten Familien der frühen amerikanischen Judenheit. Sie übernahmen oft auch die geistige Führung der Gemeinden, aber als eingefleischte Konservative ließen sie deren Ritus unverändert. David Einhorn, einer der bedeutendsten Führer des deutsch-amerikanischen Reformjudentums, verspottete diese »bayerischen Aristokraten« als »Portugiesen von Schnotzebach« .

Dies war das Bild der amerikanischen Judenheit, das die Neuankömmlinge um 1830 antrafen. Da sie die Sprache und Umgangsformen ihrer neuen Heimat nicht kannten, war es nur natürlich, daß sie ihren ersten gesellschaftlichen Kontakt, wirtschaftliche Unterstützung und Rat in den jüdischen Gemeinden suchten. Außerhalb dieser gab es in Amerika keine der Institutionen jüdischen Lebens, die ihnen aus der alten Heimat bekannt waren. Wohltätige Gesellschaften wurden fast ausschließlich kurz nach der Ankunft von den Neueinwanderern selbst gegründet. Ihre Aufgaben waren gegenseitige Hilfe und die Betreuung kranker oder mittelloser Landsleute, in manchen Fällen ausdrücklich auch, künftige Einwanderer bei ihren ersten Schritten in der neuen Heimat zu unterstützen. Auch diese Organisationen waren zumeist den bestehenden oder neu gegründeten Gemeinden in den größeren Städten angeschlossen. Alle waren völlig freiwillige Verbindungen, deren Mitglieder aus eigenem Entschluß beitraten und die finanziellen Lasten trugen. Wie viele der aus Deutschland eingewanderten Juden sich diesen Organisationen anschlossen, ist nicht genau bekannt. Die Schätzungen schwanken zwischen der Hälfte, einem Drittel oder noch weniger. Trotzdem dürfen wir annehmen, daß der Großteil der um 1820 in Amerika lebenden Juden, zumindest in den älteren Ansiedlungsorten, irgendeinen Kontakt miteinander unterhielt. Das gleiche gilt wahrscheinlich auch für die bis etwa 1850 mit der ersten neuen Einwanderungswelle Angekommenen, die sich an diesen Orten fest niederließen. Aber viele von ihnen kehrten dem Ankunftshafen sehr schnell den Rücken, um ihr Glück in den Grenzstaaten zu suchen. Ihr Schicksal ist eine völlig andere Geschichte.

In der amerikanisch-jüdischen Geschichtsschreibung wurde früher oft ein übertrieben idealisiertes Bild des deutsch-jüdischen »pioneer-peddlers« in den west- und mittelwestlichen Grenzgebieten gezeichnet. Einige sehr bekannte Familien galten als Beispiele für den unerhörten Erfolg dieser herumziehenden Hausierer und ihren spektakulären Aufstieg »from rags to riches«. Neuere Forschungen beweisen jedoch, daß der größere Teil der Neueinwanderer es vorzog, sich sofort oder nach einiger Zeit in den alten Hafenstädten niederzulassen. Die wandernden Hausierer waren nur eine Minderheit unter den amerikanischen Juden, und sie nahmen die erste sich bietende Gelegenheit wahr, um ein festes Geschäft an einem gesicherten Siedlungsort zu etablieren. Einigen wenigen der frühen Immigranten von 1830 bis 1840, die mittellos nach Amerika gekommen waren, gelang es tatsächlich, reich zu werden und beeindruckende Handelsfirmen oder Industriebetriebe zu gründen. Eine unbekannte, zweifellos aber bedeutend größere Zahl war weniger glücklich und erlag der harten Realität des »American way of life«. Die Mehrheit der deutsch-jüdischen Einwanderer gehörte zu keiner der beiden Gruppen, sondern überwand die ersten Schwierigkeiten und schuf sich durch harte Arbeit und sparsames Leben eine gesicherte Existenz. Diese in bescheidenem Rahmen erfolgreichen Einwanderer bildeten nach relativ kurzer Zeit den Grundstock der neuen amerikanischen Judenheit vor 1880: eine mittelständische Gruppe kleiner und mittlerer Ladenbesitzer und Produzenten, die in den »traditionell-jüdischen« Bekleidungs- und Gebrauchsgüterbranchen, allerdings wenig im Nahrungsmittel- und Getränkesektor, tätig waren. In ihrer sozioökonomischen Struktur unterschieden sich die amerikanischen Juden dieser Zeit, wenn überhaupt, nur wenig von denen ihrer deutschsprachigen Herkunftsländer. In dieser Beziehung war die Beständigkeit der deutsch-jüdischen Identität unverkennbar.

Diese mittelständische Schicht begründete auch die ersten jüdischen Gemeinden in den neu erschlossenen Gebieten der Vereinigten Staaten. Mehrere Jahrzehnte lang zeichnete sich das jüdische Leben in Amerika durch seine Mobilität aus. Die über Land wandernden jüdischen »peddlers« bildeten zwar nicht die Mehrheit der deutsch-jüdischen Immigranten, aber sie waren zweifellos die Pioniere bei der Ausbreitung jüdischer Gemeinden über die weiten Flächen der USA. Unter den ersten »trail-blazers« der westlichen Grenzregionen gab es nur wenige Juden, aber viele folgten ihnen kurz danach auf dem Fuß. In den »shantytowns« des Goldrausches von 1850 bis 1860 gab es sehr wenige jüdische Goldgräber, doch viele jüdische Händler versorgten diese mit der nötigen Kleidung und Ausrüstung. Die Firma Levy, die den original-amerikanischen Jeans-Hosen bis heute ihren Namen gab, ist dafür nur ein besonders bekanntes Beispiel. Nicht wenige Städte zwischen Cincinnati, St. Louis und Kalifornien entstanden als erste feste Niederlassungen um den »general-store« eines aus Deutschland eingewanderten jüdischen Besitzers. Die Juden Amerikas, deren Zahl für 1877 auf etwa 226000 geschätzt wird, waren nun über fast alle Staaten verstreut. Die größten Gemeinden bestanden im Staat, zumeist in der Stadt, New York und zählten etwa 80000 Personen, aber schon damals war Kalifornien mit schätzungsweise 18500 Juden der Staat mit der zweitgrößten jüdischen Ansiedlung. Die kleinste war Nord-Dakota mit neun nachgewiesenen Juden.[11]

Die Leute, denen es beschieden war, die Begründer des modernen amerikanischen Judentums zu sein, waren dafür wahrlich nicht ausgestattet. Die meisten waren junge, arme und halbgebildete Menschen, die ihre religiösen Pflichten nicht besonders ernst nahmen und sehr bescheidene kulturelle Ansprüche hatten. Sie waren unternehmungslustig und fleißig, tagsüber zu harter Arbeit bereit; abends verbrachten sie ihre Freizeit mit Kartenspiel und den sonst üblichen Vergnügungen. Trotzdem suchten sie, sobald sie an einem größeren Flecken ankamen, die Gemeinschaft anderer Juden, um einen »Minjan« zusammenzustellen, in dem sie beten und das »Kaddisch« für verstorbene Eltern sagen konnten. Sobald sie sich irgendwo fest ansiedelten, gründeten sie, unter verschiedenen Namen wie »Mutual Aid Society« (Gesellschaft für gegenseitige Hilfe) oder »Burying Society« (Bestattungsverein), was sie aus der alten Heimat als »Chevra Kadischa« kannten, und erwarben ein Stück Land für einen jüdischen Friedhof. Nicht viel später gründeten sie eine Gemeinde für ihre religiösen und gesellschaftlichen Bedürfnisse. Später ankommende Einwanderer fanden so bereits religiösen

---

11 Vgl. die Karte in der Encyclopeadia Judaica, Bd. 15, S. 1606 (nach L. P. Gartner, in: Journal of World History, Jg. 11 [1968], S. 297–312).

und sozialen Anschluß, erste geschäftliche Kontakte und im Notfall auch materielle Unterstützung. Es gab weder für die Gründer noch für die später Hinzukommenden eine Verpflichtung, sich zu Gemeinden zusammenzuschließen. Allein das Gefühl religiöser und menschlicher Zugehörigkeit bewog sie, die Gesellschaft anderer Juden zu suchen und ihre jüdische Identität zu bewahren. Die meisten wurden dabei wahrscheinlich weniger durch Frömmigkeit als durch die noch frische Erinnerung an die alte Heimat und das Gefühl des Alleinseins in einer rauhen, fremden Umgebung motiviert. Nachdem sie sich in der wärmenden Gemeinschaft mit ihresgleichen zusammengefunden hatten, suchten sie diese auch mit den traditionellen Werten und Sitten zu füllen, soweit sie sie unter den neuen Bedingungen hochhalten und bewahren konnten.

Die völlige Freiwilligkeit dieser Gemeinden förderte deren Pluralismus. Es gab in den ganzen Vereinigten Staaten keine anerkannte administrative oder religiöse Autorität, die den Ritus oder den Organisationsaufbau der Gemeinden irgendwie verpflichtend hätte bestimmen können. Einige »Hazzanim« (ursprünglich »Vorbeter«, die später »minister« genannt wurden), die den altehrwürdigen frühen Gemeinden vorstanden, wie Isaac Leeser in Philadelphia oder Isaac Meyer Wise in Cincinnati, beeinflußten kraft ihrer Persönlichkeit und durch zahlreiche Publikationen das Ritual des Gottesdienstes und anderer religiöser Handlungen, aber bis 1850 gab es in ganz Amerika nicht einen einzigen ordinierten Rabbiner. Wiederholte Versuche, eine anerkannte Institution zu gründen, die in religiösen Dingen maßgebliche Richtlinien erlassen könnte, schlugen fehl. So blieb jede, alte oder neue, Gemeinde völlig autonom und frei in ihrer Entscheidung, ihren Ritus aus den Gebräuchen der alten Heimat abzuleiten oder ihn den Formen älterer amerikanischer Gemeinden nachzubilden. Religiöse Meinungsverschiedenheiten über die Zulässigkeit einer Orgel oder eines gemischten Chors in der Synagoge, über die Sprache der Predigt oder die Reform des Gebetbuches endeten in den meisten Fällen mit dem Austritt eines Teils der Mitglieder und der Gründung einer neuen Gemeinde. In der Folge führte dies auch zur Spaltung wohltätiger Selbsthilfe-Gesellschaften oder Logen.

Diese Situation war der Nährboden, auf dem sich in Amerika die religiöse Reform weit radikaler entwickelte und viel mehr Menschen anziehen konnte als in Deutschland. Hier wie dort war sie ein Ausdruck der Modernisierung des jüdischen Lebens. Die äußere Ästhetisierung des Gottesdienstes sollte das Judentum in den Augen der Nichtjuden respektabel machen, während die liberale Auslegung der Religionsregeln und -gebote den jüdischen Glaubensbrüdern und -schwestern die Einhaltung erleichtern sollte. Wir können hier nicht darüber entscheiden, ob die religiöse Reform aus Deutschland nach Amerika »importiert« wurde oder eine autonome amerikanische Entwicklung war. Festzuhalten ist jedoch, daß sie eine zentrale Streitfrage im Prozeß der jüdischen Modernisierung war. Sie war von entscheidender Bedeutung für die Entwicklung der amerikanisch-jüdischen Identität und übte später einen weitgehenden Einfluß auf die Entwicklung der jüdischen Identität auch in anderen Ländern aus. In dem hier behandelten Anfangsstadium stand die Diskussion um die Reform im Mittelpunkt der erregten Auseinandersetzungen, die die jungen jüdischen Gemeinden in den USA spalteten.

Dies ist in der Rückschau kaum verwunderlich. Die jüdische Einwanderergesellschaft der »German Period«, wie sie allzu vereinfachend genannt wird, war durchaus nicht homogen. Den Immigranten aus Bayern, Württemberg und dem Rheinland folgten schon kurz danach solche aus »Preußen«, die zumeist aus früher polnischen Gebieten wie Posen oder Westpreußen stammten. Zwischendurch kamen auch jüdische Einwanderer aus Holland, England oder Frankreich. Sie alle siedelten sich gewöhnlich gemeinsam in verschiedenen Orten oder Stadtteilen an und errichteten dort ihre eigenen Gemeinden, in denen sie den religiösen Kultus ihrer alten Heimat fortführten und in ihrer »Landsmannschaft« Rückhalt und Unterstützung suchten. Zwischen diesen verschiedenen Gruppen gab es oft Mißstimmungen und selbst Feindseligkeiten. Für eine Zeitlang schienen die Konflikte, die sich aus den unterschiedlichen Lebens- und Verhaltensweisen von »Bayern« und »Polacken« ergaben, das Bild der amerikanischen Judenheit zu bestimmen.[12] Die nivellierende Tendenz der gemeinsamen wirtschaftlichen, sozialen und selbst religiösen Entwicklung innerhalb einer zahlenmäßig noch kleinen Gemeinschaft hat diese Differenzen jedoch schnell überbrückt. Der wahre Zusammenstoß extrem unterschiedlicher Ausdrucksformen jüdischer Identität trat erst viel später, infolge der Masseneinwanderung von osteuropäischen Juden nach 1880, in Erscheinung. Vor dieser neuen Einwanderungswelle schien die amerikanische Judenheit zur Ruhe gekommen zu sein. Sie hatte die Anpassungsperiode erfolgreich überstanden und ein beeindruckendes, weitverzweigtes Netz sozialer und religiöser Institutionen errichtet. Die meisten Juden glaubten, daß sie bereits mehr oder weniger als eine der vielen ethnischen Gruppen in die amerikanische Gesellschaft integriert und von ihr akzeptiert seien. Die jüdische Gemeinschaft absorbierte die nachkommenden Neueinwanderer aus den deutschsprachigen Ländern und selbst die noch relativ wenigen jüdischen Immigranten aus

---

12 Rudolf Glanz, The ›Bayer‹ and the ›Pollack‹ in America, in: Jewish Social Studies, Bd. 8 (1955), S. 27–42.

Russisch-Polen ohne große Schwierigkeiten. Obwohl es immer noch Reste eines religiösen Pluralismus gab, fühlten sich die deutsch-jüdischen Einwanderer endlich »amerikanisiert«.

Die Einwanderungswelle osteuropäischer Juden in die USA

Zwischen 1880 und 1914 wanderten etwa zwei Millionen Juden aus Osteuropa nach den Vereinigten Staaten aus. In einem einzigen Jahrzehnt, bis 1890, verdoppelte sich dort die Zahl der Juden von schätzungsweise 280000 auf über 600000: Für eine erst seit so kurzer Zeit gefestigte Judenheit mußte dies auch dann eine harte Probe sein, wenn die Neueinwanderer ihren Mitgliedern in Mentalität und Weltanschauung ähnlicher gewesen wären. Tatsächlich aber kamen sie aus einem sehr unterschiedlichen sozialen und kulturellen Milieu und brachten Auffassungen und Verhaltensweisen mit sich, für die die amerikanisierten deutschen Juden und ihre Organisationen wenig Verständnis aufbringen konnten.

Der Modernisierungsprozeß hatte die osteuropäische Judenheit ein oder zwei Generationen später als die deutschsprachige erreicht. Mit den keineswegs nur positiven Auswirkungen der Modernisierung mußte im Osten eine große Masse jüdischer Menschen fertig werden, die in einer rückständigen, ihnen feindlich gesonnenen Gesellschaft unter weit ungünstigeren politischen Bedingungen als in Westeuropa lebten. Ähnlich wie in West- und Mitteleuropa wies auch hier das Netz der traditionellen jüdischen Gemeinden bereits am Ende des achtzehnten Jahrhunderts erste Risse auf. Während jedoch die Juden im Westen angesichts der revolutionären Visionen und Ideale und im Blick auf die Reformen, die die aufgeklärten Regierungen zum Teil einleiteten, auf ihre fortschreitende Emanzipation und Integration in ihre Umgebung hoffen konnten, standen den Juden im Osten keine solchen Aussichten bevor. Unter diesen Bedingungen brachten die Konfrontation mit der Moderne und die Lockerung der traditionellen Bindungen unter den Massen der osteuropäischen Juden zwei entgegengesetzte Entwicklungen hervor: zum einen eine generelle Radikalisierung der militanten religiösen Orthodoxie, in der der mystische Chassidismus besonders hervortrat, und zum anderen die Ausbreitung der spezifisch östlichen »Haskalah«- (Aufklärungs-)Bewegung.

Im Kontext der Amerikawanderung war vorerst die letztere Bewegung von Bedeutung. Auch nach den Pogromen von 1881 zögerten streng orthodoxe russische Juden bis zur Mitte des zwanzigsten Jahrhunderts noch, in die »Neue Welt« zu ziehen, in der sie ihre Religion gefährdet sahen. Dagegen beeinflußten die »Maskilim« (Aufklärer) in Rußland, Polen und Litauen viele junge Juden, die überkommenen Bande – oder Fesseln – religiöser Frömmigkeit und familiären Gehorsams zu zerreißen. Der Einfluß der zeitlich früheren westlichen »Haskalah« ist unübersehbar: Nicht umsonst waren die ersten Führer der Bewegung bei den Orthodoxen als »Berliner« verrufen. Aber sehr bald fand die östliche Aufklärung ihre eigenen Ausdrucksformen in hebräischer und jiddischer Sprache. Jakob Katz hat die Bedeutung dieser eigenständigen Entwicklung hervorgehoben: »Sie [die östliche ›Haskalah‹] ist [...] durch ihren Gebrauch des Hebräischen und Jiddischen charakterisiert. Durch dieses jüdische Medium behielt ihre, in literarischen Schöpfungen und anderen öffentlichen Äußerungen enthaltene und für ein jüdisches Publikum bestimmte Botschaft trotz ihrer Abweichung von der religiösen Tradition einen jüdischen Charakter. In ihrer weltlichen Orientierung wiesen die ›Maskilim‹ die Autorität der Tradition, wie sie von den Chassidim oder ihrer orthodoxen Opposition, den ›Mitnagdim‹, befolgt wurde, zurück. Eine neue Form des jüdischen Selbstverständnisses entstand, das der geschichtlichen Realität einer halb-weltlichen Gesellschaft entsprach. Diese Metamorphose führte letzten Endes zu einer Redefinierung des Judentums im nationalistischen Sinne, im Gegensatz zu den Auswirkungen der ›Haskalah‹ im Westen. Im Westen brachte die Redefinition des Judentums die Reformbewegung und die Neo-Orthodoxie. Obwohl diese westlichen Tendenzen im Osten bekannt waren, fanden sie dort keinen anhaltenden Widerhall. Die ›Haskalah‹ des Ostens diente als Übergangsstadium zu den jüdischen nationalen und weltlichen sozialistischen Bewegungen.«[13]

Die Zehntausende von Juden, die infolge der Pogrome der frühen 1880er Jahre nach Amerika kamen, waren natürlich nicht alle »Maskilim« oder überzeugte und organisierte Sozialisten. Sie waren zumeist jüngere Menschen, manche mit Familien und kleinen Kindern, auf der Flucht vor einer furchtbaren Situation. Aber zweifellos waren sie alle, oder die meisten von ihnen, von den in der »Haskalah«-Bewegung zum Ausdruck kommenden geistigen und ideologischen Entwicklungen beeinflußt. Es war keineswegs nur die bedrückende Fronarbeit in den »sweatshop«-Nähstuben, die diese jungen Menschen dazu bewegte, die ersten Gründer und Führer der amerikanischen Gewerkschaften und Jiddisch sprechender Arbeiterzirkel der verschiedenen politischen Richtungen zu werden. Die nachkommende Einwandererwelle brachte, im Gegensatz zu der früheren deutsch-jüdischen Immi-

---

13 Katz, Zionismus (wie Anm. 9), S. 10.

gration, eine selbstbewußte, militante und kreative Gruppe von jüdischen Intellektuellen nach Amerika. Diese errichteten in kurzer Zeit ein beeindruckendes Gebäude neuer und säkularer jüdischer Kultur, in völliger Unabhängigkeit von den bestehenden religiösen und kulturellen Institutionen der etablierten amerikanischen Judenheit. Jiddische und hebräische Zeitungen und Zeitschriften, Literatur und Theater erreichten erstaunliche Auflagenziffern und ein breites, interessiertes Publikum. Der soziale Antagonismus zwischen den deutschjüdischen Besitzern der Konfektionskleidungsfabriken und ihren ostjüdischen Arbeitern wurde durch den Zusammenstoß zwischen diametral entgegengesetzten Auffassungen vom Judentum begleitet und verschärft.

Die angeblich feindselige Haltung des deutsch-jüdischen Establishments in Amerika zu den ostjüdischen Neueinwanderern und deren Kritik an den »Yahudim«, wie sie die deutsch-jüdische Elite verächtlich bezeichneten, ist oft übertrieben dargestellt worden. Die neuere Forschung zeichnet ein viel differenzierteres Bild der gegenseitigen Beziehungen. In der Tat standen die manchmal erst kurz vorher gegründeten Gemeinden und philanthropischen Vereine vor einer fast unerfüllbaren Aufgabe, die sie zumeist trotzdem mit anerkennenswertem organisatorischem Geschick und beachtlicher finanzieller Hilfsbereitschaft auf sich nahmen. Die Neueinwanderer bewiesen ihrerseits unerwartete Widerstandskraft und Anpassungsfähigkeit. Trotzdem konnten die Gegensätze in Mentalität und kultureller Tradition dieser beiden so verschiedenen Gruppen nur schwer überbrückt werden. Mit der zunehmenden osteuropäischen Masseneinwanderung entwickelte sich ein lang andauernder, dynamischer, aber immer noch zweigleisiger Formationsprozeß der modernen amerikanischen Judenheit. Dieser Zusammenprall verschiedener Interessen, Mentalitäten und Auffassungen, der nur selten die Form eines freundschaftlichen Dialogs annahm, wurde bald, besonders nach der Vernichtung der osteuropäischen Judenheit, ein weltweit bedeutungsvoller Faktor jüdischer Existenz. Die Amerikawanderung führte zu einer Begegnung des ost- und westeuropäischen Judentums auf engem geographischem Raum und verschärfte dadurch die Auseinandersetzung um die unabwendbare Neudefinierung jüdischer Identität in der Moderne.

Zwei Konzeptionen des Judentums

Nicht nur in Amerika trafen die unterschiedlichen Auffassungen aufeinander. Auch in Deutschland und anderen westlichen Ländern lebten als Folge der jüdischen Wanderungen des 19. und 20. Jahrhunderts Ost-

und Westjuden als »Brüder und Fremde«[14] nebeneinander. Aber seit der Jahrhundertwende wurden die Vereinigten Staaten zunehmend zur Hauptarena der Konfrontation zwischen den beiden modernen Konzeptionen des Judentums: dem rein konfessionellen Bekenntnis zu einem modernisierten, mehr oder weniger reformierten Judentum einerseits und dem säkularisierten nationalen und / oder kulturellen Selbstverständnis andererseits, das die osteuropäische »Haskalah« vertrat. Allein die zahlenmäßigen Verhältnisse waren in Amerika, verglichen mit Deutschland und den westeuropäischen Ländern, eine Besonderheit: Nirgendwo sonst stellten die Ostjuden, noch vor dem Ende der Massenwanderung, eine so überwältigende Mehrheit der jüdischen Bevölkerung dar; nirgendwo sonst, sieht man von der kulturellen und politischen Entwicklung in ihren Herkunftsländern ab, bewiesen sie eine ähnliche Kreativität und ein ähnlich militantes Selbstbewußtsein.

Demgegenüber hatten die deutsch-jüdischen Einwanderer den Vorteil der Zuerstgekommenen auf ihrer Seite. Noch bevor eine signifikante ostjüdische Einwanderung begann, hatten sie bereits die kulturellen und institutionellen Grundlagen der amerikanischen jüdischen Gemeinschaft geschaffen. Gleichzeitig hatten sie sich auch eine relativ stabile und anerkannte wirtschaftliche und soziale Stellung innerhalb der amerikanischen Gesellschaft sichern können. All dies geschah im Rahmen einer für beide Seiten völlig neuen politischen Realität, frei vom Einfluß überkommener intern-jüdischer oder von der Intervention nichtjüdischer Institutionen. Unter diesen Bedingungen kam es zur Interaktion und zum Wettstreit zwischen den beiden Richtungen, und das Ergebnis war, daß sich langsam eine gemeinsame moderne jüdische Identität herausbildete und Form gewann. Da bereits um 1930 fast ein Drittel aller Juden der Welt in Amerika lebte, mußte dieser Prozeß die Zukunft des Judentums entscheidend beeinflussen.

Das Problem der jüdischen Identität wuchs nach dem historischen Wendepunkt der Schoah und der Gründung des Staates Israel, den Ereignissen, die von nun an alle Entwicklungstendenzen jüdischer Existenz bestimmten. Im Zweiten Weltkrieg war das rein physische Weiterleben des jüdischen Volkes in Frage gestellt worden. Was von jüdischem Leben nach dem Kriege aus den Ruinen Europas hervorging, war eine völlig veränderte Realität. Eine Zeitlang glaubten viele, daß die Gründung des Staates Israel alle früheren Diskussionen beenden und das Problem der jüdischen Identität auf einen Schlag lösen würde. Heute wissen wir, daß dies nicht der Fall war. Immer noch bewegt die-

---

14 Nach der treffenden Definition von Steven Aschheim, Brothers and Strangers. The East European Jews in German and German-Jewish Consciousness, 1800–1923, Madison / Wisc. 1982.

ses Problem die Geister und bestimmt weitgehend die Tätigkeit aller jüdischen Gemeinwesen der Welt und ihrer geistigen und politischen Führer. Die jüdische Wanderung und die neue geographische Verteilung der Juden in der Welt spielen, heute wie damals, eine entscheidende Rolle im stets wechselnden jüdischen Selbstverständnis. Heute verbindet und scheidet diese Auseinandersetzung die jüdische Gesellschaft Israels und Amerikas und beeinflußt das jüdische Leben auch in anderen Ländern. Im Zentrum steht, in beiden Ländern und innerhalb jeden Landes, immer noch und verstärkt die Konfrontation zwischen der Moderne und dem orthodoxen Traditionalismus, in der sich auch das Erbe der westlichen und östlichen »Haskalah« gegenübersteht. Dies aber ist das Gebiet der Theologen, Philosophen und Soziologen und leider auch der Politiker. Historiker werden vielleicht nach vierzig oder fünfzig Jahren besser als wir in der Lage sein, die Relevanz dieser Ideen für das wechselnde jüdische Identitätsbewußtsein einzuschätzen.

5. Die Juden als sozioökonomische Minderheitsgruppe in der Weimarer Republik

In der langen Geschichte der Juden in Deutschland waren die hundert Jahre vor dem Ersten Weltkrieg die glücklichste Zeit: Ihr wirtschaftlicher Aufstieg hatte noch vor der Industrialisierung begonnen, und trotz einer erheblichen jüdischen Auswanderung nahm ihre Zahl in den deutschen Ländern rasch zu. Während der Jahre schnellen demographischen und industriellen Wachstums ab Mitte des 19. Jahrhunderts waren die Juden in Wirtschaftszweigen, vor allem des kommerziellen Sektors, konzentriert, die durch die allgemeine Entwicklung bevorteilt waren, und konnten so ihre wirtschaftliche Stellung verbessern. Auch die Emanzipation machte langsame Fortschritte, und bei der Reichsgründung hatten sie – wenigstens vor dem Gesetz – die volle Gleichberechtigung erreicht, und ihre Akkulturation war weit fortgeschritten.[1]

Wann genau diese günstige Entwicklung ihren Scheitelpunkt erreichte, steht beim gegenwärtigen Forschungsstand noch nicht völlig fest. Wahrscheinlich geschah dies früher, als allgemein angenommen wird, und bereits gegen Ende des 19. Jahrhunderts machten sich Krisenerscheinungen bemerkbar. Jedenfalls waren die Juden schon zu Beginn der Weimarer Republik bereits eine demographisch und wirtschaftlich im Rückzug begriffene Minderheitsgruppe. Krieg und Inflation hatten ihre Ersparnisse vernichtet und ihre wirtschaftlichen Stellungen untergraben. Feststellen läßt sich der demographisch nach-

[1] Vgl. hierzu Arthur Prinz, Juden im deutschen Wirtschaftsleben. Soziale und wirtschaftliche Struktur im Wandel 1850–1914, Tübingen 1984; ferner: Jacob Toury, Soziale und politische Geschichte der Juden in Deutschland 1847–1871, Düsseldorf 1977, besonders Kap. 3 und 4. Der Verfasser ist Herrn Prof. Toury für viele wertvolle Hinweise zu Dank verpflichtet.

weisbare Rückgang bereits ab 1880, und ab 1925 nahm ihre Zahl auch absolut ab.[2] Bei der Volkszählung vom Juni 1933 zählten die Juden weniger als eine halbe Million, nicht mehr als 0,77 % der deutschen Gesamtbevölkerung, nachdem in den ersten Monaten der Naziherrschaft schon 25 000 bis 30 000 von ihnen geflüchtet waren.

In den Grenzen von 1933 lebten im Jahre 1910 ca. 535 000 Juden. Bis 1925 stieg ihre Zahl auf ca. 564 400, und bis Januar 1933 fiel sie bereits schätzungsweise auf 525 000.[3] Bereits ab 1880 machte sich bei den Juden ein erheblicher Geburtenrückgang bemerkbar, der bewirkte, daß ihr natürlicher Zuwachs im Gegensatz zur vorangehenden Periode weit unter dem Gesamtdurchschnitt der deutschen Bevölkerungsbewegung lag:

Tabelle 1: Die natürliche Bevölkerungsbewegung 1880–1932 (Jahresdurchschnittszahlen auf 1000 der Bevölkerung, nach jeweiligem Gebietsstand)

	1880–1884		1910–1913		1930–1932	
	Juden	Gesamtbevölkerung	Juden	Gesamtbevölkerung	Juden	Gesamtbevölkerung
Geborene	27,9	37,1	15,0	28,6	7,2	16,2
Gestorbene	17,2	25,8	13,6	16,0	14,4	11,0
Zuwachs	10,7	11,3	1,4	12,6	-7,2	5,2

Quelle: Uziel O. Schmelz, Die demographische Entwicklung der Juden in Deutschland von der Mitte des 19. Jahrhunderts bis 1933, in: Zeitschrift für Bevölkerungswissenschaft, Heft 1/1982

Die Gründe dieser Entwicklung waren vor allem die zunehmende Verstädterung der jüdischen Bevölkerung und die »bis ins Groteske ausar-

---

2 Wilhelm Treue beschrieb die Entwicklung in einer etwas fragwürdigen Weise: »Hitler traf mit seinem Haß eine mit wachsender Geschwindigkeit an Wohlstand verlierende und an Volumen abnehmende Bevölkerungsgruppe. Hätte er hier wie anderswo warten können, dann wäre er in der Lage gewesen, das immer stärkere Zurücktreten des Judentums zu erleben.« (In: Monumenta Judaica. 2000 Jahre Geschichte und Kultur der Juden am Rhein, Köln 1963, S. 456).

3 Uziel O. Schmelz, Die demographische Entwicklung der Juden in Deutschland von der Mitte des 19. Jahrhunderts bis 1933, in: Zeitschrift für Bevölkerungswissenschaft, Heft 1/1982, S. 37f. Nach der Volkszählung von 1910 waren es in den damaligen Grenzen 615 000 Juden, davon ca. 34 700 in Elsaß-Lothringen und 40 500 in Posen-Westpreußen. Die Zunahme bis 1925 erklärt sich zum Teil aus der jüdischen Binnenwanderung aus den östlichen Grenzgebieten ins Reichsinnere, vor allem nach Berlin-Brandenburg, die vor dem Ersten Weltkrieg begann.

tende Abnormalität« der jüdischen Altersverteilung[4] als Folge der früheren Auswanderung und des zunehmend mittelständischen Charakters der jüdischen Bevölkerungsgruppe. Der bereits Mitte des 19. Jahrhunderts begonnene Urbanisierungsprozeß der Juden setzte sich in der Weimarer Zeit verstärkt fort. 1933 lebten über zwei Drittel aller deutschen Juden in Großstädten – knapp ein Drittel allein in Berlin. Doch gab es daneben immerhin auch noch gegen 100000 »Landjuden«, die in Orten mit weniger als 20000 Einwohnern lebten und die von der Forschung bisher oft zuwenig beachtet wurden.[5] Am Ende der Weimarer Republik war die jüdische Bevölkerung Deutschlands über ca. 1600 Synagogengemeinden verteilt, und selbst 1937 bestanden noch ca. 1400.[6]

Tabelle 2: Verteilung der Bevölkerung nach Ortsgröße 1910–1933 (in % und in den Grenzen von 1933)

Ortsgröße (in 1000)	1910		1925		1933	
	Juden	Gesamtbevölkerung	Juden	Gesamtbevölkerung	Juden	Gesamtbevölkerung
unter 20	26,9	62,8	20,8	59,6	18,9	56,7
20–50	6,8	7,6	6,0	7,9	5,1	7,7
50–100	6,4	5,2	6,4	5,7	5,1	5,2
über 100	59,9	24,4	66,8	26,8	70,9	30,4
Reich insgesamt	100,0	100,0	100,0	100,0	100,0	100,0

Quelle: Uziel O. Schmelz, Die demographische Entwicklung der Juden in Deutschland von der Mitte des 19. Jahrhunderts bis 1933, in: Zeitschrift für Bevölkerungswissenschaft, Heft 1/1982, S. 40.

4 Heinrich Silbergleit, Die Bevölkerungs- und Berufsverhältnisse der Juden im Deutschen Reich, Bd. 1, Freistaat Preußen, Berlin 1930, S. 61. Leider wurde diese ausführliche Studie nicht aufgrund der Volkszählungsergebnisse von 1925 fortgesetzt.
5 Vgl. Steven M. Lowenstein, The Pace of Modernisation of German Jewry in the Nineteenth Century, in: Yearbook Leo Baeck Institute 21 (1976), S. 41–54; ders., The Rural Community and the Urbanization of German Jewry, in: Central European History 13, 1980, S. 218–236; grundlegende Zusammenfassung des derzeitigen Forschungsstands in: Monika Richarz/Reinhard Rürup (Hrsg.), Jüdisches Leben auf dem Lande. Studien zur deutsch-jüdischen Geschichte, Tübingen 1997.
6 Reichsvertretung der Juden in Deutschland. Arbeitsbericht für das Jahr 1937, (RV/Arb. 1937), S. 4 (vervielfältigt, nicht gedruckt). Vgl. auch Max P. Birnbaum, Staat und Synagoge 1918–1938. Eine Geschichte des Preußischen Landesverbandes jüdischer Gemeinden, Tübingen 1981, S. 88 f.

Der vornehmlich großstädtische Charakter der jüdischen Bevölkerungsgruppe geht aus Tabelle 2 deutlich hervor, und er ergibt sich noch eindrucksvoller aus der Tatsache, daß 1933 54,5 % aller Juden in zehn Großstädten mit über 500000 Einwohnern lebten, wobei es in Berlin allein über 160000, d. h. 32,1 % aller jüdischen Einwohner Deutschlands, waren.[7] Außerdem beweisen die Zahlen, daß diese Entwicklungen bereits vor dem Ersten Weltkrieg weit fortgeschritten waren, so daß die demographische und auch wirtschaftliche Situation der Juden in der Weimarer Zeit im wesentlichen als das Ergebnis lange vorher begonnener Prozesse zu werten ist. Dies trifft vor allem auf die rückläufigen Geburtsraten und die Überalterung der jüdischen Bevölkerung zu: Noch in den letzten Jahrzehnten des 19. Jahrhunderts war die Auswanderung junger jüdischer Menschen erheblich, und deren Auswirkung auf die Altersstruktur der Zurückgebliebenen ist unverkennbar. Auch die zunehmende ostjüdische Einwanderung konnte den Überalterungsprozeß nur wenig verzögern.[8] 1925 waren 28 %, 1933 sogar über 31 % aller Juden über 40 Jahre alt, und das Durchschnittsalter lag bei den Juden im Jahre 1925 bei 34,5 Jahren gegenüber 27,3 Jahren der Gesamtbevölkerung. Bis 1933 stieg es auf 38,7 Jahre, in der Gesamtbevölkerung nur auf 30,4.[9]

Die Wirtschafts- und Sozialstruktur der Juden hatte sich im Vergleich zum vorangegangenen Jahrhundert nur wenig verändert. Wie aus Tabelle 3 ersichtlich ist, waren 1925 und 1933 – ebenso wie 1907 – über 60 % aller jüdischen Erwerbstätigen im Sektor »Handel und Verkehr« konzentriert, die überwiegende Mehrzahl davon im »Waren- und Produktenhandel«.

Die hier zutage tretende Tendenz der jüdischen Konzentration im kommerziellen Wirtschaftssektor war tatsächlich noch ausgeprägter, als sich aus den statistischen Daten ersehen läßt: Auch im Sektor »Industrie und Handwerk« handelte es sich bei den Juden um eine Mehrzahl mittelständischer Betriebsinhaber und Handwerker, von denen ca. 40 % auch offene Verkaufsstellen unterhielten.[10] Ebenso dürfte

---

7 Die Glaubensjuden im Deutschen Reich. Statistik des Deutschen Reichs, Bd. 451, Heft 5 (forthin zitiert als: Glaubensjuden, 451/5), Volks- und Berufszählung vom 16. Juni 1933, S. 9 (Die untersuchten Städte waren Berlin, Frankfurt a. M., Breslau, Hamburg, Köln, Leipzig, München, Essen, Dresden und Dortmund.).
8 Vgl. hierzu in diesem Band den Beitrag: Die deutschen Juden in der Zeit der Industrialisierung – Aspekte ihrer Sozialgeschichte, S. 23–25.
9 Schmelz, Demographische Entwicklung (wie Anm. 3), S. 56; Silbergleit, Bevölkerungs- und Berufsverhältnisse (wie Anm. 4), S. 61.
10 Herbert Kahn, Die jüdischen Handwerker in Deutschland. Eine Untersuchung auf Grund statistischer Unterlagen der Reichsvertretung der Juden in Deutschland, unter Mitwirkung von W. Ansbach, Berlin 1936 (vervielfältigt), S. 3.

von den ca. 18 000 jüdischen Angestellten im industriellen Sektor die Mehrzahl in den Verkaufsabteilungen der Betriebe beschäftigt gewesen sein.[11]

Tabelle 3: Die jüdischen Erwerbspersonen (in % nach jeweiligem Gebietsstand; in Klammern Gesamtbevölkerung)[12]

	1907		1925		1933	
1. Land- und Forstwirtschaft	1,58	(36,8)	1,91	(30,5)	1,73	(28,9)
2. Industrie und Handwerk	26,54	(42,0)	24,24	(42,1)	23,14	(40,4)
3. Handel und Verkehr	61,35	(13,0)	61,32	(16,4)	61,27	(18,4)
3a. Waren- und Produkthandel	51,0	(5,4)	47,8	(6,9)	47,7	(8,4)
4. Öffentl. Dienst u. private Dienstleistungen (incl. freie Berufe)	7,94	(6,5)	9,72	(6,7)	12,46	(8,4)
5. Häusliche Dienste	2,59		2,81		1,40	
	100,0		100,0		100,0	

Angesichts der wirtschaftlichen Gesamtentwicklung ist die Beständigkeit des jüdischen Berufsbildes überraschend. Auch die gruppenspezifische Präferenz der Juden für selbständige Wirtschaftstätigkeit blieb in einem Ausmaß erhalten, das für diese Periode der großbetrieblichen Konzentration besonders bemerkenswert ist. Obwohl auch der kommerzielle Sektor verstärkt zum großbetrieblichen Verkauf in Warenhäusern und Filialkettenläden überging – eine Entwicklung, an der auch jüdische Unternehmer an prominenter Stelle mitwirkten –, waren 1925 über 51 %, 1933 noch immer 46 % aller jüdischen Erwerbspersonen selbständig, gegenüber nur 17 % beziehungsweise 16 % in der erwerbstätigen Gesamtbevölkerung.[13]

[11] Helmut Genschel, Die Verdrängung der Juden aus der Wirtschaft im Dritten Reich, Göttingen 1966, S. 283 (Statistischer Anhang, nach offiziellen Volks- und Berufszählungsdaten errechnet).
[12] Herbert Kahn, Die wirtschaftliche und soziale Schichtung der Juden in Deutschland, in: Jüdische Wohlfahrtspflege und Sozialpolitik, Neue Folge, Bd. 6, Berlin 1936, S. 57; Esra Bennathan, Die demographische und wirtschaftliche Struktur der Juden, in: Werner E. Mosse/Arnold Paucker (Hrsg.), Entscheidungsjahr 1932. Zur Judenfrage in der Endphase der Weimarer Republik, 2. Auflage, Tübingen 1965, S. 104. Die Berechnungen, die Herbert Kahn für die statistische Abteilung der Reichsvertretung der Juden in Deutschland anstellte, sind die einzigen, die auch für 1925 die Ergebnisse der Volkszählung nach den offiziellen Veröffentlichungen zusammenfassen. Bennathan errechnete nach den Angaben für Preußen und Sachsen etwas abweichende Daten für das Reichsgebiet.
[13] Schmelz, Demographische Entwicklung (wie Anm. 3), S. 66.

Alles in allem ergibt sich aus diesen Zahlen das Bild einer vornehmlich mittelständischen Bevölkerungsgruppe. Sie bestand im wesentlichen aus Besitzern kleiner und mittlerer Handelsfirmen und den von ihnen beschäftigten jüdischen Angestellten, die im Laufe der Wirtschaftskrise und des verschärften antisemitischen Boykotts fast nur noch in jüdischen Betrieben Arbeit fanden. Daneben gab es einige tausend Handwerker, hauptsächlich in den Bekleidungsbranchen konzentriert, und eine wachsende Anzahl selbständig praktizierender Rechtsanwälte und Ärzte. Dies bedeutet, daß die Juden in ihrer Mehrheit auch in der Periode rapider Hochindustrialisierung und kapitalistischer Konzentration im »alten Mittelstand« steckengeblieben waren. Die ihnen immer wieder zugeschriebene wirtschaftliche Wendigkeit hatte sich nicht bewährt. Sie hielten an ihren überkommenen Berufen und ihrem selbständigen Sozialverhältnis auch dann noch fest, als diese ihnen schon längst keine wirtschaftlichen Vorteile mehr versprachen. »Der Drang der Juden nach unabhängigen wirtschaftlichen Stellungen, ob geboten aus innerer Haltung oder durch Zwang seitens der Umgebung, mag die Anpassungsfähigkeit der Juden an die sich verändernden Formen des wirtschaftlichen Lebens im industriellen Deutschland vermindert haben.«[14]

Jakob Lestschinsky, dessen wissenschaftliche Zuverlässigkeit im allgemeinen über Zweifel erhaben ist, glaubte noch 1932, einen massiven Übergang der jüdischen Erwerbstätigen zur Kategorie der »Lohnempfänger« und damit einen fortschreitenden Prozeß der »Normalisierung« feststellen zu können. Dies führte ihn zu dem Schluß, daß schon im Jahre 1925 »eine volle Hälfte der jüdischen großstädtischen Bevölkerung dem Proletariat angehörte«.[15] Im Lichte der späteren statistischen Daten und ihrer näheren Analyse läßt sich diese Behauptung kaum aufrechterhalten, und sie ist eher als ein aus der aktuellen Situation zu erklärendes »wishful thinking« aufzufassen. Eine Tendenz jüdischer »Produktivierung« oder gar »Proletarisierung« läßt sich jedenfalls aus den statistischen Daten allein nicht herauslesen. Die Statistik hat jedoch zugegebenermaßen Grenzen der Aussagekraft: 1933 war über die Hälfte der erwerbstätigen Juden über 40 Jahre alt, hatte also ihren Beruf noch vor dem Krieg gewählt. Das heißt, daß die Auswirkungen von Krieg und Inflation – ganz zu schweigen von der Wirtschaftskrise und der sich verschlechternden politischen Situation der Juden – in den Berufsstatistiken von 1925 und auch 1933 noch nicht voll zum Ausdruck kommen konnten.

---

14 Bennathan, Struktur (wie Anm. 12), S. 126.
15 Jakob Lestschinsky, Das wirtschaftliche Schicksal des deutschen Judentums. Aufstieg, Wandlung, Krise, Ausblick, Berlin 1932, S. 130.

Tatsächlich weist vieles auf einen Trendumschwung in der Berufswahl der jüdischen Jugend während der Weimarer Zeit hin. Die kommerziellen Berufe der Väter hatten viel von ihrer Anziehungskraft verloren. Wer nur konnte, strebte zum Studium und zu den akademischen freien Berufen, wobei wiederum die Berufe der Rechtsanwälte und Ärzte, die sich eher für selbständige Betätigung eigneten, bevorzugt wurden. Die anderen und weniger begünstigten jungen Juden strebten in die abhängigen »white-collar-Berufe«, vornehmlich im Handelssektor. Zwischen 1907 und 1933 stieg die Zahl der jüdischen Angestellten in allen Wirtschaftszweigen von 36400 auf 82800, davon allein im Handel von 22900 auf 50600. Der Anteil der im Handel beschäftigten Angestellten erhöhte sich damit von 10,8 auf 21% aller jüdischen Erwerbstätigen. Trotzdem sank in der gleichen Zeit der Anteil der selbständigen jüdischen Erwerbspersonen nur von 50,1 auf 46%.[16] Der steigende Anteil der Angestellten erklärt sich demnach hauptsächlich aus der Abnahme der Kategorie »mithelfende Familienmitglieder« und bezeugt die zunehmende Erwerbstätigkeit der jüdischen Frauen in der Weimarer Zeit. Tatsächlich waren 1933 34% aller jüdischen Angestellten Frauen, gegenüber nur 15% der jüdischen Selbständigen.[17]

Daneben finden wir jedoch auch Anzeichen für eine zunehmende Anziehungskraft manueller Berufe in Landwirtschaft, Handwerk und Industrie auf die jüdische Jugend. Die Gründe dafür waren verschiedener Art. Einmal hatte die Verarmung des jüdischen Mittelstands in Inflation und Wirtschaftskrise die Aussichtslosigkeit der alten kommerziellen Berufe für die jüdische Jugend erwiesen. Hinzu kamen gezielte Bemühungen um eine jüdische »Berufsumschichtung« von verschiedenen, manchmal ideologisch entgegengesetzten Seiten. Auf die zionistisch organisierte Jugend wirkte eine Agrarromantik tolstoianischer Prägung, die besonders durch A. D. Gordon starken Einfluß auf die erste Siedlergeneration in Palästina ausübte. In Deutschland, wie in anderen europäischen Ländern, fand dies seinen Ausdruck in den sogenannten Hachscharah-Zentren, also landwirtschaftlichen Lehrgütern und Umschulungskursen, die die zionistische Jugend für die Pioniertätigkeit in Palästina, besonders auf das Leben im Kibbuz, vorbereiteten. Auf dem entgegengesetzten politischen Pol, im Reichsbund jüdischer

---

16 Genschel, Verdrängung (wie Anm. 11), S. 283.
17 Schmelz, Demographische Entwicklung (wie Anm. 3), S. 66. Zur zunehmenden Erwerbstätigkeit jüdischer Frauen siehe auch Lestschinsky, Schicksal (wie Anm. 15), S. 134; Monika Richarz (Hrsg.), Jüdisches Leben in Deutschland. Selbstzeugnisse zur Sozialgeschichte, 1918–1945, Bd. 3, Stuttgart 1982, S. 19; Marion A. Kaplan, The Jewish Feminist Movement in Germany. The Campaigns of the Jüdischer Frauenbund 1904–1938, Westport/Connecticut 1979, S. 176ff.

Frontsoldaten (RjF), fand die agrarkonservative Siedlungsideologie der deutschen Rechten ihr jüdisches Pendant. 1931 wurde vom RjF die Siedlung Groß-Gaglau bei Kottbus gegründet, in der ca. zwanzig Familien bis 1933 versuchten, die Ideologie in die Tat umzusetzen, ohne jedoch großen Anklang in der breiten jüdischen Öffentlichkeit zu finden. Die Diskussion um die jüdische Berufsumschichtung bewegte aber weite Kreise und wurde in der jüdischen Presse erörtert. Die meisten Befürworter, mit nur wenigen Ausnahmen, sahen in der Wahl landwirtschaftlicher oder handwerklicher Berufe ein Mittel gegen die drohende Proletarisierung der jüdischen Jugend.[18] Dagegen argumentierten nur einige Wirtschaftsexperten und Sozialarbeiter offen für die »Proletarisierung«, d. h. die Erziehung zu industriellen Facharbeitern, als Ausweg aus der jüdischen Wirtschaftsnot.[19]

Niemand kann sagen, wie sich dieser Trend weiterhin ausgewirkt hätte, wäre er nicht durch das anbrechende Naziregime unterbrochen worden. Gewiß ist nur, daß er bis 1933 noch keine bedeutsame Änderung der jüdischen Berufsstruktur bewirken konnte. Im Vergleich zur Vorkriegszeit waren nur die akademischen und freien Berufe bedeutsam angestiegen. In der offiziellen deutschen Statistik erscheinen diese Berufe unter der Kategorie »Öffentlicher Dienst und private Dienstleistungen« und sind schwer nach der Religion zu differenzieren. In der gesamten unter dieser Kategorie zusammengefaßten Berufsgruppe war schon 1895 der jüdische Anteil höher als in der Gesamtbevölkerung: 7,1 % aller Erwerbspersonen gegenüber 6,4 %. Bis 1933 erhöhte sich der jüdische Vorsprung auf 12,5 gegenüber 8,4 % in der Gesamtbevölkerung.[20] Dabei muß jedoch berücksichtigt werden, daß der öffentliche Dienst bis zum Ende des Kaiserreichs den Juden praktisch verschlossen geblieben war. Daher machten die akademischen und freien Berufe bei den Juden schätzungsweise über 70 % aller in dieser Kategorie aufgezählten Erwerbspersonen aus – weitaus mehr als in der Gesamtbevöl-

---

18 Donald L. Niewyk, The Jews in Weimar Germany, Baton Rouge / London 1980, S. 20ff.; Abraham Margalioth, Die Berufsumschichtung der Juden zu Beginn des Dritten Reiches, in: Yalkut Moreshet, Nr. 29 (1980) (hebr.), S. 101 ff.; vgl. auch Dagmar T. Bermann, Produktivierungsmythen und Antisemitismus, Diss., München 1971.

19 So zum Beispiel Alfred Marcus in einem Aufsatz, der in der Festschrift zum 60. Geburtstag Leo Baecks im Mai 1933 erscheinen sollte, jedoch erst 1979 gedruckt wurde: Alfred Marcus, Zur wirtschaftlichen Lage und Haltung der deutschen Juden, in: Bulletin des Leo Baeck Instituts (künftig: BLBI), Neue Folge, 18. Jg. (1979), Nr. 55, besonders S. 26ff. Marcus vertrat die gleiche Ansicht auch in seinem 1931 erschienenen Buch: Alfred Marcus, Die wirtschaftliche Krise der deutschen Juden, Berlin 1931; hier allerdings noch nicht so entschieden wie in dem Aufsatz.

20 Schmelz, Demographische Entwicklung (wie Anm. 3), S. 64.

kerung. Zwei Drittel davon waren selbständige Gewerbetreibende, also hauptsächlich Ärzte und Rechtsanwälte.[21]

Genauere Angaben besitzen wir für 1933. Die Volks- und Berufszählung vom 16. Juni 1933 zählte ca. 30000 Juden in der Kategorie »Öffentlicher Dienst und Private Dienstleistungen«, nachdem bereits in den ersten Monaten der Naziherrschaft einige tausend durch das sogenannte Gesetz zur Wiederherstellung des Berufsbeamtentums vom 7. April 1933 Betroffene ihre Stellungen verloren hatten und zum Teil ausgewandert waren. Besonders aufgezählt finden sich darunter 5557 Ärzte, immer noch 10,9 % aller in Deutschland praktizierenden Ärzte, und 3937 Juristen, darunter 3030 selbständige Rechtsanwälte und Notare, die sogar 16,25 % aller in diesem Beruf tätigen Erwerbspersonen ausmachten. Prozentual geringer im Anteil, aber nicht weniger sichtbar, waren 8732 jüdische Schriftsteller und Redakteure und über 2600 jüdische Künstler aller Gebiete, besonders im Film und in der Musik.[22] Für die antisemitische Hetze, die bewußt an berufsgebundene Ressentiments appellierte, war diese »Sichtbarkeit« ausschlaggebender als der statistisch in geringfügigen Zahlen und Prozenten ausgedrückte Anteil. Der Haß wurde verstärkt durch die Konzentration der Juden und besonders der jüdischen freien Berufstätigen in den Großstädten. 1925 waren in Preußen 26,6 % aller Rechtsanwälte und 15,5 % aller Ärzte Juden.[23] 1930 praktizierten allein in Berlin 2138 jüdische Ärzte, die ein Drittel bis die Hälfte aller Ärzte der Stadt darstellten.[24]

So konnte die im politischen und ideologischen Klima deutscher Universitäten erzogene akademische Nachwuchsgeneration auch aus rein beruflichem Interesse für die antisemitische Demagogie der Nazis gewonnen werden. Wahrscheinlich ist dies eine, wenn auch nicht die einzige Erklärung dafür, daß sich aus den Nazi-Berufsverbänden der Ärzte und Juristen ein guter Teil der höheren Ränge der SS und der späteren Führungselite der »Endlösung« rekrutierte.[25]

Betrachtet man die Anpassung der Berufsstruktur einer kleinen Minderheitsgruppe an die der Gesamtbevölkerung als »Normalisie-

---

21 Lestschinsky, Schicksal (wie Anm. 15), S. 103.
22 Glaubensjuden, 451/5 (wie Anm. 7), S. 25 f.
23 Lestschinsky, Schicksal (wie Anm. 15), S. 103.
24 Statistische Abteilung der Reichsvertretung, Ausstellung vom 12. 5. 1933, im Nachlaß Hans Schaeffers, Archiv des Leo Baeck Instituts, New York, Nr. 26.
25 Vgl. dazu Bernd Martin, Judenverfolgung und -vernichtung unter der nationalsozialistischen Diktatur, in: Bernd Martin/Ernst Schulin (Hrsg.), Die Juden als Minderheit in der Geschichte, München 1981, S. 291 f.; vgl. Heinz Höhne, Der Orden unter dem Totenkopf, Gütersloh 1967, besonders S. 298 ff.; Werner Jochmann, Struktur und Funktion des deutschen Antisemitismus, in: Werner E. Mosse/Arnold Paucker (Hrsg.), Juden im Wilhelminischen Deutschland 1890–1914, Tübingen 1976, S. 428 ff.

rung«, so war das jüdische Berufsbild 1933 fast ebenso »anormal« wie 50 oder auch 100 Jahre früher. Im Widerspruch zu marxistischen »Basis und Überbau«-Konzepten hinkte die wirtschaftliche Assimilation der deutschen Juden auch in der Periode schneller Strukturveränderungen ihrer kulturellen und politischen Anpassung an die Umwelt sehr entschieden nach. Es gab dabei regionale Unterschiede, aber auch im westdeutschen Industriegebiet war bis in die Weimarer Republik hinein das Berufsbild der dort wohnhaften Juden dem der gesamtdeutschen jüdischen Bevölkerung ähnlicher als dem ihrer unmittelbaren Umgebung.[26] Daß die Juden sich den neuen Entwicklungen zu ihrem offensichtlichen Nachteil nicht schneller anpaßten, lag nicht an ihrer wirtschaftlichen Fehlkalkulation, sondern an dem Beharrungsvermögen gruppenspezifischen Wirtschaftsverhaltens bei kleinen Minoritätsgruppen, das überall zu bemerken ist.[27] Daneben war es sicherlich auch die Frage eingeschränkter Aufstiegschancen innerhalb einer feindlichen oder auch nur indifferent-diskriminierenden Umgebung.

Aus den Berufsstatistiken läßt sich nur wenig über die jüdische Einkommens- und Vermögensentwicklung erschließen, obwohl dies in fast allen bisherigen Forschungen in Ermangelung aufschlußreicheren statistischen Materials immer wieder versucht worden ist. Das vergleichbare Geschäftsvolumen der knapp 100000 jüdischen Wirtschaftsbetriebe um 1925[28] läßt sich nur für einen Teil ungefähr errechnen. Trotzdem dürfte es statthaft sein, anzunehmen, daß die Juden im Gesamtdurchschnitt immer noch eine besser situierte Bevölkerungsgruppe waren, deren Anteil am Steueraufkommen einzelner Städte und Regionen drei- bis viermal ihren Prozentanteil an der Gesamtbevölkerung überstieg.[29] Aber jeder, der mit statistischen Zahlen bekannt ist,

26 Vgl. dazu Avraham Barkai, Die sozio-ökonomische Situation der Juden in Rheinland-Westfalen zur Zeit der Industrialisierung, in: Kurt Düwell / Wolfgang Köllmann (Hrsg.), Rheinland-Westfalen im Industriezeitalter, Bd. 2, Von der Reichsgründung bis zur Weimarer Republik, Wuppertal 1984, S. 100; ebenfalls abgedruckt in: BLBI, Neue Folge, 22. Jg. (1983), Nr. 66, S. 74.
27 Vgl. dazu Simon Kuznets, Economic Structure of US Jewry, Recent Trends, Jerusalem 1972, S. 10ff.
28 Der Begriff »Betriebe« umfaßt in der Methode der deutschen Berufs- und Betriebszählungen alle selbständigen Gewerbeeinheiten vom Fabrikbesitzer und Bankdirektor bis zum Inhaber eines Wandergewerbescheines. Selbständige Agenten und Vertreter stehen neben den Privatpraxen der Ärzte und Rechtsanwälte. Die Berufszählung von 1925 gibt 132000 jüdische Selbständige an, von denen über 90 % als »Eigentümer oder Pächter« definiert sind. Bei Berücksichtigung einer geschätzten Zahl von Partnerschaften und Kommanditgesellschaften scheint mir die Zahl von knapp 100000 jüdischen Betrieben gerechtfertigt zu sein.
29 Vgl. dazu Abraham Menes, Über die Einkommensverhältnisse der deutschen Juden in der Vor- und Nachkriegszeit, in: Jüdische Wohlfahrtspflege und Sozialpo-

weiß, wie trügerisch oft Gesamtdurchschnittszahlen sein können. Vergleicht man die jüdische Bevölkerung mit ihrer eigentlichen Bezugsgruppe, nämlich dem städtischen Mittelstand der Jahre 1925 oder 1933, so verringert sich ihr Vorsprung sehr erheblich, wenn er nicht gar bei einzelnen Berufsgruppen ins Gegenteil umschlägt. Für den langfristigen Trend steht fest, daß sich die jüdische Wirtschaftssituation bereits in der Vorkriegszeit relativ zu verschlechtern begann, und die Krisen der Nachkriegszeit beschleunigten diesen Prozeß noch sehr erheblich.

Wie der gesamte alte Mittelstand wurden auch die Juden durch die Nachkriegsinflation stärker getroffen als andere Gesellschaftsschichten. Einige wenige Großindustrielle jüdischer Abkunft, wie zum Beispiel Paul Silverberg und Ottmar Strauß, gehörten wohl – neben rechtgläubigen Christen wie Stinnes und Thyssen – zu den »großen Inflationsgewinnlern«.[30] In den Großstädten und vor allem in Berlin nutzten auch einige wenige ostjüdische Geschäftsleute die Lage, um ganze Straßenzüge an Hausbesitz aufzukaufen.[31] Aber diese Beispiele waren Ausnahmen: Die große Masse kleiner Ladenbesitzer und Händler verlor ihre Ersparnisse, und die bei den Juden verhältnismäßig große Zahl von Rentnern und Pensionären litt unter dem realen Wertschwund ihrer festen Einkommen. Als Folge der Überalterung der jüdischen Bevölkerung war der Prozentsatz der von der Wohlfahrtspflege unterstützten Juden doppelt so groß wie in der Gesamtbevölkerung, und selbt in Berlin, wo die höchsten jüdischen Einkommen konzentriert waren, wurde zwischen 1912 und 1925 eine Abnahme der jüdischen Realeinkommen verzeichnet.[32]

Die Wirtschaftskrise, die 1929 ausbrach, verschärfte diese Tendenzen noch sehr erheblich und traf auch den »neuen« jüdischen Mittelstand, also die Masse der jüdischen Angestellten, stärker als den nichtjüdischen. Die Konzentration jüdischer Wirtschaftstätigkeit in den Bekleidungsbranchen, deren Nachfrage in der Krise stärker zurückging als die nach anderen Konsumprodukten, wirkte sich negativ sowohl für die jüdischen Selbständigen als auch für die von ihnen beschäftigten Angestellten und Arbeiter aus. Besonders in der Provinz, wo die Juden dem antisemitischen Boykott stärker ausgesetzt waren als in der Groß-

litik, Neue Folge, Bd. 3, 1932, S. 87 ff. und die darauffolgende Diskussion auf den Seiten 298 ff. und 421 ff.
30 Donald L. Niewyk, The Impact of Inflation and Depression on the German Jews, in: Yearbook of the Leo Baeck Institute (künftig: YLBI), Bd. 28 (1983), S. 20; vgl. auch den Kommentar von Gerald D. Feldmann, Inflation and Depression as Hitler's Pace Makers. Comments on the Papers of Fritz K. Ringer, Eckard G. Wandel and Donald L. Niewyk, ebenda, S. 38 f.
31 Bennathan, Struktur (wie Anm. 12), S. 117.
32 Niewyk, Impact (wie Anm. 30), S. 24.

stadt, häuften sich die Insolvenzen und Geschäftsschließungen jüdischer Firmen.[33] Jüdische Angestellte wurden von der Arbeitslosigkeit stärker betroffen als nichtjüdische, und selbst der Appell jüdischer Selbsthilfeorganisationen an die jüdischen Arbeitgeber blieb ohne viel Erfolg.[34]

Die sich verschärfende wirtschaftliche Krise des jüdischen Mittelstandes gab Anfang der dreißiger Jahre Anlaß zur Gründung einer Reihe von Hilfsorganisationen, von denen an dieser Stelle die genossenschaftlichen Darlehenskassen, die vom amerikanischen Joint nach osteuropäischen Mustern organisiert und teilweise finanziert wurden, und das Netz jüdischer Arbeitsnachweise in den größeren Gemeinden genannt werden sollen. Der Umfang und Erfolg dieser Initiativen blieben jedoch begrenzt. Ihre Bedeutung liegt weniger in der effektiven Hilfe, die sie bringen konnten, als vielmehr darin, daß sie Zeugnis gaben für die sich verschlimmernde Wirtschaftslage der Juden während der Krise. Daneben bildeten sie immerhin den Grundstock für die wirtschaftliche Selbsthilfe der Juden nach Anbruch der Naziherrschaft.[35]

Die gruppenspezifische Berufsstruktur der Juden und die anachronistische Präferenz wirtschaftlicher Selbständigkeit wirkten sich in den Weimarer Jahren voll zu ihrem Nachteil aus. Zwischen 1913 und 1933 gingen die Realeinkommen der selbständigen Erwerbspersonen in Deutschland um fast 47%, die der Lohnempfänger nur um 19% zurück.[36] Angestellte litten allgemein stärker unter Arbeitslosigkeit als Arbeiter, und die jüdischen kommerziellen Angestellten waren noch stärker durch die Boykotthetze des Deutschnationalen Handlungsgehilfen-Verbandes betroffen. Etwa die Hälfte aller jüdischen Angestellten war 1932 stellenlos, und viele verheiratete weibliche Angestellte wurden als »Doppelverdienerinnen« entlassen.[37] Noch vor der Nazi-Herrschaft war der jüdische Mittelstand dem antisemitischen Boykott ausgesetzt. Die Konzentration in einigen besonders auffälligen Wirtschaftszweigen bot hierfür sowohl Anreiz als auch wirkungsvollen Effekt. Von den Juden »beherrscht« waren in der Weimarer Republik nur einige wenige, als wirtschaftliche Machtpositionen unbedeutende Spe-

---

33 Jüdische Wohlfahrtspflege und Sozialpolitik, Neue Folge, Bd. 3, 1932, S. 153f.
34 Niewyk, Impact (wie Anm. 30), S. 30; Jüdische Wohlfahrtspflege und Sozialpolitik, Neue Folge, Bd. 3, 1932, S. 62.
35 Birnbaum, Staat und Synagoge (wie Anm. 6), S. 193 ff.; Jüdische Wohlfahrtspflege und Sozialpolitik, Neue Folge, Bd. 3, 1932, S. 159 f.
36 Dietmar Petzina / Werner Abelshauser / Anselm Faust, Sozialgeschichtliches Arbeitsbuch, Bd. 3, Materialien zur Statistik des Deutschen Reiches 1914–1945, München 1978, S. 106.
37 Kaplan, Jewish Feminist Movement (wie Anm. 17), S. 182.

zialbranchen: Von den über 30 000 Viehhandelsfirmen waren um 1930 wohl mehr als die Hälfte in jüdischen Händen.[38] Starken jüdischen Anteil wiesen vor allem die Konfektionsbranchen und der Schuhvertrieb, einzelne Zweige des Metallhandels und die Privatbanken auf, die bereits seit Ende des 19. Jahrhunderts an wirtschaftlicher Bedeutung verloren hatten.[39] Zählen wir noch die bereits erwähnten jüdischen Ärzte und Rechtsanwälte hinzu, so ist die Liste der von den Juden »beherrschten« Wirtschaftszweige ziemlich erschöpft. Als wirtschaftliche Machtfaktoren und politische Einflußhebel hatten diese von früheren Generationen überkommenen Stellungen kaum Bedeutung. Aber sie waren fast überall auffallend sichtbar! Bergwerksbarone und Industriemagnaten operieren im geschlossenen Kreis diskreter Verbindungen und Konferenzzimmerabsprachen selbst im Medienzeitalter weitgehend unter Ausschluß der Öffentlichkeit. Aber jeder, der in der Weimarer Republik einen Mantel oder Konfektionsanzug brauchte, stieß auf die jüdischen Geschäfte, jeder Bauer im westdeutschen Gebiet auf den jüdischen Viehhändler oder Weinankäufer. Das Geschäftsgebaren dieser jüdischen Händler wird nicht besser, aber auch nicht schlechter gewesen sein als das ihrer nichtjüdischen Konkurrenten: Alle versuchten nach gut-kapitalistischer Wirtschaftsräson, billig zu kaufen und teuer zu verkaufen, und boten so den durch die Krise bedrängten Kunden wahre oder imaginäre Gründe, sich übervorteilt zu fühlen.

Die antisemitische Boykottpropaganda wandte sich vor allem gegen den jüdischen Einzelhandel, und tatsächlich wurde das jüdische Wirtschaftsschicksal ausschlaggebend durch die Lage des Einzelhandels bestimmt. 1925 waren gegen 45 % aller jüdischen Erwerbstätigen entweder als Inhaber und mithelfende Familienmitglieder oder als Angestellte – hauptsächlich in jüdischen Betrieben – in diesem Wirtschaftszweig tätig. Für 1932 besitzen wir auch ziemlich zuverlässige Angaben über das Geschäftsvolumen, die Beschäftigung und den relativen Anteil des jüdischen Einzelhandels, von denen sich auch auf die vorangehende Periode schließen läßt.[40] Demnach machten zwar die über 50 000 jüdi-

38 Berechnet nach Angaben der Allgemeinen Viehhandelszeitung 1929/30, für deren Mitteilung ich Frau Prof. Monika Richarz zu Dank verpflichtet bin.
39 Ausführliche Angaben und Berechnungen bei Marcus, Die wirtschaftliche Krise (wie Anm. 19).
40 Herbert Kahn, Umfang und Bedeutung der jüdischen Einzelhandelsbetriebe innerhalb des gesamten deutschen Einzelhandels. Hauptergebnisse einer wissenschaftlichen Untersuchung (Auf Grund einer Erhebung in 69 Großgemeinden. Im Auftrag der Reichsvertretung der Juden in Deutschland durchgeführt im Februar 1934; vervielfältigt, nicht im Druck erschienen). Eines der sehr seltenen Exemplare befindet sich in der Bibliothek von Yad-Vashem, Jerusalem. Der Verfasser war bis 1933 Leiter der Forschungsstelle für den Handel und mit der Materie gut vertraut. Die Anlage der Enquête und die statistische Bearbeitung zeu-

schen Einzelhandelsfirmen nur etwas über 6% aller Firmen aus, aber sie beschäftigten – einschließlich der mithelfenden Familienmitglieder – ein Viertel aller in diesem Wirtschaftszweig Beschäftigten und deckten 26% des gesamten Einzelhandelsumsatzes. Juden besaßen die größeren und besser verdienenden Geschäfte und die meisten Warenhäuser, in denen jedoch nur 15% des gesamten jüdischen Einzelhandelsumsatzes verkauft wurden. Die restlichen 85% wurden in mittelständischen Fachgeschäften, vor allem der Bekleidungs-, Schuh- und Hausratsbranche erzielt. 1932 verkauften in Deutschland Juden 62% aller Bekleidungsartikel, 36% allen Hausrats- und Wohnbedarfs, 18% aller Kultur- und Luxusartikel.

Diese Konzentration in wenigen übersetzten und scharfer Konkurrenz ausgesetzten Spezialgebieten schuf Konfliktherde und Spannungen, die von der antisemitischen Propaganda leicht ausgewertet werden konnten. Der Einzelhandel war seit Ende des 19. Jahrhunderts vorzugsweise zum Alternativberuf vieler durch die Landflucht und Industrialisierung entwurzelter Existenzen geworden. Man glaubte allgemein, daß zur Eröffnung eines kleinen Ladens oder Wandergewerbes nur geringe kaufmännische Qualifikation und Vorbildung nötig seien. Bei dem Versuch, sich so ein bescheidenes Einkommen zu verdienen, stießen die Leute auf die Juden, die schon lange im Handel etabliert und erfahren waren. Kein Wunder, daß mit der sich in der Krise immer mehr verschärfenden Konkurrenz die primitivste und gewalttätigste Variante antisemitischer Boykotthetze in diesen Schichten willige Aufnahme und Nachahmung fand. Dies erklärt auch, warum nach der Nazi-Machtübernahme die ersten wirtschaftlichen Behinderungen und Verbote – neben den freien Berufen – den jüdischen Einzelhandel trafen. Dagegen blieben andere Berufe und insbesondere die großbürgerlichen jüdischen Unternehmen noch für einige Zeit relativ verschont.

Diese jüdischen Großunternehmer können in einer Gesamtdarstellung nicht übergangen werden, obwohl einige hundert reiche Großbürger den mittelständischen Charakter der jüdischen Minderheitsgruppe nicht wesentlich ändern konnten. Sie waren Ausnahmen, die für das Gesamtbild fast völlig bedeutungslos sind.[41] Dies ist an sich

---

gen von solider Sachkenntnis; die Ergebnisse werden durch den Vergleich mit anderen Quellen glaubwürdig bestätigt. Die folgenden Ausführungen stützen sich, soweit nicht anders angegeben, hauptsächlich auf diese Quelle.

41 Vgl. dazu Simon Kuznets, Economic Structure and Life of the Jews. Preliminary Draft. Vervielfältigtes Manuskript in der Bibliothek der Kaplan School, Hebräische Universität, Jerusalem, S. 56ff. Dies ist die ursprüngliche Fassung des stark gekürzten Beitrags von Simon Kuznets, Economic Structure of the Jews, in: Louis Finkelstein (Hrsg.), The Jews. Their History, Culture and Religion, 3. Aufl., New York 1960, Bd. 2. Vgl. auch oben, S. 59f.

nicht ungewöhnlich: Immer und überall ist die wirtschaftliche und soziale Oberschicht quantitativ nur eine verschwindende Minderheit, deren Bedeutung und Einfluß nicht durch ihre Zahl bestimmt wird. Möglicherweise waren die Großbürger bei den deutschen Juden – nach Promille berechnet – relativ etwas stärker vertreten als in der Gesamtbevölkerung, aber auch dies ändert nichts an ihrem Ausnahmecharakter als statistisch ignorable Minderheit. Der Unterschied ist jedoch, daß – anders als bei den Juden – niemand je auf den Gedanken käme, einige Dutzend, Hunderte oder Tausende deutscher Großunternehmer als für die Wirtschaftslage der Gesamtbevölkerung repräsentativ darzustellen. Dagegen fanden sich deutsche Antisemiten und jüdische Apologeten ungewollt verbunden in einer fatalen Überbewertung der Leistungen und des Einflusses sogenannter »jüdischer Wirtschaftsführer«. Den einen ging es dabei darum, bestehende Ressentiments politisch zu manipulieren, den anderen, die verdienstvollen Leistungen der Juden für die Wirtschaft des »Vaterlandes« lobend hervorzuheben.[42] Beides führte zu Verallgemeinerungen und Übertreibungen, die bis heute noch nicht ganz aus der Geschichtsschreibung, geschweige denn aus dem breiten Publikumsbewußtsein, verschwunden sind.

Bezeichnend ist, daß auch die jüdischen Großunternehmen in einigen »typisch jüdischen« Wirtschaftszweigen konzentriert waren, vor allem der Textilindustrie, dem Textilgroßhandel und im privaten Bankwesen. Um 1930 war etwa ein Drittel der großen Firmen der Textilbranche und knapp die Hälfte der Privatbanken in jüdischen Händen. Im Nichteisenmetallhandel machten 350 jüdische Firmen sogar ca. 60 % aller in diesem Bereich tätigen Firmen aus, und auch im Großhandel mit landwirtschaftlichen Produkten gab es gegen 2000 jüdische Firmen, die etwa ein Fünftel der Gesamtzahl darstellten. Allerdings ist zu beachten, daß in allen diesen Wirtschaftszweigen die Zahl und der Anteil der jüdischen Firmen im Rückgang begriffen war.[43] Die Wirtschaftskrise und die durch das »Nachrücken« der Nichtjuden verursachte verschärfte Konkurrenz scheinen demnach – wenn auch verspätet – das jüdische Großunternehmertum ebenfalls betroffen zu haben.

---

42 Um nur einige Beispiele zu nennen: Kurt Zielenziger, Die Juden in der deutschen Wirtschaft, Berlin 1930; Daniel Bernstein, Wirtschaft. I Finanzwesen, II Handel und Industrie, in: Siegmund Katznelson (Hrsg.), Juden im deutschen Kulturbereich, Berlin 1958, S. 720–797 (Diese »Leistungsparade« prominenter deutscher Juden auf allen Gebieten war bereits Anfang 1933 gedruckt worden, wurde jedoch von der Gestapo beschlagnahmt. Erst 25 Jahre später wurde das Buch von Siegmund Katznelson in Jerusalem erweitert und neu herausgegeben. Der Beitrag von Daniel Bernstein ist allen Anzeichen nach unverändert übernommen worden.).

43 Siehe Marcus, Die wirtschaftliche Krise (wie Anm. 19).

Die »jüdischen« Warenhäuser, die dem jüdischen Einzelhandel nicht weniger zu schaffen machten als dem nichtjüdischen, konnten der antisemitischen Agitation ebenso wirkungsvolle Schreckbilder liefern wie die kleinen Viehhändler und die Getreidegroßhandelsfirmen auf dem Lande. Privatbankiers und jüdische Direktoren großer Aktienbanken personifizierten buchstäblich die »jüdische Hochfinanz«, gegen die die Nazis geschickt die soziale Unzufriedenheit und »antikapitalistische Sehnsucht« der Deutschen wenden konnten. Dabei war es völlig gleichgültig, daß ein großer Teil dieser großbürgerlichen Familien dem Judentum bereits völlig entfremdet gegenüberstand und ihm manchmal seit Generationen auch der Religion nach nicht mehr angehörte. Im öffentlichen Leben der jüdischen Gemeinden und selbst im jüdischen Wohlfahrts- und Stiftungswesen spielten nur wenige von ihnen noch eine Rolle. Auch in der nachfolgenden Nazi-Zeit war das Schicksal der meisten von ihnen von dem der Masse der Juden sehr verschieden, wenn sie auch im Laufe der »Arisierungen« manchmal erhebliche Vermögensverluste erlitten.

Zusammenfassend ergibt sich aus unserer Darstellung das Bild einer ethnischen Minderheitsgruppe, die schon vor der Weimarer Zeit wirtschaftlich ins Hintertreffen geraten war. In der Republik »beherrschten« die Juden die deutsche Wirtschaft ebensowenig wie die Kultur der breiten Masse. Aber durch ihre gruppenspezifische Wirtschaftsstruktur waren sie in weithin sichtbaren Konfliktzonen konzentriert, die noch dazu besonders krisenanfällig waren. Der Grund hierfür war nicht nur die jahrhundertelange Diskriminierung, sondern auch die Trägheitstendenz im Wirtschaftsverhalten ethnischer Minoritäten. Mehr noch als auf der kulturellen, politischen und selbst religiösen Ebene erwies sich die Hartnäckigkeit ökonomischer Strukturen als Hindernis für eine beschleunigte Assimilation. Trotzdem schritt diese auch auf wirtschaftlichem Gebiet fort. Wohin sie, ungestört weiterverlaufend, geführt hätte, ist eine Frage, die wohl für immer im Bereich historiosophischer Spekulationen bleiben wird.

6. Zwischen Deutschtum und Judentum. Richtungskämpfe im Centralverein deutscher Staatsbürger jüdischen Glaubens, 1919–1933

»Eine derartige Organisation, die sich aus einem Verein zu einer jüdischen Bewegung entwickelt, die die Idee des Kampfes um die Gleichberechtigung demokratisiert und jüdisch positiviert hatte, gab es in der ganzen Welt nicht.« (Hans Reichmann)[1] Wie immer man dieses Urteil eines der letzten leitenden Funktionäre des »Centralvereins deutscher Staatsbürger jüdischen Glaubens« (CV) einschätzt, kann kein Zweifel darüber bestehen, daß der Centralverein zur Zeit der Weimarer Republik und auch noch einige Zeit danach die größte und repräsentativste jüdische Organisation in Deutschland war. Anfang 1933 hatte sie etwa 60000 in 555 Ortsgruppen und 21 Landesverbänden organisierte Mitglieder. Es gab kaum ein Dorf, in dem auch nur wenige Juden lebten, wo nicht einer von ihnen als »Vertrauensmann« mit dem Berliner Hauptbüro des CV in Verbindung stand. Die »CV-Zeitung« erschien wöchentlich in einer Auflage von 65000 Exemplaren.

Es ist daher verwunderlich, daß trotz der Fülle von Veröffentlichungen zur deutsch-jüdischen Geschichte bisher noch keine umfassende Monographie über den CV erschienen ist. Neben einigen Aufsätzen liegt nur eine zum 25. Gründungstag erschienene Darstellung der ersten Periode seiner Existenz (1893–1918) vor.[2] Hans Reichmann er-

---

1 Hans Reichmann, Der Centralverein deutscher Staatsbürger jüdischen Glaubens, in: Festschrift zum 80. Geburtstag von Rabbiner Dr. Leo Baeck, London 1953, S. 71.
2 Paul Rieger, Ein Vierteljahrundert im Kampf um das Recht und die Zukunft der deutschen Juden, Berlin 1918; zur gleichen Periode auch: Ismar Schorsch, Jewish Reactions to German Anti-Semitism 1870–1914, New York/London 1972; Jehuda Reinharz, Fatherland or Promised Land. The Dilemma of the German Jew, 1893–1914, Michigan 1975, der hauptsächlich die Auseinandersetzung mit dem

achtete zwar die Jahre 1918 und 1938 als »die entscheidenden Einschnitte im Wirken der Organisation«, bezweifelte jedoch, daß sie jemals zuverlässig dargestellt werden könnten: »Das Archiv des CV ist vernichtet oder unzugänglich. Die Sammelbände der CV-Zeitung werden, insbesondere für die Jahre 1933–1938, nur eine höchst unzulängliche Quelle [...] bilden können.«[3]

Diese Quellenlage hat sich seit einigen Jahren grundlegend geändert. Im Februar 1990 erfuhr die Öffentlichkeit durch eine Artikelserie in der Zeitung Iswestija von der Existenz eines bis dahin streng geheimgehaltenen »Sonderarchivs« des zentralen Staatsarchivs in Moskau, das seither zum »Wallfahrtsort« vieler Historiker aus allen Ländern wurde. Es enthält etwa 27 000 Regalmeter Akten, die bei Kriegsende in Schlesien aufgefunden und von der sowjetischen Besatzungsbehörde nach Moskau gebracht wurden.[4] Die Bestände, die auch sowjetischen Wissenschaftlern kaum zugänglich waren, wurden sorgfältig bewahrt und sehr detailliert in Findbüchern in russischer Sprache verzeichnet. Darunter befindet sich ein Bestand unter der Nummer »Fonds 721«, der 4371 Akteneinheiten des Berliner Hauptbüros des Centralvereins enthält. Es läßt sich nach mehrmaliger Durchsicht vermuten, daß hier das Archiv des Hauptbüros aus den Jahren 1919 bis 1938 ziemlich vollständig erhalten ist. Allein diese veränderte Quellenlage ermöglicht, ja erfordert eine erneute und intensive historische Rückschau auf die Entwicklung dieser wichtigen Organisation der untergegangenen deutschen Judenheit. Bevor eine solche umfassende Studie vorliegt, sollen hier nur einige Aspekte der inneren Entwicklung des CV kurz skizziert werden.

Zionismus behandelt. Zum politischen Abwehrkampf gegen den Antisemitismus besonders Arnold Paucker, Der jüdische Abwehrkampf gegen Antisemitismus und Nationalsozialismus in den letzten Jahren der Weimarer Republik, Hamburg 1968, Kap. 2 und 3; ders., Zur Problematik einer jüdischen Abwehrstrategie in der deutschen Gesellschaft, in: Werner Mosse / Arnold Paucker (Hrsg.), Juden im Wilhelminischen Deutschland 1890–1914, Tübingen 1976, S. 479–548; vgl. auch Sanford Ragins, Jewish Responses to Antisemitism in Germany 1870–1914, Cincinnati 1980.

3 Reichmann, Centralverein (wie Anm. 1), S. 63; an anderer Stelle berichtete Reichmann, daß der Vorstand des CV aus eigener Initiative seine Materialien Anfang Februar 1933 zuerst aus Berlin fortgeschafft und später, »weil die für sicher gehaltenen Unterbringungsorte sich als zweifelhaft erwiesen«, vernichtet habe. (Hans Reichmann, Der drohende Sturm. Episoden aus dem Kampf der deutschen Juden gegen die nationalsozialistische Gefahr 1929–1933, in: Hans Tramer (Hrsg.), In zwei Welten. Siegfried Moses zum 75. Geburtstag, Tel Aviv 1962, S. 557 f.

4 Ausführlich über das »Sonderarchiv« und seine Bestände: Götz Aly / Susanne Heim, Das Zentrale Staatsarchiv in Moskau (»Sonderarchiv«). Rekonstruktion und Bestandsverzeichnis verschollen geglaubten Schriftguts aus der NS-Zeit, Düsseldorf 1992; vgl. auch die Aufstellung von Kai von Jena und Wilhelm Lenz in: Der Archivar, Jg.45 (1992), Heft 3, S. 457–468.

Die Anfänge

Die Gründung des CV am 28. März 1893 war eine Reaktion auf den verstärkt auftretenden Antisemitismus im Kaiserreich. Zwei Jahre vorher war die vergessen geglaubte Ritualmord-Beschuldigung in Xanten wieder aufgetaucht. Ein Jahr danach wurden unverblümt antisemitische Topoi in das als »Tivoli-Programm« bekannte Parteiprogramm der Konservativen aufgenommen. Bei den Reichstagswahlen von 1893 erreichten die erklärten Antisemitenparteien mit 16 Abgeordneten ihren größten Erfolg. Als in der Berliner jüdischen Gemeinde erwogen wurde, den Kaiser »um Schutz und Schirm gegen den Antisemitismus anzuflehen«, veranlaßte dies den Leiter des Berliner Schiller-Theaters Raphael Löwenfeld (1854–1910) anonym eine Broschüre unter dem Titel »Schutzjuden oder Staatsbürger« zu veröffentlichen, die als eine Art »Gründungsschrift« des CV gilt, da ihr Ton und Inhalt in den Leitsätzen der kurz danach gegründeten Organisation deutlich widerklingen.[5]

Die erklärte Absicht des CV, den Antisemitismus durch die Organisation einer jüdischen Massenbewegung offen zu bekämpfen, stieß anfänglich bei den Honoratioren in den Gemeindeverwaltungen der Großstädte, besonders Berlins, auf erheblichen Widerstand. Unter dem Eindruck von Löwenfelds Rhetorik ließ sich die neue Bewegung von Gedanken leiten, die sich ausdrücklich gegen ihre bisherige Taktik richteten: Statt mit Petitionen und durch unauffälliges Antichambrieren um den Schutz wohlmeinender, politisch führender Nichtjuden zu werben, sollten die Juden selbst »im Lichte der Öffentlichkeit« um ihr Recht als Staatsbürger kämpfen. Diese Forderung sei nicht nur durch die in der Konstitution von 1869 und 1871 erklärte Emanzipation der Juden, sondern auch durch deren in Krieg und Frieden erwiesene treue Ergebenheit zu den nationalen und kulturellen Idealen des Deutschtums gerechtfertigt.

---

5 Nach Paucker, Problematik (wie Anm. 2), S. 486 ff., waren die »Leitsätze [...] eng angelehnt an Löwenfelds Thesen, jedoch jeder religiösen Polemik entkleidet«. Dies bezieht sich auf die Ausfälle Löwenfelds in seiner Broschüre gegen die jüdische Orthodoxie und den Talmud. Paucker charakterisiert u. a. die »Gründungsschriften« von Löwenfeld und F. Simon (Wehrt Euch! Ein Mahnwort an die Juden, Berlin 1893) als »Selbstzeugnisse zornentbrannter und ehrenhafter Männer [..., die] allerdings nicht gerade Geistesriesen waren, wie die Lektüre ihrer ›Aufrufe‹ leicht belehrt.« (S. 488) Zur Gründungsphase des CV neuerdings: Jacob Borut, Ruach chadascha bekerev achejnu b'aschkenaz (A new Spirit among our Brethren in Ashkenaz. German Jewry in the Face of Economic, Social and Political Change at the End of the 19th Century), PhD-thesis (hebr. mit englischer Zusammenfassung), Jerusalem 1991, besonders Kap. 6, S. 198–236 und ders., The Rise of Jewish Defense Agitation in Germany 1890–1895, Yearbook of the Leo Baeck Institute (künftig: YLBI), Bd. 34 (1991), S. 59–96.

Sehr bald wuchsen jedoch die ideologischen Ziele des CV über die einer bloßen Abwehrorganisation hinaus. Dies war vor allem dem Einfluß von Eugen Fuchs (1856–1923), dem wohl bedeutendsten geistigen Führer des Centralvereins, zuzuschreiben. Fuchs beschrieb 1917 die Wandlung des CV vom bloßen »Abwehrverein zum Gesinnungsverein« in einer berühmten Auseinandersetzung mit dem Führer der Zionisten, Kurt Blumenfeld (1885–1963). Einerseits betonte er seine deutsche Identität: »Ich spreche Deutsch, empfinde deutsch; deutscher Geist und deutsche Kultur erfüllen mich mehr als hebräische Dichtung und jüdische Kultur. Bin ich in der Fremde, so sind Deutschland, deutsche Natur und deutsche Volksgenossen der Gegenstand meiner Sehnsucht.« Aber im gleichen Aufsatz erklärte er auch: »Wäre es richtig, daß der Centralverein den Abfall und den Zerfall des Judentums, der Zionismus aber den Antisemitismus beförderd, so würde ich mich keinen Augenblick besinnen und mit fliegenden Fahnen in das Zionistenlager übergehen. Denn von den beiden Brandungen, die den Fels des Judentums umspülen – dem Haß der Antisemiten und dem Abfall der Täuflinge – halte ich das erstere für das kleinere Übel.«[6]

Das in diesem Zitat so eindringlich betonte, tief empfundene jüdische Bewußtsein von Eugen Fuchs teilte er zweifellos mit einem maßgeblichen Teil der damaligen Führungsgruppe des CV.[7] Inwieweit er damit auch die Auffassung der breiten Mitgliedschaft zum Ausdruck brachte, ist jedoch fraglich. Um die Jahrhundertwende wurde zwar in den offiziellen Deklarationen und Hauptversammlungsbeschlüssen des CV das Deutschtum etwas weniger, das Judentum etwas stärker hervorgehoben, doch kam dies in den für ein breiteres Publikum bestimmten Veröffentlichungen viel schwächer zum Ausdruck.[8] Später, besonders während und kurz nach dem Krieg, präsentierte sich der CV der Öffentlichkeit, unter dem doppelten Druck des Antisemitismus von außen und des Zionismus von innen, mit oft in einen extremen Nationalismus ausartenden Beteuerungen deutscher Vaterlandsliebe.

---

6 Eugen Fuchs, Um Deutschtum und Judentum. Gesammelte Reden und Aufsätze (1894–1919), Frankfurt a. M. 1919, S. 251, 258.
7 Schorsch, Reactions (wie Anm. 2), S. 112f.
8 Ebenda, S. 137.

Spannung und Reorientierung

Die Redefinition der Synthese zwischen »Deutschtum« und »Judentum« übernahm in der Zeit der Weimarer Republik Ludwig Holländer (1877–1936), ab 1908 Syndikus und später Direktor des CV. Holländer faßte seine Interpretation dieser Synthese vor der Hauptversammlung des CV im Februar 1928 in neun »Thesen« und einem langen Vortrag zusammen, die ein Jahr darauf in erweiterter Fassung durch den 1919 von Holländer gegründeten Philo-Verlag veröffentlicht wurden.[9] Die unter den vorherrschenden politischen Bedingungen problematischen Konnotationen des Begriffs »Deutschtum«, den die rechtsradikalen Gegner der Republik damals monopolisierten, konnten die im Programm des CV postulierte »Pflege deutscher Gesinnung« leicht in ein schiefes Licht stellen: »Ich erinnere mich […], daß in dieser Frage immer Meinungsverschiedenheiten vorhanden waren […], wobei ich Ihnen natürlich, als Freunden, die Wahrheit suchen wollen, gleich sagen muß, daß der Begriff ›unbeirrte Pflege deutscher Gesinnung‹ selbstverständlich auch heute noch berechtigterweise außerordentlich vielgestaltig ist. Durch die Gestaltung unserer öffentlichen Verhältnisse in der Gegenwart ist eine so große Fülle von Möglichkeiten und von Inhaltswerten nach dieser Richtung hin gegeben, daß eine Klarheit nicht ohne weiteres zu finden ist, […] weil eben bei all diesen von Empfindungen geschwollenen und nicht vom Verstande geklärten Begriffsbildungen sich Tausende von Abwandlungsmöglichkeiten bieten.«[10]

Nicht weniger problematisch waren Holländers Ausführungen über die Definition des »Judentums« in der vom CV als »Gesinnungsverein« angestrebten Synthese: »Wir halten die Einheit der Judenheit in der ganzen Welt nicht einmal für ein schönes Ziel, geschweige denn für eine Tatsache […]. Auch das Mittelalter konnte die Juden in den verschiedenen Ghetti der Welt nicht vereinheitlichen.« Die einzige Einheit sei »die Einheit in den religiösen Auffassungen und sittlichen Erkenntnissen, welche den einheitlichen Gottesbegriff, die einheitliche Moral als für das Judentum und damit für uns wesentlich erkennen läßt.«[11]

Die Problematik lag hier in der auch von Holländer selbst erkannten Tatsache, daß ein großer Teil der deutschen Juden, die der CV zu repräsentieren beanspruchte, von der jüdischen Religion kaum noch beeinflußt war, sich aber trotzdem, einschließlich mancher bewußter Atheisten, als dem Judentum zugehörig fühlten: »Wir werden heute nicht mehr den Grundsatz aufrechterhalten, daß es lediglich die Religion ist,

---

9 Ludwig Holländer, Deutsch-jüdische Probleme der Gegenwart, Berlin 1929.
10 Ebenda, S. 10f.
11 Ebenda, S. 21, 23.

welche die Juden eines Landes von ihren Mitbürgern unterscheidet […]. Wir erkennen wohl, daß auch der Gesichtspunkt der Schicksals- und Stammesgemeinschaft bedeutsame Bindungen erzeugt […]. Heute wissen wir, daß es für unsere Haltung eine Notwendigkeit ist, die Frage ›Warum sind und bleiben wir deutsche Juden?‹ immer wieder aufzuwerfen und zu vertiefen.«[12]

Der Begriff »Schicksalsgemeinschaft« scheint Holländers originärer Beitrag zu der damals fortwährenden ideologischen Auseinandersetzung um die Definition einer modernen jüdischen Identität gewesen zu sein. Dagegen hatte bereits Eugen Fuchs in einer Rede bei der Hauptversammlung des CV im März 1913 von der jüdischen »Stammesgemeinschaft« gesprochen: »Für mich ist das Judentum eine Religions- und Stammesgemeinschaft, keine Nation […]. Es wäre unaufrichtig zu leugnen, daß ich als Jude eine besondere Eigenart habe, daß die jüdische Abstammung, das jüdische Vaterhaus mir nicht nur eine bloß religiöse, sondern auch eine besondere geistige und wohl auch körperliche Prägung mitgegeben haben […]. Aber diese Art von Stammesprägung differenziert mich nicht in nationaler Beziehung von den deutschen Christen […], so wenig die besondere Stammesprägung in nationaler Beziehung den friesischen Bauern vom rheinischen Industriearbeiter oder vom Berliner Proletarier trennt.«[13]

Die Auffassung von Eugen Fuchs war ein Versuch, den jüdischen »Stamm«, als einen zwar besonderen, jedoch innerhalb der Vielfalt deutscher Stämme gleichgesetzten, nicht nur in den deutschen Staat oder die deutsche Nation, sondern auch in das deutsche Volk voll integriert zu sehen. Als Ludwig Holländer den Begriff in einem Vortrag im Dezember 1932 wieder aufnahm, ging er schon einen kleinen Schritt weiter: Diesmal sprach er von dem »jüdischen Stamm« als einer, über die nationalen Grenzen hinaus, durch ihr tausendjähriges »Erinnerungserbe« vereinten Gemeinschaft. In der Vergangenheit seien die Juden ein Volk gewesen. »Wenn wir heute kein Volk mehr sind, sondern Angehörige des deutschen Volkes, müßten wir doch, wie jeder andere deutsche Stamm, auf unsere Stammesgeschichte stolz sein.«[14]

Hans Bach (1902–1977), einer der Herausgeber der 1925 gegründeten CV-Monatsschrift »Der Morgen«, auf deren Seiten die Klärung einer zeitgemäßen deutsch-jüdischen Identität ein dauerndes Thema war, vertiefte und erweiterte die Bedeutung der »Stammesgemeinschaft« durch den Bezug auf die gemeinsamen historischen Wurzeln

---

12 Ebenda, S. 9.
13 Fuchs, Deutschtum (wie Anm. 6), S. 252 f.
14 Ludwig Holländer in einem Vortrag zum Thema: Warum sind und beiben wir Juden?, zitiert in: Jüdische Rundschau, 16. 2. 1932.

des Judentums schlechthin: »Ein Volk sind die Juden schon seit der Babylonischen Gefangenschaft nicht mehr. Sie sind weniger und mehr: ein Stamm. Nur in einem Stamm ist es möglich, die [...] Einheit von Blut und Geist, von Art und Religion, von physischer und methaphysischer Bindung zu schaffen und zu bewahren, wie sie dem Judentum eigentümlich ist.«[15]

Wahrscheinlich hätten auch viele Zionisten einer so breit gezogenen Definition jüdischer Einheit, die – heiße sie nun »Stamm« oder Volk – zu bewahren sei, zustimmen können. Tatsächlich erscheinen die damaligen, heute oft kurios-überspitzt anmutenden ideologischen Versuche, die Spannung zwischen »Deutschtum und Judentum« zu überbrücken, weniger als Reaktion auf den verstärkten Antisemitismus in der nichtjüdischen politischen Umgebung, sondern eher als Ausdruck der innerjüdischen Auseinandersetzung.

Der CV und der Zionismus

Die manchmal bis ins Aggressive gesteigerte Polemik des CV gegen den Zionismus ist verwunderlich, wenn man bedenkt, wie klein die Mitgliederzahl der Zionistischen Vereinigung für Deutschland (ZVfD) selbst 1932 war. Immerhin konnten die Führer des CV sich darauf berufen, daß ihre Organisation und ihre ideologische Orientierung von der überwiegenden Mehrheit der deutschen Juden unterstützt wurden. Aber der offensichtlich defensive Ton mancher Reden und Aufsätze von Eugen Fuchs, Ludwig Holländer und anderen Wortführern des CV erwecken unumgänglich den Eindruck, daß die Auseinandersetzung mit dem Zionismus in Wirklichkeit tiefliegende Meinungsverschiedenheiten innerhalb der eigenen Reihen widerspiegelte. Je mehr sich der CV selbst als »Gesinnungsverein« und nicht nur als bloßer Abwehrverein begriff, um so deutlicher mußten diese internen ideologischen Differenzen hervortreten.

Der oben zitierte Vortrag von Eugen Fuchs bei der Hauptversammlung des CV im März 1913 war eine Antwort auf die palästinazentrische Resolution, die Kurt Blumenfeld und seine Anhänger beim Posener Delegiertentag der ZVfD vom 25. bis 28. Mai 1912 durchgesetzt

---

15 Hans Bach, Was kommt danach?, in: Der Morgen, VIII, 1. Heft, April 1932, S. 14. Für eine einsichtsvolle Analyse dieser ideologischen Entwicklung vgl. Kurt Loewenstein, Die innerjüdische Reaktion auf die Krise der deutschen Demokratie, in: Werner E. Mosse/Arnold Paucker (Hrsg.), Entscheidungsjahr 1932. Zur Judenfrage in der Endphase der Weimarer Republik, Tübingen 1965, S. 354 ff.

hatten.¹⁶ Nach einer Reihe von erfolglosen Verhandlungen zwischen den beiden Organisationen beschloß die Hauptversammlung des CV am 30. März 1913 in einer Resolution, daß sich der Centralverein »von dem deutschen Zionisten, der ein deutsches Nationalgefühl leugnet, sich als Gast im fremden Wirtsvolke und national *nur* als Jude fühlt, trennen müsse«.¹⁷ Die Resolution berief sich ausdrücklich auf die im ersten Paragraphen des CV-Statuts postulierte »Pflege deutscher Gesinnung«, schloß jedoch durch die Unterscheidung zwischen mehr oder weniger radikalen Zionisten eine weitere Mitgliedschaft von Zionisten nicht völlig aus. Eine darauf folgende Resolution der ZVfD vom 1. Mai 1913, nach der die »Zugehörigkeit zur ZVfD mit der Mitgliedschaft im CV unvereinbar« sei,¹⁸ wurde vorerst von den meisten zionistischen Mitgliedern des CV ignoriert. Über Ausschlüsse von Zionisten seitens der Ortsgruppen oder Landesverbände des CV ist nichts bekannt.

Wir wissen heute, daß die palästinazentrische Radikalisierung der ZVfD erst in den Nachkriegsjahren voll zur Geltung kam, während die Posener Resolution bald durch die auch die meisten deutschen Zionisten erfassende patriotische Welle beim Kriegsausbruch 1914 in Vergessenheit geriet. Nach 1918/19 verschärfte sich der Antagonismus zwischen dem CV und den Zionisten, bis eine gleichzeitige Mitgliedschaft in beiden Organisationen kaum noch haltbar war. Gleichzeitig gewannen auch die inneren Richtungskämpfe im Centralverein an Intensität. Dafür gab es zwei hauptsächliche Gründe: Einerseits verliehen die Balfour-Deklaration und das Völkerbundsmandat der zionistischen »Utopie« eine neue Aura näher gerückter Realisierung. Andererseits stellte die unerwartet gehässige antisemitische Agitation der Revolutionszeit die erhoffte volle Integration der Juden in die deutsche Gesellschaft erneut in Frage. Obwohl die Mitgliederzahl der ZVfD nicht erheblich anstieg, waren ihr verstärktes Selbstbewußtsein und ihr Einfluß, besonders auf die jüngere Generation, unverkennbar. Unter diesen Umständen mußten, fast selbstverständlich, die Spannung zwischen »Deutschtum und Judentum« und die Einstellung zum fortschreitenden Aufbau der »jüdischen Heimstätte« in Palästina zu zentralen und dringlichen Fragen in der Auseinandersetzung um das aktuelle Selbstverständnis des CV werden.

Unmittelbar nach Kriegsende schienen sich die Meinungsverschiedenheiten zwischen dem CV und den Zionisten zu verringern. Auf eine

16 Jehuda Reinharz (Hrsg.), Dokumente zur Geschichte des deutschen Zionismus 1882–1933, Tübingen 1981, S. 106.
17 Fuchs, Deutschtum (wie Anm. 6), S. 249.
18 Reinharz, Dokumente (wie Anm. 16), S. 111f.

amerikanisch-jüdische Initiative zur Errichtung eines »Jüdischen Kongresses«, der u. a. für die internationale Garantie des Minderheitenrechts der Juden gewisser Länder eintreten sollte, reagierten beide Organisationen zuerst ziemlich einheitlich. Auf der einen Seite waren führende Persönlichkeiten des CV, mit Eugen Fuchs an der Spitze, bereit, die Idee eines deutsch-jüdischen Kongresses zu erwägen, der den Zweck haben sollte, das Minderheitenrecht der osteuropäischen Juden durchzusetzen und eventuell sogar eine politische Gesamtvertretung der deutschen Judenheit zu bilden. Auf der anderen Seite standen die meisten Zionisten dem Gedanken, den deutschen Juden den Status einer nationalen Minderheit zu geben, ablehnend gegenüber. Auf dieser Grundlage erschienen die gegenseitige Annäherung und konstruktive Zusammenarbeit der beiden politischen Hauptrichtungen der deutschen Judenheit als durchaus möglich.[19]

Bald traten jedoch die alten Gegensätze wieder in verschärfter Form hervor. Hierfür trugen m. E. die zionistischen Politiker in der Berliner Meinekestraße durch die immer radikalere Betonung ihres Palästinazentrismus die Hauptverantwortung. Manche von ihnen glaubten, daß das durch den verstärkt auftretenden Antisemitismus erschütterte ideologische Selbstvertrauen des CV die Möglichkeit biete, unter dessen Anhängern, besonders den jüngeren Jahrgängen, durch verstärkte und aggressivere Polemik Unterstützung zu finden.[20] Sie konnten sich dabei zwar auf manche Erfolge berufen, doch steht keineswegs fest, daß ein subtilerer, um mehr Objektivität bemühter und versöhnlicherer Ton der Diskussion nicht noch erfolgreicher gewesen wäre.

Wahrscheinlich hätte die ideologische Auseinandersetzung innerhalb des CV auch ohne die Angriffe der Zionisten zugenommen. Die veränderte politische Situation verstärkte die »Radikalisierung jüdischer Ziele und des jüdischen Bewußtseins«, die sich schon zwischen 1907 und 1913 bemerkbar gemacht hatte,[21] ähnlich wie bei den Zionisten auch unter den jüngeren Mitgliedern des CV. Und ebensowenig

19 Vgl. Jacob Toury, Organizational Problems of German Jewry. Steps towards the Establishment of a Central Jewish Organization (1893–1920), in: YLBI, Bd. 8 (1968), S. 57–90, besonders S. 84 ff.; Reinharz, Dokumente (wie Anm. 16), S. 235 ff.; Die positive Einstellung von Eugen Fuchs kam in seinem Aufsatz: Was nun? von 1919 zum Ausdruck (abgedruckt in: Fuchs, Deutschtum [wie Anm. 6], besonders S. 269 f.). Die negative Reaktion der Mehrheit des CV in einer anonymen Broschüre: Zeitfragen. Die Kongreßpolitik der Zionisten, Berlin 1919.
20 Vgl. Unsere Stellung zu den jüdischen Organisationen in Deutschland, in: Reinharz, Dokumente (wie Anm. 16), S. 390 f. (Anlage 1, 30. Oktober 1927).
21 Evyatar Friesel: The Political and Ideological Development of the Centralverein before 1914, in: YLBI, Bd. 31 (1986), S. 121–146; ders., A Response, in: YLBI, Bd. 33 (1988), S. 110 (Antwort auf eine Diskussion über seinen Aufsatz).

wie damals bewirkte die beiderseitige Radikalisierung größeres gegenseitiges Verständnis, sondern verschärfte im Gegenteil die Spannung zwischen und in den beiden rivalisierenden Lagern.

Frontenbildungen im CV

In den dem CV nahestehenden Jugendbünden, wie in der »Deutsch-Jüdischen Jugendgemeinschaft« (DJJG) oder bei den »Kameraden«, wurde das Verhältnis zwischen »Deutschtum und Judentum« und die Frage, welchem von beiden Priorität zukomme, heftig diskutiert. Das führte oft zu Spaltungen und zur Gründung neuer Bünde. Aber auch innerhalb des CV selbst griffen besonders jüngere Mitglieder Tendenzen in der älteren Führungsschicht an, die sie als übertrieben »deutschtümlerisch« oder »assimilatorisch« bezeichneten. Anfang 1927 richtete Ludwig Foerder (1885–1954) einen heftigen Angriff gegen eine Broschüre des Vorsitzenden der Ortsgruppe Chemnitz, die vom Hauptbüro des CV verbreitet worden war, weil sie »mir und vielen anderen [...] geeignet erschien, unsere geistigen Kämpfe zu verflachen und die Einheit und Einigkeit des deutschen Judentums, also eine wichtige Grundlage unseres Kampfes, ernsthaft zu gefährden«.[22] Unter Bezug auf das Statut des CV betonte Foerder die allgemeine, unveränderte Zustimmung zur »Wahrung der bürgerlichen Gleichstellung« der deutschen Juden, kritisierte jedoch die immer noch geltende Auslegung des Programmpunktes »Pflege deutscher Gesinnung«.

Besonders griff Foerder die Forderung an, daß alle gegenwärtigen und neuen Mitglieder des CV ausdrücklich ihre »Treue zum Deutschtum« erklären sollten, weil der CV in erster Linie ein »Verein zur Pflege deutscher Gesinnung« sei. Statt dessen sei die positive Einstellung jedes Mitglieds zur deutschen Nationalität in rein rechtlichem Sinn als selbstverständlich vorauszusetzen, seine »deutsche Gesinnung« jedoch nicht mehr zu beachten als seine jüdische: »Die besondere Forderung der deutschen Gesinnung würde ein Verstoß gegen die mit Recht stets betonte Parität von Deutschtum und Judentum sein. Wir fordern keine jüdische Gesinnung [...]. Wir begnügen uns mit dem formalen Bekenntnis zum Judentum [...]. Haben wir das Recht, es mit dem Deutschtum anders zu halten?«[23]

Ein Jahr später erklangen noch viel radikaler formulierte Einwände aus einem Kreis junger Aktivisten des CV. Ludwig Tietz (1897–1933),

---

22 Ludwig Foerder, Die Stellung des Centralvereins zu den innerjüdischen Fragen in den Jahren 1919–1926, Breslau 1927, S. 1.
23 Ebenda, S. 8.

Friedrich Brodnitz und Kurt Cohn (beide geb. 1899) erklärten in einer Art von programmatischem Manifest: »Wir und mit uns die Generation der jungen Männer haben den ehrlichen Wunsch, einmal fürs erste nicht mehr von unserem Deutschtum reden zu müssen […]. Dort wo wir unter uns sind, da brauchen wir nicht davon zu sprechen. Das scheint selbstverständlich, aber die nähere Betrachtung zeigt, daß diejenigen bei uns stark vertreten sind, die sich in einer Überbetonung ihres bewußten Deutschtums, auch da, wo sie es gar nicht nötig hätten, gar nicht genug tun können […]. Wir glauben, daß wir, insbesondere bei der jungen Generation, die deutsche Gesinnung als unbewußte Lebensfunktion voraussetzen können, […] aber deutsche Gesinnung ist für uns kein Arbeitsprinzip im CV, sondern die Arbeitsgrundlage […]. Ausgehend von dieser Arbeitsgrundlage unseres deutschen Seins ist nun die unbeirrte Pflege unseres Judentums als Arbeitsforderung des CV zu verlangen […]. Eine tiefe Sehnsucht [geht] durch die jüdische Jugend nach einem Judentum, das wirklich ein unlöslicher Lebensbestandteil ist.«[24]

Worum ging es bei der von diesen jungen Menschen geforderten »Pflege des Judentums«? War es nur das Verlangen nach mehr »Jüdischkeit« im Erziehungsprogramm der Bewegung? Nach einer Rückkehr zum religiösen Glauben und jüdischen Brauch, im orthodoxen oder liberalen Sinn? Eine genauere Prüfung beweist, daß der wesentliche Inhalt dieser Bemühungen ein viel tiefer gehendes Suchen nach der individuellen und kollektiven Identität und Zugehörigkeit war. Mit diesem Problem mußten sich, wie wir sahen, schon die ersten Führer des CV befassen. Waren sie ursprünglich von der Auffassung der deutschen Judenheit als bloßer Religions- oder Glaubensgemeinschaft ausgegangen, so versuchten sie später, die Antwort in tieferreichenden Begriffen wie »Schicksals- oder Stammesgemeinschaft« zu finden. Das Unbefriedigende daran war, daß unbestimmt blieb, welche Juden in welchen Ländern zu diesen »Gemeinschaften« gehören sollten.

Dabei muß im Auge behalten werden, daß die hier geschilderten Meinungen nur von einer kleinen Minderheit innerhalb des CV geteilt wurden. Wie wenige Mitglieder sich diesen Ansichten vorerst anschlossen, bewiesen noch 1930 die Wahlen zur Repräsentantenversammlung der Berliner jüdischen Gemeinde, bei denen Tietz und Brodnitz mit einer eigenen »Post-liberalen Liste« kandidierten, die lediglich 723 Stimmen, weniger als ein Prozent der abgegebenen Stimmen, erhielt.[25] Trotzdem war ihr Einfluß keineswegs undedeutend:

---

24 Friedrich Brodnitz/Kurt Cohn/Ludwig Tietz, Der Central-Verein der Zukunft. Eine Denkschrift zur Hauptversammlung 1928, [o.D.], S. 12.
25 Gabriel Alexander, Jehudej berlin v'kehillatam bejameha schel republikat wei-

Tietz wurde zum stellvertretenden Vorsitzenden des CV gewählt, und beide nahmen führende Stellungen in reichsweiten Organisationen der jüdischen Jugend- und Wohlfahrtsarbeit ein. Im Herbst 1933 wurde Friedrich Brodnitz zum offiziellen Sprecher der »Reichsvertretung der deutschen Juden« ernannt.

Weiterhin bleibt zu beachten, daß die Kritik dieser jungen Aktivisten sich im Grunde nicht gegen die etablierte Führung des CV richtete, die zumeist eine ausgewogene und versöhnliche Stellung in der intern-jüdischen Diskussion vertrat. Ihr eigentliches Ziel waren eine Anzahl zweitrangiger Funktionäre in den Ortsgruppen und Landesverbänden des CV, die hartnäckig an ausgesprochen konservativen und nationalistischen »Deutschtums«-Begriffen und an radikalen antizionistischen Auffassungen festhielten. Die am härtesten ausgefochtenen Debatten in den Hauptversammlungen des CV von 1926 und 1928 bezogen sich auf Vorschläge, der deutschen Sektion des Palästina-Aufbaufonds »Keren Hajessod« oder der nichtzionistischen deutschen Delegation in der 1929 erweiterten »Jewish Agency« beizutreten.

Die Anträge einer geschlossenen Teilnahme des CV an diesen Gremien scheiterten wiederholt am Widerstand der Mehrheit der Delegierten aus der Provinz. Die betreffenden Leiter von Ortsgruppen und Landesverbänden konnten allerdings die persönliche Beteiligung hervorragender Persönlichkeiten, wie des Rabbiners Leo Baeck (1873–1956), nicht verhindern, der dem Vorstand sowohl des CV als auch des Keren Hajessod angehörte. Otto Hirsch (1885–1941), Ludwig Tietz und einige weitere prominente Vorstandsmitglieder beteiligten sich an der Arbeit der Jewish Agency. Die Ablehnung dieses Engagements kam höchstens, kaum verdeckt, in der Äußerung der »Erwartung« zum Ausdruck, daß diese »persönlichen Delegierten« die »vaterländische Gesinnung« des CV immer und überall vertreten würden. So gelang es z. B. am 16. Februar 1930, eine Resolution zu verabschieden, in der es hieß, »der Hauptvorstand [habe] das Vertrauen […], daß alle seine Mitglieder jede national-jüdische Propaganda auch im Rahmen der Jewish Agency abweisen [würden].«[26]

Die schärfsten Gegner des Zionismus konnten sich mit diesen Kompromissen nur schwer abfinden. Die Ortsgruppe Chemnitz verbreitete eine Broschüre, in der der anonyme Verfasser die Resolution scharf kritisierte: »Der CV hat die Aufgabe, den Antisemitismus zu bekämpfen. Der Zionismus führt […] dem Antisemitismus neue Nahrung zu […].

---

mar 1919–1933 (Die Juden Berlins und ihre Gemeinde in der Weimarer Republik), Diss. (hebr.), Jerusalem 1996, S. 220.
26 Aufklärungsschrift der Ortsgruppe Chemnitz des Centralvereins deutscher Staatsbürger jüdischen Glaubens [o.D. 1930?], S. 2 f.

Der CV fordert die Gleichberechtigung der Juden auf Grund ihrer Zugehörigkeit zum deutschen Volk [...] und bekämpft die Behauptung, als seien die Juden ein Fremdvolk in Deutschland, als Verleumdung. Die Zionisten dagegen bekennen sich zu diesem Fremdvolk und verlangen die Gleichberechtigung nur auf Grund ihrer deutschen Staatszugehörigkeit [...]. Unser Abwehrkampf wird dauernd dadurch geschwächt, daß man aus unklaren Gefühlen heraus Kompromisse zwischen diesen absolut gegnerischen Weltanschauungen zu schließen versucht.«[27]

Dieser Text war eine fast wörtliche Wiederholung der »Mecklenburg-Resolution«, die bei der Hauptversammlung des CV 1928 durch eine kleine Mehrheit gegen die Stimmen der prominentesten Vorstandsmitglieder angenommen worden war. Dort hieß es u. a.: »Die von den Zionisten betriebene Propaganda hat es dahin gebracht, daß die früher nur von den Judengegnern betonte Trennung von ›Deutschen‹ und ›Juden‹ in der öffentlichen Meinung mehr und mehr an Boden gewinnt [...]. Dieser Zustand bringt die Errungenschaften eines mehr als hundertjährigen Emanzipationskampfes in ernsteste Gefahr.«[28]

Wahrscheinlich war Georg Mecklenburg, der Vorsitzende der Chemnitzer Ortsgruppe, auch der Verfasser dieser Broschüre. Es war sicherlich kein Zufall, daß eine so extreme Einstellung in einer Gemeinde verbreitet war, in der die altansässigen deutschen Juden in der Minderheit waren und bis zum Ende unerbittlich den ostjüdischen Gemeindemitgliedern das gleiche Wahlrecht bei Gemeindewahlen versagten.[29] Ebenso bezeichnend ist, daß der Verfasser der genannten Broschüre sich auf einen in starken Worten formulierten Beschluß der »Vereinigung für das liberale Judentum« (VflJ) vom Februar 1929 gegen die Beteiligung an der Jewish Agency bezog.

Der CV und die »Liberalen«

Diese Vereinigung ist bisher in der Forschung wenig beachtet worden, und man kann gegenwärtig nur darüber spekulieren, warum eine sich als religiöse Richtung definierende Organisation ihr »Deutschtum« in extrem-nationalistischen Formulierungen hervorhob. In dieser Hinsicht wurden die im Organ der VflJ, der »Jüdisch-Liberalen Zeitung« (JLZ), veröffentlichten Äußerungen nur noch von dem kleinen, von

---

27 Ebenda, S. 15 f.
28 CV-Kalender 1929, S. 62.
29 Vgl. Trude Maurer, Ostjuden in Deutschland 1918–1933, Hamburg 1986, S. 621 f.

Max Naumann (1875–1939) geführten »Verband nationaldeutscher Juden« oder dem noch unbedeutenderen »Deutschen Vortrupp« um Hans-Joachim Schoeps (1909–1980) übertroffen.

Der VflJ war 1908 aufgrund eines von liberalen Rabbinern und Laien unterzeichneten Aufrufs gegründet worden. Seinem Programm nach waren die Ziele des Verbands rein religiöser Natur, nämlich die Anpassung des jüdischen Glaubens, seines Rituals und seiner tagtäglich zu befolgenden Gebote an die Erfordernisse der modernen Zeit. Dadurch sollte der religiösen Indifferenz und den Aus- und Übertritten aus dem Judentum Schranken gesetzt werden. Dies war zweifellos die Absicht der liberalen Rabbiner, die schon seit 1898 in der »Vereinigung der liberalen Rabbiner« organisiert waren.[30] Bald mußten sie jedoch feststellen, daß die Laien-Mitbegründer des VflJ sich wenig um die religiösen Belange kümmerten, sondern die Vereinigung, in deren Gremien sie sich die Mehrheit zu sichern wußten, als politisches Instrument zur Sicherung ihrer Führungsstellung in den Gemeindeverwaltungen auffaßten. Bei der Delegiertenversammlung der VflJ im Oktober 1912 in Posen trat das bereits deutlich hervor. Die liberalen Rabbiner hatten in langen theologischen Erörterungen »Richtlinien für ein Programm des liberalen Judentums« ausgearbeitet, die der Versammlung durch die Rabbiner Caesar Seligmann (1860–1950) und Leo Baeck zur Bestätigung unterbreitet wurden. Diesen Versuch, einen zeitgemäßen, mehr oder weniger verpflichtenden religiösen Kodex zu erstellen, lehnte die Majorität des Vorstands und der Delegierten höflich, aber entschieden ab. Sie wollten keinen »liberalen schulchan aruch« (hebr. der gedeckte Tisch, die für orthodoxe Juden maßgebliche Sammlung aller Regeln für religiöse Handlungen und persönliche Lebensführung): Die schließlich angenommene Resolution, von Seligmann später als »Begräbnis erster Klasse« bezeichnet, begrüßte die Richtlinien unverbindlich »als bedeutende Tat [...] und geeignete Grundlage liberaler Weiterentwicklung«.[31]

Auch die betont antizionistische Einstellung der VflJ trat bereits 1912 hervor. Ihr damaliger Vorsitzender Bernhard Breslauer (1851–1928)

---

30 Die Vereinigung liberaler Rabbiner bestand als unabhängige Organisation fort und zählte 1933 über 90 Mitglieder. (Siehe: Walter Breslauer, Die »Vereinigung für das liberale Judentum in Deutschland« und die »Richtlinien zu einem Programm für das liberale Judentum«. Erinnerungen aus den Jahren 1908–1914, in: Bulletin des Leo Baeck Instituts, Neue Folge, 9. Jg. (1966), Nr. 36, S. 302 ff. Die folgende Darstellung beruht, soweit nicht anders angegeben, neben diesem Aufsatz auch auf: Michael A. Meyer, Caesar Seligmann and the Development of Liberal Judaism in Germany at the Beginning of the Twentieth Century, in: Hebrew Union College Annual, Bd. 40/41 (1969/70), S. 529–554; Caesar Seligmann, Erinnerungen. Hrsg. von Erwin Seligmann, Frankfurt a. M. 1975; Alexander, Jehudej berlin (wie Anm. 25), S. 97–119.

31 Meyer, ebenda, S. 545; Seligmann, ebenda, S. 146 ff.

richtete im Berliner Büro der Vereinigung die Geschäftsstelle des
»Reichsverbands zur Bekämpfung des Zionismus«, später umbenannt
in »Antizionistisches Komitee«, ein. Eugen Fuchs und Maximilian
Horwitz (1856–1917), die damals führenden Köpfe des CV, lehnten
eine Beteiligung an dieser Initiative ab, doch scheint Ludwig Holländer sie im Stillen unterstützt zu haben.[32] Jedenfalls trat er in der Hauptversammlung des CV im Mai 1913 für einen endgültigen Bruch und den Ausschluß der Zionisten aus dem CV ein, mußte sich jedoch, angesichts des Widerstands der älteren Führung, mit der oben erwähnten »selektiven« Resolution zufriedengeben.

Nach dem Krieg wurde die Redaktion der bis dahin von Seligmann herausgegebenen Monatsschrift »Liberales Judentum« von Frankfurt nach Berlin verlegt und begann kurz darauf als Jüdisch-Liberale Zeitung wöchentlich zu erscheinen. Ihr neuer Redakteur, Bruno Woyda (1900–1968), war Mitglied der kleinen Berliner Reformgemeinde und ein glühender deutscher Nationalist. Seligmann versuchte ohne Erfolg, diesen Orts- und Wesenswandel der von ihm gegründeten Zeitschrift zu verhindern, und zog sich, wie viele andere liberale Rabbiner, von der Mitarbeit an der Zeitung zurück, die nach seiner Ansicht »von einer religiösen Zeitung [...] zu einer gemeindepolitischen herabsank und immer mehr in rein anti-zionistisches Fahrwasser geriet«.[33] Im März 1927 nahm die Vereinigung liberaler Rabbiner eine versöhnliche Resolution an, die das Verhältnis zum Zionismus der persönlichen Entscheidung jedes liberalen Rabbiners oder Laien überließ. Die Jüdisch-Liberale Zeitung erklärte daraufhin, »daß sich die Rabbiner der Führung des jüdisch-religiösen Liberalismus begeben hätten. Weil uns die Einheit des Judentums über den kleinlichen Parteifanatismus ging, oder weil wir das betont Jüdische über Assimilationstendenzen stellten, darum mußte damals der immer feindseliger sich zuspitzende Kampf zwischen liberalen Rabbinern und dem Parteiorgan des liberalen Judentums entstehen.«[34] Die meisten Führer und Mitglieder der VflJ gehörten zwar gleichzeitig auch dem CV an, aber die Stellungnahmen der beiden Organisationen zu wichtigen politischen Problemen waren manchmal sehr unterschiedlich. Vor dem Krieg hatte sich der CV als Abwehrverein gegen den Antisemitismus gegen den Widerstand der liberalen Honoratioren an der Spitze der Gemeinden durchsetzen müssen. In den Jahren der Weimarer Republik waren auf beiden Seiten erhebliche Veränderungen eingetreten. Der CV hatte seinen Charakter

---

32 Schorsch, Reactions (wie Anm. 2), S. 198 f.; Marjorie Lamberti, From Coexistence to Conflict – Zionism and the Jewish Community in Germany 1897–1914, in: YLBI, Bd. 27 (1982), S. 78 ff.
33 Seligmann, Erinnerungen (wie Anm. 30), S. 159 f.
34 Meyer, Seligmann (wie Anm. 30), S. 547.

als ideologisch neutraler Abwehrverein aufgegeben. Die VflJ hatte dagegen fast völlig aufgehört, sich mit religiösen Dingen zu befassen und war nur noch das politische Instrument der liberalen Mehrheit in den Gemeinden im Kampf gegen den Teilnahme- oder Führungsanspruch der orthodoxen und zionistischen Parteien. Eine befriedigende Erklärung dafür, warum im Laufe dieser Wandlungen die Politiker der VflJ von Anbeginn an besonders extreme »deutschtümlerische« und aggressiv antizionistische Positionen innerhalb des CV vertraten, steht immer noch aus. Aber eine Durchsicht der Seiten der JLZ läßt erkennen, wen Rabbiner Leo Baeck mit seinem Seitenhieb in einem Privatbrief an Caesar Seligmann (um 1926?) im Auge hatte: »Anstatt an Gott zu glauben, glauben sie – lutherische Pfarrer voran – an das Deutschtum. Es ist der eigentliche Nationalismus, wenn man nur das Volkstum und nicht die Welt Gottes kennt. (In parenthesi: Es ist die geistige Öde mancher Centralvereinler, daß sie aus dem Deutschtum auch so eine Art Ersatzreligion für sich machen wollen).«[35]

Der Gemeindewahlkampf

Zum Teil kann die radikale Gegnerschaft der Liberalen gegen Kompromisse mit den Zionisten darauf zurückgeführt werden, daß in den Gemeindewahlkämpfen der Jahre vor 1933 ihre früher fest gesicherte Mehrheit angefochten wurde. In Berlin verloren die Liberalen zwischen 1926 und 1931 sogar die Mehrheit in der Repräsentantenversammlung und dem Gemeindevorstand an eine Koalition der Zionisten mit den Orthodoxen. Bei den Gemeindewahlen traten weder der CV noch die ZVfD mit Wahllisten auf. Die zionistischen Gemeindepolitiker kandidierten seit 1919 auf lokaler Ebene, je nach den örtlichen Bedingungen, zusammen mit orthodoxen und/oder ostjüdischen Partnern unter dem Namen »Jüdische Volkspartei« (JVP), während die Anhänger des CV durch die VflJ vertreten wurden.[36]

Es wäre verfehlt, hierin eine rein taktische Arbeitsteilung zu sehen. Tatsächlich reflektierte die Trennung in verschiedene Organisationen zum Teil deutlich abweichende Auffassungen über die Gemeindepolitik und auch soziologische Unterschiede in der Zusammensetzung der Führungsgruppen. Die Männer an der Spitze gehörten sowohl bei den »Gemeindezionisten« wie bei der VflJ zur »zweiten Garnitur«. Die

35 YLBI, Bd. 2 (1957), S. 44 ff. (Auf dem im Faksimile wiedergegebenen Originalbrief ist das Datum durch einen Tintenfleck verdeckt.)
36 Vgl. Michael Brenner, The jüdische Volkspartei. National-Jewish Communal Politics during the Weimar Republic, in: YLBI, Bd. 35 (1990), S. 219–243; Alexander, Jehudei berlin (wie Anm. 25), S. 193 ff.

»erste Garnitur« der maßgeblichen »Köpfe« im CV und in der ZVfD waren zumeist akademisch ausgebildete Intellektuelle, die eine breitere und offenere ideologische Perspektive vertraten. Dagegen kamen die führenden Gemeindepolitiker beider Richtungen nach Beruf und Mentalität zum großen Teil aus dem mittelständisch-bürgerlichen Milieu.

Trotz dieser, möglicherweise zu stark verallgemeinerten gemeinsamen Merkmale gab es auch bedeutende Unterschiede zwischen den beiden Lagern. Bei den Zionisten waren die Intellektuellen in der Meinekestraße, mit Kurt Blumenfeld und Siegfried Moses (1887–1974) an der Spitze, die schärfsten Gegner jeder Verständigung mit dem CV, während die führenden Zionisten der JVP wie Alfred Klee (1875–1943) oder Max Kollenscher (1875–1937) zumeist eine versöhnlichere Haltung einnahmen. In deutlichem Gegensatz dazu vertraten, wie wir sahen, die Gemeindeliberalen den radikalsten Antizionismus und stimmten in vielen Fällen gegen die anerkannten Führer des CV oder überstimmten sie sogar, z. B. bei der Entscheidung über die kollektive Beteiligung an dem Keren Hajessod oder der Jewish Agency.

Besonders interessant ist auch die unterschiedliche Einstellung der Wortführer der jüngeren Generation des CV. Ludwig Tietz, Friedrich Brodnitz und ihre »pro-zionistischen« Anhänger bildeten zwar eine kleine Minderheit im CV, konnten jedoch trotzdem einflußreiche Stellungen in dessen Leitung einnehmen. Im Gegensatz dazu waren die Führer der »Jüdisch-Liberalen Jugendvereine« (JLJ) oft noch radikalere »Deutschtümler« und Antizionisten als die Älteren an der Spitze der VflJ.[37] So griffen sie während des Gemeindewahlkampfs von 1930 in ihrer Rubrik in der Jüdisch-Liberalen Zeitung die JVP als Nachahmer nationalsozialistischer Wahlkampftaktiken an: »Durch Schwärmereien, Phrasen und wirklichkeitsfremde, aber idealistisch klingende Programme haben die Nationalsozialisten [...] Menschen zu sich hinübergezogen, die ihrer Einstellung nach ganz woanders hingehören [...]. Die gleiche Erscheinung zeigt sich bei den Jüdisch-Nationalen. Auch hier Schwärmerei, idealistische Programme, die auf jedes ›Gemüt‹ wirken müssen. Dazu noch der sozial klingende Name Jüdische *Volks*partei (siehe Nationalsozialistische deutsche *Arbeiter*-Partei...).«[38]

Man sollte die Bedeutung dieser Äußerungen nicht übertreiben. Bei der sehr geringen Mitgliedschaft dieser liberalen Jugendbewegung, die kaum einen Einfluß auf die damalige junge jüdische Generation ausübte, mögen sie rein zufällige und persönliche Gründe gehabt haben. Aber im allgemeinen verdienen die möglichen soziologischen Hinter-

---

37 Breslauer, Erinnerungen (wie Anm. 30), S. 312f.
38 Aus der JLJ-Bewegung, in: Jüdisch-Liberale Zeitung, 8. 10. 1930.

gründe der jeweiligen Tendenzen in den Richtungskämpfen des CV eine eingehendere Untersuchung. Wichtiger waren zweifellos die politischen Rahmenbedingungen dieser Auseinandersetzung. Die Berliner Gemeindewahlen fanden, besonders 1930, in einer Zeit allgemeiner politischer Radikalisierung statt, die zu dem folgenschweren Ende der Weimarer Republik führen sollte. Von dieser Radikalisierung waren auch die Richtungskämpfe zwischen den politischen Formationen der deutschen Juden und innerhalb derselben betroffen.

Konfrontation mit dem NS-Regime

Vor und kurz nach der nationalsozialistischen Machtübernahme verschärfte sich der antizionistische und nationalistisch-deutsche Ton der JLZ und der öffentlichen Erklärungen der VflJ. Man kann dies, analog zu dem »Trutzjudentum« der Vorkriegsjahre, als eine Art von »Trutzdeutschtum« deuten: Angesichts des antisemitischen Angriffs von außen und des steigenden Einflusses der Zionisten im Innern versteifte sich das national-deutsche Selbstverständnis der VflJ in der Verteidigung ihrer gefährdeten Positionen. Ein übriges tat die lautstarke Propaganda, die der Verband nationaldeutscher Juden in den ersten Monaten des neuen Regimes in der Presse und an den Litfaßsäulens startete.[39] Max Naumann und seine Anhänger glaubten, daß nun ihre Zeit gekommen sei, und Liberale wie Bruno Woyda oder sein Nachfolger als Redakteur der JLZ, Georg Goetz (1892–1968), wollten in der Beteuerung ihres deutschen Nationalismus nicht nachstehen. Im April 1933 schlossen sich einige von ihnen und sogar die Leitung des »Reichsbunds jüdischer Frontsoldaten« (RjF) mit diesem Verband und anderen rechtsgerichteten Randgruppen, wie dem Jugendbund »Schwarzes Fähnlein«, in einem »Aktionsausschuß der jüdischen Deutschen« zusammen, der allerdings nach einigen Wochen auseinanderfiel.[40]

Dies war jedoch noch nicht das Ende der von den Wortführern der VflJ unternommenen Versuche, sich mit dem neuen Regime zu arrangieren. Der Führung des CV, die sich zu dieser Zeit aktiv um die Errichtung der Reichsvertretung der deutschen Juden bemühte, wurde u. a. von Georg Goetz vorgeworfen, »daß der CV mit der neuerdings in seiner Zeitung eingenommenen Stellung die deutschen Juden im Stich gelassen hat [...]. Man durfte, auch vertretungsweise nicht, die Leitung

---

39 Siehe Carl J. Rheins, The Verband nationaldeutscher Juden, in: YLBI, Bd. 25 (1980), S. 243–268, besonders 265 ff.
40 Vgl. Klaus J. Herrmann, Das Dritte Reich und die deutsch-jüdischen Organisationen 1933–1934, Köln 1969, S. 12 f.

des C.V. in die Hände gerade desjenigen seiner Vizepräsidenten legen [gemeint war offenbar Ludwig Tietz, A.B.], dessen Stellung zur Frage Deutschtum und Judentum niemals [...] der gesamten C.V.-Tradition entsprochen hatte und der sich für unseren Geschmack stets allzu sehr für Palästina interessierte!«[41]

Im Oktober 1933 veröffentlichte Bruno Woyda im Berliner Jüdischen Gemeindeblatt seine »Programmatischen Richtlinien« zur Zukunft der Juden in Deutschland. Die zentrale These darin war: »Unser Recht kann und soll uns nur von einer Stelle werden: vom deutschen Volke und seiner Führung [...]. Die jüdischen Deutschen können ihre Hoffnung auf künftige Wiedergewährung voller Gleichberechtigung nicht aufgeben, da sie sonst ihr eigenes Sein verleugnen müßten. Das aber soll und darf die deutsche Judenheit nicht hindern, sich auch willig einem Staatsorganismus einzufügen, der ihre Rechte beschränken muß, da er die Volkszugehörigkeit von einer bestimmten Blutzugehörigkeit abhängig macht.«[42]

Woyda unterstrich, er spreche nur im Namen derer, »die nur ein Vaterland, eine Heimat haben: Deutschland«, und nicht für diejenigen, die auswandern wollten, oder die ausländischen Juden, die nur erwarten könnten, wie alle anderen Ausländer behandelt zu werden. Die Veröffentlichung von Woydas »Richtlinien« im Gemeindeblatt veranlaßte den Vorsitzenden der ZVfD, Siegfried Moses (1887–1974), zum Rücktritt vom Gemeindevorstand. Der liberale Vorsitzende der Gemeinde, Heinrich Stahl (1868–1942), reagierte darauf in einem auch in der JLZ veröffentlichten Brief an Moses: »Wir sind im Gegensatz zu Ihnen der Überzeugung, daß diese Auffassungen keineswegs überlebt sind. Wir wissen vielmehr, daß sie die Billigung der Mehrheit der Berliner und der deutschen Judenschaft finden.«[43]

Kurz darauf bildete Woyda mit einigen Gleichgesinnten eine »Erneuerungsbewegung der jüdischen Deutschen«. Der erste und m.W. einzige öffentliche Aufruf dieser Bewegung war ein Eingeständnis des fundamentalen Wandels der Existenzbedingungen für die deutschen Juden, begleitet von der Erklärung, trotzdem zur Mitarbeit unter dem neuen Regime bereit zu sein: »Gleiche Geltung, gleiches Recht scheint für uns verloren. Nicht verloren ist in uns das Bewußtsein, daß wir Deutsche sind und bleiben, daß wir auf Gedeih und Verderb mit dem

---

41 Georg Goetz, Gefahren, Versäumnisse, Aufgaben. Eine notwendige Kritik, in: Jüdisch-Liberale Zeitung, Beilage, 1. 5. 1933.
42 Bruno Woyda, Um die künftige Stellung der deutschen Juden. Programmatische Richtlinien, wieder abgedruckt in: Jüdisch-Liberale Zeitung, Beilage, 31. 10. 1933.
43 Stahl an Moses, 18. 10. 1933, wieder abgedruckt in: Jüdisch-Liberale Zeitung, Beilage, 24. 10. 1933.

Schicksal unseres deutschen Vaterlandes verbunden sind [...]. Den Zionisten aller Schattierungen überlassen wir die Regelung ihrer eigenen Angelegenheiten. Eindeutig aber und mit frischer Tatkraft wollen wir die jüdischen Deutschen zusammenschließen, [...] die sich in Zucht und Ordnung einer entschlossenen deutschfühlenden Führung unterordnen wollen.«[44]

Mit den »Zionisten aller Schattierungen« konnte niemand anderes gemeint sein als die im September 1933 gebildete Reichsvertretung der deutschen Juden, während die bisher ungewohnte Terminologie der »zuchtvollen Unterordnung« dem seit dem Januar geltenden »Führerprinzip« entsprach. Die neuen Machthaber reagierten darauf ebensowenig wie auf die wiederholten Eingaben und Aufrufe des Verbands nationaldeutscher Juden unter Max Naumann.[45] Diesmal distanzierte sich die Berliner jüdische Gemeinde, nach nochmaliger Intervention von Siegfried Moses, von Woydas Initiative und erklärte, wenn auch zögernd und mit Vorbehalten, ihre Unterstützung der Reichsvertretung.[46]

Die VflJ vertrat bis zum Ende die Ansichten der Mitglieder des CV, die während der letzten Jahre der Weimarer Republik allen politischen Zeichen zum Trotz an ihrem unbeirrten »Deutschtum« festhielten. Für viele Juden war der Aufstieg des Nationalsozialismus der Zusammenbruch ihrer Welt, von dem sie sich kaum erholten. Sie konnten sich nur zögernd und erst geraume Zeit nach Beginn des NS-Regimes damit abfinden, daß sie auf verlorenem Posten kämpften. Andere suchten den Ausweg aus der schmerzhaften Desillusion in einer jüdischen Selbstbesinnung, die viele von ihnen schließlich in das zionistische Lager führte. Zwischen diesen entgegengesetzten Strömungen mußte die Führung des CV noch einige Zeit ziemlich hilflos lavieren. Es steht keineswegs fest, ob die etablierten Führer des CV im Berliner Hauptbüro oder die radikal deutschgesinnten Liberalen die wirkliche Meinung der über das ganze Land verstreuten Mitglieder des CV vertraten.

Führer und Geführte

Wie viele deutsche Bürger hofften auch die meisten leitenden Personen des CV, zumindest in den ersten Wochen nach der Ernennung Hitlers zum Reichskanzler, daß er sich nicht lange würde halten können oder daß es den konservativen, deutschnationalen Koalitionspartnern gelin-

---

44 Erneuerungsbewegung der jüdischen Deutschen, in: Jüdisch-Liberale Zeitung, 14. 11. 1933.
45 Vgl. Herrmann, Organisationen (wie Anm. 40), S. 70ff.
46 Berliner Gemeinde für Einigkeit, in: Jüdisch-Liberale Zeitung, 21.11. 1933.

gen würde, ihn »einzurahmen«, wie sie vermeinten. Daneben und alternativ waren sie überzeugt, daß die Regierungsverantwortung die radikalen Tendenzen der NSDAP auch in der Judenfrage mäßigen würde. Dies erklärt die vorsichtigen und eher beruhigenden öffentlichen Verlautbarungen und auch den Ton interner Stellungnahmen des CV während der ersten Wochen der neuen Regierung, die sich übrigens nicht wesentlich von denen anderer jüdischer Stellen und Organisationen unterschieden. Deklarationen positiver Einstellung zur »nationalen Erneuerung« dürften der ideologischen Grundeinstellung eines Teils der Mitgliedschaft entsprochen haben und sollten nicht nur als Anbiederung aufgefaßt werden. So hieß es z. B. in dem mit A[lfred] W[iener] unterzeichneten Leitartikel der CV-Zeitung anläßlich der feierlichen Neueröffnung des Reichstags in Potsdam: »Die Wünsche der deutschen Juden klingen am Tage von Potsdam mit denen der vaterlandsliebenden Deutschen aller Parteien zusammen: Möge es der neuen Regierung beschieden sein, durch Ordnung und Zucht im Innern und durch friedliche Kraft nach außen die Grundlagen für ein neues Deutschland zu legen [...]. Wir schreiben solche Wünsche in Wahrhaftigkeit nieder, nicht um uns anzubiedern, sondern weil sie der Gesinnung entsprechen, die immer der Leitstern unseres CV gewesen ist. Unsere vaterländische Gesinnung, die aus letzten unwägbaren und unmeßbaren Gefühlen fließt, brauchte weder am 30. Januar, noch am 5. März [dem Wahltag, A. B.] neu aufpoliert zu werden. Sie war stets da, ohne große Worte und Gebärden. Sie ist ebenso echt, wie unser Stolz auf unsere Geschichte und Vergangenheit und unser Festhalten an der alten Religion, die uns die Achtung vor jeder staatlichen Obrigkeit gebietet.«[47]

Nach der in den Moskauer Akten entdeckten Korrespondenz wurde diese Stellungnahme von manchen Mitgliedern eher als zu zurückhaltend empfunden. Aus Greiz in Sachsen kam eine Anfrage an das Berliner Hauptbüro, »ob nicht die Möglichkeit besteht, daß eine Gruppe deutscher Juden, deren Familien seit mehr als 100 Jahren in Deutschland leben, sich dem jetzigen Reichskanzler vorstellen und mit ihm eine Besprechung führen kann, daß solche Juden auch weiterhin ihre staatsbürgerlichen Rechte behalten, insbesondere wenn ihre Väter oder Söhne Frontkämpfer waren und sie sich als nationalsozialistische jüdische deutsche Partei sammeln. Es gibt doch unter der deutschen Judenschaft eine große Zahl, die unter der schwarz-weiß-roten Fahne gebo-

---

47 Für den Aufstieg des Vaterlandes. Zum Tag von Potsdam, in: CV-Zeitung, 23. 3. 1933. Alfred Wiener (1885–1964) war 1923–1933 stellvertretender Direktor des CV und einer der Redakteure der CV-Zeitung. Er gründete 1940 in London die nach ihm benannte »Wiener Library«.

ren sind, gekämpft haben und die diese Fahne nicht weniger verehren und lieben wie alle Deutschen. Warum sollen alle diese abseits stehen, nur weil sie der jüdischen Religion angehören?«[48]

Der Brief wurde von Alfred Hirschberg (1901–1971), seit 1929 Syndikus des CV, beantwortet. Er betonte, daß »der Central-Verein als politische Vertretung der deutschen Juden [!] nach reiflicher Erwägung alle gesetzlich möglichen Schritte [unternimmt], um die staatsbürgerlichen Rechte der deutschen Juden zu wahren. Daß er das mit aller Intensität, aber auch – und das wollen wir hier unterstreichen – mit aller Würde erledigt, bedarf keiner besonderen Hervorhebung. Die von Ihnen empfohlene Parteigründung halten wir weder für gut noch für zweckvoll. Eine nationale Gesinnung zu der sich der Central-Verein von jeher bekannt hat und auch heute bekennt [...] wird nicht dadurch dokumentiert, daß man eine neue Partei gründet [...] und ihr einen Namen gibt, der höchstens mißverstanden wird.«[49]

Nicht alle Anfragen waren so radikal, doch zeugen viele von ähnlichen Gedankengängen. Im April 1933, also bereits nach den antijüdischen Ausschreitungen, an denen sich auch Einheiten des »Stahlhelms« unter schwarz-weiß-roten Fahnen aktiv beteiligt hatten, ging es in vielen Zuschriften um die Möglichkeit oder Notwendigkeit, diese Farben öffentlich zu zeigen. So lautete ein typischer Brief aus der Provinz: »Hiermit möchte ich Sie höfl. bitten, mir eine Information zu erteilen, wie man sich hinsichtlich des Geburtstags des Reichskanzlers verhalten soll. Als national denkender deutscher Jude habe ich bei den letzten Veranlassungen die schwarz-weiß-rote Fahne gezeigt und man hat hierorts [...] keinen Anstoß genommen.« Hirschberg antwortete darauf vorsichtig: »Wir glauben, daß sich die Sache von hier aus schlecht beurteilen läßt. Solche Dinge entscheidet man besser an Ort und Stelle. Warten Sie ab und tun Sie das, was Sie im gegebenen Augenblick für richtig halten.«[50]

Es dauerte nicht lange, bis dieses Dilemma, wie auch ähnliche anfängliche Unklarheiten, von anderer Seite gelöst wurden. Tatsächlich hatte schon einen Monat vorher das Hissen der schwarz-weiß-roten Fahne auf der Großen Synagoge in der Oranienburger Straße Aufläufe von Passanten und das Einschreiten der SA verursacht. Einem Mitglied

---

48 Bruno Goldschmidt an CV Berlin, 7. 5. 1933, Sonderarchiv, Moskau (künftig: SAr), 721/1/2135, (auch Yad Vashem Archiv [künftig: YVA], 051/257). (Zur respektiven Einsicht werden im folgenden die Signaturen der Originaldokumente in Moskau sowie die der in Jerusalem aufbewahrten Kopien angegeben.)
49 Dr. Hirschberg an Goldschmidt, [o. D.], SAr, 721/1/2135, (auch YVA, 051/257).
50 Briefwechsel Kugelmann/Dr. Hirschberg, 12. und 13. 4. 1933, SAr, 721/1/2135, (auch YVA, 051/257).

des CV, der sich anscheinend über die Entfernung der Fahne beschwert hatte, teilte Dr. Hirschberg nach Rückfrage bei der Berliner jüdischen Gemeinde mit, »daß die schwarz-weiß-rote Flagge auf der Synagoge in der Oranienburger Straße erst auf wiederholtes Drängen von SA-Leuten entfernt worden ist. Das zuständige Polizeirevier hat sich mit der Entfernung einverstanden erklärt, als die SA zum zweiten Mal auf Entfernung bestand.«[51]

Aber es gab auch Äußerungen ganz anderer Art, die der CV-Führung Sorgen bereiteten. Stellvertretend soll hier ein für viele typischer Brief eines älteren Vereinsmitglieds aus Merseburg »an meine lieben Freunde vom C.V. Vorstand« in einem längeren Auszug zitiert werden. Nachdem der Verfasser, anscheinend ein begüterter Kaufmann, die »königlich besiegelte« preußische Bodenständigkeit seiner Familie und seine eigenen und seiner Angehörigen Opfer im Krieg hervorgehoben hatte, fuhr er fort: »Wenn der Landtagsabgeordnete hier mit kräftiger Betonung seinen Zuhörern erklärt, daß an dem Programm der NSDAP in bezug auf die Juden auch nicht ein Tüpfelchen abgeändert wird, dann hat es doch absolut keinen Zweck, wenn unsererseits angeraten wird, unser Deutschtum weiter zu betonen. Wenn jemand stolz auf sein Deutschland war, so war ich es [...]. Wenn nun in allen Zeitungen, in allen Volksversammlungen immer wieder der Jude als größter Feind Deutschlands [gilt], dessen vollständige Vernichtung öffentlich gepredigt und hingestellt wird, dann ist es doch das gegebene Tun eines Menschen mit Ehre im Leibe, sich offen als Jude ohne jeden Zusatz zu bekennen und von jeder Volks- oder Staatsgemeinschaft mit allen denen abzusehen, die solches Ziel in ihrem Programm haben. Was nützt denn da unser untertänigstes Aufzeichnen aller der Dinge, die prachtvolle Menschen deutscher Geburt jüdischen Glaubens bis zum Großvater hinunter für Deutschland getan haben? [...] Wir predigen doch nur tauben Ohren [...]. Ist solches Leben noch dazu angetan, sich weiterhin als deutscher Staatsbürger II. Klasse jüdischen Glaubens zu bezeichnen, oder tut man nicht ehrlicher an sich selbst, *wenn man sich als Jude offen bekennt*« [im Original hervorgehoben].

Hirschberg antwortete in einem längeren Brief, dem er einen Sonderdruck seines Leitartikels in der CV-Zeitung beilegte. In dem Schreiben erklärte er sein Verständnis dafür, »daß Sie, der Sie stets in vorderster Linie für unsere Grundsätze [...] eingetreten sind, seelische Erschütterungen erleiden wie kaum ein anderer [...]. [Trotzdem gelte es] für Sie wie für uns alle [...], den Kopf hochzuhalten und keine Verzweiflungsstimmung aufkommen zu lassen [...]. [Der CV sehe die

---

51 Hirschberg an Dr. Hans Roth, Berlin, 17. 3. 1933, SAr, 721/1/2135, (auch YVA, 051/257).

praktische Hilfeleistung,] wie die konstruktive aufbauende Wirtschaftshilfe im weitesten Sinne des Wortes, als die Aufgabe des Tages [...]. Darüber hinaus geschieht unsererseits nach wie vor alles, um die historische Verbundenheit der deutschen Juden mit der deutschen Heimat, ihren Anteil an der deutschen Kultur, ihren Kampf um deutsches Ansehen zu dokumentieren. Wenn Sie unsere Maßnahmen zur Bekämpfung der Greuelpropaganda im Auslande zur Kenntnis genommen haben, wird Ihnen klar sein, daß wir diese Linie nach wie vor einhalten.«[52]

Es ist nicht ohne Bedeutung, daß Hirschbergs Hinweis auf die Maßnahmen zur Bekämpfung der Greuelpropaganda (ohne distanzierende Anführungszeichen!) hier in einem persönlichen Brief an eine Privatperson erscheint, der nicht zur Veröffentlichung bestimmt war. Die bekannten und publik gemachten diesbezüglichen Äußerungen entstanden im Zusammenhang mit dem Boykottag vom 1. April. Sie wurden schon damals manchmal intern, besonders aber von der späteren Geschichtsschreibung als von den Nationalsozialisten aufgezwungene Dementis gedeutet, die nicht nur der CV, sondern auch die ZVfD gegen besseres Wissen ins Ausland geschickt hätten, um den Boykott zu verhindern oder um Schlimmeres zu verhüten. Selbst wenn Hirschberg befürchtete, daß seine Post überwacht wurde, kann die Erwähnung gerade dieser »Maßnahmen«, die der Adressat des Briefes gar nicht beanstandet hatte, kaum auf rein taktischen Beweggründen beruht haben.

In dem beigelegten Leitartikel[53] wandte sich Hirschberg, ohne Namensnennung, in erster Linie gegen Max Naumann und den von ihm 1920 gegründeten Verband nationaldeutscher Juden und dessen Versuche, die Gunst der neuen Machthaber zu gewinnen. Dieser Verband wendete sich noch einige Monate später in großgedruckten Anschlägen an den Berliner Litfaßsäulen an die »deutschen Staatsbürger jüdischen Glaubens«, also die Mitgliedschaft des CV, um sie über die Zusammenarbeit ihres Vorstands mit den Zionisten bei der Errichtung der Reichsvertretung der deutschen Juden »aufzuklären«: »Wißt Ihr, daß der Weg, auf den Euch diese Führer drängen, unfehlbar ins Ghetto (nationale Minderheit oder dergleichen) führen muß? Wollt Ihr das?« Wiederum antwortete Hirschberg darauf mit einem Leitartikel, in dem er zunächst bedauerte, daß »sich der nationale Aufschwung von 1933 bewußt ohne uns, gegen uns [vollzieht...]. Die Geschehnisse der letzten Tage machen mit der Gleichberechtigung der deutschen Juden Schluß. Es gibt jetzt kein Hinüber und Herüber mehr. Kein Verzicht und keine

---

52 Briefwechsel Bernhard Taitza, Merseburg – Dr. Hirschberg, 22. und 26. 4. 1933, SAr, 721 / 1 / 2135, (auch YVA, 051 / 257).
53 Deutsch-jüdische Wirklichkeit, (gez. A.H.), in: CV-Zeitung 13. 4. 1933.

Hingabe kann noch wirken [...]. Eine neue Epoche jüdischer Geschichte in Deutschland hat damit begonnen [...]. In früheren Zeiten gab es in der jüdischen Gemeinschaft eine Art stillschweigender Ächtung von Menschen, die sich unjüdisch, d. h. ohne jüdische Würde, benommen hatten. Sie waren da, aber man sah durch sie hindurch und über sie hinweg.«[54]

Die vielen Zuschriften scheinen die Leitung des CV und die Redaktion seiner Zeitung, die in diesen Tagen des Zusammenbruchs ihrer Ideale und Anschauungen um eine schwierige Neuorientierung rangen, irritiert, manchmal sogar regelrecht aufgebracht zu haben. »Wir verzichten gern«, schrieb Alfred Wiener, »auf schriftliche, im Ton ungezogene Ermahnungen, wie deutsch oder wie jüdisch wir seit dem 5. März zu sein haben [...]. Sind wir dem einen Freunde nicht deutsch genug, so zeiht uns ein zweiter mangelnden Verständnisses für das Judentum [...]. Gewiß gestaltet die Entwicklung auch den Centralverein gründlich um. Er wird [...] auch grundsätzliche Änderungen vornehmen müssen [...]. Unerschütterlich aber wurzeln in deutsch-jüdischen Menschen selbst dieser Tage die Treue zum Deutschtum, die Anhänglichkeit an das Judentum als religiöse Tatsache, als ›Schicksalsgemeinschaft‹. Das ›Gebot der Stunde‹ sind Taten und nicht ›Programmdiskussionen‹, [...] die in billigen Auseinandersetzungen über innerjüdische ›Umstellungen‹ den Zankapfel in unsere Reihen werfen.«[55]

»Überläufer« zum Zionismus

In einem der bereits zitierten Artikel[56] wandte sich Alfred Hirschberg implizit gegen das, was er und seine Gesinnungsgenossen als Selbstgerechtigkeit der Zionisten empfanden: »Es muß eine moralische Unmöglichkeit werden, daß irgendeine Gruppe den Versuch macht, aus den zertrümmerten Bewertungsmaßstäben anderer Juden sich selbst das Gerüst der eigenen rechtlichen oder moralischen Stellung zu zimmern. Es [...] bedeutet keine Anerkennung national-jüdischer Gedanken, wenn [ein Mensch] für seinen Sohn oder seine Tochter das Land Palästina ebenso wertet wie England oder Spanien oder Nordamerika.«

Eine ausführliche Darstellung der Beziehungen zwischen dem CV und der ZVfD nach 1933 steht noch aus und würde den Rahmen dieses Aufsatzes sprengen. Festzuhalten ist, daß die zentralen Führungsgremien der beiden großen Organisationen zwar nicht ohne Schwierigkei-

---

54 Der Kampf an der Anschlagsäule, in: CV-Zeitung, 1. 6. 1933.
55 Ehrliches Bekenntnis zu unserem Sein, in: CV-Zeitung, 4. 5. 1933.
56 Siehe Anm. 53.

ten und gelegentliche Mißstimmung, aber doch in gegenseitiger Kompromißbereitschaft die Errichtung der Reichsvertretung der deutschen Juden ermöglichten und in deren Rahmen bis zum Ende zusammenarbeiteten. In beiden Organisationen nahmen lokale Funktionäre dies nicht immer mit Verständnis auf. Im Gegenteil verschärften sich, trotz der Kooperation der Berliner Hauptbüros, auf der lokalen Ebene manchmal noch die Rivalitäten. Da der Einfluß der Zionisten unter dem Druck der äußeren Bedrängnis überall anstieg und auch viele Anhänger des CV zu ihnen übergingen, fühlten sich Funktionäre des CV verunsichert und führten bis spät in die dreißiger Jahre einen unaufhörlichen Kampf gegen die »Überläufer«.

So berichtete im Oktober 1933 Kurt Sabatzky (1892–1955), der langjährige Syndikus des CV-Landesverbandes Mitteldeutschland, über seinen Besuch in der Ortsgruppe Dresden: »Mein Referat über die Lage [...] wurde zunächst sehr beifällig aufgenommen. Es setzte unmittelbar danach eine sehr scharfe Kritik ein [...]. Herr Rabbiner Dr. Wolf, unser Vorstandsmitglied, erklärte, der C.V. habe aus der ganzen Situation nicht viel gelernt. Vor allem vermisse man heute den Führer. Der C.V. habe die Juden zum Teil im Stich gelassen. Auch in bezug auf die Reichsvertretung habe er sich die Führung aus der Hand winden lassen, ebenso in bezug auf den Reichsausschuß der jüdischen Jugend. Hier hätten die Zionisten die Führung an sich gerissen.« Zwei Tage später fügte der Dresdener Vorsitzende Rudolf Apt seine eigene Kritik in einem besonderen Schreiben an das Hauptbüro in Berlin hinzu: »Soweit es sich um die mangelnde Führung in innerjüdischen Fragen handelt, muß ich sagen, daß ich mit [Dr. Wolf] völlig übereinstimme. All diejenigen, die hier die Arbeit des C.V. mit Interesse verfolgen, sind in großer Sorge darüber, daß die Führung die frühere Energie gegen die zionistische Bewegung vermissen läßt, und es ist bekannt, daß gerade die maßgebenden jüngeren Herren durch ihre Sympathie für Palästina sich den zionistischen Wünschen nicht so energisch widersetzen, wie dies früher der Fall war. Man fürchtet auch, daß der Morgen [Zeitschrift des CV] die feste Linie unserer deutsch-jüdischen Einstellung verlassen wird, und glaubt, daß es den Zionisten gegenüber unbedingt nötig ist, den Unterschied zwischen ihnen und uns zu betonen. Wenn wir nicht die Führung an den R.j.F. oder gar an die Naumann-Gruppe verlieren wollen, so muß eine durchaus andere Einstellung wieder Platz greifen.«[57]

Ein völlig entgegengesetztes »Stimmungsbild« erhielt das Berliner

57 Sabatzky, Leipzig, an Hauptbüro, 11. 10. 1933; Rudolf Apt, Dresden, an Hauptbüro, 13. 10. 1933, SAr, 721/1/711, (auch YVA, 051/234). Der 1924 gegründete Reichsausschuß wurde im November 1933 vom »Reichsjugendführer« als »alleinig verantwortliche Zentralorganisation der jüdischen Jugend« anerkannt. Ludwig Tietz war bis zu seinem Tode 1933 der Leiter des »Reichsausschusses«.

Hauptbüro im November 1933 aus Thüringen: »1. Der stellvertretende Vorsitzende der Ortsgruppe Erfurt weigert sich seit einem halben Jahr, Beitrag zu zahlen, mit der Begründung, er führe nur noch jüdischen Wohlfahrtsvereinen Geld zu. 2. Der Vorsitzende der Gruppe Schmalkalden, Dr. Müller, hat dem Keren Kajemet [›Jüdischer Nationalfonds‹, der Gelder für den Bodenerwerb in Palästina sammelt, A.B.] einen Betrag zur Verfügung gestellt und behauptet, ohne die Jüdische Rundschau [Organ der Zionisten, A.B.] nicht auskommen zu können. 3. Der größte Teil der Vorstandsmitglieder tritt für ›Überbrückung der innerpolitischen Gegensätze‹ ein. Erfolg: Hineintreiben der C.Ver in das zion[istische] Lager. Die Tatsache, daß Palästina auch nicht-zion[istische] Kapitalisten aufnimmt, verwirkt die Grundauffassung vom jüdischen Sein. 4. Die Frau des Vorsitzenden der Ortsgruppe Erfurt behauptet, die Jüdische Rundschau würde jetzt von allen Juden gelesen. Mit Zionismus hätte die Liebe zu dem Blatt nichts zu tun. 5. Im Religionsunterricht werden die Schüler durch Erlernung des Neuhebräischen zur Auswanderung erzogen. Was geschieht, um die deutschen Juden in ihrer Stellung zum Vaterland zu stärken und zu festigen?«[58]

Nach den in Moskau gefundenen Dokumenten beschäftigte das Ringen mit tatsächlichen oder potentiellen »Überläufern« die lokalen Funktionäre des CV noch bis in das Jahr 1937. Auch die Spitzenfunktionäre, die die Ortsgruppen regelmäßig besuchten, verbrachten damit einen guten Teil ihrer Zeit und berichteten gegebenenfalls mit Befriedigung über den Rückgewinn eines wankelmütigen Mitglieds. Dies änderte sich auch nicht, nachdem der CV seine negative Einstellung zur Auswanderung hatte aufgeben müssen, weil die Radikalisierung der antijüdischen Maßnahmen die Zukunftsaussichten jüdischer Existenz in Deutschland zunehmend in Frage stellte.

1933 war die öffentlich geäußerte Stellung des CV zur Auswanderung noch durchweg ablehnend. So schrieb die CV-Zeitung nach den Wahlen vom 5. März, es sei jetzt die Aufgabe »Klarheit und Wahrheit zu verbreiten über das wahre Wesen des Judentums und der deutschen Juden […]. Kampf nach wie vor allen unberechtigten Angriffen gegen unser Judentum! Unseren wirtschaftlichen Aufgaben gerecht werden, so insbesondere den Kampf gegen den Boykott mit allen Kräften führen! […] Die Pflege deutscher Gesinnung in unseren Reihen unbeirrt fortsetzen! Unseren zahllosen Freunden Mut machen, sie stärken und sie lehren, daß Deutschland Deutschland bleibt und daß uns niemand unsere Heimaterde und unser Vaterland rauben kann.«[59]

---

58 Kamnitzer an Landesverband Mitteldeutschland, 21. 11. 1933, SAr, 721/1/261, (auch YVA, 051/206).
59 CV-Zeitung, 13. 3. 1933.

Bald gelangten jedoch andere Stimmen aus der Mitgliedschaft des CV auch an die Öffentlichkeit. So wandte sich ein Schreiber in einem Offenen Brief aus der Provinz im Juni 1933 gegen eine Äußerung von Alfred Hirschberg: »Die Zeiten der Illusionen sind nun endgültig vorbei [...]. Worauf die Führung sich nunmehr umzustellen hat, das kann nach allem was wir erlebt haben – man habe den Mut, es auszusprechen – nur die Auswanderung aus Deutschland sein. Wie man heute noch andeuten kann, die äußerliche Trennung vom deutschen Lebensraum wäre eine freiwillige Aufgabe der deutschen Positionen, ist mir geradezu unverständlich.«

Der Verfasser meinte, daß man auch Palästina als Auswanderungsziel wählen sollte, auch wenn es nicht alle aufnehmen könne. Dagegen wandte sich Alfred Wiener in der gleichen Ausgabe der CV-Zeitung: »Entweder man hat ein ausgesprochen deutsches Nationalgefühl, dann ist man Deutscher, oder man hat ein ausgesprochen jüdisches Nationalgefühl, dann ist man Nationaljude [...]. Das Los der Juden wird sich in Deutschland entscheiden. Man kann unmöglich einige Hunderttausend deutscher Juden aussiedeln [...] ganz abgesehen davon, daß Zehntausende und aber Zehntausende schon aus seelischen Beweggründen nicht aus ihrem Vaterlande scheiden können.«[60]

Alfred Wiener selbst sah sich schon Ende 1933 gezwungen, nach Amsterdam zu flüchten, von wo er später nach London übersiedelte. Immerhin war bei persönlichen Fühlungnahmen wegen Auswanderungsplänen der Ton der CV-Führung entschieden vorsichtiger als in ihren Publikationen. Einem jungen Textilkaufmann, der im April 1933 um Adressen und Empfehlungen in England gebeten hatte, riet Eva Reichmann-Jungmann (geb. 1897), sich an den »Hilfsverein der deutschen Juden« zu wenden, der Auswanderer in andere Länder als Palästina betreute, und fügte hinzu: »Gerade in England ist es außerordentlich schwer, Arbeitsmöglichkeiten zu finden. Im allgemeinen warnen wir dringend vor Auswanderung und empfehlen, zunächst einmal die Entwicklung der Verhältnisse in Deutschland abzuwarten. Trotzdem wollen wir niemanden, der auf eigene Gefahr eine Auswanderung riskieren will, davon abhalten.«[61]

---

60 Dr. Kurt Scheyer, Offener Brief an den CV, und die Antwort Wieners in: CV-Zeitung, 29. 6. 1933.
61 Dr. Reichmann-Jungmann an Heinz Schönwald, 28. 4. 1933, SAr, 721/1/21365, (auch YVA, 051/2135).

Resignation mit »Haltung«

1933 konnten die in Deutschland lebenden Juden die zukünftige Entwicklung noch nicht voraussehen. Trotzdem glaube ich, daß sich aus den hier wiedergegebenen Veröffentlichungen und den zitierten neu aufgefundenen internen Dokumenten, die z. T. durch verschiedene Mitarbeiter des Jerusalemer Yad Vashem Instituts im Moskauer Sonderarchiv kopiert wurden, die bestürzte Ratlosigkeit der deutschen Juden und besonders ihrer durch den CV repräsentierten, nationaldeutsch fühlenden Mehrheit ergibt.

Der Grund für diese Bestürzung war die Stärke dessen, was die Ideologen des CV bis zum Ende der Weimarer Republik und noch Monate danach in verschiedenen Variationen als »deutsche Gesinnung« oder »Vaterlandsliebe« bezeichneten und als Grundlage und Bedingung des politischen Emanzipations- und Abwehrkampfes verteidigten. Je schärfer die Differenzen mit Zionisten, Orthodoxen oder Ostjuden – oft persönlich und organisatorisch identisch – in Gemeindewahlkämpfen und sonstigen Auseinandersetzungen hervortraten und je mehr die antisemitische Hetze sie verunsicherte, um so mehr glaubten die Führer und Publizisten des CV, ihr »Deutschtum« hervorheben zu müssen. Die sich dabei deutlich abzeichnenden Unterschiede kamen u. a. in den zitierten, manchmal gegen die etablierte Führung des CV gerichteten, radikalen Äußerungen in der Jüdisch-Liberalen Zeitung zum Ausdruck.

Was dagegen die CV-Zeitung und die Redner des Centralvereins ihren Lesern und Zuhörern in den ersten Monaten des NS-Regimes anrieten, waren »Würde« und »Haltung« und die, besonders von Alfred Hirschberg noch bis Ende 1934 vertretene, diffuse These einer »schöpferischen Assimilation«, durch die das Judentum in Konfrontation mit der feindseligen Umwelt sein wahres Wesen verwirklichen sollte. Der deutsch-jüdischen Gegenwart sei nicht mit kopfloser Panik und fluchtartiger Auswanderung, sondern mit Vertrauen auf die Führung und Hoffnung auf eine bessere Zukunft zu begegnen.

Mit der fortschreitenden Radikalisierung der Verfolgung gelangte der CV in der intern-jüdischen Diskussion immer mehr ins Hintertreffen. Der Kompromiß von 1935, der den Zionisten die Parität in den leitenden Gremien der Reichsvertretung und in anderen jüdischen Institutionen gewährte, wäre zwei Jahre vorher noch undenkbar gewesen. In den Reihen der sichtbar zurückgehenden Mitgliedschaft des CV wich, spätestens nach der Verkündung der »Nürnberger Gesetze« im September 1935, das so stolz vertretene deutsch-jüdische Bekenntnis einer unverkennbaren Resignation. Der Centralverein deutscher Staatsbürger jüdischen Glaubens wurde in Thüringen und Bayern schon 1933 verboten. 1935 mußte er seinen Namen in »Jüdischer Centralverein« umändern. Unter der Beschuldigung, er halte die Juden von der Auswanderung ab, wurde seine Tätigkeit streng überwacht und durch Verhaftungen, Rede- und Zeitungsverbote immer mehr behindert.

Es ist zu hoffen, daß die neu entdeckten Archive in nicht allzu langer Zeit eine eingehendere Erforschung und umfassende Darstellung der Geschichte des CV überhaupt und seiner letzten Jahre im besonderen ermöglichen werden. Damit wird zweifellos eine wesentliche Lücke in der Historiographie über das deutsche Judentum geschlossen werden. Trotzdem bleibt zweifelhaft, ob der Historiker, der sich davor hütet, Menschen und Taten früherer Zeiten aus der Rückschau zu beurteilen, die Frage wird beantworten können, die Hans Reichmann 1953 am Ende seiner Darstellung aufwarf: »Ist durch die Geschichte, die den Untergang des deutschen Judentums hat geschehen lassen, die Idee des CV [...] widerlegt? Verstrickten sich die Männer des Centralvereins in tragische Schuld, weil sie sich noch nach dem Ausbruch der nationalsozialistischen Revolution vermaßen, das Unheil aufzuhalten, die Sturmflut zu überdauern? [...] Sie glaubten, weil sie Juden waren, an ewige unverletzbare Werte. Sie hofften auf den Sieg der Gerechtigkeit, sie hofften, daß Menschlichkeit und freiheitliches Streben sich als stärker erweisen würden als die Macht des Terrors [...]. Der Centralverein und das deutsche Judentum zahlten für diesen Glauben mit ihrem Untergang. Aber seine Führer unterwerfen sich dem Urteil der Geschichte, ob es vermessen war, in solchem Vertrauen auf dem Posten auszuharren, auf den das Schicksal sie gestellt hatte.«[62]

---

62 Reichmann, Centralverein (wie Anm. 1), S. 75.

7. Von Berlin nach Theresienstadt.
Zur politischen Biographie von Leo Baeck 1933–1945

Rabbiner Leo Baeck starb am 2. November 1956 in London. Ein Jahr davor wurde in Jerusalem das Forschungsinstitut gegründet, das seinen Namen trägt und heute drei Zweigstellen in New York, Jerusalem und London und eine wissenschaftliche Arbeitsgemeinschaft in Deutschland unterhält. In Israel gibt es auch eine Leo-Baeck-Schule. Straßen, Medaillen und verschiedene andere Auszeichnungen sind nach ihm benannt. Aber in historischen Arbeiten sind seine Person und sein Wirken unterschiedlich und nicht immer eindeutig positiv dargestellt worden. Wer also war der Rabbiner Leo Baeck, und welche Rolle spielte er wirklich zwischen 1933 und 1945?[1]

Daß ich hier vom Rabbiner Leo Baeck spreche, ist kein Zufall. Baecks Grabstein in London trägt neben seinem Namen und den Geburts- und Todesdaten nur die hebräische Inschrift »Migesa Rabbanim«, d. h. »Einer aus dem Stamme der Rabbiner«. So hatte er es angeordnet, nicht nur weil er von einer langen Reihe von Rabbinern abstammte, sondern weil er sich, nach Beruf und Berufung, immer in erster Linie als Rabbiner betrachtete. Man muß dabei etwas über die besondere Stellung und Funktion des modernen Rabbiners in Deutschland wissen. Der traditionelle »Raw« der voremanzipatorischen Zeit – auch in Osteuropa noch im 20. Jahrhundert – war in erster Linie ein Schrift- und Rechtsgelehrter, die entscheidende Autorität in Fragen des religiösen Geset-

---

1 Zur Biographie Baecks siehe: Albert H. Friedlander, Leo Baeck. Leben und Lehre, Gütersloh 1990; Werner Licharz, Leo Baeck – Lehrer und Helfer in schwerer Zeit, Frankfurt a. M. 1983; Leonard Baker, Days of Sorrow and of Pain. Leo Baeck and the Berlin Jews, New York 1978. Trotz mancher im Lichte der neueren Forschungen korrekturbedürftiger Ungenauigkeiten bleibt Bakers Darstellung eine gründlich recherchierte und zuverlässige Quelle.

zes, das fast alle Lebensgebiete im Alltag der gläubigen Juden bestimmt. Der chassidische »Rabbi« ist eine charismatische Figur, dem seine Anhänger in ekstatischer Verehrung Heilkräfte, Wundertaten und messianische Eigenschaften zuschreiben. Keine dieser Beschreibungen paßt auf Leo Baeck.

Der liberale »Herr Dr. Rabbiner« war in Deutschland eine neue Erscheinung.[2] Dem bildungsbürgerlichen Ideal entsprechend mußte er ein allgemeines akademisches Studium sowie die religiöse Ausbildung in einem Rabbinerseminar abgeschlossen haben. Da es keine autonome jüdische Gerichtsbarkeit mehr gab und die strengreligiöse Lebensweise von der Mehrheit der Gemeindemitglieder kaum noch eingehalten wurde, entfielen fast alle damit verbundenen Funktionen des Rabbiners. Er hatte keine klar definierten Aufgaben in der alltäglichen Verwaltung der Gemeinde und war zumeist nicht einmal Mitglied des Gemeindevorstandes. Aber er war das repräsentative und geistige »Haupt der Gemeinde« und trat in amtlichem Ornat bei öffentlichen Anlässen auf. Er bestimmte den Kultus in der Synagoge, sorgte für den religiösen Unterricht der Kinder und diente – besonders in kleineren Gemeinden – als »Seelsorger«. Er besuchte Kranke und die Hinterbliebenen der Verstorbenen, und auch die Fürsorge für die Armen und Hilfsbedürftigen gehörte oft zu seinen Aufgaben. Auf die veränderte religiöse Funktion des modernen Rabbinats können wir hier nicht ausführlicher eingehen, aber eine besonders auffallende neue Erscheinung war die wöchentliche Predigt im Sabbatgottesdienst, deren Technik, die Homiletik, als eines der Hauptfächer im Rabbinerseminar gelehrt wurde.

In diesen Beruf wurde Leo Baeck im Jahre 1873 sozusagen hineingeboren. Sein Vater und Großvater waren Rabbiner in Posen, und seine Frau war die Tochter des Oberrabbiners von Mähren. Sein Studium begann Leo Baeck an der Universität und dem Rabbinerseminar in Breslau, schloß es 1897 in Berlin mit einer Dissertation über Spinoza ab und wurde Rabbiner der liberalen Gemeinde im schlesischen Oppeln. Schon vorher hatte er einzelne Aufsätze in religionswissenschaftlichen Zeitschriften veröffentlicht.

Leo Baeck fiel schon bald nach dem Antritt seines ersten Amtes durch seine souveräne Selbständigkeit auf. Im August 1897 fand der erste Zionistenkongreß in Basel statt. Die ursprüngliche Absicht, ihn in München abzuhalten, scheiterte am Protest des Vorstandes des deutschen Rabbinerverbandes, dessen Beschluß nachträglich von der Generalversammlung fast einstimmig bestätigt wurde. Unter den nur drei

---

2 Vgl. Max Gruenewald, The Modern Rabbi, in: Yearbook of the Leo Baeck Institute (künftig: YLBI), Bd. 2 (1957), S. 85–97.

Rabbinern, die dagegen stimmten, befand sich der Rabbiner von Oppeln. Leo Baeck war damals und auch später kein Zionist, aber er trat für den Pluralismus der Anschauungen und die gegenseitige Duldsamkeit ein – eine Haltung, die seine spätere politische Tätigkeit bestimmte. Für einen jungen Rabbiner am Beginn seiner Berufstätigkeit gehörte dazu einiger Mut, aber es hat seiner Laufbahn nicht geschadet: 25 Jahre später wurde er zum Vorsitzenden des Rabbinerverbandes gewählt.

Während der zehn Jahre als Rabbiner von Oppeln machte sich Baeck durch seine Veröffentlichungen einen Namen als Religionsphilosoph, der bald über die Grenzen Deutschlands hinausreichte. Sein Hauptwerk »Das Wesen des Judentums« erschien 1905 und danach in vielen Auflagen und Übersetzungen.[3] Es war eine kritische Auseinandersetzung mit der wenige Jahre vorher erschienenen Schrift des protestantischen Theologen Adolf von Harnack: »Das Wesen des Christentums«.[4]

1907 wurde Baeck nach Düsseldorf und fünf Jahre später nach Berlin berufen, wo er bis zum Ende des deutschen Judentums gleichzeitig Gemeinderabbiner und Dozent an der Hochschule für die Wissenschaft des Judentums war. Die einzige Unterbrechung waren die Jahre 1914 bis 1918, in denen er als Feldrabbiner an der West- und Ostfront diente. Seine laufenden Berichte aus dem Feld sind in einem sachlichen und menschlich engagierten Ton gehalten, ohne die damals so üblichen chauvinistischen Ausfälle. Er genoß die Achtung der Geistlichen und der Soldaten aller Konfessionen und betreute auch jüdische Gefangene und die jüdische Zivilbevölkerung der besetzten Gebiete.

Baecks überparteiliches jüdisches Engagement und sein Sinn für öffentliche Tätigkeit gelangten in den Jahren der Weimarer Republik zu voller Entfaltung. Er war Vorsitzender des Allgemeinen Rabbinerverbandes, Präsident der deutschen »Bnej-Brit« Logen und der Zentralwohlfahrtsstelle der deutschen Juden, Mitglied des Präsidiums des »Keren Hajessod« (»Aufbaufonds« zur finanziellen Unterstützung des Siedlungswerks in Palästina) und gleichzeitig Vorstandsmitglied des Centralvereins deutscher Staatsbürger jüdischen Glaubens und aller möglichen anderen Vereine und Institutionen. Als 1933 die nationalsozialistische Herrschaft begann, trat er das Amt an der Spitze der jüdischen Gemeinschaft an, daß das eigentliche Thema dieser Abhandlung ist.

---

3 Leo Baeck, Das Wesen des Judentums, Berlin 1905, (zweite erweiterte Aufl. Frankfurt a. M. 1922).
4 Adolf Harnack, Das Wesen des Christentums, Leipzig 1900.

Die gesellschaftliche und politische Szene

Die knapp eine halbe Million Juden, die damals in Deutschland lebten und nur 0,7 Prozent der Gesamtbevölkerung ausmachten, waren weitgehend assimiliert und die meisten von ihnen religiös kaum noch mit dem Judentum verbunden.[5] Die Mehrheit der altansässigen deutschen Juden waren bestenfalls sogenannte »Dreitagejuden«, das heißt, sie gingen nur noch dreimal im Jahr, an den hohen Feiertagen, in die Synagoge. Viele von ihnen hatten Nichtjuden geheiratet, und ihre Kinder wurden zumeist nicht mehr jüdisch erzogen, zum Teil auch gleich nach der Geburt christlich getauft. Trotzdem war die Zahl der konfessionellen Übertritte und der Austritte aus den jüdischen Gemeinden nicht sehr hoch. Mit dem Anwachsen des Antisemitismus seit den 1870er Jahren hatte sich ein eigentümliches »Trutzjudentum« entwickelt: Man ging kaum noch in die Synagoge und vernachlässigte die religiösen Speise- und sonstigen Regeln. Der Satiriker Sammy Gronemann, der ein religiöser Mann war, hielt dies seinen Berliner Glaubensgenossen mit den Worten vor: »Sie halten nicht koscher, halten keinen Schabbes und keinen Feiertag. Sie halten nur noch das Berliner Tageblatt!« (Das war die von Rudolf Mosse gegründete bürgerlich-liberale Zeitung, die von jüdischen Lesern bevorzugt wurde). Aber gleichzeitig waren die meisten Juden zu stolz, um sich durch die Taufe oder den erklärten Austritt von der jüdischen Gemeinschaft abzusondern.

Da die Gemeindesteuern obligatorisch und besonders die großstädtischen Juden ziemlich steuerkräftig waren, verfügten viele jüdische Gemeinden über erhebliche finanzielle Mittel. So entstand das Paradox, daß seit der Mitte des neunzehnten Jahrhunderts prachtvolle Synagogen gebaut worden waren, die immer weniger besucht wurden. Trotzdem nahm schon in der Weimarer Zeit die Bedeutung der Gemeinden für die jüdischen Menschen zu, da diese viel mehr als bloße Religions- oder Kultusverbände waren. Angesichts der steigenden Wirtschaftsnot und der Verarmung vieler Juden entstand ein vorbildliches jüdisches Wohlfahrtswesen. Die Gemeinden unterhielten Suppenküchen, Arbeitsnachweise, Wirtschaftshilfen und Berufsberatungsstellen, jüdische Krankenhäuser, Altersheime und Erholungsanstalten und eigene Volks-, Berufs- und Mittelschulen.

---

5 Zur gesellschaftlichen, politischen und kulturellen Situation der Juden in der Weimarer Republik siehe: Avraham Barkai / Paul Mendes-Flohr, Aufbruch und Zerstörung 1918–1945, mit einem Epilog von Steven M. Lowenstein, München 1997 (= Deutsch-jüdische Geschichte in der Neuzeit, hrsg. im Auftrag des Leo Baeck Instituts von Michael A. Meyer, Bd. 4); zum Organisationswesen besonders S. 74–101.

Zusammenschluß unter Bedrohung

Die deutschen Juden hatten vor 1933 keine umfassende politische Interessenvertretung. Die örtlichen Gemeinden und die süddeutschen Landesverbände waren zwar als Körperschaften des öffentlichen Rechts anerkannt, aber vor 1933 waren alle Bemühungen, einen Reichsverband jüdischer Gemeinden zu gründen, mißlungen.[6] Auch die ersten Versuche im Frühjahr 1933, angesichts der bedrohlichen neuen Situation alle Kräfte in einer Gesamtorganisation zu vereinen, stießen auf den Widerstand mancher Verteidiger partikularistischer Interessen. Die Reichsvertretung der deutschen Juden, die schließlich im September 1933 gegründet wurde, kam erst nach schwierigen Verhandlungen zustande.[7] Die Tatsache, daß Leo Baeck sich bereit erklärte, die Präsidentschaft zu übernehmen, hat dabei den entscheidenden Ausschlag gegeben. Er war offenbar der einzige, den alle religiösen und politischen Richtungen, mit Ausnahme der ultraorthodoxen Separatgemeinden und einer unbedeutenden, radikal deutschnationalen Randgruppe, akzeptieren konnten.

Die Gründer der Reichsvertretung konnten sich im Herbst 1933 kaum noch der Illusion hingeben, daß die Regierung sie als repräsentative politische Vertretung der Juden akzeptieren und mit ihr über die Stellung der Juden im »neuen Deutschland« verhandeln würde. In den ersten Monaten des nationalsozialistischen Regimes hatten jüdische Organisationen aller Richtungen in der Hoffnung auf eine solche Verständigung Loyalitätserklärungen veröffentlicht, die aus heutiger Sicht recht bedenklich klingen. Auch Leo Baeck gab als Vorsitzender des deutschen Rabbinerverbandes im April 1933 einem ausländischen Blatt ein Interview, in dem er die beiden »ineinandergehenden Ziele der nationalen deutschen Revolution, den Kampf zur Überwindung des Bolschewismus und um die Erneuerung Deutschlands«, als Ideal und

---

6 Vgl. Max P. Birnbaum, Staat und Synagoge 1918–1938. Eine Geschichte des Preußischen Landesverbandes jüdischer Gemeinden, Tübingen 1981, besonders S. 224ff.

7 Zur Errichtung der Reichsvertretung siehe: Max Gruenewald, The Beginning of the »Reichsvertretung«, in: YLBI, Bd. 1 (1956), S. 57–67; Kurt Jakob Ball-Kaduri, Das Leben der Juden in Deutschland im Jahre 1933, Frankfurt a. M. 1963, besonders S. 136ff.; Barkai / Mendes-Flohr, Aufbruch, (wie Anm. 5), S. 249ff.; Abraham Margalioth, The Dispute over the Leadership of German Jewry during the Early Years of the Third Reich, in: Yad Vashem Studies (künftig: YVS), Bd. 10 (1974), S. 129–148; Ernst Herzfeld, Meine letzten Jahre in Deutschland 1933 bis 1938, unveröffentlichtes Manuskript, Archiv des Leo Baeck Instituts, New York (künftig: ALBI-NY), ME 163, teilweise abgedruckt in: Monika Richarz (Hrsg.), Jüdisches Leben in Deutschland. Selbstzeugnisse zur Sozialgeschichte 1918–1945, Bd. 2, Stuttgart 1982, S. 301–313.

Sehnsucht auch der deutschen Juden bezeichnete und »Linkskreise in der ganzen Welt« beschuldigte, sie hätten »die Judenschaft Deutschlands bei ihren Angriffen als Schild vor sich gehalten und den Versuch gemacht, durch unverantwortliche, unwahre Meldungen ihren politischen Gegnern, den regierenden Nationalsozialisten, zu schaden.«[8]

Eine Reihe veröffentlichter und unveröffentlichter Erklärungen gegenüber der Reichskanzlei enthielt damals manche ähnliche und noch unglücklichere Formulierungen.[9] Diese Versuche, sich mit den neuen Machthabern auf dem Boden ihrer ideologischen Grundsätze zu verständigen, können nicht pauschal als opportunistische, schließlich vergebliche Anbiederungsmanöver abgetan werden. Oft entsprachen die Erklärungen den wirklichen Anschauungen der Verfasser. Auch Leo Baecks Ablehnung des Bolschewismus entsprang seiner konservativen und religiösen Überzeugung. Allerdings wird er sich unter der ersehnten »Erneuerung Deutschlands« etwas grundlegend Anderes vorgestellt haben, als es die Nationalsozialisten im Sinn hatten.

Obwohl die Vergeblichkeit der Versuche, von den Nationalsozialisten als Verhandlungspartner anerkannt zu werden, bald deutlich wurde, wandte sich die Reichsvertretung in der ersten Zeit, besonders solange die Koalition mit den deutschnationalen Partnern noch bestand und Hindenburg lebte, mit Beschwerden und Eingaben an die Reichskanzlei und andere Regierungsstellen. Sogar im März 1935 reichte sie noch eine sieben Seiten lange Aufzählung der Verfolgungsmaßnahmen gegen die Juden ein, die mit der Feststellung endete, daß »das Ausland das neue Deutschland vielfach nach seinem Verhalten gegenüber den Juden beurteilt, und wenn man es für erforderlich hält, die Auffassung des Auslandes zu ändern, so ist dafür kein anderer Weg möglich, als die Ursachen zu beseitigen, die ihr zugrunde liegen.«[10]

---

8 Das Interview wurde in einer offenbar vom nationalsozialistischen Propagandaapparat fingierten Broschüre abgedruckt: Jakow Trachtenberg (?), Die Greuelpropaganda ist eine Lügenpropaganda, sagen die deutschen Juden selbst, Berlin, Mai 1933, S. 33; vgl. auch Klaus J. Herrmann, Das Dritte Reich und die deutsch-jüdischen Organisationen, Köln 1969, S. 14.

9 Vgl. Franz Meyer, Bemerkungen zu den »Zwei Denkschriften«, in: Hans Tramer (Hrsg.), In zwei Welten. Siegfried Moses zum Fünfundsiebzigsten Geburtstag, Tel Aviv 1962, S. 114-127. Die Denkschriften an die Reichskanzlei sind eine »Äußerung der Zionistischen Vereinigung für Deutschland zur Stellung der Juden im neuen deutschen Staat« vom 21. Juni 1933 und der Begleittext zu einer Mappe von Presseauszügen und diskriminierenden Verordnungen unter dem Titel: »Der Reichsregierung – überreicht von der Reichsvertretung der deutschen Juden, Berlin im Januar 1934«.

10 Denkschrift der Reichsvertretung an Staatskommissar Lippert, Berlin 8. 3. 1935, Auswärtiges Amt Bonn: Referat Deutschland, Inland II A/B, K 1506; Yad Vashem Archiv (künftig: YVA), JM 2245. Ausführlich zitiert in: Avraham Barkai,

1935 zeugte dieser Ton von dem immer noch stolzen und selbstbewußten Auftreten der von Baeck geleiteten Reichsvertretung.

Zu unserem Wissen über Leo Baecks persönliche Rolle in der Reichsvertretung hat er selbst in seinen späteren Äußerungen und Veröffentlichungen wenig beigetragen. Eine vereinzelte Bemerkung findet sich bezeichnenderweise in einem Nachruf auf zwei seiner in der Schoah umgekommenen engen Mitarbeiter, in dem er die Entstehung und Tätigkeit der Reichsvertretung kurz resümierte: »Selten hat es in der Geschichte, und vielleicht niemals in der jüdischen Geschichte, unter so schwierigen Bedingungen eine solche kontinuierliche Zusammenarbeit von Monat zu Monat zwischen Menschen mit unterschiedlichem Charakter, unterschiedlichen Denkansätzen und unterschiedlichen politischen Überzeugungen gegeben, die von einem solchen Willen zu gegenseitigem Verständnis, so viel Vertrauen und Zuversicht, solch einem Sinn für das Wesentliche und Entscheidende geprägt war wie bei dieser kleinen Leitungsgruppe. Ich hatte keine formale Autorität, nur eine moralische Autorität und das mitfühlende Einverständnis vieler Menschen im Land«[11]

Primus inter pares

Baecks wiederholt geäußerte Absicht, seine Erfahrungen und Erlebnisse in dieser Zeit aufzuschreiben, blieb unverwirklicht. Auch im kleinen Kreis sprach er darüber nur ungern.[12] Aber es gibt eine Reihe von Berichten überlebender Mitarbeiter, aus denen wir uns ein Bild über die komplizierten und zuletzt tragischen Bedingungen seines Wirkens an der Spitze der Reichsvertretung, ab 1939 der Reichsvereinigung der Juden in Deutschland, machen können.

Baeck war während der ganzen Zeit ununterbrochen der Vorsitzende des Präsidialausschusses, der in wechselnder persönlicher Zusammensetzung aus den Delegierten der politischen Organisationen, der Gemeinden und Landesverbände bestand. Als solcher leitete er die häufigen Sitzungen. Dabei betätigte er sich nicht nur als neutraler Moderator, sondern wußte seine Ansicht, wenn nötig mit Nachdruck, durchzusetzen. Die feinfühlige Art, in der er dies tat, geht aus einer

---

Vom Boykott zur »Entjudung«. Der wirtschaftliche Existenzkampf der Juden im Dritten Reich, Frankfurt a. M. 1988, S. 76 ff.
11 Leo Baeck, In Memory of Two of Our Dead, in: YLBI, Bd. 1 (1956), S. 54.
12 Vgl. Kurt Jacob Ball-Kaduri, Leo Baeck and Contemporary History. A Riddle in Leo Baeck's Life, in: YVS, Bd. 6 (1967), S. 121–129, und die kritischen Bemerkungen dazu von Ernst Simon, Comments on the Article on the late Rabbi Baeck, ebenda, S. 131–134.

späteren Schilderung hervor: »Bei diesen Sitzungen leitete Rabbiner Baeck die Verhandlungen und schuf die Atmosphäre für einen einheitlichen Beschluß. Zu sehen, wie er das tat, war eine Lektion in Menschenführung. Mit seiner intellektuellen Eleganz brachte er ein Diskussionsthema ein, indem er es mit wenigen Sätzen kurz umriß. Während der folgenden Stunde oder noch länger sprach jeder ausführlich – Juden sind große Redner. Erst dann griff Dr. Baeck ein: ›Gut, meine Herren, wenn ich bedenke, was gesagt wurde, glaube ich, daß wir folgendes beschließen können.‹ Und dann faßte er es in wenigen präzisen Sätzen zusammen. Jeder stimmte zu, und so war es entschieden. Erst nachdem man den Raum verlassen hatte, fiel einem plötzlich, wenn man ein gutes Gedächtnis hatte, auf, daß das, was Dr. Baeck am Ende der Diskussion gesagt hatte, genau das war, was er schon am Anfang ausgeführt hatte.«[13]

Die alltägliche praktische Arbeit der Reichsvertretung überließ Baeck deren hauptamtlichen Mitarbeitern unter der Leitung des Geschäftsführenden Vorsitzenden Otto Hirsch. Der sechzigjährige Baeck besaß eine erstaunliche Arbeitskraft. Er erschien fast täglich im Büro der Reichsvertretung, aber daneben führte er seine bisherige Tätigkeit als Rabbiner und Dozent an der Hochschule für die Wissenschaft des Judentums fort. Diese durfte sich nach 1933 nur noch »Lehranstalt« nennen, obwohl die Zahl der Studierenden und Lehrer stark anstieg. Daneben trat Baeck viel in der Öffentlichkeit auf und verfaßte religionswissenschaftliche und publizistische Arbeiten.

Ehemalige Schüler und Mitarbeiter bewunderten die strenge Disziplin und die höflichen Umgangsformen, die Baeck sich selbst und seiner Umgebung auferlegte. Sie erzählen von seinem menschlichen Entgegenkommen und seinem Interesse für ihre Sorgen und Kümmernisse, aber auch von der immer gegenwärtigen Distanz. Kaum jemand berichtet über freundschaftlich-nahe Beziehungen. Jeder Teilnehmer an den Sitzungen, die Leo Baeck leitete, wurde mit seinem vollen Titel angesprochen, und immer war er selbst »der Herr Doktor«. Aber in Abwesenheit nannte man ihn manchmal auch »der Kardinal«. Bei aller Hochachtung und Verehrung, die in diesen Berichten vorwiegen, sind auch kritische Untertöne nicht zu überhören. Der Rabbiner Joachim Prinz nannte Baeck einen Führer des Volkes, der kein Mann des Volkes war, nie mit dem Volk tanzte oder mit ihm lachte.[14] Ein anderer Beobachter spricht von seiner Neigung zum Kompromiß, seinem Schweben

---

13 Friedrich Brodnitz, Memories of the Reichsvertretung. A Personal Report, in: YLBI, Bd. 31 (1986), S. 270.
14 Baker, Leo Baeck (wie Anm. 1), S. 169 f.; Adolf Leschnitzer, Der unbekannte Leo Baeck, in: Der Aufbau, New York, 30. November 1956; englische Fassung in: Commentary, New York, Mai 1957, S. 419–421.

über den Dingen und seinem Zögern, eindeutige Entscheidungen zu treffen. Gleichzeitig betont er jedoch, daß Baeck im internen Kreis in wirklich grundsätzlichen Fragen und in seiner Kritik an Personen, die seiner Meinung nach diesen Grundsätzen nicht gerecht wurden, auch sehr scharf und unnachgiebig auftreten konnte.

Seine hochgewachsene Gestalt und sein zurückhaltendes, jedoch selbstbewußtes Auftreten scheinen selbst auf die Gestapobeamten Eindruck gemacht zu haben. Wenn sie von Baeck geleitete Zusammenkünfte überwachten, hielten sie sich im Hintergrund. Fünfmal wurde Leo Baeck verhaftet, bevor er im Januar 1943 nach Theresienstadt deportiert wurde. Alle, die dabei waren, und er selbst in seinen wenigen späteren Berichten betonen das ungewöhnlich korrekte Verhalten der Polizisten und Gefängniswärter. Bei Vorsprachen und Vorladungen bei den Behörden behandelte Baeck auch höhere Beamte mit einer ausgesuchten Höflichkeit, die nach der Einschätzung eines Beobachters an Verachtung grenzte.[15] Trotz aller dieser Zeugnisse und trotz vieler biographischer Skizzen bleiben die persönlichen Züge des Mannes jedoch noch immer undurchdringlich.

Für das politische Wirken Leo Baecks waren jedoch gerade die genannten Eigenschaften sehr wichtig und die Voraussetzung, die ihm die Führung der deutschen Judenheit ermöglichte. Obwohl die Reichsvertretung 1933 wahrscheinlich nur errichtet werden konnte, weil er sich bereit erklärte, an ihre Spitze zu treten, blieb seine Führungsrolle nicht unbestritten. Das lag weniger an ihm und seinem Führungsstil als an den Veränderungen der Umstände und der Kräfteverteilung. Besonders die Leiter der Berliner Gemeinde konnten sich nicht leicht damit abfinden. Ihr Vorsitzender, Heinrich Stahl, ein begüterter und wohltätiger Mann, der als Vertreter der Liberalen amtierte, wurde in seiner Opposition gegen Baeck von dem rechts orientierten Zionisten Georg Kareski unterstützt. Beide waren noch 1937 in Versuche verstrickt, Kareski mit Hilfe der Gestapo einen Sitz im Präsidium der Reichsvertretung und die Leitung des Jüdischen Kulturbundes zu sichern. Dies war einer der Fälle, in denen Leo Baeck seine Festigkeit gegenüber dem zuständigen Gestapobeamten bewies: Er könne zwar das Präsidium zwingen, Kareski einzusetzen, aber er könne ihn, Leo Baeck, nicht zwingen, dann weiter Präsident zu sein. Auch das Präsidium beschloß, daß es keine »geborgte Autorität« anerkennen würde.[16]

15 Max Gruenewald, Leo Baeck. Witness and Judge, in: Judaism, Bd. 6 (1957), H. 3, S. 195 ff.
16 Margalioth, Dispute (wie Anm. 7), passim; Gruenewald, Beginning (wie Anm. 7), S. 63; Baker, Leo Baeck (wie Anm. 1), S. 210–213. Ein rabbinisches Ehrengericht in Palästina, vor dem sich Kareski nach seiner Auswanderung im Jahr 1937 wegen dieser Umtriebe und wegen finanzieller Verdächtigungen zu verteidigen

Dieser Versuch, durch eine gefügige Person, wie es im Falle von Kareski erwiesen ist, Einfluß auf die Reichsvertretung auszuüben, und die Tatsache, daß die Gestapo nachgab, beweisen, daß die Reichsvertretung von den nationalsozialistischen Behörden de facto als die zentrale Interessenvertretung der deutschen Judenheit anerkannt wurde. Der Vorfall beweist aber auch, wie lange es der Reichsvertretung und Leo Baeck gelang, ein unter den bestehenden Umständen erstaunliches Maß an Selbständigkeit und, wenn auch mit Vorsicht gebrauchter, Handlungsfreiheit zu bewahren. Der Grund dafür war das Interesse beider Seiten an der Auswanderung der Juden, wenn es sich auch aus völlig entgegengesetzten Absichten und Motiven ergab. Solange man die Emigration der Juden auf eine mehr oder weniger geregelte Weise betreiben wollte oder konnte, war diese Kooperation für die jüdischen Vertreter und Behörden unbedingt notwendig.

Es war ein prekäres, stets gefährdetes Verhältnis, das nur mit Mut und Weitsicht und viel diplomatischem Geschick aufrechterhalten werden konnte. Mut hat Leo Baeck dabei mehr als einmal bewiesen. Ein Beispiel dafür ist ein Gebet, das er kurz nach der Verkündung der Nürnberger Rassengesetze verfaßte, damit es am 6. Oktober 1935, am Vorabend des Jom Kippur (Versöhnungstages), in allen Synagogen verlesen werde. Darin hieß es unter anderem: »Wir stehen vor unserem Gotte. Mit derselben Kraft, mit der wir unsere Sünden bekannt, die Sünden des Einzelnen und die der Gesamtheit, sprechen wir es mit dem Gefühl des Abscheus aus, daß wir die Lüge, die sich gegen uns wendet, die Verleumdung, die sich gegen unsere Religion und ihre Zeugnisse kehrt, tief unter unseren Füßen sehen. Wir bekennen uns zu unserem Glauben und zu unserer Zukunft.«[17] Besonders dieser Passus veranlaßte offenbar die Gestapo, die Verlesung des Gebets zu verbieten. Baeck wurde verhaftet und einige Tage danach freigelassen. Als danach Otto Hirsch wegen des gleichen Vergehens festgenommen wurde, drohte Baeck mit Rücktritt und erwirkte seine Befreiung.

Man hat rückschauend die Tätigkeit der Reichsvertretung kritisiert, weil sie sich zu langsam und nur zögernd auf die Priorität der Auswanderung konzentriert und statt dessen die von vielen jüdischen Menschen gehegte Illusion einer weiterhin möglichen Existenz in Deutschland bestärkt habe. Alle aktiv in der jüdischen Gemeinschaft wirkenden Menschen waren, ohne Unterschied der ideologischen Orientierung, an den

---

suchte, lehnte es ab, ihn zu rehabilitieren. Vgl. Francis R. Nicosia, Revisionist Zionism in Germany (II). Georg Kareski and the Staatszionistische Organisation, 1933–1938, in: YLBI, Bd. 32 (1987), S. 231–271, besonders S. 252.

17 Archiv des Leo Baeck Instituts, Jerusalem, G V/G109; abgedruckt auch in: Werner Licharz, Rabbiner, Lehrer und Helfer in schwerer Zeit, in: Börsenblatt, Nr. 91, 14. November 1995, S. 74.

Bemühungen beteiligt, das Leben der bedrängten Juden irgendwie erträglich zu machen, und sie mögen dadurch auch diese Illusion genährt haben. Überlebende Funktionäre der Reichsvertretung haben sich deshalb nachträglich mit Gewissensfragen gequält.[18] Es ist müßig, auf diese Kritik antworten zu wollen, die so offensichtlich auf der Kenntnis von Ereignissen beruht, die die damals Verantwortlichen in ihren schlimmsten Alpträumen nicht voraussehen konnten. Die oft wiederholte Behauptung, Leo Baeck habe bereits 1933 das »Ende der tausendjährigen Geschichte der Juden in Deutschland« vorausgesagt, ist nicht belegt. Wahrscheinlich wurde hier eine für Januar 1946 erwiesene Aussage Baecks vordatiert.[19]

Jedenfalls hat er 1933 nicht in diesem Sinne gehandelt. Als Vorsitzender des Ausschusses für Hilfe und Aufbau, der noch vor der Reichsvertretung gegründet und danach in diese integriert wurde, war Baeck für die Wirtschaftshilfe, für Wohlfahrtsarbeit und auch für die moralische Stärkung der in Deutschland lebenden Juden verantwortlich.[20] Aber von Anfang an nahmen die Auswanderung und die vorbereitende Ausbildung, vor allem der jugendlichen Auswanderer, einen wichtigen und zunehmend den ersten Platz in der Tätigkeit der Reichsvertretung ein. Man sollte nicht vergessen, daß über die Hälfte der 1933 in Deutschland lebenden Juden das Land noch vor Kriegsausbruch verlassen konnte.[21] Daß es nicht mehr waren, lag in erster Linie an der fehlenden Bereitwilligkeit der Einwanderungsländer, Flüchtlinge, und besonders jüdische Flüchtlinge, aufzunehmen. Ein Beispiel dafür ist die Schweiz, auf deren Drängen seit September 1938 in die Pässe der Juden ein großes »J« gestempelt wurde – gegen den ursprünglichen Widerstand der deutschen Behörden, die an einer möglichst starken Auswanderung der Juden interessiert waren.[22]

18 Vgl. Brodnitz, Reichsvertretung (wie Anm. 13), S. 276f.
19 Siehe Caesar Caspar Aronsfeld, Schon 1933 oder erst 1946? Historiographische Anmerkungen zu einem vielzitierten Ausspruch Leo Baecks, in: Tribüne, 30. Jg., Heft 120 (1991), S. 216–221; ders., Was niemand ahnen konnte, in: Die Zeit, 8. November 1991.
20 Dazu immer noch richtungsweisend: Schalom Adler-Rudel, Jüdische Selbsthilfe unter dem Naziregime 1933–1939. Im Spiegel der Berichte der Reichsvertretung der Juden in Deutschland, Tübingen 1974.
21 Zur Auswanderungspolitik der jüdischen Führung: Abraham Margalioth, Emigration – Planung und Wirklichkeit, in: Arnold Paucker (Hrsg.), Die Juden im Nationalsozialistischen Deutschland. The Jews in Nazi Germany 1933–1943, Tübingen 1986, S. 303–316.
22 Vgl. Jacques Picard, Die Schweiz und die Juden. Schweizerischer Antisemitismus, jüdische Abwehr und internationale Migrations- und Flüchtlingspolitik, Zürich 1994, S. 157ff.

Von der Reichsvertretung zur Reichsvereinigung

Der Pogrom vom 9. November 1938 leitete das letzte Kapitel der jüdischen Existenz in Deutschland ein. Dieses Datum bedeutet auch eine entscheidende Zäsur in der Tätigkeit der Reichsvertretung und ihres Vorsitzenden. Was bald darauf als »Reichsvereinigung der Juden in Deutschland« auf den Plan trat, war eine grundverschiedene Organisation, obwohl vorerst die gleichen Leute in den gleichen Büroräumen in der Kantstraße in Berlin und unter der ununterbrochenen Leitung von Leo Baeck, Otto Hirsch und anderen Vorstandsmitgliedern weiterarbeiteten. Aber diese augenscheinliche Kontinuität war eine Fiktion. Die Reichsvertretung war eine nach demokratischen Regeln gegründete und geführte freiwillige Organisation, deren Autorität auf dem Vertrauen der jüdischen Menschen und ihrer Verbände beruhte. Dagegen war die Reichsvereinigung ein Zwangsverband, dem alle nach den nationalsozialistischen Rassegesetzen als Juden geltenden Menschen angehören mußten. Ihre Funktionäre wurden von der Gestapo eingesetzt oder bestätigt und standen unter deren tagtäglicher Aufsicht. Am Ende wurde die Reichsvereinigung zu einem der Vollzugsorgane der Vernichtung.[23]

Aber dies war eine spätere Entwicklung, die Leo Baeck und seine Mitarbeiter nicht voraussehen konnten. Sie betrachteten sich als für das Wohl der jüdischen Gemeinschaft verantwortliche Führer, die auch in schlimmsten Zeiten auf ihrem Posten ausharrten. Um diese Pflicht zu erfüllen, hatten sie manche Möglichkeiten zur Auswanderung ungenutzt gelassen. Auch sie waren durch die Fiktion der Kontinuität in die Irre geführt worden. Es scheint sogar, daß sie bei der Festlegung der Satzungen der Reichsvereinigung von der Gestapo hinzugezogen wurden. Dabei traten, selbst zu dieser späten Stunde, die inneren Zwistigkeiten wieder hervor. In einem Bericht vom Mai 1939 aus Amsterdam nach Palästina heißt es: »Wir stehen in diesen Tagen vor der Gründung der Reichsvereinigung und diese bringt eine sehr starke Zentralisierung mit sich. Stahl, der Vorsitzende der Berliner Gemeinde, hat bei den letzten Verhandlungen mit den Behörden den Wunsch geäußert, doch noch einmal den Standpunkt der Gemeinde zu formulieren. Er hat ein zehn Seiten langes Communiqué an die Gestapo geschickt und sich dort die schlimmsten Beschuldigungen gegen die Reichsvertretung erlaubt [...]. Am Schluß fordert er die Beauftragung der Gemeinde Berlin

---

23 Diese Sicht unterscheidet sich wesentlich von der Darstellung in Esriel Hildesheimer, Jüdische Selbstverwaltung unter dem NS-Regime. Der Existenzkampf der Reichsvertretung und Reichsvereinigung der Juden in Deutschland, Tübingen 1994.

mit der Leitung des deutschen Judentums [...]. Es ist zu einem großen Skandal in der Reichsvertretung gekommen. Baeck hat den Brief als eine Denunziation bezeichnet, und man will die Zusammenarbeit mit Stahl abbrechen.«[24]

Erst im August 1939, nachdem die Reichsvereinigung bereits durch die 10. Verordnung zum Reichsbürgergesetz zum individuellen Zwangsverband aller »Juden [...], die im Reichsgebiet ihren Wohnsitz [...] haben«, erklärt worden war,[25] konnte Paul Eppstein über die Beilegung dieses Konflikts nach Palästina berichten: »Die Gemeinden sind künftig Zweigstellen der Reichsvereinigung. Nur in ihrer Eigenschaft als Kultusvereinigungen für Aufgaben des Kultus bleiben sie selbständig. Sie sehen also, daß sich der zentralistische Gedanke durchgesetzt hat, übrigens einschließlich der Etatkontrolle, die wir schon in einem früheren Stadium gefordert hatten. Sie können sich denken, welche Auseinandersetzung die Entwicklung dieser Frage, besonders mit der Gemeinde [d. h. Berlin], verursacht hat. Das war alles sehr schwierig und nicht sehr schön. Auf Einzelheiten möchte ich jetzt nicht mehr eingehen, da Herr Stahl sich inzwischen auf den Boden der Satzungen gestellt hat und die Zusammenarbeit seitdem ordnungsmäßig vor sich geht.«[26]

In den erhaltenen Akten der Reichsvereinigung, die jetzt im Bundesarchiv in Berlin zugänglich sind, wird Leo Baeck ab 1939 immer seltener erwähnt. Hatte früher Otto Hirsch die praktische alltägliche Arbeit und den Kontakt mit den Behörden geleitet, so übernahm nach Hirschs Verhaftung und seiner Ermordung in Mauthausen im Jahre 1941 Paul Eppstein diese Aufgaben. Wie Memoranden und Aktennotizen zeigen, nahm er, in täglichem persönlichem oder telefonischem Kontakt, die Anordnungen der Gestapo entgegen und mußte ihr über deren Ausführung berichten. Baeck war weiterhin täglich einige Stunden im Büro der Reichsvereinigung, zog sich aber anscheinend immer mehr von der praktischen Arbeit und auch persönlich von Paul Eppstein zurück. Trotzdem sind eine Ablehnung oder auch nur Bedenken Baecks gegen die zunehmende Verstrickung der Reichsvereinigung in die Maßnahmen der Gestapo nirgendwo doku-

---

24 YVA, 01/204, Kurt Goldmann (Reuwen Golan) aus Amsterdam an Georg Josephtal u. a., Anlage zu seinem Bericht: Hechaluz und Jugendalija bis Dezember 1939, abgedruckt in: Kurt Jakob Ball-Kaduri, Vor der Katastrophe. Juden in Deutschland 1934–1939, Tel-Aviv 1967, S. 254f.
25 Reichsgesetzblatt I, 1939, S. 1097; siehe Joseph Walk (Hrsg), Das Sonderrecht für die Juden im NS-Staat. Eine Sammlung der gesetzlichen Maßnahmen und Richtlinien – Inhalt und Bedeutung, Karlsruhe 1981, III/211 (S. 297). Zur Diskussion um den »Entstehungsprozeß« der Reichsvereinigung vgl. Hildesheimer, Selbstverwaltung (wie Anm. 23), S. 79ff.
26 Paul Eppstein an Franz Meyer, 2. August 1939, abgedruckt in Ball-Kaduri, Vor der Katastrophe (wie Anm. 24), S. 256.

mentiert. Auch nach seiner Befreiung aus Theresienstadt hat er dem nie Ausdruck gegeben. Kritische Bemerkungen zum Verhalten Paul Eppsteins, von denen weiter unten die Rede ist, äußerte er später in Theresienstadt, aber sie betrafen im wesentlichen dessen persönliche Lebensweise im Lager.

Wir können daher nur mit Vorbehalt versuchen, ein Bild von Leo Baecks Funktion in der Reichsvereinigung und seiner inneren Beziehung zu ihr zu rekonstruieren. Er blieb bis zu ihrem Ende ihr Vorsitzender und hat dadurch ihre Tätigkeit in den Augen der bedrängten jüdischen Menschen zweifellos legitimiert. Anfangs bestand diese Tätigkeit hauptsächlich darin, die Routine der früheren Gemeindearbeit fortzusetzen, das jüdische Schulwesen aufrechtzuerhalten und die immer dringendere Fürsorgearbeit zu sichern, durch die schließlich die meisten in Deutschland verbliebenen Juden mit dem Notwendigsten versorgt wurden.

Je mehr sich die Unterdrückung steigerte, desto häufiger wurden der »jüdischen Selbstverwaltung« immer schwierigere und moralisch fragwürdigere Aufgaben aufgezwungen. Die Kultusgemeinden erhielten als Zweigstellen der Reichsvereinigung von deren Berliner Büro die Befehle der Gestapo-»Aufsichtsbehörde« übermittelt. Aufgrund dieser Anordnungen mußten sie die Lebensmittelkarten der Juden verteilen und ihnen bei den dauernden »Sammelaktionen« ihre Woll- und Pelzkleidung abnehmen, sie in »Judenhäusern« oder besonderen Barackenlagern zusammendrängen und bestimmen, wer Zwangsarbeit zu leisten hatte. Als im Herbst 1941 die Deportationen in den Osten begannen, brachten als »Ordner« eingeteilte Gemeindebeamte den Betroffenen die Stellungsbefehle und versorgten die an den Sammelplätzen wartenden Menschen mit Nahrung und ärztlicher Hilfe. Die damals Beteiligten sahen darin die Fortsetzung ihrer Amtsführung im Rahmen der jüdischen Organisationen, bei der sie mit immer schwereren Bedingungen, wachsender persönlicher Gefährdung und moralischer Belastung fertig werden mußten. Nur in der historischen Rückschau waren dies Handlangerdienste für den nationalsozialistischen Vernichtungsapparat.

Kooperation oder Kollaboration?

Vor 35 Jahren fand in Jerusalem der Prozeß gegen Adolf Eichmann statt. Von 1935 bis zum Kriegsende hatte Eichmann an zentraler Stelle zuerst an der Austreibung, danach der Deportation und Vernichtung der deutschen und europäischen Juden mitgewirkt[27] und war nach dem

---

27 Zur Laufbahn Eichmanns im Judenreferat des SS-Sicherheitsdienstes jetzt aus-

Krieg nach Argentinien entkommen. Im Mai 1960 wurde er dort vom israelischen Geheimdienst entdeckt und nach Israel entführt, vor Gericht gestellt, zum Tode verurteilt und im Juni 1963 hingerichtet – das einzige bisher in Israel vollzogene Todesurteil.

Hannah Arendt, die den Prozeß als Berichterstatterin verfolgte, veröffentlichte ihre Eindrücke zuerst in Fortsetzungen im Wochenmagazin »New Yorker« und 1963 gesammelt in ihrem Buch »Eichmann in Jerusalem«.[28] Die Reportagen und das Buch erregten Aufsehen und heftigen Widerspruch wegen ihres »herzlosen, ja oft geradezu hämischen Tons«[29] und weil Arendt die Opfer des Holocaust wegen ihres, wie sie meinte, fehlenden Widerstands für den eigenen Tod mitverantwortlich gemacht und ihre Führer als Kollaborateure des Massenmordes verurteilt hatte.

Arendts Darstellung des Eichmann-Prozesses war, wie schon der Untertitel ihres Buches andeutet, ein früher Ansatz der sogenannten »funktionalistischen« Erklärung der Schoah. Professor Hans Mommsen hat für die 1986 neu aufgelegte deutsche Übersetzung ein einfühlsames, wenn auch nicht unkritisches Vorwort geschrieben. Er zitiert in ihm eine Äußerung von Hannah Arendt in einem Brief an Karl Jaspers vom Dezember 1960, der Prozeß werde demonstrieren, »in welch ungeheurem Ausmaß die Juden mitgeholfen haben, ihren eigenen Untergang zu organisieren«. »Diese gewiß überspitzte Wendung kam nicht von ungefähr. Schon vor dem gründlichen Materialstudium hatte sie intern auf die Mitverantwortung der Judenräte und der jüdischen Organisationen bei der Durchführung des Holocausts hingewiesen.«[30]

Ein gründliches Materialstudium kann man Hannah Arendt mit dem besten Willen zu keiner Zeit nachsagen. Ihr historisches Urteil stützte sich nach eigener Aussage hauptsächlich auf das Werk von Raul Hilberg,[31] der allerdings ein ausgezeichneter Kenner des »Materials« ist. Hilberg hat sich jedoch nachdrücklich von der Interpretation Arendts distanziert. Auf einer Yad-Vashem Tagung in Jerusalem erklärte er im April 1977, Hannah Arendt beschäftige sich mit histori-

---

führlich: Michael Wildt (Hrsg.), Die Judenpolitik des SD 1935 bis 1938. Eine Dokumentation, München 1995.
28 Hannah Arendt, Eichmann in Jerusalem. A Report on the Banality of Evil, New York 1963. Die Diskussion um das Buch wurde z. T. wiedergegeben in: Friedrich A. Krummacher (Hrsg.), Die Kontroverse. Hannah Arendt und die Juden, München 1964.
29 So Gershom Scholem in einem am 19. Oktober 1963 veröffentlichten »Offenen Brief«, wieder abgedruckt in: Krummacher, ebenda, S. 208.
30 Hans Mommsen, Hannah Arendt und der Prozeß gegen Adolf Eichmann, Einleitung zur deutschen Neuausgabe, München 1986, S. IX.
31 Raul Hilberg, Die Vernichtung der europäischen Juden. Durchgesehene und erweiterte Ausgabe, Frankfurt a. M. 1990.

schen Spekulationen nach dem Schema: »Was wäre wenn?« und »hat sich dabei unglücklicherweise auf das von mir gesammelte Tatsachenmaterial berufen«.[32]

Hilberg ist auch die Quelle für die Bezeichnung Leo Baecks als »the Jewish Führer« im englischen Original des Buchs von Arendt.[33] Das ist natürlich etwas ganz anderes, als wenn sie auf Englisch einfach »the Jewish leader« oder wie in der deutschen Übersetzung »der ehemalige Oberrabbiner von Berlin« geschrieben hätte.[34] Arendt erhob besonders zwei konkrete Vorwürfe gegen Leo Baeck: Erstens, daß er den Menschen zuerst in Berlin und dann in Theresienstadt nicht die Wahrheit über die Vernichtungslager im Osten mitteilte, die er nach eigener Aussage spätestens 1943 kannte;[35] zweitens, daß er meinte, jüdische Polizisten würden die Unglücklichen »sanfter und hilfreicher« behandeln und »die Qual erträglicher machen«. Dagegen vermutete Arendt, daß »sie in Wirklichkeit natürlich härter und weniger bestechlich waren, weil für sie selbst so viel mehr auf dem Spiel stand«.[36]

Die internationale Geschichtswissenschaft hat sich seither eingehend mit dem Problem der jüdischen Selbstverwaltungsorgane im Zweiten Weltkrieg, mit den sogenannten »Judenräten« oder »Judenältesten«, befaßt.[37] Die Forschung ist längst nicht abgeschlossen, aber als vorläu-

---

32 Diskussionsbeitrag, abgedruckt in: Israel Gutmann / Cynthia A. Haft (Hrsg.), Patterns of Jewish Leadership in Nazi Europe, 1933–1945. Proceedings of the Third Yad-Vashem International Historical Conference, Jerusalem, April 4–7, 1977, Jerusalem 1979, S. 61 f. Hilbergs Distanzierung ist nicht ganz überzeugend, da er sowohl in seinem ersten Buch als auch in späteren Veröffentlichungen Auffassungen vertreten hat, die der Deutung Hannah Arendts Vorschub leisteten: Raul Hilberg, Täter, Opfer, Zuschauer. Die Vernichtung der Juden 1933–1945, Frankfurt a. M. 1992, bezeichnet Leo Baeck als »ersten Vorsitzenden eines Judenrats« (S. 125). Bei der Aufzählung der »Überlebenden dieser Gruppe« hebt er ihn, nicht ohne Sarkasmus, als den einzigen hervor, der nach dem Krieg geehrt wurde, »da sich viele Flüchtlinge, die Deutschland vor dem Krieg verlassen hatten, an ihn erinnerten. [...] Ein Institut trägt seinen Namen.« Kürzlich hat sich Hilberg erneut zu Hannah Arendt geäußert. Auf einer Tagung des Einstein-Forums in Potsdam erklärte er, er könne mit dem Begriff der »Banalität des Bösen« nichts anfangen. Arendt hätte die Bedeutung Eichmanns und seiner beispiellosen Maßnahmen im Vernichtungsprozeß nicht überblickt und das »Ausmaß der Tat« nicht begriffen. (Vgl. Claudia Hermes, In den Reißwolf der Geschichte? Wiederbegegnung mit »Eichmann in Jerusalem«, in: Tribüne , 36. Jg., Heft 143 (1997), S. 72 f.)
33 Arendt, Report (wie Anm. 28), S. 105.
34 Hannah Arendt, Eichmann in Jerusalem. Ein Bericht von der Banalität des Bösen, München 1964, S. 155.
35 Arendt, Report (wie Anm. 28), S. 105.
36 Arendt, Eichmann (wie Anm. 34), S. 155.
37 Außer den Beiträgen in dem in Anm. 32 erwähnten Tagungsband siehe besonders: Isaiah Trunk, Judenrat. The Jewish Councils in Eastern Europe under Nazi Occupation, New York 1977.

figes Ergebnis ist man sich heute, mit der größeren Distanz zu den historischen Ereignissen, ziemlich einig darüber, daß die früheren pauschal verurteilenden Darstellungen in vielen, wenn nicht sogar den meisten Fällen ungerecht waren. Es ist unerläßlich, zwischen der lebensnotwendigen Kooperation mit den deutschen Regierungsstellen oder der Besatzungsmacht und der nur um das eigene Überleben bemühten oder sogar durch Machtdrang oder das Streben nach Selbstbereicherung motivierten Kollaboration zu unterscheiden. Jeder einzelne Fall muß nach diesen Kriterien und den realen örtlichen und persönlichen Gegebenheiten beurteilt werden, wobei die Motive und Absichten der in den nationalsozialistischen Vernichtungsprozeß verstrickten jüdischen Führer nicht von geringer, sondern eher sogar von größerer Bedeutung sind als die uns allen nachträglich bekannten fatalen Auswirkungen.

Die integeren und selbstlosen Motive und Absichten Leo Baecks und der anderen Leiter der Reichsvereinigung haben auch ihre schärfsten Kritiker nie bezweifelt. Solange es Juden in Deutschland gab, für deren materielle und geistige Bedürfnisse sich die jüdische Führung verantwortlich sah, war die Kooperation mit den Regierungsstellen, die sich schließlich auf die Gestapo-»Aufsichtsbehörde« im Reichssicherheitshauptamt beschränkte, unbedingt notwendig. Dies kam, wie wir heute wissen, der Absicht der Nationalsozialisten entgegen, die »Judenfrage« mit einem minimalen Einsatz deutschen Personals und ausschließlich unter Verwendung der restlichen Finanzmittel der Juden zu lösen.[38] Auch den damals handelnden Personen muß diese Verstrickung in den Vernichtungsprozeß langsam zu Bewußtsein gekommen sein. Aber was sollten und konnten sie tun? Sie glaubten mit Recht, daß das jüdische Wohnungsamt beim Umzug und später die jüdischen »Abholer« bei den Deportationen rücksichtsvoller und weniger brutal als deutsche Polizisten oder SS-Männer vorgehen und den unglücklichen jüdischen Menschen alle nur mögliche Hilfe leisten würden. Deren Schicksal abzuwenden, stand nicht in ihrer Kraft. Und selbst wenn sie wußten, was die Deportierten im Osten erwartete, und viele, wahrscheinlich auch Leo Baeck, wußten dies, wenn auch nicht in allen grausigen Details, glaubten sie, daß eine Verbreitung dieses Wissens das Schicksal der Unglücklichen nicht erträglicher machen würde. Vielleicht irrten sie darin, vielleicht auch nicht – aber wem von uns steht es zu, sie deswegen nachträglich zu verurteilen?

Auch die, zumindest verhaltene, Beschuldigung, Baeck und seine Mitarbeiter hätten durch ihre Kooperation mit der Gestapo und das Verschweigen der Wahrheit dazu beigetragen, daß die Juden sich wider-

---

38 Vgl. Barkai, Boykott (wie Anm. 10), S. 188 ff.

standslos »wie Schafe zur Schlachtbank« hätten führen lassen, ist nach dem heutigen Forschungsstand nicht haltbar. In den letzten Jahren haben verschiedene Historiker nachgewiesen, daß es einen sehr beträchtlichen jüdischen Widerstand auch in Deutschland gab.[39] Viel mehr jüdische Menschen, als bisher angenommen wurde, sind in den Untergrund gegangen. Die meisten haben allerdings nicht überlebt, weil sie in der ihnen feindlichen Umgebung keinen Halt finden konnten. Das Ausmaß der Denunziationen, durch die sie der Gestapo ausgeliefert wurden, ist erst in den letzten Jahren voll erkannt worden.[40] Welche Chancen hatten da ältere und oft behinderte Menschen, die die Mehrzahl der in Deutschland verbliebenen Juden ausmachten, sich durch Untertauchen zu retten, wenn man ihnen die Wahrheit über die Vernichtung im Osten mitgeteilt hätte? Daß sie ahnten, was auf sie zukommen würde, beweist die hohe Zahl der Selbstmorde nach Beginn der Deportationen.[41]

Das Verhältnis Leo Baecks zum allgemeinen Widerstand und spezifischer zum jüdischen Widerstand ist ein noch nicht völlig geklärtes Kapitel. Er selbst hat nach dem Krieg in einigen Gesprächen und Interviews über seine Beziehungen zum Kreis um Goerdeler berichtet.[42] Leo Baeck sprach besonders über zwei Aufgaben, die ihm von dieser Gruppe übertragen wurden: die Abfassung eines Manifests für den Tag nach dem geglückten Staatsstreich und die Erarbeitung einer längeren wissenschaftlichen Studie über die Rechtslage der Juden in Deutsch-

39 Konrad Kwiet/Helmut Eschwege, Selbstbehauptung und Widerstand. Deutsche Juden im Kampf um Existenz und Menschenwürde, Hamburg 1984; Arnold Paucker, Jewish Resistance in Germany. The Facts and the Problems, Berlin 1991; ders., Standhalten und Widerstehen. Der Widerstand deutscher und österreichischer Juden gegen die nationalsozialistische Diktatur, Essen 1995; Arno Lustiger, Zum Kampf auf Leben und Tod! Das Buch vom Widerstand der Juden 1933–1945, Köln 1994.
40 Vgl. Robert Gellately, The Gestapo and German Society. Enforcing Racial Policy 1933–1945, Oxford 1990.
41 Vgl. Konrad Kwiet, The Ultimate Refuge. Suicide in the Jewish Community unter den Nazis, in: YLBI, Bd. 29 (1984), S. 135–167.
42 Besonders in einem Interview unter der Überschrift: A People Stands Before his God, in: We Survived. The Stories of Fourteen of the Hidden and Hunted of Nazi Germany. As told to Eric H. Boehm, New Haven 1949, S. 284–298; ebenso in einem Gespräch von 1946, zitiert in: Arthur P. Young, Die X-Dokumente. Die geheimen Kontakte Carl Goerdelers mit der britischen Regierung 1938/39, München 1989, S. 232; Hans Walz, einer der Direktoren der Stuttgarter Robert Bosch-Werke, berichtete über deren finanzielle Unterstützung der Reichsvereinigung. (Akte Hans Walz, YVA, Nr. 1214479). Baeck wiederholte diese Aussage auch in einem Gespräch mit Robert Weltsch und Hans Reichmann im August 1955, aufgezeichnet in: Hans Reichmann, The Fate of a Manuscript, in: YLBI, Bd. 3 (1958), S. 361–363.

land und Europa in der Neuzeit.⁴³ In der historischen Literatur werden diese beiden Manuskripte oft verwechselt. Ich möchte daher einige vorläufige Vermutungen äußern, ohne Anspruch, daß sie das letzte Wort dazu sind.

Mir erscheint es ziemlich merkwürdig, daß die nationalkonservative Opposition ausgerechnet einem Juden und Rabbiner den Auftrag gegeben haben soll, ein Manifest an das deutsche Volk für den »Tag danach« abzufassen. Die Ansichten dieser Männer, die zum Teil früher Mitläufer der Nationalsozialisten gewesen waren, zum späteren Zusammenleben mit geretteten deutschen Juden waren bekanntlich nicht gerade judenfreundlich. Auch nach der Niederlage des NS-Regimes sollte es nach ihrer Planung kein völlig gleichberechtigtes Miteinander in einer pluralistischen Gesellschaft geben.⁴⁴ Leo Baeck stand ihnen zwar mit seiner konservativen Weltanschauung ziemlich nahe, teilte diese Anschauungen aber sicher nicht. Waren sie ihm damals so wenig bewußt oder war er so naiv, daß er einen solchen Auftrag überhaupt annehmen konnte? Sein angeblich für die Proklamation ausgewähltes Manuskript wurde bisher nirgends aufgefunden und wird, außer von Baeck selbst, nirgendwo in den Quellen erwähnt. Hier bleiben Fragen offen, die vielleicht niemals voll beantwortet werden können.

Die Unsicherheit wird dadurch vermehrt, daß es für den zweiten »Auftrag« aus Widerstandskreisen, von dem Baeck sprach, einen eindeutigen Beweis gibt und seine Glaubwürdigkeit und sein gutes Gedächtnis daher außer Frage stehen. Das dicke maschinenschriftliche Manuskript über die Rechtslage der Juden wurde tatsächlich nach seinem Tode im Jahr 1956 in seinem Londoner Arbeitszimmer gefunden und dem Archiv des New Yorker Leo Baeck Instituts anvertraut. Baeck hat ausführlich geschildert, wie er das Buch zwischen 1938 und 1941 zusammen mit Hilde Ottenheimer und dem Rabbiner Dr. Lucas fertigstellte. Der Grund für diese Arbeit sei die Absicht der deutschen Widerständler gewesen, geschichtliches Material über die wahre Stellung der Juden für die Zeit nach dem Staatsstreich, als Teil der notwendigen Neuerziehung der deutschen Bevölkerung, vorzubereiten.⁴⁵ Doch auch hier stellen sich Fragen: 1938 ist ein bedenklich frühes Datum für

---

43 Ein Auszug ist im deutschen Originaltext veröffentlicht, ebenda S. 363–372.
44 Vgl. Christof Dipper, Der deutsche Widerstand und die Juden, in: Geschichte und Gesellschaft, 9. Jg. (1983), S. 349–380.
45 Reichmann, Manuscript (wie Anm. 42), S. 362; Baker, Leo Baeck (wie Anm. 1), der sich auf das Interview mit Boehm stützt, gibt eine alternative Erklärung: Das Manuskript sei gleichzeitig für die Widerstandsgruppe und im Auftrag einiger wohlmeinender Beamten geschrieben worden, um die Meinung ihrer Vorgesetzten zugunsten der Juden zu beeinflussen (S. 241ff.). Dies würde auch die Bezeichnung »(J)« nach den Namen der zitierten jüdischen Autoren erklären.

solche Vorbereitungen der konservativen Opposition. Und weiter: Wie ist es zu erklären, daß die im Manuskript zitierten jüdischen Autoren mit (J) bezeichnet sind, wie es Hinkel, der Judenreferent im Propagandaministerium, ab Ende 1938 angeordnet hatte? War dies eine Vorsichtsmaßnahme für den Fall, daß das Manuskript der Gestapo in die Hände fiel? Noch eine offene Frage für die zukünftige Forschung.

Leo Baeck scheint seine Mitarbeiter in der Reichsvereinigung nicht über die Kontakte zum Widerstand informiert zu haben. Dies unterblieb wahrscheinlich aus Gründen der Konspiration und auch, um die Reichsvereinigung nicht zu gefährden. Wie aber war seine Stellung zum jüdischen Widerstand? Wenn man die materielle Fürsorge und geistig-kulturelle Betreuung der noch in Deutschland verbliebenen Juden als »geistigen Widerstand« bezeichnet,[46] so stand Leo Baeck fraglos bis zum Ende an seiner Spitze. Aber dies taten er und die Reichsvereinigung bis zum Schluß streng im Rahmen ihrer Legitimation durch die »Aufsichtsbehörde«, weil dies die unerläßliche Bedingung ihrer Tätigkeit war. Jüdische Menschen, die sich den aktiven Zellen einer allgemeinen Widerstandsbewegung anschlossen, wurden von Baeck weder ermuntert noch nachträglich gedeckt, und sie haben auch keine Legitimierung seitens der jüdischen Führung verlangt oder erwartet. Wir wissen heute, daß Juden am aktiven Widerstand stärker beteiligt waren, als es ihrem winzigen und stets geringer werdenden Anteil an der Bevölkerung entsprach. Das ergab sich aus ihrer aussichtslosen Situation im Dritten Reich, aber die Metapher von den »Schafen auf dem Weg zur Schlachtbank« ist angesichts dieser Tatsache sicherlich nicht haltbar.

Die kommunistische Gruppe um Herbert Baum in Berlin ist die bekannteste ausschließlich aus Juden zusammengesetzte Widerstandszelle.[47] Im Mai 1942 versuchte sie, zusammen mit einer nichtjüdischen kommunistischen Widerstandszelle, eine antisowjetische Ausstellung im Berliner Lustgarten in Brand zu setzen. Vor dem Attentat gab es innerhalb der Gruppe Meinungsverschiedenheiten, »weil man mit vielen jüdischen Opfern rechnen müßte«, aber Baum setzte den Entschluß zur Tat durch.[48] Nach dem mißglückten Brandanschlag wurden als Vergeltungsmaßnahme 500 Berliner Juden verhaftet, 250 von ihnen sofort und der Rest etwas später in Sachsenhausen umgebracht. Die Baum-Gruppe flog auf, und die meisten ihrer Mitglieder wurden hingerichtet. Die Reaktion Leo Baecks und der Reichsvereinigung auf diese Ak-

---

46 So z. B. Ernst Simon, Aufbau im Untergang. Jüdische Erwachsenenbildung im nationalsozialistischen Deutschland als geistiger Widerstand, Tübingen 1959.
47 Am ausführlichsten und bisherige Darstellungen zusammenfassend: Kwiet/ Eschwege, Selbstbehauptung (wie Anm. 39), S. 114–139.
48 Aussage von Charlotte Paech-Holzer, YVA, 01/298.

tion wird manchmal kritisiert. Einer ihrer früheren Mitarbeiter, Norbert Wollheim, wurde beauftragt, Kontakt mit ihm bekannten jüdischen Widerständlern aufzunehmen, um sie von weiteren Anschlägen, die die Existenz der jüdischen Gemeinschaft gefährden würden, abzuhalten. Über die Unterredung gibt es widersprüchliche Berichte. Nach Leonhard Baker, der sich auf Wollheim beruft, soll dessen Gesprächspartner Richard Holzer auf die Bitte unwirsch geantwortet haben, die kommunistischen Widerständler interessiere es nicht, was die jüdische Führung denke.[49] Nach dem Bericht Holzers, der den Krieg überlebte, hat er den Appell lediglich als gegenstandslos zurückgewiesen, da ja die Baum-Gruppe schon zerschlagen sei.[50] Aber diese Differenzen sind nicht von sehr großer Bedeutung. Kwiet und Eschwege haben sicherlich recht mit ihrer Einschätzung, daß Baeck und die Reichsvereinigung noch 1942 am Legalitätsprinzip festhielten und angesichts der massenhaften Geiselermordungen versuchten, weitere Aktionen dieser Art zu verhindern.[51] Wer sich heute berufen fühlt, sie deshalb als Kollaborateure der Nationalsozialisten zu verurteilen, beweist meiner Ansicht nach kein unbefangenes historisches Verständnis der damaligen Situation.

Theresienstadt

Im Januar 1943 wurden Leo Baeck und kurz darauf fast alle noch lebenden Mitarbeiter der Reichsvereinigung nach Theresienstadt deportiert. Ungefähr zur gleichen Zeit wurden auch die letzten Vorstandsmitglieder der Wiener Kultusgemeinde dorthin überführt. In dieses Lager, das ursprünglich als Ghetto und Sammelplatz für die Deportation der tschechischen Juden errichtet worden war, kamen ab Juni 1942 knapp 42 000 Juden aus Deutschland und etwa 15 000 aus Österreich. Die meisten wurden von dort nach Auschwitz verschickt oder starben im Lager. Nur ungefähr 6000 deutsche Juden haben in Theresienstadt überlebt. Von Anfang 1943 bis Kriegsende lebten die meisten deutschen oder deutschsprachigen Juden zusammengedrängt in dieser ehemaligen Kasernenstadt, die von den Nationalsozialisten als »Alters- und Musterghetto« aufgezogen wurde. Da auch die führenden jüdischen Persönlichkeiten aus Berlin, Wien und Prag dorthin deportiert wurden und den

---

49 Baker, Leo Baeck (wie Anm. 1), als wörtliches Zitat seiner Unterredung mit Norbert Wollheim. Wollheim hat mir im persönlichen Gespräch erklärt, daß die Wiedergabe bei Baker im Grunde richtig, aber ungenau sei.
50 Aussage von Charlotte Paech-Holzer, YVA, 01/298; und Mitteilung Holzers, zitiert in: Kwiet/Eschwege, Selbstbehauptung (wie Anm. 39), S. 129.
51 Ebenda.

»Ältestenrat« des Ghettos bildeten, ist Theresienstadt als das eigentliche Schlußkapitel der Existenz des deutschen Judentums zu betrachten.[52]

Als Leo Baeck in Theresienstadt ankam, weigerte er sich vorerst, die Vergünstigungen, die dort sogenannten »Prominenten« gewährt wurden, anzunehmen, und wurde zur Arbeit eingeteilt. Erst später, nachdem er siebzig Jahre alt geworden war, trat er dem »Ältestenrat« bei und übernahm dort die Fürsorgeabteilung. Die Berichte der Überlebenden heben seine besondere Sorge um die Alten und Kranken hervor, die auch in erhalten gebliebenen Zeichnungen dort eingekerkerter Künstler dokumentiert ist. Daneben sind besonders seine Vorträge im Ghetto, von denen einer im maschinenschriftlichen Manuskript überliefert ist, in Erinnerung geblieben. In diesem Vortrag über Geschichte und Geschichtsschreibung sind in populärer Darstellung die Grundideen des frei forschenden Geistes und demokratischer Lebensformen mit dem Glauben an eine bessere Zukunft und mit unverkennbarer Kritik am gegenwärtigen unmenschlichen Regime verknüpft. Unter den gegebenen Umständen gehörte dazu nicht wenig Mut.[53]

Baecks Abneigung, sich an der alltäglichen Arbeit der jüdischen »Selbstverwaltung« aktiv zu beteiligen, trat in Theresienstadt noch deutlicher hervor als früher in Berlin. Wahrscheinlich hat dabei auch die Täuschungsaktion der Gestapo, Theresienstadt ausländischen Besuchern, wie z. B. einer Delegation des Roten Kreuzes, als eine wohlgeordnete und autonome, den Juden »vom Führer geschenkte Stadt« zu präsentieren, eine Rolle gespielt. Als er dann doch gezwungen war, Mitglied des Ältestenrates zu werden, übernahm er die Wohlfahrtsarbeit, der er sich auch vorher gewidmet hatte.

Anders als in Berlin hat Baeck, zumindest unter Vertrauten, seiner Kritik am Verhalten und der Lebensweise des Lagerältesten Paul Eppstein und anderer Amtsträger und »Prominenten« scharfen Ausdruck

52 Zu Theresienstadt sind trotz mancher Kritik immer noch maßgeblich die Arbeiten von Hans G. Adler, Theresienstadt 1941–1945. Das Anlitz einer Zwangsgemeinschaft. Geschichte, Soziologie, Psychologie, Tübingen 1955, und ders., Die verheimlichte Wahrheit. Theresienstädter Dokumente, Tübingen 1958. In den letzten Jahren hat sich die tschechische Historiographie eingehend mit Theresienstadt beschäftigt. Vorläufige Forschungsergebnisse waren Thema einer internationalen Konferenz in Theresienstadt im November 1991, vgl. Miroslav Kárný u. a., Theresienstadt in der »Endlösung der Judenfrage«, Prag 1992.
53 Der Vortrag, dessen maschinenschriftliches deutsches Manuskript in einem der Bücher aus dem Nachlaß Baecks gefunden wurde, ist bisher nur in englischer Übersetzung in der Londoner »The Synagogue Revue« vom November 1962 veröffentlicht worden. Er erscheint in der Handschrift und mit der Unterschrift Leo Baecks in einer erst kürzlich im Archiv von Theresienstadt aufgefundenen Liste mit den Themen von 28 Vorträgen, die Baeck in Theresienstadt vorgeschlagen und zum größten Teil auch gehalten hat. (Ich danke Frau Elena Makarova, die das Dokument gefunden und mir eine Kopie überlassen hat.)

gegeben. Die Forschung der letzten Jahre hat aus einer Perspektive, die von überlebenden Zeitzeugen wie Hans G. Adler nicht verlangt werden konnte, die Berechtigung dieser Kritik in Frage gestellt[54] und auch das oft idealisierte Bild vom Verhalten Leo Baecks in Theresienstadt revidiert. So plädierte u. a. Albert Friedlander für eine wirklichkeitsnähere Betrachtung, dernach Leo Baeck eine integere und große Persönlichkeit, aber »kein Heiliger« gewesen sei: »Seine Humanität, seine Befürchtungen und Unsicherheiten, seine Zweifel und Qual, und, ja, seine Fehlurteile gehören in jedes historiographische Werk.«[55]

Obwohl die Lage der in Theresienstadt Gefangenen erheblich besser war als in manchen anderen Lagern, war es keine Oase auch nur einigermaßen erträglichen Lebens in einer kulturell gehobenen Atmosphäre. Das bezeugt schon die Tatsache, daß etwa die Hälfte der dorthin deportierten deutschen und österreichischen Juden im Lager starben. Die jüdische Selbstverwaltung, in der Leo Baeck zum Schluß die größte moralische Autorität genoß, wurde von den Lagerinsassen zu Recht als gefürchtete Spitze der Lagerhierarchie und als Instrument der deutschen Lagerverwaltung betrachtet, die die Listen der zur Deportation nach Auschwitz Bestimmten zusammenstellte. Trotzdem empfanden es die Betroffenen auch hier als Erleichterung, daß der Ältestenrat sie vor dem unmittelbaren Kontakt mit dem SS-Bewachungspersonal bewahrte.[56]

Hannah Arendt behauptete, Leo Baeck hätte durch die Verheimlichung der Wahrheit über Auschwitz mögliche Flucht- oder Widerstandsversuche in Theresienstadt verhindert.[57] Er glaubte, daß in Erwartung des Todes durch Vergasung zu leben, nur noch härter wäre. Damit hatte er nach der Meinung eines Überlebenden recht: »[…] auch ohne Kenntnis von dem, was Auschwitz wirklich bedeutete, mußten alle die leitenden Männer, die bei der Auswahl mithalfen, wissen, daß die von ihnen Ausgesuchten dem Schlimmsten, der Vernichtung, entgegengeschickt wurden. Und da sie das nicht verhindern konnten, taten sie recht, ihre Kenntnis nicht im Lager zu verbreiten.«[58] Nach verschie-

---

54 Insbesondere Wolfgang Benz, der sich dabei hauptsächlich auf die Erinnerungen von Jacob Jacobson stützt (ALBI-NY, ME 560, Bruchstücke 1939–1945). Kárný, Theresienstadt (wie Anm. 52), S. 70 ff.; vgl. auch Wolfgang Benz, Der Holocaust, München 1995, S. 86–90. Es ist bezeichnend, daß Benz fast vier seiner insgesamt 118 Seiten umfassenden Darstellung der Rehabilitierung von Paul Eppstein widmet.
55 Albert Friedlander, Leo Baeck in Theresienstadt, in: Kárný, Theresienstadt (wie Anm. 52), S. 119 ff.
56 Benz, Holocaust (wie Anm. 54), S. 72 f.
57 Arendt, Report (wie Anm. 28), S. 105.
58 Jacob Jacobson an Max Kreutzberger, 20. 5. 1966, Anhang, ALBI-NY, ME 560, Bruchstücke 1939–1945.

denen Aussagen erfuhren auch die Führer der tschechisch-jüdischen Häftlinge Theresienstadts spätestens im Frühjahr 1943 die Wahrheit über die Gaskammern in Auschwitz, und auch sie beschlossen, dies für sich zu behalten. Trotz dieses Wissens und ihrer im Vergleich zu den deutschen Juden weitaus besseren Möglichkeiten, im Land unterzutauchen, versuchten nur sehr wenige von ihnen zu fliehen.[59]

Selbst die härtesten Kritiker, Hannah Arendt inbegriffen, haben nie die persönliche Integrität und die standhafte Unbestechlichkeit Leo Baecks in Frage gestellt. Es gibt Hinweise dafür, daß er seinen Einfluß geltend machte, um manche Menschen vor der Deportation zu retten. Über die Maßstäbe, die er dabei anlegte, wissen wir nichts, aber für seine Verwandten in Theresienstadt hat er diesen Einfluß erwiesenermaßen nicht eingesetzt.

Theresienstadt wurde am 8. Mai 1945 von der Roten Armee erobert und bis zur Auflösung des Lagers von der jüdischen Selbstverwaltung geleitet. Kurz nach der Befreiung wurde Leo Baeck die Möglichkeit geboten, nach England zu fliegen, wo seine Tochter und ihre Familie lebten. Dem englischen Offizier, der eigens dafür nach Theresienstadt gekommen war, erklärte Baeck, daß er noch nicht fortgehen könne, da er für die Menschen in Theresienstadt verantwortlich sei. Er blieb noch bis Ende Juni im Lager und kümmerte sich besonders um die vielen an Typhus erkrankten Insassen. Er gesellte sich zu den in Quarantäne gesperrten Kranken, die sich gegen die Einschränkung ihrer Bewegungsfreiheit aufbäumten, und überzeugte sie dadurch von der Notwendigkeit, eine weitere Ausbreitung der Epidemie unter den Befreiten zu verhindern. Aber für die oft wiederholte Behauptung, Leo Baeck hätte nach der Befreiung die SS-Wachmannschaft vor Racheakten der Insassen geschützt, gibt es keinen zuverlässigen Beleg, und er selbst hat dies nie behauptet. Es ist schon darum unwahrscheinlich, weil nach allen vorliegenden Berichten die SS noch vor Ankunft der sowjetischen Truppen entflohen war.

Schluß

Wie ist, zum Abschluß, die politische Biographie Leo Baecks – und nur davon ist hier im wesentlichen die Rede gewesen – zu resümieren? Er war fraglos ein authentischer, von der großen Mehrheit der deutschen Juden hochverehrter Führer. Kindheit und Jugend im deutsch-jüdischen bürgerlichen Milieu des Kaiserreiches und in der

---

59 Miroslav Kárný, Ergebnisse und Aufgaben der Theresienstadt-Historiographie, in: Kárný, Theresienstadt (wie Anm. 52), S. 26 ff.

Atmosphäre des rabbinischen Elternhauses hatten seine religiöse, im Grunde konservative Weltanschauung und seinen Lebensstil geprägt. Diesen Werten blieb er bis zum Ende treu, aber auch in ihnen befangen. Seine Persönlichkeit war von einem tief empfundenen Humanismus und alltäglicher menschlicher Hilfsbereitschaft bestimmt, die er in seiner Berufstätigkeit als Rabbiner verwirklichte. Die vielseitige Bildung des Gelehrten und die verständnis- und maßvolle Toleranz seiner Anschauungen wurden von den deutschen Juden fast aller religiösen und politischen Schattierungen geschätzt und geachtet. Dadurch und durch seine vielseitige Tätigkeit wurde er in den Zwischenkriegsjahren zur hervorragenden, allgemein akzeptierten Führerpersönlichkeit der deutschen Judenheit.

Die Aushöhlung und Vernichtung aller überkommenen moralischen Normen und Werte durch das nationalsozialistische Regime stellten einen Mann mit solchen Eigenschaften auf eine harte Probe. Bis zum Kriegsausbruch haben Leo Baeck und die jüdische Führung, die er leitete, diese Probe im Großen und Ganzen bestanden. Sie paßten sich mit viel Geschick und Einfühlung den neuen Umständen an, und dadurch gelang es ihnen, mehr als der Hälfte der in Deutschland lebenden Juden die Rettung durch Auswanderung zu ermöglichen und das Leben der Zurückgebliebenen zu erleichtern.

1939 begann eine neue Wirklichkeit, die wir weniger sicher beurteilen können. Hans G. Adler hat die Verstrickung der jüdischen Führung in den Vernichtungsprozeß treffend analysiert: »Die Verflechtung der Berliner Leitung der RVJD [Reichsvereinigung der Juden in Deutschland] mit dem RSHA [Reichssicherheitshauptamt] [...] sowie der jüdischen Stellen mit der Gestapo im Altreich, mit den ›Zentralstellen‹ in Österreich und Böhmen-Mähren war festgefügt und fraglos längst vor Beginn der allgemeinen Deportation eingespielt, so daß bei deren Anfang, besonders in der deutschen Provinz, gar nicht mehr der Gedanke eines tatkräftigen Widerspruchs auftreten konnte, weil die leitenden Beamten in ihrer Entschlußkraft bereits vollkommen gelähmt waren und im Grunde längst nicht mehr wußten, was sie taten.«[60] Adler war ein Jude aus Prag und hat den Krieg in Theresienstadt überlebt. Er war dort und später in London eng mit Leo Baeck befreundet und hat ihn und sein Verhalten in seinem Buch über Theresienstadt mit uneingeschränkter Bewunderung geschildert. Trotzdem hat Adler Leo Baeck mit keinem Wort von der zitierten Beurteilung der »Berliner Leitung der Reichsvereinigung« ausgenommen.

Was aber diese Beurteilung selbst betrifft, ist zum Schluß einiges zu

---

60 Hans G. Adler, Der verwaltete Mensch. Studien zur Deportation der Juden aus Deutschland, Tübingen 1974, S. 354 f.

bemerken: Hans G. Adler hat sein Buch Ende der sechziger und Anfang der siebziger Jahre geschrieben und 1974 veröffentlicht. Die allgemeine Dynamik der Verstrickung hat er meiner Ansicht nach mit erstaunlicher Einsicht richtig erfaßt. Inzwischen sind in über zwanzigjähriger neuer Forschung die Konturen schärfer hervorgetreten und neue Zusammenhänge entdeckt worden. Angesichts dessen würde ich Adlers Behauptung, Baeck und seine Mitarbeiter hätten zu Beginn der Deportationen »längst nicht mehr gewußt, was sie taten«, entschieden einschränken. Leo Baeck wußte, was er tat, in Berlin und in Theresienstadt. Die reinen, selbstlosen Beweggründe seiner Taten oder Unterlassungen stehen außer jedem Zweifel. Das Geschehene zu verhindern, lag nicht in seiner Kraft, daher versuchte er, die verzweifelte Lage der Gemeinschaft und der einzelnen Betroffenen mit den beschränkten Mitteln und der Seelenkraft, die er besaß, gemäß seinem persönlichen Wissen und Gewissen so lange wie möglich erträglicher zu machen.

Baecks Kritiker halten ihm manchmal das Beispiel von Adam Czerniakow, dem »Judenältesten« im Warschauer Ghetto, entgegen, der bei Beginn der Deportationen Selbstmord beging. Das Schicksal der Juden hat er dadurch nicht beeinflußt, und seine Nachfolger an der Spitze des Judenrates haben, wie wir heute wissen, den Juden von Warschau die ihnen noch verbliebene Zeit sehr viel schwerer gemacht. Aber in der Geschichte ragt der Name Czerniakows hoch und unbefleckt aus der Reihe vieler anderer »Judenältesten« hervor. Wer von uns kann sich heute anmaßen, mit Bestimmtheit zu entscheiden, wer von den beiden, Baeck oder Czerniakow, im Schatten des Todes den richtigeren Weg wählte?

8. Das deutsche Interesse am Haavara-Transfer 1933 – 1939

Am 7. August 1933 schlossen Vertreter der Jewish Agency for Palestine und der Zionistischen Vereinigung für Deutschland (ZVfD) in Berlin ein Abkommen mit dem Reichswirtschaftsministerium, das Auswanderern nach Palästina ermöglichen sollte, ihr Vermögen in ausländischer Währung zu transferieren. Dies war der Beginn der sogenannten Haavara (hebr. für Transfer), in deren Verlauf deutsche Juden ca. 140 Millionen RM oder etwa acht Millionen – dem Pfund-Sterling gleichwertige – Palästina-Pfunde (£P) nach Palästina transferieren konnten, um dort eine neue Existenz zu gründen. Da dieses Abkommen den deutschen Warenexport förderte und damit zur Erholung der von der Weltwirtschaftskrise schwer betroffenen deutschen Wirtschaft beitrug, löste es eine heftige öffentliche Debatte in der jüdischen wie nichtjüdischen internationalen Presse und unter jüdischen Organisationen außerhalb Deutschlands aus, die bis heute noch in der historischen Forschung nachklingt.[1] Trotzdem wird dieser Aspekt im folgenden kaum behan-

---

1 Vgl. Werner Feilchenfeld / Dolf Michaelis / Ludwig Pinner, Haavara-Transfer nach Palästina und Einwanderung deutscher Juden 1933–1939, Tübingen 1972, S. 75 und passim; bisher liegen die zuverlässigsten und ausführlichsten Darstellungen über die Haavara und die innerjüdische Kontroverse darum nur in hebräischer Sprache vor: Joav Gelber, Ha medinijut ha zijonit ve heskem ha havara (Die zionistische Politik und das Haavara-Abkommen), in: Yalkut Moreshet, Nr. 17 (1974), S. 97–152 und Nr. 18 (1974), S. 23–100; David Jisraeli, Ha Reich ha germani ve eretz Jisrael (Das Deutsche Reich und Palästina), Ramat-Gan 1974. Der des Hebräischen unkundige Leser kann sich, mit kritischer Vorsicht, über die faktischen Einzelheiten des Abkommens informieren in: Edwin Black, The Transfer Agreement. The Untold Story of the Secret Pact between the Third Reich and Jewish Palestine, New York / London 1984. Vorsicht ist wegen der sensationellen

delt. Hier sollen hauptsächlich die sich wandelnden und manchmal widersprüchlichen Einstellungen deutscher Regierungs- und Parteiinstanzen zur Haavara im Kontext der nationalsozialistischen »Judenpolitik« vor Ausbruch des Zweiten Weltkriegs untersucht werden.

Die Haavara war technisch ein Zahlungsabkommen, das es ermöglichte, Exporte nach Palästina in Reichsmark aus Sperrkonten zu bezahlen, die jüdische Auswanderer vor der Abreise in Deutschland eingerichtet hatten. Aus dem Exporteinkommen erhielten die Besitzer den Gegenwert ihrer Konten nach einem bestimmten, von Zeit zu Zeit veränderten Wechselkurs in Palästina in £P ausbezahlt. Um die Vor- oder Nachteile dieses Abkommens für die Vertragspartner einschätzen zu können, muß die allgemeine politische und wirtschaftliche, insbesondere die devisenwirtschaftliche Lage Deutschlands genauer betrachtet werden.

Das schwierigste wirtschaftspolitische Problem der neuen Regierung war 1933 die Bekämpfung der Massenarbeitslosigkeit. Der aufsehenerregende Mitglieder- und Stimmenzuwachs der NSDAP hatte mit dem Ausbruch der Weltwirtschaftskrise von 1929 begonnen. Das Versprechen, »Arbeit und Brot« für alle zu sichern, wofür in den Wirtschaftsprogrammen der Partei detaillierte, innovative Finanzierungsmethoden propagiert wurden, hatte erheblich zu diesem Aufschwung beigetragen. Das neue Regime mußte in erster Linie bei der Bekämpfung der Arbeitslosigkeit Erfolge vorweisen, um die von vielen zunächst nur zögernd und mit Vorbehalt gewährte Unterstützung in einen dauernden Konsens und schließlich die akklamatorische Identifikation eines Großteils der deutschen Bevölkerung mit der nationalsozialistischen Ideologie und Politik zu verwandeln. Deshalb war die Arbeitsbeschaffung das vorrangige Ziel der Wirtschaftspolitik. Tatsächlich erreichten die Nationalsozialisten, wie wir heute wissen, in Deutschland gegen Ende 1936 Vollbeschäftigung, als alle anderen von der Weltwirtschaftskrise betroffenen Industrieländer diese noch längst nicht überwunden hatten. Der Außenhandel, d. h. der Export von Waren und Dienstleistungen, trug dazu nur wenig bei, wie die wirtschaftsgeschichtliche Forschung ebenfalls nachgewiesen hat, weil das erste »deutsche Wirtschaftswunder« hauptsächlich auf der Belebung des Binnenmarktes und in einer etwas späteren Phase auf der Aufrüstung beruhte.[2] Da dies jedoch den mit dem Abschluß des Haavara-Abkommens beauftragten Beamten noch nicht voll bewußt sein konnte, war

Aufmachung und der unhaltbaren Interpretationen des Buches geboten. Dem mit der Materie vertrauten Historiker bietet es nichts Neues.
2 Vgl. dazu Avraham Barkai, Das Wirtschaftssystem des Nationalsozialismus. Ideologie, Theorie, Politik, 1933–1945, 2. Aufl., Frankfurt a. M. 1988, S. 150ff. und passim.

für ihre Überlegungen der beschäftigungspolitische Nutzen gesteigerter Exporte von großer Bedeutung.

Trotzdem war, wie wir bald sehen werden, die positive Einstellung zur Haavara auf der deutschen Seite nicht nur und nicht einmal hauptsächlich durch diese rein ökonomischen Erwägungen begründet, die nach kurzer Zeit immer mehr an Gewicht verloren. Während der sechs bis sieben Jahre, in denen die Haavara bestand, stellten die deutschen Befürworter und Gegner stets sowohl politische als auch wirtschaftliche Argumente zur Diskussion. Für das Verständnis dieser Auseinandersetzung ist zu beachten, daß zwei der wichtigsten, gewöhnlich einander ergänzenden, wirtschaftlichen Ziele bei der Exportförderung, nämlich die Steigerung der Beschäftigung und die Beschaffung dringend benötigter Devisen, im Falle der Haavara in Widerspruch zueinander standen. Der leicht ersichtliche Grund dafür war, daß diese Exporte in Reichsmark und nicht, wie üblich, in der Währung der einführenden Länder oder in Gold oder »harten« Devisen bezahlt wurden. Im Gegenteil war die Haavara in den ersten Jahren sogar mit einem Devisenverlust der Reichsbank verbunden: Dem Abkommen gemäß gewährte diese jedem jüdischen Auswanderer nach Palästina, der im Rahmen der Haavara von der britischen Mandatsregierung ein »Kapitalistenvisum« erhielt, das erforderliche »Vorzeigegeld« in Höhe von 1000 £P, zuerst zum offiziellen, später zu einem dauernd steigenden, in RM zu zahlenden Wechselkurs. Wenn daher die beschäftigungspolitische Wirkung der zusätzlichen Ausfuhr zweifellos positiv war, so wurde sie durch deren devisenwirtschaftlich neutralen oder sogar negativen Effekt aufgewogen. Tatsächlich wurde dies zu einem der zentralen Streitpunkte in den Auseinandersetzungen um die Weiterführung der Haavara.

Die Haltung des Auswärtigen Amtes

Die erste Initiative zur Haavara ging von einem Privatunternehmer namens Sam Cohen aus, dessen Firma »Hanotea« Citrusplantagen in der Nähe von Natanya bebaute. Irgendwie gelang es Cohen, die Unterstützung des deutschen Generalkonsuls in Jerusalem, Heinrich Wolff, zu gewinnen, der sich in seinen Berichten und Eingaben an seine Vorgesetzten im Auswärtigen Amt sehr stark für das Projekt einsetzte. Als ausschlaggebenden Grund dafür nannte Wolff von Anbeginn an die Bedeutung des palästinensisch-jüdischen Imports deutscher Waren im Kampf gegen den antideutschen Wirtschaftsboykott, der vom »World Jewish Congress« in Amerika und jüdischen wie nichtjüdischen Organisationen in Europa als Protest gegen die Judenverfolgung des NS-Regimes in Gang gesetzt worden war. In einem Brief vom 4. April 1933 behauptete

Wolff, ohne jeden statistischen Beleg, daß die deutschen Exporte nach Palästina fast völlig eingestellt worden seien. Zwar sei der palästinensische Markt an sich von nur geringer Bedeutung, doch da sich Palästina immer mehr zum einflußreichsten jüdischen Zentrum entwickele, bestände die Gefahr, daß der Boykott sich von hier auf andere Länder, besonders auf die USA, ausbreiten würde. Um dem palästinensischen Boykott entgegenzuwirken, würden offizielle Dementis der antijüdischen Ausschreitungen nicht genügen, da die hiesigen Juden an ähnliche Erscheinungen in Osteuropa gewohnt seien. Wichtiger wäre die Öffnung von Fluchtwegen für die deutschen Juden, einschließlich der Möglichkeit, ihr Vermögen oder zumindest einen Teil davon ins Ausland zu transferieren. Zu diesem Zweck empfehle er die Vorschläge eines einflußreichen Unterhändlers, der in Kürze in Berlin vorsprechen werde. Obwohl Wolff keinen Namen nannte, ist aus dem Kontext und späteren Entwicklungen zweifellos klar, daß es sich um Sam Cohen handelte.[3]

Zwei Monate später äußerte sich Heinrich Wolff noch eindringlicher zugunsten von Sam Cohen, der inzwischen die Verhandlungen in Berlin begonnen hatte. Dieser sei der geeignetste Mann, um wirksam gegen den antideutschen Boykott vorzugehen. Er hätte vorzügliche Beziehungen zum zionistischen Establishment und sei vor kurzem Mitbesitzer der weit verbreiteten hebräischen Tageszeitung »Doar Hajom« geworden, um der sehr aktiven Boykott-Propaganda entgegenzutreten. Zu diesem Zweck sei der »bekannte Wirtschaftsfachmann« Moshe Smilanski Redaktionsmitglied geworden. Wolff betonte weiterhin, daß Juden aus allen Ländern am Erwerb von Ausstattungs- und Produktionsmitteln für die jüdischen Siedlungen in Palästina beteiligt seien und diese Bestellungen leicht an Konkurrenten in anderen Ländern, wie z.B tschechische Metallröhrenfabriken, vergeben könnten. Eine Woche darauf wandte sich Wolff nochmals dringlichst an seine Vorgesetzten, sie sollten die Verhandlungen über das Transferabkommen möglichst noch vor der für Mitte Juli in London angesetzten Boykottkonferenz zum Abschluß bringen.[4]

Generalkonsul Wolff unterhielt gute Beziehungen zu den Führern der jüdischen Institutionen in Palästina und galt allgemein als Sympathisant der zionistischen Bestrebungen. Er war mit einer Jüdin verheiratet, was offenbar Ende 1935 der Grund für seine Entlassung aus dem Auswärtigen Amt war.[5] Es gibt auch Anzeichen dafür, daß er persön-

---

3 Politisches Archiv des Auswärtigen Amtes, Bonn (künftig: PA des AA), Abtlg. 25/33 (Betrifft: Politische Beziehungen Palästinas zu Deutschland), L 015416–422.
4 Wolff an das Auswärtige Amt, 15. und 26. Juni 1933, PA des AA, Abtlg. 25/33, L 015505 ff.
5 Vgl. Ernst Marcus, The German Foreign Office and the Palestine Question in

liche Interessen an der »Hanotea«-Gesellschaft hatte. Dies mag Wolffs uneingeschränkte Unterstützung der Initiative von Sam Cohen und der »Hanotea«-Gesellschaft erklären. Er setzte sich auch noch für sie ein, als die Verhandlungen in Berlin von anerkannten Vertretern des »Jischuw« (»Ansiedlung«, wie damals die vorstaatlich organisierte jüdische Gemeinschaft in Palästina genannt wurde) weitergeführt wurden, die Cohens andauernde Bemühungen mit einigem Mißtrauen verfolgten. Da die »Jewish Agency« und die »Zionistische Welt-Organisation« (ZWO) mit den Transferverhandlungen öffentlich nicht in Verbindung gebracht werden wollten, beauftragten sie den Direktor der Anglo-Palestine Bank in London, Siegfried Hoofien, sie gemeinsam mit Vertretern der ZVfD fortzusetzen. Aber selbst Gegner Wolffs, die auf sein mögliches Eigeninteresse anspielten, gaben zu, daß dieses höchstens eine Nebenrolle spielte. In erster Linie sei er durch den Wunsch motiviert, bei seinen Vorgesetzten in Berlin Anerkennung dafür zu finden, daß er einen Weg zur Durchbrechung des weltweiten antideutschen Boykotts aufzeigen konnte, und zwar von einer Seite, von der niemand es erwartet hätte: dem jüdischen Jischuw in Palästina.[6]

Da weder die deutschen noch die jüdischen Gesprächspartner damals die geringe Bedeutung des Exports für die deutsche Wirtschaft richtig einschätzen konnten, nahmen beide Seiten die Auswirkungen eines Boykotts sehr ernst. Besonders die deutschen Behörden waren deshalb an einem schnellen Abschluß der Verhandlungen interessiert und zu erstaunlichem Nachgeben bereit. Offenbar waren die Nationalsozialisten von ihrer eigenen antisemitischen Propaganda über den politischen und finanziellen Einfluß des »Weltjudentums« überzeugt. Angesichts der anhaltenden Massenarbeitslosigkeit waren sie daher bereit, jede Gelegenheit wahrzunehmen, um feindseligen Bemühungen im Ausland, die Deutschlands Außenhandel zu gefährden schienen, den Wind aus den Segeln zu nehmen. Gleichzeitig spielte die Möglichkeit, die Auswanderung der deutschen Juden zu beschleunigen, eine immer wichtigere Rolle. Zu diesem Zweck waren die Nationalsozialisten sogar bereit, den Auswanderern ausländische Währung aus dem schwindenden Devisenfonds der Reichsbank zu gewähren. Je mehr sich die wirtschaftliche Situation in Deutschland verbesserte, desto stärker stellten die deutschen Protagonisten der Haavara den Gesichtspunkt der Auswanderung in den Vordergrund.

Zunächst spielten die Befürworter der Haavara die politischen Ge-

the Period 1933–1939, in: Yad Vashem Studies (künftig: YVS), Bd. 2 (1958), S. 181 ff.
6 Heinrich Margulies (Vertreter der Anglo-Palestine Bank in der Direktion der Haavara, Ltd, Tel Aviv) an S. Hoofien, 27. Juli 1933, Central Zionist Archives (künftig: CZA), S 25/9706.

fahren des Boykotts deutscher Waren hoch, obwohl er sich schon bald als in jeder Beziehung wenig effektiv erwies. So tauchte das Argument z. B. auf Veranlassung des unermüdlichen Sam Cohen im März 1935 in einem Memorandum des Auswärtigen Amts für das Reichswirtschafts-, das Reichsfinanzministerium und die Reichsbank auf. Vorausgegangen war ein Beschluß der Reichsbank, deren Devisenreserven auf einen Tiefpunkt von nur 91 Millionen RM abgesunken waren, die monatlichen Devisenzuweisungen für das »Vorzeigegeld« von einer Million auf 350 000 RM herabzusetzen und diese Mittel auch nur unter der Bedingung zur Verfügung zu stellen, daß die Haavara, oder genauer die zur Durchführung der Haavara in Deutschland gegründete »Palästina-Treuhandstelle zur Beratung deutscher Juden G.m.b.H.« (Paltreu), zumindest die gleiche Summe in ausländischer Währung einbringe. Die zuständige Abteilung im Auswärtigen Amt errechnete, daß bei einer solchen Einschränkung der Devisenzuweisung lediglich zwanzig Familien im Monat emigrieren könnten. Hauptsächlich verwies sie jedoch auf die ungünstige Auswirkung auf den deutschen Export. Cohen und seine Kollegen hätten das Möglichste getan, um den antideutschen Boykott zu durchbrechen. Nun sei zu befürchten, daß die Verweigerung größerer Devisenzuteilungen ihren Bemühungen sehr schaden könne, da die Frage der Haavara beim 19. Zionistenkongreß im Juli in Luzern erneut erörtert werden solle. Die lakonische Antwort der Reichsbank zeigte, wie sich die Situation seit 1933 verändert hatte: Die gegenwärtige Devisenlage erlaube keine Zuweisungen, die nicht durch Zahlungen in auswärtiger Währung für exportierte Waren gedeckt seien.[7]

Aber immer noch bestand ein deutsches Interesse daran, die »Boykottlücke Palästina« offen zu halten. Unter dieser Überschrift berichtete ein Korrespondent des offiziellen Organs der NSDAP: »Westdeutscher Beobachter«, im Mai 1935 aus Palästina, daß dort, dank der Haavara, der Boykott deutscher Waren praktisch nicht mehr spürbar sei, aber außerhalb Palästinas könne er von Konkurrenten deutscher Firmen ausgenutzt werden. Die Haavara sei daher weiterhin nicht nur notwendig, um die jüdische Auswanderung zu beschleunigen, sondern auch, um deutschen Waren auf lange Sicht eine feste Stellung auf den Märkten Palästinas und des vorderen Orients zu sichern.[8] Etwa zur gleichen Zeit unterstrich Dr. Reichert, der offizielle deutsche Pressevertreter und geheime Agent der Gestapo in Palästina, die Bedeutung der Haavara als wirksames Mittel zur Verhinderung einer geeinten antideutschen Front des »Weltjudentums« im Ausland.[9]

---

7 Bundesarchiv (künftig: BA), R 2/14518, S. 4-8.
8 Westdeutscher Beobachter, 27. 5. 1933, CZA, S 7/323(4).
9 Vgl. Jisraeli, Ha Reich (wie Anm. 1), S. 126.

Im September 1935 wurde Heinrich Wolff entlassen. Der neue Generalkonsul Walter Döhle erwies sich sofort nach Amtsantritt als Gegner des jüdischen Jischuw und insbesondere der Haavara. Schon vorher hatten sich innerhalb des Auswärtigen Amts unterschiedliche, ja stark entgegengesetzte politische und persönliche Einstellungen bemerkbar gemacht. Die Leiter der Orient-Abteilung, Hans Schmidt-Rolke (1933–1934), Hans Pilger (1934–1937) und Werner Otto von Hentig (1937–1940), befürworteten im allgemeinen die Fortsetzung des Transfers im Rahmen der Haavara. Dagegen führte das Referat Deutschland, das im März 1933 unter der Leitung von Vicco von Bülow-Schwante und Emil Schumburg wieder errichtet worden war und hauptsächlich die Funktion hatte, die Verbindung zur NSDAP und deren »Auslandsorganisation« (AO) zu halten, einen steten Kampf gegen die Haavara. Darin kam eine besonders aggressive Linie der nationalsozialistischen »Judenpolitik« zum Ausdruck. Das Auswärtige Amt als ganzes beobachtete dagegen die politischen Folgen, die das Vorgehen gegen die Juden im Ausland hervorrief, und den wirtschaftlichen Boykott gegen Deutschland mit einiger Sorge. Trotzdem kann es, auch unter der Leitung des deutschnationalen Ministers Konstantin Freiherr von Neurath und vor der völligen nationalsozialistischen »Gleichschaltung« der Beamtenschaft, keineswegs als Hafen der Opposition gegen die antijüdischen Maßnahmen gelten.

Die angeblich »prozionistische« Einstellung des Auswärtigen Amts wie des NS-Regimes überhaupt ist oft dargestellt worden.[10] Tatsächlich spielte das Auswärtige Amt in bezug auf die »Judenpolitik« immer genau die ihm zugeteilte Rolle, schädliche Auswirkungen der Judenverfolgung auf die auswärtigen Beziehungen Deutschlands so weit wie möglich einzuschränken. Alle die Juden betreffenden Interventionen der verschiedenen Abteilungen sind in diesem Kontext zu beurteilen. Die späteren Differenzen zwischen der Orient-Abteilung und dem Referat Deutschland oder einzelnen Beamten betrafen die Frage, ob man, ohne dem Ansehen Deutschlands im Ausland allzusehr zu schaden, die deutschen Juden völlig mittellos austreiben könne oder sie besser durch die Erlaubnis zur Mitnahme eines Teils ihres Besitzes zur raschen Auswanderung veranlassen solle. Was den antideutschen Boykott betraf, waren sich alle Abteilungen über dessen minimale Wirkung schon Anfang 1934 einig. Selbst die Beamten, die für eine Fortsetzung

---

10 Vgl. Christopher R. Browning, The Final Solution and the German Foreign Office, New York/London 1978, und ders., Referat Deutschland, Jewish Policy and the German Foreign Office (1935–1940), in: YVS, Bd. 12 (1977), besonders S. 43 f.; ausführlich auch: Francis R. Nicosia, The Third Reich and the Palestine Question, Austin 1985.

der Haavara eintraten, betonten seither hauptsächlich ihren Nutzen für die Beschleunigung der Emigration und nur selten ihre wirtschaftliche Funktion der Exportförderung.

Die Haltung der für die Wirtschaft zuständigen Regierungsämter

Die Einstellungen der mit den Problemen der Wirtschaft befaßten Ministerien und Regierungsstellen ergaben sich aus deren spezifischem Tätigkeitsbereich. Wie bereits angedeutet, berührte das Haavara-Abkommen verschiedene, manchmal miteinander konkurrierende Aspekte der aktuellen Wirtschaftspolitik, die dann auch in den Stellungnahmen der betreffenden Ministerien oder ihrer Abteilungen zum Ausdruck kamen. Von Beginn an wurde die Haavara am konsequentesten von den Beamten des Reichswirtschaftsministeriums unterstützt. Sie verhandelten über das Abkommen zuerst mit Sam Cohen und kurz darauf mit den, vorerst offiziösen, Vertretern der Jewish Agency und brachten es nach kurzer Zeit zum Abschluß. Dabei ließen sie sich zu dieser Zeit hauptsächlich von dem Gedanken an die Beschäftigungslage in der Industrie leiten, da sie fürchteten, der Boykott deutscher Waren im Ausland würde zu einem Anwachsen der Arbeitslosigkeit in den Exportbranchen führen. Dagegen war die Reichsbank, der seit März 1933 Hjalmar Schacht als Präsident vorstand, um die schwindenden Gold- und Devisenreserven besorgt. Aus diesem Grund lehnte sie jeden Export ab, der dem Reich keine Devisen einbrachte oder, wie die Haavara, es sogar Devisen kostete. Zwischen 1933 und 1935 erhielten als »Kapitalisten« nach Palästina auswandernde Juden über 31 Millionen RM als »Vorzeigegeld« zum offiziellen Kurs von 12,5 bzw. 15 RM per £P zugeteilt. Während der gleichen Zeit exportierte die Haavara deutsche Waren im Gesamtbetrag von 27,3 Millionen RM, die ihr Berliner Büro, die Paltreu, in RM bezahlte. Dies erklärt die Opposition der Reichsbank, die die technische Abwicklung der Haavara-Geschäfte nach Möglichkeit erschwerte. Sie kürzte laufend die monatliche Devisenquote für das »Vorzeigegeld«. Schließlich mußte es ab April 1936 insgesamt durch Deviseneinkünfte der Haavara aus Exporten nach Palästina oder in andere Länder aufgebracht werden.[11] Daß Schacht gegen die antijüdischen Maßnahmen des Regimes Widerstand leistete, wie er später im Hauptkriegsverbrecher-Prozeß in Nürnberg und in seinen Memoiren für sich in Anspruch nahm und wie ihm bis vor kurzem in der Literatur auch geglaubt

---

11 Feilchenfeld, Haavara-Transfer (wie Anm. 1), S. 45 f.

wurde, ist durch seine oder die Einstellung der Reichsbank zur Haavara keinesfalls belegt.[12]

Der unmittelbare Partner bei allen die Haavara betreffenden laufenden Vorgängen war die »Reichsstelle für die Devisenbewirtschaftung«, deren Leiter Hans Hartenstein wesentlich zum Abschluß des Transferabkommens beigetragen hatte. Er galt allgemein als hilfsbereit und entgegenkommend.[13] Da jedoch die Lenkung der Devisenabgabe die Hauptaufgabe der »Reichsstelle« war, mußte sie besonders wachsam auf jede direkte oder indirekte Gefährdung der Reserven in fremder Währung reagieren. Deshalb war für ihre Beamten in der Anfangsphase der Haavara die Erwartung ausschlaggebend, durch sie den antideutschen Boykott durchbrechen zu können. Als sie jedoch feststellten, daß die Gefahren des Boykotts, wenn auch nicht völlig imaginär, so doch stark überschätzt worden waren, während gleichzeitig die Devisenreserven immer mehr schwanden und 1937 ein kritisches Tief von nur 74 Millionen RM erreichten,[14] änderte sich ihre Einstellung zur Haavara. Die Wiederbelebung der Wirtschaft war inzwischen trotz der Verringerung des Außenhandelsvolumens schnell fortgeschritten, so daß selbst ein erfolgreicher Boykott deutscher Waren der Überwindung der Arbeitslosigkeit nicht mehr schaden konnte. Hingegen mußte die »Reichsstelle« jetzt besonders wegen der Devisenknappheit besorgt sein; denn für die sich schnell erweiternde Industrieproduktion mußten wachsende Mengen von Rohmaterial eingeführt und in Devisen bezahlt werden. Dies erklärt, warum die Verhandlungen der Paltreu selbst mit den wohlgesinnten Beamten der Reichsstelle für Devisenbewirtschaftung immer schwieriger wurden. Ab Ende 1936 konnte man sie nur noch durch das Argument überzeugen, daß angesichts der sich dauernd verschlechternden Wirtschaftslage der Juden jede Kürzung oder Verteuerung des Kapitaltransfers ihre Auswanderung erschweren würden.

Solange der Export noch irgendeine, wirkliche oder vermeintliche, Rolle als Beschäftigungsfaktor spielte, konnten die Funktionäre der Haavara und die sie unterstützenden Beamten in den wirtschaftlichen Ministerien immerhin auf einige Vorteile hinweisen, die dieses Geschäft aus deutscher Sicht im Vergleich zu anderen Exportlieferungen bot. Da Schacht konsequent jede Abwertung der RM ablehnte, konnten deutsche Firmen nur mit Hilfe der Regierung und der Reichsbank auf dem

---

12 Vgl. jetzt: Albert Fischer, Hjalmar Schacht und Deutschlands »Judenfrage«. Der Wirtschaftsdiktator und die Vertreibung der Juden aus der deutschen Wirtschaft, Köln 1995; Avraham Barkai, Vom Boykott zur »Entjudung«. Der wirtschaftliche Existenzkampf der Juden im Dritten Reich, Frankfurt a. M. 1988, S. 69ff.
13 Feilchenfeld, Haavara-Transfer (wie Anm. 1), S. 10 und passim.
14 Barkai, Das Wirtschaftssystem (wie Anm. 2), S. 167.

internationalen Markt konkurrenzfähig bleiben. In einem sogenannten »Zusatzverfahren« wurde die Differenz zwischen Inlands- und Auslandspreisen bei allen Exportartikeln durch Subventionen gedeckt. Dies traf bei den Haavara-Exporten nicht zu, bei denen die Importeure in Palästina für die höheren Preise der deutschen Waren durch sogenannte »Preisausgleich-Bonifikationen« entschädigt wurden. Die Kosten dafür trugen letzten Endes die Besitzer der bei der Paltreu in Berlin deponierten Konten, die für ihre RM immer geringere Beträge in £P ausgezahlt bekamen. Diese wachsende Subsidierung des deutschen Exports durch die jüdischen Haavara-Auswanderer war der Hauptgrund für den realen Schwund ihres Vermögens, je länger sie auf den Transfer warten mußten. Ende 1938 zahlten sie 40 RM für jedes ihnen in Palästina ausgezahlte Palästina-Pfund, über dreimal so viel wie nach dem offiziellen Kurs von 12,50 RM pro £P. Dies bedeutet, daß Menschen, die zu dieser Zeit ihr Vermögen aus Deutschland transferierten, weniger als ein Drittel seines realen Werts erhielten, nachdem sie bereits 25 % davon als Reichsfluchtsteuer hatten abführen müssen. Allerdings war die Situation damit noch günstig, denn der Transfer aus den »Sperrmark«-Konten in andere Länder kam inzwischen einem fast völligen Verlust gleich, da Auswanderer nach dem Novemberpogrom 1938 für sie nur noch zehn und am Ende vier Prozent ihres realen Werts erhielten.[15]

Somit war die Haavara, vom rein wirtschaftlichen Standpunkt des Außenhandels aus gesehen, für die Deutschen ein sehr einträgliches Geschäft. Sie war praktisch ein von den jüdischen Auswanderern aus Deutschland subsidiertes Import-Monopol, nicht nur gegenüber den jüdischen, sondern auch den arabischen Käufern und selbst den deutschen Siedlern in Palästina. Dies erklärt den eindrucksvollen Anstieg der deutschen Exporte nach Palästina, den die folgende Tabelle beweist:

Der deutsche Außenhandel mit Palästina 1930–1938
(in Millionen RM)

	1930	1933	1936	1937	1938
Import	7,58	5,65	2,06	2,89	2,17
Export	11,87	11,36	18,40	27,57	16,30
Überschuß	4,29	5,71	16,34	24,68	14,13

Quelle: BA, R 7 / 3298

15 Feilchenfeld, Haavara-Transfer (wie Anm. 1), S. 69f.

Für ein kleines Land wie Palästina waren dies zwar beeindruckende Daten, aber sie waren von geringerer Bedeutung, als es auf den ersten Blick erscheint. Der deutsche Export nach Palästina betrug weniger als 0,5 % der Gesamtausfuhr, die nach 1933 nie über 10 % des deutschen Bruttosozialprodukts lag.[16] Ohne die Annahme, daß der Handel mit den Juden Palästinas dem Boykott auf anderen Außenhandelsmärkten entgegenwirken und damit den Gesamtexport Deutschlands günstig beeinflussen würde, hätten rein ökonomische Erwägungen die betreffenden deutschen Behörden kaum dazu veranlaßt, die nach Palästina auswandernden Juden so bevorzugt zu behandeln. Der palästinensische Markt erwies sich ohnehin als ungenügend für den Kapitaltransfer der Haavara. Die »Paltreu«-Konten in Berlin stiegen manchmal bis auf sechzig oder siebzig Millionen RM an und deren Besitzer warteten jahrelang auf die Möglichkeit, sie zu transferieren, um auswandern zu können.

Dies veranlaßte die Leiter der Haavara, zusätzliche Märkte zu suchen, um den Transfer zu beschleunigen. Tatsächlich gelang es ihr, z. B. 1937 deutsche Waren im Wert von 31,4 Millionen RM zu exportieren, von denen auf Palästina nur 27,5 Millionen RM entfielen. Im Juli 1934 konnte die Haavara ein dreiseitiges Handelsabkommen über den Export von Metallröhren im Wert von 65 000 £ Sterling nach Syrien abschließen. Dadurch ermutigt, versuchte sie ähnliche Geschäfte auch mit anderen Ländern des vorderen Orients auszuhandeln. Da diese Transaktionen jedoch die wirtschaftlichen Interessen Großbritanniens unmittelbar berührten, stießen sie sofort auf den Widerstand der Mandatsregierung. Auch die immer noch aktiven jüdischen Boykott-Komitees verschiedener Länder erhoben Einspruch. Im März 1935 schlug der deutsche Konsul in Kairo die Beteiligung der Haavara an einer Ausschreibung der ägyptischen Regierung zur Lieferung einer großen Zahl von Lokomotiven vor. Trotz der Zustimmung des Auswärtigen Amts erhob die Reichsstelle für die Devisenbewirtschaftung Einspruch, da der Haavara-Transfer lediglich zur Förderung der Auswanderung von Juden aus Deutschland bestimmt sei und nur unter der Bedingung stattfinden dürfe, daß dadurch sonst unmögliche, zusätzliche Exporte erzielt werden könnten. Außerdem hätte in diesem spezifischen Fall ein deutsches Angebot ein mit britischen Firmen abgeschlossenes Abkommen verletzt. Noch interessanter ist im hier behandelten Kontext eine Anfrage der NSDAP-Auslandsorganisation, die offenbar Wind von dem Projekt bekommen hatte und verlangte, über alle Aktivitäten der Haavara informiert zu werden.[17] Dies ist m.W. die erste solche Interven-

---

16 Barkai, Das Wirtschaftssystem (wie Anm. 2), Tabelle 9, S. 235.
17 Gelber, Haavara (wie Anm. 1), Teil II, S. 62 ff.; BA, R 7/3532, S. 5 ff.

tion seitens der Auslandsorganisation oder irgendeiner anderen Parteiformation, doch sollte die Opposition von dieser Seite sich bald noch stärker bemerkbar machen.

Die lange Wartezeit, bis das eingezahlte Kapital transferiert werden konnte, war das Hauptproblem der Paltreu und ihrer Depositoren. Je mehr sich die deutsche Wirtschaft erholte, um so stärker wuchsen die Schwierigkeiten, den Export zu erweitern, da immer mehr Waren, besonders knappe Rohstoffe und für die Rüstungsindustrie benötigte Halbfabrikate, auf die sogenannte »Negativliste« von Erzeugnissen gesetzt wurden, die vom Haavara-Export ausgenommen waren. Nachdem die Versuche, den Export in andere Länder als Palästina zu erweitern, gescheitert waren, suchte die Paltreu das Interesse der exportierenden Firmen zu mobilisieren, für die die Haavara immer ein gutes Geschäft war. Bestellungen wurden gewöhnlich vorausbezahlt, da die jüdischen Stellen glaubten, daß ihr Geld in den Händen deutscher Firmen besser aufgehoben sei als in den eigenen Kassen oder bei jüdischen Banken, wie Wassermann oder Warburg. In vielen Fällen erhielt die Paltreu vertrauliche Mitteilungen von deutschen Industriellen oder Exporteuren über Waren, die bald auf die Negativliste kommen würden, so daß sie den neuen Restriktionen durch den Ankauf größerer Lager von solchen Waren zuvorkommen konnte.[18]

Vorsichtig zwischen den ökonomischen Interessen und den manchmal widersprüchlichen Maßnahmen der nationalsozialistischen »Judenpolitik« manövrierend, konnte die Haavara eine Zeitlang bemerkenswerte Erfolge verzeichnen. Die dabei hervortretenden Meinungsverschiedenheiten zwischen den verschiedenen Dienststellen waren unverkennbar. Auch wenn die aggressivere Haltung mancher Parteiämter, wie besonders der NSDAP-Auslandsorganisation, in den Quellen deutlich zutage tritt, dürfen die Differenzen jedoch nicht, wie es oft geschieht, für Kennzeichen eines dualistischen Systems gehalten werden, das ideologische oder politische Gegensätze zwischen Partei und Regierung reflektiert. Auch zwischen verschiedenen Ministerien und Ministerialabteilungen oder mit der Reichsbank gab es Konflikte. Besonders umstritten war während der ersten Jahre die Devisenzuteilung für das Vorzeigegeld für »Kapitalisten«-Zertifikate. Devisenzuteilungen an Auswanderer beruhten ursprünglich auf dem »Stillhalteabkommen«, das die Regierung Brüning im August 1931 in Basel mit den ausländischen Gläubigern Deutschlands abgeschlossen hatte. Es gestand jedem Auswanderer einen Betrag von 2000 RM in Devisen zum offiziellen Wechselkurs zu. Der Betrag von 1000 £P, der bis Anfang 1935 im Rahmen des Haavara-Abkommens für das »Vorzeigegeld« be-

---

18 CZA, S 7/174; Feilchenfeld, Haavara-Transfer (wie Anm. 1), S. 52 f.

willigt wurde, lag erheblich über dieser Summe, nämlich zwischen 12 500 und 15 000 RM, und diese Bevorzugung genossen nur die Palästina-Auswanderer. Außerdem brachten die Haavara-Exporte der Reichsbank keine Devisen, so daß sie bis Ende 1935 durch das Abkommen einen Nettoverlust von 2,5 Millionen £P (oder £ Sterling) erlitt.[19]

Die Reichsbank brachte ihre Besorgnis darüber bereits im Juli 1933 zum Ausdruck. Reichswirtschaftsminister Kurt Schmitt setzte sich aber über ihre Bedenken hinweg, weil damals noch die Gegenwehr gegen den Boykott den Ausschlag gab. Deshalb wollte Schmitt das Haavara-Abkommen möglichst noch vor dem Zusammentritt einer Boykott-Konferenz abschließen, die am 15. Juli 1933 unter dem Vorsitz von Lord Melchett in London zusammentrat.[20] Aber schon damals konnten die zunehmenden Einwände der Reichsbank und anderer Regierungsstellen nicht einfach übergangen werden. Diese richteten sich besonders gegen die sogenannten »B-Konten«, die von Leuten eingerichtet wurden, die ihre Auswanderung erst für später planten, aber schon einen Teil ihres Vermögens durch die Haavara transferieren wollten. Daß es diese Möglichkeit überhaupt gab, zeigt, daß die Beschleunigung der Auswanderung selbst in dieser frühen Phase für die deutschen Haavara-Befürworter wichtiger war als die ökonomischen Vorteile der Exportförderung und Arbeitsbeschaffung, obwohl sie diese damals noch sehr ernst nahmen.

Nachdem sich auch das Reichspropagandaministerium unter Joseph Goebbels eingeschaltet hatte, mußte die Haavara schließlich dem Druck der Reichsbank nachgeben und einen Teil der aus den »B-Konten« bezahlten Exporte in ausländischer Währung begleichen. Aber solange Kurt Schmitt im Amt blieb, konnte die Paltreu die Widerstände mit Unterstützung seines Ministeriums, der Orient-Abteilung des Auswärtigen Amts und der interessierten Exportfirmen überwinden.[21] Im Juli 1934 übernahm jedoch Hjalmar Schacht neben dem Amt des Reichsbankpräsidenten auch die Leitung des Reichswirtschaftsministeriums. Damit kam das Problem des Vorzeigegelds erneut auf die Tagesordnung.

Da sich der Devisenmangel verschärfte, bestand 1935 nicht nur die Reichsbank, sondern auch der wohlwollende Regierungsrat Dr. Hans Hartenstein darauf, daß die Haavara selbst die Devisen für das »Vorzeigegeld« aus den Verkaufserlösen ihrer Exporte zur Verfügung stellen müsse.[22] Als Leo David, der Geschäftsführer der Haavara in Tel Aviv,

---

19 BA, R 2/4380, S. 85 ff.
20 CZA, S 7/85(2).
21 Gelber, Haavara (wie Anm. 1), Teil II, S. 35 f.
22 Feilchenfeld, Haavara-Transfer (wie Anm. 1), S. 10.

zu bedenken gab, diese Anordnung könne das ganze Verfahren gefährden, wurde Hartenstein ungeduldig: Die Juden seien viel mehr an der Haavara interessiert als die Deutschen, und Drohungen, die Haavara zu beenden, klängen wie: »Geschieht meiner Mutter ganz recht, wenn ich mir die Hände erfriere! Warum hat sie mir keine Handschuhe gekauft!« Leo David schloß aus dieser Reaktion, daß Schachts Entschluß in Sachen des Vorzeigegelds endgültig sei. Selbst eine Intervention von Max Warburg, der bis zu seiner Emigration 1938 enge Kontakte zu Schacht unterhielt, blieb erfolglos. Nach Ansicht Davids hatten die Deutschen das Interesse an der Haavara verloren, und nur die Bemühungen Hartensteins und einiger anderer wohlgesinnter Beamten erhielten das Abkommen noch am Leben. Den Grund dafür sah Leo David in der allgemeinen Wiederbelebung der deutschen Wirtschaft und der sogar im Auswärtigen Amt überhand nehmenden Überzeugung, daß das Regime von der Reaktion des Auslands auf seine antijüdischen Maßnahmen wenig zu befürchten hätte. Die Deutschen würden zwar wachsenden Druck auf die Juden ausüben, um sie zur Auswanderung zu veranlassen, seien jedoch immer weniger bereit, »irgendwelche Kosten zu tragen«. Er kam zu dem Schluß, daß Drohungen völlig wirkungslos seien. Die Lage der deutschen Juden verschlimmere sich von Tag zu Tag. Sie müßten das Land verlassen und jede Möglichkeit ergreifen, zumindest einen Teil ihres Vermögens zu transferieren, solange dies, unter welchen Bedingungen auch immer, noch möglich sei.[23]

Dieser Brief beweist, daß die Leiter der Haavara in Tel Aviv, ebenso wie in Berlin, schon im März 1935 damit rechneten, daß rein wirtschaftliche Interessen bei den deutschen Vertragspartnern kaum noch eine Rolle spielten. Einzig der Wunsch, die jüdische Emigration zu beschleunigen, veranlaßte sie, den Transfer jüdischen Eigentums zu erleichtern. Zu diesem Zeitpunkt hatten die Nationalsozialisten jedoch bereits begriffen, daß sie die Juden durch wirtschaftliche Repressalien und soziale Diskriminierung dazu bringen konnten, Deutschland selbst unter Zurücklassung ihres Besitzes zu verlassen.

Bis zum Abschluß der Olympischen Spiele in Berlin im Sommer 1936 spielte die Rücksichtnahme auf die öffentliche Meinung im Ausland noch eine gewisse Rolle, aber diese war, wie die Proklamierung der Nürnberger Gesetze im September 1935 bewies, nicht mehr besonders wichtig. Dank ihrer wirtschaftlichen und politischen Erfolge waren die Nationalsozialisten im Vergleich zum August 1933, als sie das Haavara-Abkommen unterzeichneten, sehr weit gekommen. Jetzt fühlten sie sich sicher im Sattel und gegen jede Bedrohung durch den Boykott oder andere Aktionen des »Weltjudentums« gefeit. Das Problem

---

23 Leo David aus Amsterdam, 20. März 1935, CZA, S 7 / 174.

für den Historiker ist daher nicht, zu erklären, warum sich die Schwierigkeiten der Haavara stets mehrten und ihre Bedingungen verschlechterten, sondern im Gegenteil, warum die zuständigen deutschen Behörden sie überhaupt noch geschehen und sogar 1937 einen Höhepunkt von 31,5 Millionen RM erreichen ließen.

1935–1939: Warum noch Haavara?

Im November 1935 fand in Berlin eine interministerielle Beratung über die jüdische Auswanderung und den Kapitaltransfer statt. Ministerialdirektor Wohlthat vom Reichswirtschaftsministerium eröffnete die Sitzung mit der Erklärung, sie sei nicht dazu einberufen worden, um zu entscheiden, »ob und wie die jüdische Auswanderung gefördert werden soll, […] vielmehr [seien] nur die Wege zu suchen, auf denen eine Förderung der jüdischen Auswanderung überhaupt möglich sei, und ihre Vor- und Nachteile […] zu untersuchen. Das Reichswirtschaftsministerium beabsichtige, zum Problem der jüdischen Auswanderung dem Führer eine Aufzeichnung über die rein wirtschaftlichen Gesichtspunkte vorzulegen und eine abschließende Entscheidung zu erbitten.«

Der letzte Satz verweist m. E. auf den wichtigsten Aspekt dieses Dokuments. Die Unsicherheit der verschiedenen Behörden über Hitlers künftige »Judenpolitik« hinderte sie, weitere Schritte im Bereich des Kapitaltransfers zu unternehmen, bevor sie die Entscheidung des »Führers« eingeholt hatten. Dementsprechend drehte sich ein großer Teil der Diskussion darum, wie Hitlers wahre Absichten auszulegen seien. Der Vertreter des Reichsinnenministeriums erklärte, Hitler hätte den Wunsch ausgesprochen, »daß die Juden in der Wirtschaft nicht oder möglichst wenig behelligt werden sollten«. Dagegen wurde der »Stellvertreter des Führers« von seinem Abgesandten dahingehend zitiert, er habe des »Führers« Zustimmung erhalten, daß »man den Juden durch Eröffnung von Möglichkeiten zur Vermögensmitnahme zunächst einen Anreiz zur Auswanderung geben und schließlich einen *Zwang* zur Auswanderung auf sie ausüben [solle], sobald sich ein Weg als gangbar erwiesen habe, den Juden die Vermögensmitnahme, wenn auch unter Verlusten für sie, zu ermöglichen.«

In der folgenden Aussprache wurden die verschiedenen Verfahren erörtert, wie man den Juden ermöglichen könne, »wenigstens einen Teil ihres Vermögens bald oder allmählich ins Ausland zu überführen«. Interessanterweise wurde die Haavara nicht bei Namen genannt, doch stand ihr Grundprinzip, »die Verwendung von Auswanderervermögen zur inländischen Finanzierung langfristiger großer Ausfuhraufträge«, deutlich im Vordergrund. Wohlthat informierte die Anwesenden über laufende Verhandlungen zur »Schaffung einer Stelle, [...] die die Liquidation der jüdischen Vermögen durchführt. Alsdann könnten auch mittlere und kleine Vermögen einbezogen werden.«[24]

In diesen Monaten nach Verkündung der »Nürnberger Gesetze« bemühte sich die jüdische Führung, neue und schnellere Wege für eine geordnete Auswanderung zu finden. Die von Wohlthat erwähnten Verhandlungen waren, soweit bekannt, die Folge persönlicher, informeller Kontakte zwischen Max Warburg und Hjalmar Schacht, bei denen zum ersten Mal die Idee einer »Liquidationsbank«, nach dem System der Haavara, für den Transfer des gesamten Eigentums der deutschen Juden aufgetaucht zu sein scheint. Warburg veranlaßte dann die Leiter der Reichsvertretung der Juden in Deutschland, seine Vorschläge in einem offiziellen Memorandum zusammenzufassen und es am 27. Januar 1936 dem Reichswirtschaftsministerium vorzulegen.[25] An der Delegation nahmen Max Warburg, der Geschäftsführer der Reichsvertretung, Otto Hirsch, und ein Vorstandsmitglied der Zionistischen Vereinigung für Deutschland, Georg Landauer, teil, der eigentlich gegen diese Initiative war. Zwei Tage nach der Besprechung berichtete Landauer an die Jewish Agency in Jerusalem, die deutschen Beamten seien von dem Inhalt des Memorandums völlig überrascht gewesen. Der Grund hätte vielleicht in der Abwesenheit Hartensteins gelegen, der bisher alle Haavara-Angelegenheiten bearbeitet habe. Max Warburg habe die deutschen Gesprächspartner noch mehr überrascht, als er auf ihre Bitte, spezifischere Vorschläge zu machen, eine Anfangssumme von 250 Millionen RM für den Transfer genannt habe. Auf die Frage, wie viele Juden nach seiner Ansicht bei diesem Verfahren Deutschland verlassen würden und mit welcher Dauer zu rechnen sei, habe er nur sehr unklare Schätzungen machen können. (Angesichts der Tatsache, daß das gesamte Transfervolumen der Haavara in mehr als sechs Jahren nur 140 Millionen RM betrug und in der gleichen Zeit insgesamt 52 000 Juden nach Palästina auswanderten, ist das Staunen der deutschen Beamten verständlich. Welche Zahlen Max Warburg in seinen Gesprächen mit Schacht genannt hat, ist nicht bekannt.) Die jüdischen Vertreter scheinen am Ende eingesehen zu haben, daß ihr Memorandum nicht gründlich genug vorbereitet und verfrüht eingereicht worden war, und erbaten es zur weiteren Bearbeitung zurück.[26] Dies scheint das Ende

---

24 Vermerk vom 17. Dezember 1935, im deutschen Originaltext voll zitiert bei: Jisraeli, Ha Reich (wie Anm. 1), S. 296 ff., leider ohne genügende Bezeichnung des Fundorts. Nach der angeführten Signatur (F 4380–1061 IA, 1) ist jedenfalls klar, daß das Dokument aus den Akten des Reichsfinanzministeriums (BA, R 2/ 43–46?) stammt.
25 Für den vollen Text des Memorandums siehe CZA, S 25/9810.
26 Georg Landauer an Jewish Agency, Jerusalem, 28.1.1936, CZA, S 25/9755.

dieser Initiative gewesen zu sein. Jedenfalls liegt meines Wissens kein Beweis für ihre unmittelbare Fortsetzung vor.

Die veränderte Einstellung der deutschen Ämter zur Haavara beleuchtet die immer stärker gefährdete Situation der jüdischen Gemeinschaft in Deutschland. Je mehr die Juden die Aussichtslosigkeit ihrer Zukunft in Deutschland einsahen, um so größer wurde die Zahl der neuen »Paltreu«-Konten und um so länger wurden die Wartelisten und Wartezeiten für die auf die Zuteilung des »Vorzeigegelds« und des »Kapitalisten«-Zertifikats wartenden Menschen. Die Verfolgungen verschärften sich besonders auf wirtschaftlichem Gebiet, um die Juden zu veranlassen, ihre Betriebe aufzulösen oder »arisieren« zu lassen. Obwohl fast jeder Jude sich nach irgendeinem Platz auf dem Globus umsah, wo er sich und seiner Familie vielleicht eine neue Existenz gründen könnte, zögerten die meisten doch, ihr Vermögen, das nach der Auflösung oder dem Verkauf ihrer Unternehmen zunehmend aus liquiden Mitteln bestand, in den »Auswanderer-Sperrmark«-Konten zurückzulassen, für die sie ab 1936 nur noch einen geringen, stets sinkenden Teil des realen Werts erhielten. Ende 1937 waren es noch 15 %, ein Jahr darauf nur noch 5 % des in RM gesperrten Betrags, den die Besitzer dieser Konten in ausländischer Währung transferieren konnten. Unter diesen Umständen war die Haavara, trotz des dauernd ansteigenden Wechselkurses, immer noch die günstigste Form des Kapitaltransfers. Selbst nach dem Novemberpogrom 1938 erhielten die Auswanderer noch etwa ein Drittel des bei der »Paltreu« eingezahlten RM-Betrags in £P ausbezahlt.[27]

Ab März 1936 wurden den Emigranten keine Devisen mehr von der Reichsbank zugeteilt und das »Vorzeigegeld« mußte voll aus den Erträgen der Haavara gezahlt werden. Die sogenannten »A-Konten« der sofortigen Auswanderer wurden gegenüber den »B-Konten« derer, die noch abwarten, aber ihr Geld schon in Palästina investieren wollten, bevorzugt. Das gleiche galt für die Spendenerträge von Institutionen wie dem »Keren Kajemet« (»Jüdischer Nationalfonds« für Bodenerwerb) oder dem »Keren Hajessod« (Aufbaufonds), die die gesammelten Gelder auch nur über die Haavara transferieren konnten. Diese Vorrangstellung der sofortigen Auswanderer ergab sich nicht nur aus den Bestimmungen der deutschen Behörden, die eine immer größere Kontrolle über die Verfügungen der Paltreu ausübten, sondern entsprach auch den intern-jüdischen Prioritäten. Angesichts der immer bedrohlicheren Situation in Deutschland zogen die Leiter der Paltreu und der Zionistischen Vereinigung es vor, die immer weniger zureichenden Erträge aus dem Verkauf der deutschen Exportwaren auf die

---

27 Feilchenfeld, Haavara-Transfer (wie Anm. 1), S. 68 f.

größtmögliche Zahl von auswandernden Familien zu verteilen, anstatt sie für den einmaligen Transfer größerer RM-Beträge durch Investoren oder die genannten Fonds zu nutzen.[28]

Warum die deutschen Behörden weiterhin die Auswanderer nach Palästina bevorzugten, indem sie der Haavara Transfermöglichkeiten beließen, die sie Auswanderern in andere Länder nicht gewährten, bleibt eines der Rätsel der sich stufenweise radikalisierenden nationalsozialistischen »Judenpolitik«. Das einzige, was sich mit Gewißheit sagen läßt, ist, daß die Fortführung der Haavara, die in mancher Hinsicht realen wirtschaftlichen und auch politischen Interessen des Dritten Reichs widersprach, auf einem ausdrücklichen persönlichen Entscheid Adolf Hitlers beruhte.

Die Opposition gegen die Weiterführung der Haavara verstärkte sich im Laufe der Zeit selbst in denjenigen Ministerien, die sich für den Abschluß des Abkommens eingesetzt hatten. Im Januar 1937 berichteten die Direktoren der Haavara, Werner Feilchenfeld und Heinrich Margulies, über den wachsenden, der Haavara schädlichen Einfluß des Referats »Deutschland« im Auswärtigen Amt und der NSDAP-Auslandsorganisation, die von Döhle, dem Generalkonsul in Jerusalem, unterstützt würden. Auch andere deutsche Diplomaten, insbesondere der Konsul in Bagdad, Dr. Fritz von Grobba, hätten die Auswanderungsreferenten in der Devisenstelle, die bisher die Haavara stets wohlwollend unterstützt hätten, dahin gebracht, ihre Versuche, in Ländern außerhalb Palästinas tätig zu sein, zu unterbinden.[29]

Am 29. November 1936 wurde die »Politik zur Regelung der wirtschaftlichen Stellung der Juden« auf einer weiteren interministeriellen Konferenz unter dem Vorsitz von Wilhelm Stuckart, dem Staatssekretär im Reichsinnenministerium, besprochen. Als Dr. Walter Blome vom Büro des »Stellvertreters des Führers« sich gegen die fortgesetzte Bevorzugung Palästinas als jüdisches Auswanderungsziel äußerte, erwiderte Stuckart, daß es besser sei, die Juden dort zu konzentrieren, als ihnen die Möglichkeit zu geben, sich über mehrere wirtschaftlich unentwickelte Länder zu zerstreuen, wo sie bald politischen und ökonomischen Einfluß erlangen und gegen die deutschen Interessen gebrauchen könnten. Die darauf folgende Diskussion schloß Stuckart mit der Erklärung, daß »selbstverständlich die Auswanderung der Juden ohne Rücksicht auf das Zielland gefördert werden müsse, daß aber *deutsche*

---

28 Bericht von Margulies und David, 15. April 1936, CZA, S 7/350. Diese Praxis der Paltreu gab Anlaß zu scharfen Auseinandersetzungen zwischen den Hauptbüros des Keren Kajemet und der Haavara in Palästina. (CZA, S 7/86 und S 25/9810).
29 Bericht, Januar 1937, CZA, S 7/350.

Mittel in erster Linie für Palästina eingesetzt werden könnten«.[30] Ein knappes Jahr später änderte das Innenministerium seine Ansicht, und sein Vertreter erklärte auf einer Sitzung am 18. Oktober 1937, »daß er vom Standpunkt der Förderung der jüdischen Auswanderung an der Aufrechterhaltung des Haavaraabkommens nicht mehr interessiert sei«.[31]

Nach Verkündung der Nürnberger Gesetze im September 1935 wurden in allen zuständigen Regierungs- und Parteiämtern immer mehr Einwände gegen den Fortbestand der Haavara vorgebracht. Diese wurden noch eindringlicher nach der Veröffentlichung des Berichts der »Palestine Royal Commission« unter Lord Peel im Juli 1937, die zum ersten Mal die Beendigung des britischen Mandats und die Errichtung eines jüdischen Staates in einem Teil von Palästina auf die Tagesordnung setzte. Nicht nur das Referat Deutschland, sondern auch Außenminister von Neurath und sein Staatssekretär Ernst von Weizsäcker befürworten jetzt eine pro-arabische Reorientierung der deutschen Außenpolitik. Vicco von Bülow-Schwante benutzte diese Gelegenheit, um die Diskussion um die Haavara zu erneuern, aber, obwohl er dabei vermutlich von Weizsäcker unterstützt wurde, mußte er sich mit der Versicherung zufrieden geben, daß die von ihm vorgeschlagene »Änderung [...] auf dem Gebiet Wanderungspolitik [...] vorläufig der Prüfung und Entscheidung der beteiligten innerdeutschen Stellen [unterliegt]«.[32]

Generalkonsul Döhle in Jerusalem und Ernst Wilhelm Bohle, der Chef der NSDAP-Auslandsorganisation, waren an den Versuchen, die Haavara zu beenden oder zumindest stark einzuschränken, sehr aktiv beteiligt. Am 5. Mai 1937 wurde Bohle jedoch vom Außenhandelsamt seiner Organisation mitgeteilt, daß die fortgesetzte Unterstützung der Haavara durch die verantwortlichen Beamten des Reichswirtschaftsministeriums wahrscheinlich auf Anweisungen »von höchster Seite« beruhe, eine Wendung, die nur für persönliche Entscheidungen Hitlers gebraucht wurde. Ebenso würden die Bemühungen des Referats Deutschland im Auswärtigen Amt, das Abkommen auszuhöhlen, von den Leitern der Wirtschaftsabteilung, die immer noch »den starren Haavara-Standpunkt« vertreten, abgewehrt.[33]

Der Standpunkt der SS zum Problem Palästina und zur Haavara

---

30 BA, R 18/5514, S. 199 ff.
31 Institut für Zeitgeschichte, München, F 71/3, Fsz. 5, S. 228. Für eine ausführliche Darstellung dieser Verhandlungen siehe Barkai, Boykott, (wie Anm. 12), S. 111 ff.
32 Memorandum von v. Bülow-Schwante, 22. Juni 1937, BA, R 43/II, S. 142 a ff, (das Zitat S. 147 b); vgl. Browning, Referat Deutschland (wie Anm. 10), S. 48 f.; Nicosia, The Third Reich (wie Anm. 10), S. 112 ff.
33 PA des AA, 11/40, Chef A/O, Nr. 86, S. 51629–31.

wurde unter der Überschrift: »Zum Judenproblem« in einem langen, wahrscheinlich von Adolf Eichmann verfaßten Memorandum des Referats II/112 im SD-Hauptamt vom Januar 1937 dargelegt.[34] Hier war die Stellungnahme noch ziemlich unsicher und zweideutig. Der Referent meinte einerseits, man müsse die »Auswanderungsmüdigkeit« der Juden durch verstärkten wirtschaftlichen Druck überwinden und zugleich durch den »Volkszorn, der sich in Ausschreitungen ergeht [...], das wirksamste Mittel, um den Juden das Sicherheitsgefühl zu nehmen«. Andererseits betonte er jedoch: »Diesem Rückgang in der Auswanderung [...] kann nur erfolgreich begegnet werden, wenn 1. eine weitgehende Verdrängung der Juden aus der Wirtschaft erfolgt, wenn 2. der politische und gesetzliche Druck wesentlich verstärkt wird, und 3. die technischen Möglichkeiten der Auswanderung erweitert werden.« Nach einer längeren Aufzählung der potentiellen Auswanderungsländer und der begrenzten Möglichkeiten in ihnen kam Eichmann zu dem Schluß, die Auswanderung nach Palästina durch »eine wesentlich weitgehendere Förderung der Arbeiterauswanderung anzustreben. Dieses könnte nur durch wirtschaftlichen Druck des Reichswirtschafts-Ministeriums auf die Paltreu/Haavara zu erreichen sein [...]. Eine antijüdische Beeinflussung arabischer Volkskreise durch Angehörige der Auslands-Organisation der NSDAP (wie sie in den vergangenen Jahren häufig bemerkbar war) ist unbedingt zu unterbinden. Die Aufhetzung der Araber gegen die jüdischen Einwanderer schädigt letzten Endes das Reich, da durch Unruhen die Auswanderungstätigkeit stark eingeschränkt wird.«

Am 11. Mai 1937 berichtete ein anderer Mitarbeiter des Referats II/112, der durch seine spätere Rolle bei der »Endlösung« berüchtigte Dieter Wisliceny, über einen zweimonatigen Besuch von Assessor Wilmanns, einem Mitarbeiter der Devisenstelle, in Palästina. Das Interessante in diesem Vermerk ist, daß Wilmanns, den die Funktionäre der Haavara und der Jewish Agency wegen seiner vermeintlichen Sympathie mit ihrer Arbeit schätzten, nicht nur dem SS-Sicherheitsdienst mündlich über seinen Besuch berichtete, sondern diesem auch eine Kopie seines Berichts an seine Vorgesetzten in der Devisenstelle versprach. Wisliceny faßte den Inhalt von Wilmanns Bericht ohne weiteren Kommentar dahingehend zusammen, es sei die Absicht des Reichswirtschaftsministeriums, »die im Anwachsen begriffene jüdische Industrie in Palästina als unliebsame Konkurrenten des deutsche Exports nach dem vorderen Orient in den Hintergrund zu drängen. Auf der anderen

---

34 BA, R 58/956, Bl. 2–22. Jetzt auch abgedruckt in: Michael Wildt (Hrsg.), Die Judenpolitik des SD 1935 bis 1938 – Eine Dokumentation, München 1995, S. 95–105.

Seite soll auch der arabische Markt [...] unabhängig von der ›Haavara‹ [...] dem deutschen Absatz erschlossen werden.«[35]

Eine wichtige Bezugnahme auf die Haavara findet sich in einem Bericht von Herbert Hagen, dem damaligen Leiter des »Judenreferats« II/112, über eine gemeinsame Reise mit Adolf Eichmann in den Nahen Osten vom 10. bis 11. Oktober 1937. Nach kurzem Aufenthalt in Haifa waren die beiden nach Kairo gefahren, wo der bereits erwähnte Vertreter des Deutschen Nachrichtenbüros in Palästina, Dr. Reichert, ein Treffen mit Feiwel Polkes vereinbart hatte, der sich als Vertreter der illegalen jüdischen Verteidigungsorganisation Haganah ausgab. Während des Gesprächs schlug Polkes u. a. vor, die Auswanderung nach Palästina durch größere Haavara-Exporte zu beschleunigen. Die Vertreter des »Judenreferats« reagierten darauf mit einer »Stellungnahme«, die ihre entschiedene Ablehnung der Haavara erkennen ließ: »Dieser Plan muß von uns aus zweierlei Gründen verworfen werden: a) Es liegt nicht in unseren Bestrebungen, das jüdische Kapital im Auslande unterzubringen, sondern in erster Linie jüdische Mittellose zur Auswanderung zu veranlassen. Da die erwähnte Auswanderung von 50000 Juden pro Jahr in der Hauptsache das Judentum in Palästina stärken würde, ist dieser Plan unter Berücksichtigung der Tatsache, daß von Reichs wegen eine selbständige Staatenbildung der Juden in Palästina verhindert werden soll, undiskutabel. b) Eine Erhöhung des Warentransfers nach dem Vorderen und Mittleren Orient würde bedeuten, daß diese Länder dem deutschen Reich als ›devisenbringende Länder‹ verloren gehen würden. Ferner würde das vom Reichswirtschaftsministerium großgezogene und von uns bekämpfte ›Haavara-System‹ [...] gestärkt werden.«[36]

Die jüdischen Vertreter spürten den atmosphärischen Wandel, selbst in den Wirtschaftsressorts und bei der bisher immer hilfsbereiten Devisenstelle. Im Laufe des Jahres 1937 trat, von einer Besprechung zur anderen, immer deutlicher hervor, daß die deutschen Stellen durchaus daran interessiert waren, den Warenexport nach Palästina fortzuführen und sogar zu erweitern, ihn jedoch stufenweise auf die normale Bahn in Devisen zu entrichtender Zahlungen lenken wollten. Wenn dabei der Haavara überhaupt noch eine Rolle zugedacht blieb, so allein die, den deutschen Bemühungen Vorschub zu leisten, so viele Juden wie möglich bei möglichst geringem Transfer ihres Besitzes auszutreiben. Werner Senator von der Jewish Agency versuchte noch Ende 1937 an das

---

35 BA, R 58/565, Bl. 101. Dazu auch: Bericht von Werner Senator, 24. 11. 1937, CZA, S 25/9755; Marcus, Foreign Office (wie Anm. 5), S. 196.
36 National Archives of the USA, T-175, 411/2936189-94, abgedruckt in: John Mendelson (Hrsg.), The Holocaust. Selected Documents in 18 Volumes, New York/London 1982, Bd. 5, S. 68-121.

langfristige wirtschaftliche Interesse der Deutschen zu appellieren: Er bat Max Warburg, seinen »deutschen Freunden« (womit er wahrscheinlich besonders Hjalmar Schacht meinte) beizubringen, daß die Haavara nicht nur ein Mittel »zur Lösung der deutschen Judenfrage« sei, sondern auch feste Handelsbeziehungen mit Palästina und dem vorderen Orient begründen würde.[37]

Mit ähnlichen Argumenten begegnete Senator auch der Forderung von Wilmanns während seines Besuchs in Palästina, einen größeren Teil der Paltreu / Haavara-Exporte in Devisen zu begleichen. Wilmanns leuchtete die Erklärung offensichtlich ein, denn er schlug vor, daß die jüdischen Experten sich um ein Gespräch mit Göring bemühen sollten, am besten nach vorheriger Beratung und durch Vermittlung von Hjalmar Schacht.[38] Göring kam hier ins Spiel, weil er zu dieser Zeit als Beauftragter für den Vierjahresplan für den gesamten Bereich der Wirtschaft und auch für die »Judenpolitik« zuständig war. Ob es zu der vorgeschlagenen Initiative kam, ist nicht bekannt.

Auch Georg Landauer berichtete nach einem Besuch in Berlin im Sommer 1937 über die veränderte Atmosphäre in den Behörden, die früher immer für eine Zusammenarbeit gewesen waren. Sogar in der Devisenstelle sei nur noch der Reichsbankrat Utermöhle bereit, sich für den Fortgang der Haavara einzusetzen. Aber auch er könne nicht viel helfen, da 60 % der bisher zum Export zugelassenen Waren auf die Negativlisten gesetzt worden seien, d. h. entweder überhaupt nicht oder nur gegen harte ausländische Währung ausgeführt werden dürften.[39] Den gleichen Bescheid erhielten Vertreter der Paltreu im Oktober 1937 bei einer Besprechung im Reichswirtschaftsministerium. Alle Exporte, zuerst die Bestellungen arabischer Importeure und deutscher Siedler in Palästina, müßten nach und nach zu den üblichen Bedingungen abgewickelt und in £P bezahlt werden. Die Reichsbank werde forthin Auswanderern Devisen nur nach ihrem Ermessen und ihren Möglichkeiten zuteilen. Die Paltreu wurde beschuldigt, immer noch den Transfer von »B-Konten« und Spendenfonds durchzuführen, anstatt den gesamten Ertrag der Exporte für »Vorzeigegelder« und »A-Konten« der größtmöglichen Anzahl von wirklichen Auswanderern zu verwenden. Die Vertreter der Paltreu äußerten in ihrem Bericht die Befürchtung, die deutschen Behörden wollten die Leitung der Palästina-Auswanderung und des Haavara-Transfers den jüdischen Institutionen entziehen und selbst übernehmen.[40]

---

37 Senator an Warburg, 24. 11. 1937, CZA, S 25/9755.
38 Ebenda.
39 Brief Georg Landauers aus Amsterdam, 18. 9. 1937, CZA, S 7/464.
40 CZA, S 7/464.

Aus allen Quellen ergibt sich eindeutig, daß gegen Ende des Jahres 1937 die Fortsetzung des Haavara-Transfers von allen Beteiligten auf der deutschen Seite ernstlich in Frage gestellt wurde. Die damit befaßten Regierungs- oder Parteistellen betrachteten die Haavara überwiegend als eine politisch und ökonomisch schädliche oder zumindest unnötige Belastung. Aus dieser Sicht bleibt unverständlich, warum sie das Verfahren nach wiederholten eingehenden Beratungen trotzdem und in erweitertem Umfang fortsetzten. Alle Historiker, die sich mit dem Thema beschäftigt haben, stellten die offensichtliche Widersprüchlichkeit der nationalsozialistischen »Judenpolitik« fest, und die meisten kamen zu dem Schluß, daß Hitler selbst aus uns unbekannten Gründen die bevorzugte Behandlung der Palästina-Auswanderung und die Fortsetzung der Haavara anordnete. Die zuständigen Behörden waren durch diesen Entschluß des »Führers« sichtlich befremdet, mußten ihn jedoch, wenn auch zum Teil nur widerwillig und zögernd, ausführen.[41]

Die Sackgasse, in die sie 1937 geraten waren, wird in vielen Dokumenten sichtbar. Bei einer zweitägigen Konferenz im Auswärtigen Amt am 21./22. September 1937 versuchten Generalkonsul Döhle und der Landesgruppenleiter der NSDAP in Palästina die Vertreter des Außen- und des Reichswirtschaftsministeriums zu überzeugen, die Haavara-Exporte einzustellen oder zumindest auf ein Minimum zu beschränken. Dabei wurden sie vom Vertreter des Außenhandelsamts der Auslandsorganisation der NSDAP unterstützt, der, mit einem Brief aus Görings Behörde für den Vierjahresplan bewaffnet, sehr entschieden auftrat. Die langen Erörterungen führten jedoch zu keinem praktischen Ergebnis, da alle Beteiligten auf die offenbar noch ausstehende grundsätzliche Entscheidung des »Führers« hinwiesen, über deren wirklichen oder voraussichtlichen Inhalt widersprüchliche Meinungen herrschten. Am Ende wurde der Vertreter des Reichsinnenministeriums beauftragt, eine schriftliche Erklärung seiner Vorgesetzten über den wirklichen Inhalt der Entscheidung Hitlers vorzulegen.[42]

Gleichzeitig bemühten sich die Leiter der NSDAP-Auslandsorganisation und der Parteivertreter aus Palästina, die hohen Beamten im Reichswirtschaftsministerium und in der Devisenstelle dazu zu bewegen, ihren Widerstand gegen die Beendigung des Haavara-Transfers aufzugeben oder zumindest einer allmählichen starken Einschränkung

---

41 Vgl. Dolf Michaelis in: Feilchenfeld, Haavara-Transfer (wie Anm. 1), S. 31 ff.; Jisraeli, Ha Reich (wie Anm. 1), S. 140 ff.; Marcus, Foreign Office (wie Anm. 5), S. 191 ff.; Browning, Referat Deutschland (wie Anm. 10), S. 50; Nicosia, The Third Reich (wie Anm. 10), S. 140 f.
42 PA des AA, 11/40, Chef A/O, Nr. 86, S. 51645-49.

zuzustimmen. Diese Stellen waren fast bist zum Schluß die konsequentesten Verteidiger des Haavara-Abkommens. Dabei beriefen sie sich immer auf den Willen des »Führers«, die Auswanderung der Juden zu beschleunigen, wofür die Haavara immer noch das vielversprechendste und für die Devisenbewirtschaftung günstigste Mittel sei, weil die Auswanderung dabei durch zusätzliche sonst nicht durchführbare Exporte finanziert würde. In diesem Sinne legte Reichsbankrat Utermöhle im November 1937 einen langen Bericht vor. Unter Verwendung vieler statistischer Daten suchte er darin zu beweisen, daß erstens die Haavara keine wesentliche Rolle bei der Entscheidung über einen künftigen jüdischen Staat spiele; daß zweitens das von den deutschen Juden transferierte Kapital viel geringer sei als die Importe polnischer und anderer osteuropäischer Juden nach Palästina und wenig Einfluß auf den wirtschaftlichen Erfolg der dort ansässigen Juden habe; daß drittens die Haavara, abgesehen von der Beschleunigung der Auswanderung, für Deutschland auch ein gutes Geschäft sei.[43]

Auch zur Jahreswende 1937/38 warteten alle noch immer auf die Entscheidung Hitlers und versuchten, ihre Stellungnahmen dem »Führer« oder seiner nächsten Umgebung zur Kenntnis zu bringen. Am 14. Januar 1938 war diese Entscheidung offenbar noch nicht gefallen. In einem Brief von diesem Tag an das Auswärtige Amt mit einer Stellungnahme zum Peel-Bericht erwähnte Generalkonsul Döhle einen »Drahterlass Nr. 14 vom 4. Juni 1937 [..., nach dem] auf aussenpolitischem Gebiet die Bildung eines Judenstaates nicht im deutschen Interesse an der Stärkung des Arabertums als Gegengewicht gegen einen Machtzuwachs des Judentums bestehe [sic]. Die durch diesen Drahterlass in Aussicht gestellte Entscheidung über wirtschaftliche oder politische Massnahmen auf dem Gebiet der Förderung jüdischer Auswanderung (Haavara) ist bisher nicht erfolgt.«

Danach äußerte Döhle ausführlich seine Befürchtungen über den negativen Einfluß der Haavara auf die arabische öffentliche Meinung, die bisher mit Deutschland sympathisiert habe. Die Beziehungen der Araber zu den Deutschen in Palästina könnten dadurch gefährdet werden. Er schloß: »Ich würde es daher bedauern, wenn wir durch eine Hinauszögerung der Entscheidung oder durch neue Bekräftigung unserer bisher auf wirtschaftlichem Gebiet befolgten Richtlinien bei der arabischen Bevölkerung an Einfluß verlieren und bei den Arabern eine Stimmung schaffen, die es uns schwer macht, später die jetzige günstige

---

43 Utermöhle an von Hentig, 7. 12. 1937, PA des AA, Abtlg. 33/206, S. 375521–29; Marcus behauptete, daß er auf Wunsch von Hentig, einem der letzten Befürworter der Haavara im Auswärtigen Amt, die statistischen Daten und die Argumente für dieses Memorandum erstellt habe, Marcus, Foreign Office (wie Anm. 5), S. 191 f.

Einstellung wieder herzustellen. Eine Entscheidung [...] erscheint mir daher dringlich.«[44]

Trotzdem konnte eine Besprechung im Reichswirtschaftsministerium am 21. Januar 1938, an der u. a. auch die Vertreter der NSDAP-Auslandsorganisation teilnahmen, zu keinen konkreten Beschlüssen kommen. Nachdem der Staatssekretär im Reichwirtschaftsministerium, Hans Ernst Posse, erklärt hatte, daß »seiner Ansicht nach die beantragte Entscheidung an höchster Stelle dahin lauten würde, daß die Auswanderung der Juden mit allen Mitteln zu fördern sei«, wurde beschlossen, »die Entscheidung über die Judenauswanderung abzuwarten, inzwischen aber nichts zu unternehmen, was auf eine Förderung oder einen Ausbau des Haavara-Systems hinausläuft«.[45]

Der Gang der Verhandlung läßt vermuten, daß die an der Sitzung teilnehmenden Beamten noch nichts von Hitlers Entscheidung wußten, die bevorzugte Behandlung der Palästina-Auswanderer und der Haavara fortzusetzen, die schon Anfang Januar gefallen zu sein scheint und von Alfred Rosenberg mündlich weitergeleitet wurde.[46] Diese Entscheidung beendete alle grundsätzlichen Diskussionen. Die Haavara-Exporte und alle anderen Paltreu-Transferaktionen wurden bis zur Kriegserklärung Englands am 3. September 1939 fortgesetzt. Trotzdem betrug der während der beiden Jahre 1938 und 1939 transferierte Betrag nur etwas mehr als 27 Millionen RM, entgegen der Spitzensumme von 31,5 Millionen im Jahr 1937. Dieser Rückgang fand zu einer Zeit statt, in der auch die deutschen Juden, die bisher gezögert hatten, unter Verlust eines Teils ihres Vermögens auszuwandern, das Büro der Paltreu regelrecht bestürmten, um neue Transfer-Konten zu eröffnen. Nach dem Novemberpogrom waren dort Ende 1938 84 Millionen RM deponiert, von denen bis zum Kriegsausbruch nur noch etwa ein Zehntel transferiert werden konnte.[47]

Dies war, wie gesagt, nur wegen der grundsätzlichen Entscheidung »an höchster Stelle« weiter möglich, aber die unteren Ränge der Bürokratie taten alles, um durch immer kompliziertere Prozeduren den Umfang des Haavara-Transfers einzuschränken. Nach ihrer Auffassung war die Zeit gekommen, um die Juden aus Deutschland zu vertreiben, jedoch ihren Besitz, oder zumindest dessen größten Teil, zugunsten geschäftstüchtiger Volksgenossen und der deutschen Volkswirtschaft

---

44 PA des AA, Inland IIg 169, 32/178, S. 370145 ff.
45 Memorandum von Carl Clodius, stellvertretendem Direktor der Wirtschaftspolitischen Abteilung im Auswärtigen Amt, in: Documents on German Foreign Policy 1918–1945, Washington 1953, D, Bd. 5, S. 783–785.
46 PA des AA, Abtlg. E 019867, 33/206, S. 375530–32.
47 Barkai, Boykott (wie Anm. 12), S. 143 f.; Feilchenfeld, Haavara-Transfer (wie Anm. 1), S. 45 f., 75.

zurückzubehalten. Im Auswärtigen Amt gewann das Referat Deutschland, von der NSDAP-Auslandsorganisation, dem Generalkonsul Döhle und den deutschen Siedlern in Palästina unterstützt und angespornt, die Oberhand. Lediglich der Leiter der Orient-Abteilung, von Hentig, setzte sich, immer unter Berufung auf den »Führerentscheid«, für die Haavara ein, konnte jedoch nur noch einige besonders stark einschränkende Bestimmungen verhindern.[48]

Selbst im Reichswirtschaftsministerium wehte jetzt ein anderer Wind. Im April 1938 wurden zusätzliche Produkte auf die Negativlisten gesetzt und dadurch die praktischen Transfermöglichkeiten noch mehr erschwert. In einer offiziellen Eingabe aus Jerusalem gaben Werner Senator und der Schatzmeister der Jewish Agency, Eliezer Kaplan, der Befürchtung Ausdruck, diese Verhinderung des Transfers würde die organisierte Auswanderung aus Deutschland fast völlig unmöglich machen.[49] Dies waren zu dieser Zeit leere Drohungen: Die Emigration der deutschen Juden verlief schon Mitte 1938 nicht mehr in organisierten Bahnen und wurde, besonders nach dem Novemberpogrom, zur panikartigen Flucht. Selbst in den bisher hilfsbereiten Regierungsämtern hatte sich die erklärte Absicht der Nationalsozialisten, die Juden völlig mittellos aus Deutschland zu vertreiben, durchgesetzt. In einer Stellungnahme zu den Vorschlägen der im Juni 1938 in Evian zusammengetretenen internationalen Flüchtlingskonferenz informierte Staatssekretär von Weizsäcker alle deutschen Vertretungen im Ausland, daß die Regierung keinerlei Absicht habe, mit anderen Regierungen bei der Transferierung jüdischen Kapitals zu kooperieren.[50] Schließlich änderte auch Hitler seine Meinung: Im Gespräch mit dem südafrikanischen Verteidigungs- und Wirtschaftsminister Oswald Pirow am 24. November 1938 erklärte er, die Juden hätten allen ihren Besitz in Deutschland durch betrügerische Mittel erworben und dieser gehöre darum dem deutschen Volk. Er könne es keineswegs verantworten, den Juden einen Teil der knappen Devisen des Reiches für ihre Auswanderung zur Verfügung zu stellen.[51]

---

48 Jisraeli, Ha Reich (wie Anm. 1), S. 142 f.; Döhle an das Auswärtige Amt, 14. 1. 1938, PA des AA, Abtlg. E 019867, 33/206, S. 375530–32.
49 Jewish Agency an Brinkmann, 23. 5. 1938, CZA, S 7/4695; Bericht Feilchenfeld, 12. und 17. 5. 1938, CZA, S 7/677.
50 Das Memorandum Weizsäckers, in: Documents on German Foreign Policy 1918–1945 (wie Anm. 45), D, Bd. 4, Dokument 271.
51 Ebd., Bd. 5, Dokumente 640 und 641.

Schluß

Die unterschiedlichen und sich wandelnden Einstellungen zur Haavara bei verschiedenen Instanzen des nationalsozialistischen Regimes sind ein Beispiel für die komplizierte Interaktion zwischen den ideologischen Prämissen und Zielen und der taktischen Flexibilität bei ihrer Realisierung. Der Grund für die frühe und schnelle Zustimmung zu dem von jüdischer Seite vorgeschlagenen Kapitaltransfer war fraglos die Sorge vor den politischen und wirtschaftlichen Folgen des antideutschen Boykotts im Ausland. Aber selbst in diesem Stadium – und später immer mehr – spielte der Wunsch, die Auswanderung der Juden zu beschleunigen, um Deutschland »judenfrei« zu machen, eine weitaus wichtigere Rolle. Solange noch ein Rest rechtsstaatlicher Tradition einen Einfluß auf die Entscheidungen der Ministerialbürokratie behielt und das nationalsozialistische Regime seine Stellung innerhalb Deutschlands und in der internationalen Arena noch nicht fest konsolidiert hatte, waren gesetzesförmige Maßnahmen zur Förderung der Auswanderung durch erleichterten Kapitaltransfer nicht nur akzeptabel, sondern erwünscht. In späteren Jahren, nach den spektakulären wirtschafts- und außenpolitischen Erfolgen des Regimes, konnte sich der Haavara-Transfer gegen den wachsenden Widerstand der radikalen Nationalsozialisten behaupten, weil die organisierte jüdische Auswanderung dadurch am effektivsten gefördert wurde. Als ab Ende 1936 die nationalsozialistische Verfolgung der deutschen Juden sich ihrem Höhepunkt uneingeschränkter Gewalt näherte, wurden die Aktivitäten der Haavara zunehmend erschwert, bis die Juden, die Deutschland noch verlassen konnten, alles zurückließen, um mit der nackten Haut zu entkommen.

Daß die Haavara in den Jahren 1937 bis 1939, wenn auch unter wachsenden Schwierigkeiten, überhaupt noch weiterwirken konnte, ist eine verblüffende, letztlich unerklärte Abweichung vom damaligen Stand der nationalsozialistischen »Judenpolitik«. Unter dem Gesichtspunkt der deutschen Interessen hatten die Gegner der Haavara zu dieser Zeit alle Argumente auf ihrer Seite. Im Hinblick auf den Mangel an Gold und Devisen, der die Wirtschaft und die Aufrüstung ernstlich behinderte, war jeder Verzicht auf die Bezahlung des ohnehin beschränkten Exports in ausländischer Währung ein Opfer. Obwohl die Haavara-Exporte nicht mehr als 0,5 % der deutschen Gesamtausfuhr ausmachten, war der Verlust von 2,5 Millionen (dem Pfund-Sterling gleichwertigen) Palästina-Pfunden in den Jahren 1937 bis 1939 nicht unerheblich. Die deutsche Wirtschaft hätte aber kaum ernstlich Schaden gelitten, selbst wenn die gesamte Ausfuhr nach Palästina durch die Annullierung des Haavara-Abkommens eingestellt worden wäre. Damit war zudem kaum zu rechnen: Arabische und deutsche und selbst jüdische Importeure, die auf die Lieferung von Ersatzteilen und die Fortsetzung bereits begonnener Bewässerungs- und Industrieprojekte angewiesen waren, hätten weiterhin deutsche Produkte importiert und in Devisen bezahlt.

Politisch konnte Deutschland durch den Abbruch der Haavara nur gewinnen. Döhle und die NSDAP-Auslandsorganisation hatten zweifellos recht, daß die Araber in und außerhalb Palästinas einen solchen Schritt begrüßen würden. Wir können auch sicher sein, daß die britische Regierung gegen eine Maßnahme, die die jüdische Einwanderung nach Palästina erschwerte, statt sie wie bisher durch den Kapitaltransfer zu fördern, kaum Einwände hatte. Vieles deutet darauf hin, daß sie von vornherein über die Haavara, durch die deutsche mit englischen Firmen auf dem »eigenen Hinterhof« konkurrierten, nicht besonders glücklich war. Somit hatte Hitler selbst 1937, als er noch an ein mögliches Abkommen mit England glaubte, bei einem Abbruch der Haavara auch von dieser Seite nichts zu befürchten.

Die bevorzugte Behandlung der zionistischen Organisationen, die die Auswanderung aus Deutschland, u. a. auch mittels der Haavara, systematisch betrieben, ist leicht verständlich. Weniger verständlich ist, warum die Nationalsozialisten den in andere Länder auswandernden Juden nicht ähnliche Erleichterungen gewährten. Die in den Quellen angedeuteten Begründungen dafür werden von den Historikern auf die verschiedenste Weise interpretiert. Keine dieser Erklärungen scheint mir bisher wirklich überzeugend. Am Ende entschied, wie wir sahen, nur die ausdrückliche, wie oft bei ihm, nur mündlich übermittelte Anordnung des »Führers«. Daß dies selbst in einer relativ wenig bedeutenden Angelegenheit, wie der Fortführung der Haavara, den Ausschlag gab, kann für die Protagonisten der – meines Erachtens stark überzogenen – Auseinandersetzung zwischen »Funktionalisten« und »Intentionalisten« über Hitlers Rolle bei der Judenverfolgung Stoff für nochmaliges Nachdenken geben.[52]

Die Haavara transferierte bis 1939 insgesamt etwa 140 Millionen RM, nach verschiedenen Schätzungen nicht mehr als ein bis zwei Prozent des gesamten Vermögens der deutschen Juden zu Beginn des Jahres 1933. Diese Leistung sollte aber nicht unterschätzt werden. Sie ermöglichte etwa 52 000 Juden aus dem deutschen »Altreich« rechtzeitig auszuwandern und sich in Palästina eine neue Existenz zu gründen. Für die kleine jüdische Gemeinschaft des damaligen Palästinas waren das durch die Haavara hereinkommende Kapital und, mehr noch, der

---

52 Siehe meinen Aufsatz: Regierungsmechanismen im Dritten Reich und die »Genesis der Endlösung« im vorliegenden Band, S. 275 ff.

Zufluß an unternehmerischer Erfahrung und Initiative durch die Einwanderer aus Deutschland ein wichtiger Faktor in der weiteren wirtschaftlichen und kulturellen Entwicklung des Landes. Daher kann die Haavara aus jüdischer Sicht historisch nur positiv bewertet werden.

9. Deutschsprachige Juden in osteuropäischen Ghettos

Die Massendeportationen der Juden aus Deutschland begannen Ende Oktober 1941. Damals lebten noch etwa 150000 Juden im sogenannten »Altreich«, 50000 in Österreich, die meisten in Wien, und etwa 85000 im von der früheren Tschechoslowakei abgetrennten »Protektorat Böhmen und Mähren«. Im Verlauf der Ausrottungspolitik wurde etwa die Hälfte von ihnen nach Theresienstadt deportiert, das für die meisten, die nicht in diesem »Altersghetto« selbst umkamen, nur eine kürzere oder längere Station auf dem Weg in die Vernichtungslager, vornehmlich nach Auschwitz, war.[1] Etwa 100000 Juden wurden sofort nach ihrer Ankunft in den Gaskammern oder durch die SS-Einsatzgruppen umgebracht. Nur etwa 50000 Juden, die Hälfte davon aus dem »Altreich«, blieben noch einige Zeit am Leben, als Teil der Bevölkerung einiger Ghettos in den besetzten Ostgebieten.

Das Untersuchungsthema dieses Aufsatzes ist das erzwungene Zusammenleben deutschsprachiger und osteuropäischer Juden unter den fürchterlichen Bedingungen des Ghettos. Bekanntlich trafen sie hier nicht zum ersten Mal aufeinander. Ihre gegenseitigen Beziehungen hatten eine lange und komplizierte Geschichte. In dem halben Jahrhundert vor und dann nach dem Ersten Weltkrieg waren viele Tausende von »Ostjuden« auf der Suche nach Einkommen und Sicherheit nach Deutschland gekommen, das sie als das Land des Fortschritts und der

---

1 Errechnet nach den Angaben der Reichsvereinigung der Juden in Deutschland, zitiert in: Der jüdische Religionsverband in Hamburg im Jahre 1942. Die Liquidation der jüdischen Vereine und Stiftungen in Hamburg, Wiener Library, Tel Aviv University, WLc/Kb 4b; für Österreich: Jonny Moser, Die Judenverfolgung in Österreich 1938–1945, Wien 1966, S. 15; für das Protektorat: Lucy S. Dawidowicz, Der Krieg gegen die Juden 1933–1945, München 1979, S. 367f., 399.

jüdischen Gleichberechtigung betrachteten. Viele von ihnen zogen bald weiter westwärts nach Amerika, andere wurden nach Ende des Krieges in ihre Herkunftsländer ausgewiesen. Ende 1932 lebten im Deutschen Reich etwa 100 000 »Ostjuden«, die knapp ein Fünftel der gesamten jüdischen Bevölkerung ausmachten.[2]

Die deutsch-jüdischen Organisationen brachten viel Mühe auf, um den durchwandernden Juden behilflich zu sein, und gründeten für diejenigen, die sich in Deutschland ansiedelten, bemerkenswerte Wohlfahrtseinrichtungen. Aber die kulturellen und gesellschaftlichen Barrieren, die mittel- und osteuropäische Juden voneinander trennten, wurden trotz gegenseitiger Annäherung besonders der jüngeren Generation nie völlig überbrückt. Bis zum Ende vergalten die Ostjuden das, was sie als herabwürdigende Überheblichkeit der »Jekkes« empfanden, mit einem Gemisch von Neid, Ironie und Mißachtung. Diese gegenseitige Mißstimmung wirkte sich, über die Grenzen Deutschlands hinaus und bis in die neueste Zeit, überall dort aus, wo deutschsprachige Juden mit Ostjuden zusammenlebten.[3]

Oskar Singer, ein jüdischer Publizist aus Prag, beschrieb diese Beziehungen in seinen Aufzeichnungen im Ghetto Lodz: »Es ist keine Übertreibung, wenn man sagt, daß die Injektion aus dem Osten den jüdischen Organismus völkisch zwar gestärkt, aber in seiner Position zum Wirtsvolk völlig ruiniert hat [...]. Während nun anfänglich das westliche Judentum den Bruder aus dem Osten hilfreich aufgenommen hat [...], kam zwangsläufig die Reaktion in Form einer heftigen Abneigung gegen die Ostjuden, die sich oft bis zur offenen Feindseligkeit steigerte, und selbst der bindende, versöhnende zionistische Gedanke konnte die Kluft, die hier sehr bald gähnte, nicht mehr überbrücken. Der Gedanke einer jüdischen Zusammengehörigkeit hat einen schweren Stoß erlitten, von dem er sich bis auf den heutigen Tag nicht mehr erholen konnte [...]. Merkwürdig genug, daß das ostjüdische Element immer nur die eigenen Gefühle in Rechnung setzte und also nur eines nicht vergessen konnte, daß nämlich der Westjude ihn schlecht behandelt hat, daß er ihn geringschätzte, ja verachtete. Andererseits fühlte

---

2 Trude Maurer, Ostjuden in Deutschland 1918–1933, Hamburg 1986, besonders S. 39f., 57ff., 355 ff.; Schalom Adler-Rudel, Ostjuden in Deutschland 1880–1940. Zugleich eine Geschichte der Organisationen, die sie betreuten, Tübingen 1959, passim.
3 Vgl. Steven E. Aschheim, Brothers and Strangers. The East European Jews in German and German-Jewish Consciousness 1800–1923, Madison/Wisc. 1982; Jack Wertheimer, Unwelcome Strangers. East European Jews in Imperial Germany, New York/Oxford 1987; vgl. auch Wertheimers Aufsätze zum Thema in: Yearbook of the Leo Baeck Institute (künftig: YLBI), Bd. 36–38 (1981–1983), mit ausführlichen bibliographischen Angaben.

der Ostjude sich mit einem gewissen Recht als der wirkliche Träger des jüdischen Gedankens und als das Hauptreservoir des Judentums überhaupt. Er reagiert mit Stolz und mit Haß und wartet auf seine Stunde [...]. Und die Stunde kam. Der Jude aus dem Westen kam sehr unfreiwillig nach dem Osten und – wenn wir nur die psychologischen Vorgänge innerhalb unseres eigenen Gesichtswinkels registrieren wollen – in eine gefährliche, abhängige Lage zu den Ostjuden. Er kam ins Ghetto, in eine doppelte Abhängigkeit: hier die Aufsichtsbehörde und dort die jüdische Hoheit [...].«[4]

Dies ist die Aussage eines tschechischen Juden, der sich als neutralen Beobachter sah. Tatsächlich waren die aus dem Reichsgebiet und dem Protektorat in das Ghetto gebrachten Juden eine keineswegs homogene Gruppe. Ihr sozialer Status und ihre Einstellung zum Judentum waren ebenso verschieden wie ihr Verhältnis zu den Ostjuden, zu denen viele von ihnen nach Abstammung und Mentalität selbst gehörten. Was sie vereinte, waren die deutsche Sprache und Kultur, in der sie aufgewachsen waren, und das ihnen von den Nationalsozialisten aufgezwungene gemeinsame Schicksal. Und auch weiterhin wurden sie von den Verfolgern aus deren eigenen Gründen in den Ghettos als eine besondere Gruppe behandelt und gegen die örtliche jüdische Bevölkerung ausgespielt.

Erste Begegnungen

Diese Taktik, die bestehenden Antagonismen für die eigenen Ziele auszunutzen, entwickelten die deutschen Behörden erst langsam im Verlauf der Deportationen. Dies ist wahrscheinlich einer der Gründe dafür, daß bei den ersten Begegnungen von Juden aus Deutschland mit den noch eigenständig funktionierenden jüdischen Gemeinden im Osten die Grundgefühle jüdischer Solidarität die latente Feindseligkeit überlagerten. Fand doch die erste Massendeportation von Juden aus Deutschland schon ein Jahr vor Ausbruch des Zweiten Weltkriegs statt.

Am 28. und 29. Oktober 1938 wurden etwa 18 000 Juden polnischer Staatsangehörigkeit bei Nacht und Nebel über die Grenze gejagt. In mancher Beziehung nahm diese Austreibung lange voraus, was später über alle noch in »Großdeutschland« lebenden Juden kommen sollte. Die Menschen wurden nachts oder am frühen Morgen aus ihren Wohnungen geholt, durften nur minimales Gepäck und 10 RM mitnehmen

---

4 Oskar Singer, Zum Probleme Ost und West, Yad Vashem Archiv (künftig: YVA), JM/1931. (Detailliert zu Singer und zu diesem Dokument siehe in diesem Band S. 225 f).

und wurden in Gefängnissen oder improvisierten Sammelstellen bewacht, bevor man sie in Sonderzügen zur Grenze brachte. Anfänglich durfte ein Teil, nach verärgerten Verhandlungen zwischen den deutschen und polnischen Regierungsstellen, die Grenze überschreiten und wurde in Polen von Verwandten oder polnisch-jüdischen Organisationen versorgt. Die weniger Glücklichen, zwischen 5000 und 6000 Menschen, wurden von den Deutschen bei Neu-Bentschen über die Grenze gejagt und blieben im Niemandsland vor dem polnischen Städtchen Zbaszyn in Regen und Kälte, ohne Unterkunft und Verpflegung ihrem Schicksal überlassen.[5]

Ein sofort eigens gebildetes polnisch-jüdisches Hilfskomitee begann, mit Unterstützung des American-Jewish Joint Distribution Committee (kurz: Joint), sich um die Vertriebenen zu kümmern. Sein Leiter, ein junger Historiker aus Warschau namens Emanuel Ringelblum, wurde später als Chronist des Warschauer Ghettos, in dem er ums Leben kam, tragisch berühmt. Sein Mitarbeiter, der Warschauer Vertreter des Joint, Isaac Giterman, konnte in seinem späteren Bericht die »kolossale Mobilisierung von Mitgefühl und Hilfsbereitschaft« auf seiten der polnischen Juden gar nicht genug loben: »Ein Strom von arbeitsfreudigen Freiwilligen; aus jeder Stadt kamen etwa 50–60 Leute [...die] während der ersten Tage keine Zeit zum Essen oder Schlafen fanden [...]. Durch die Wärme und die Sorge, mit denen die Abgesandten des Komitees, die aus allen Teilen Polens nach Zbaszyn kamen, die Heimatlosen umgaben, wurden sie vor dem völligen seelischen und moralischen Zusammenbruch bewahrt.«[6]

Im Dezember 1938 berichtete Ringelblum selbst ausführlich über die fortgesetzte Zusammenarbeit des Hilfskomitees mit den vertriebenen Juden aus Deutschland in Zbaszyn: »Neben den 10 bis 15 Leuten aus Polen sind fast 500 Flüchtlinge aktiv tätig [...]. Es ist besonders wichtig, daß zwischen den Helfern und Hilfsbedürftigen keinerlei Ungleichheit besteht. Die Flüchtlinge betrachten uns als ihre Brüder, die ihnen in der Zeit ihrer Not und ihres Unglücks zur Hilfe geeilt sind. Unsere Beziehungen zueinander sind die freundlichsten und herzlichsten. Keine Spur von dem dunstigen Geruch der Philanthropie, der so leicht unsere Arbeit behindern könnte.«[7]

Die »Ouvertüre« in Zbaszyn dauerte nur einige Monate, bis die letz-

---

5 Sybil Milton, The Expulsion of Polish Jews from Germany, October 1938 to July 1939. A Documentation, in: YLBI, Bd. 29 (1984), S. 160–199.
6 Zitiert ebenda, S. 195; vgl. auch den Brief von Julian Rosenzweig, ebenda, S. 180.
7 Brief Emanuel Ringelblums an den Historiker Raphael Mahler, 6. 12. 1938, Emanuel Ringelblum, Briefe aus Zbazsyn, hrsg. von Raphael Mahler, Yalkut Moreshet, Nr. 2 (1964) (hebr.), S. 24; vgl. auch den Brief an Arnon Tamir-Fischmann, ebenda, S. 30.

ten Ausgetriebenen sich in Polen einordnen oder auswandern konnten. Die nächste Begegnung »zwischen Ost und West« fand kurz nach Kriegsausbruch statt. Im Oktober 1939 wurden 2000 jüdische Männer aus Wien und Mährisch-Ostrau in die Umgebung von Lublin, nahe der Demarkationslinie zwischen den von Deutschland und der Sowjetunion besetzten Teilen Polens, verschickt. Diese Initiative von Adolf Eichmann oder irgendeinem anderen Funktionär, deren genaue Hintergründe noch nicht völlig klar sind, war anscheinend ein zwischen dem Reichssicherheitshauptamt (RSHA) und Alfred Rosenberg vereinbarter Versuch, in der Umgebung von Nisko am San-Fluß ein jüdisches »Reservat« oder »Reichsghetto« zu errichten. Kurz nach der Ankunft wurden jedoch die meisten Deportierten gezwungen, über die Demarkationslinie in das von der Roten Armee besetzte Gebiet zu gehen. Soviel bekannt ist, fanden die meisten bei der jüdischen Bevölkerung der Städte Lwow, Tarnopol, Stanislawow u. a. Unterkunft, während ein Teil in das »Generalgouvernement« zurückkehrte und nach Warschau gelangte. In Zarzecze bei Nisko, wo das »Reservat« geplant war, blieben nur etwa 500 Gefangene, die im April 1940 in ihre Heimatorte zurückkehren durften.[8] Nach einer, sonst nicht belegten, Aussage des Leiters des ersten Wiener Transports, Ernst Kohn, nach Ende des Krieges durften diejenigen der über die Grenze gejagten Juden, die die sowjetische Staatsbürgerschaft annahmen, dort wohnen bleiben. Andere, die erklärten, sie würden lieber zu ihren Familien im Heimatort zurückkehren, wurden nach Sibirien in Arbeitslager geschickt.[9]

Die Behandlung der von diesen ersten sporadischen Austreibungen betroffenen Juden durch die deutschen Behörden trug bereits alle für die späteren Massendeportationen charakteristischen Züge. In allen Fällen wurden sie von der jüdischen Bevölkerung im Osten mit Wärme aufgenommen und versorgt, so lange dort noch, vor der Ghettoisierung, einigermaßen erträgliche Zustände herrschten. Die Tatsache, daß viele der nach Zbaszyn und Nisko Vertriebenen ostjüdischer Herkunft waren und viele von ihnen Jiddisch sprachen, mag zu ihrer Integration beigetragen haben, war jedoch, wie wir sehen werden, durchaus nicht ausschlaggebend.

---

8 Seev Goshen, Eichmann und die Nisko-Aktion im Oktober 1939. Eine Fallstudie zur NS-Judenpolitik in der letzten Etappe vor der Endlösung, in: Vierteljahrshefte für Zeitgeschichte (künftig: VfZ), Jg. 29 (1981), S. 69–74; Hans G. Adler, Der verwaltete Mensch. Studien zur Deportation der Juden aus Deutschland, Tübingen 1974, S. 126f.; Moser, Judenverfolgung (wie Anm. 1), S. 16ff.
9 Aussage von Ernst Kohn, Dokumentenarchiv des österreichischen Widerstands, Wien, zitiert Moser, ebenda, S. 17ff.

1940 bis Oktober 1941

Im Februar 1940 wurden etwa 1200 Juden aus Stettin und Umgebung in die Gegend von Lublin deportiert.[10] Die Initiative für diese Austreibung scheint von den lokalen Partei- und Gestapofunktionären ausgegangen zu sein, und die Berliner Zentrale der Reichsvereinigung der Juden in Deutschland konnte damals noch durch Intervention beim Reichssicherheitshauptamt eine Ausweitung der Aktion verhindern. Denjenigen, für die diese Intervention zu spät kam, wurde von den jüdischen Gemeinden und auch nichtjüdischen Hilfsorganisationen, wie den Quäkern oder der katholischen Caritas-Zentrale, durch Lebensmittelpakete und Geldsendungen geholfen.[11] Die Deportierten fanden in Glusk, Belzyce und Piaski, drei kleinen Städtchen der Region um Lublin, bei den dortigen in Armut und überaus dürftigen Verhältnissen lebenden jüdischen Familien willige Aufnahme und Unterkunft.

Die Korrespondenz der Vertriebenen mit Verwandten und Hilfsorganisationen in Deutschland gibt davon ein unmittelbares Bild. Anders als die nach Nisko vertriebenen Juden aus Wien und dem »Protektorat« waren die Stettiner Juden zum größten Teil ältere Menschen aus in Pommern altangesessenen, assimilierten und zum Teil sogar konvertierten Familien, oder sie waren mit Christen verheiratet. Trotzdem wurden sie mit einer menschlichen Wärme empfangen, die sie in ihren Briefen nicht genug preisen konnten. So schrieb Cläre Silbermann, eine Klavierlehrerin aus Stettin, die am 12. Februar gemeinsam mit ihrem Ehemann nach Belzyce deportiert wurde, am 10. März 1940 an ihre Freundin Clara Grunwald in Berlin: »Das Städtchen hier ist sehr armselig, die Menschen leben in so primitiven Verhältnissen und fristen ihr schweres Leben derart mühselig, daß es gar nicht genug anerkannt werden kann, mit welcher Gebefreudigkeit und wie selbstverständlich sie sich für uns einsetzen. Sie teilen ja tatsächlich ihr Bett und alles, was sie haben, mit uns, und unsere Wirtsleute, die allerdings etwas begüterter sind, lehnen immer wieder unseren Dank ab und beteuern, uns alles nur zu borgen. Es ist wirklich rührend.«[12]

Trotzdem kamen selbst unter diesen Umständen, nachdem die ersten Gefühle der Dankbarkeit verflogen waren, die alte gegenseitige Mißachtung und Fremdheit wieder zum Vorschein. So hieß es in einem

---

10 Jakob Peiser, Die Geschichte der Synagogengemeinde Stettin. Eine Geschichte des pommerschen Judentums, 2. Aufl., Würzburg 1965, S. 133 f.; 139.
11 Else Rosenfeld / Gertrud Luckner (Hrsg.), Lebenszeichen aus Piaski. Briefe Deportierter aus dem Distrikt Lublin 1940–1943, München 1968, besonders S. 138, 168; Moser, Judenverfolgung (wie Anm. 1), S. 21 f.; Adler, Deportation (wie Anm. 8), S. 140, 147.
12 Rosenfeld / Luckner, Lebenszeichen (wie Anm. 11), S. 136.

Brief derselben Frau vom Oktober 1940: »Hier kennt man den Begriff Pünktlichkeit nicht, im großen so wenig wie im kleinen [...]. Man versteht vieles, wenn man hier lebt, man verzeiht auch vieles, aber man begreift auch die namenlose Tragik [...]. Wir stehen gut mit unseren Wirtsleuten, fügen uns aber in alles und versuchen niemals, ihnen unsere Ansichten beizubringen. Nur so ist es möglich, mit ihnen auszukommen. Wir machen auch viele Geschenke, außerdem gebe ich der Tochter täglich englischen Unterricht. Manche unserer Landsleute finden das nicht richtig, aber wir sind der Meinung, daß wir als Flüchtlinge keine Forderungen, sondern nur Verpflichtungen unseren Gastgebern gegenüber haben.«[13]

Im Februar und März 1941 wurden in fünf Transporten etwa 5000 Juden aus Wien in das Generalgouvernement deportiert, um in Kielce und den vier umliegenden Städtchen Opole, Lagow, Modliborzyce und Opatow »eingesiedelt« zu werden.[14] Obwohl dort noch kein Ghetto bestand, waren im zweiten Jahr der deutschen Besetzung die Armut und die verzweifelt engen Wohnbedingungen der örtlichen Juden noch schlimmer als ein Jahr zuvor in Piaski und Umgebung. Trotzdem wurden auch diesmal die Wiener Juden mit mitfühlender Gastfreundschaft aufgenommen. Zuerst in Schulen und sonstigen öffentlichen Gebäuden einquartiert, wurden sie bald von den einheimischen Familien eingeladen, zu ihnen zu ziehen. Dies war offenbar eine völlig freiwillige Handlung, die niemand von ihnen verlangt hatte. So waren z.B. die nach Kielce Deportierten in einer früheren landwirtschaftlichen Lehrfarm (»Hachscharah«) untergebracht worden. Am Tage darauf kamen die Hausväter der Familien, die noch mehr als ein Zimmer bewohnten, zu ihnen, um sie zu sich einzuladen und ihnen jede nur mögliche Hilfe anzubieten.[15] Die Wienerin J.E. schrieb am 18. Februar 1941 aus Opole: »Alle, etwa über hundert, wurden hier in einer Synagoge untergebracht, wo Strohlager errichtet waren, und hier warfen wir uns todmüde nieder. Die Bevölkerung ist arm, wie man es sich überhaupt nicht vorstellen kann; die Fetzen hängen ihnen vom Leibe herunter, und sie führen das elendste Leben. Auf den Straßen kann man kaum gehen, man versinkt fast im Kot, und die Häuser kann ich überhaupt nicht beschreiben, etwas größere Hundehütten. Wir haben uns bei einem Juden einquartiert, meine Mutter und ich schlafen in einem Bett; aber mein Vater hat noch kein Quartier gefunden und muß im Tempel auf dem Boden schlafen auf Stroh [...]. Es wäre besser gewesen, man hätte uns

---
13 Ebenda, S. 139f.
14 Adler, Deportation (wie Anm. 8), S. 140f.; Moser, Judenverfolgung (wie Anm. 1), S. 21ff.
15 Interviews des Verfassers mit Moshe Dudkewitz und Elimelech Rosenwald, Überlebende aus Kielce in Israel, Juni 1985.

in Wien an die Wand gestellt und erschossen. Es wäre ein schöner Tod gewesen, wir müssen elender sterben. Eines kann ich Euch aber sagen, so arm die Menschen hier sind, ebenso rührend haben sie sich unser angenommen, und sie sind so zuvorkommend und gut und hilfreich, daß alle Juden Wiens sich vor diesen polnischen Juden verstecken können. Das Wenige, das sie haben, wollen sie mit uns teilen. Beispielsweise will ich Euch sagen, daß die Familie, bei der wir wohnen, aus sechs Familienmitgliedern besteht und drei Betten hat. Von diesen drei Betten hat sie uns ein Bett gegeben, zwei Mädels machen sich Lager auf der Erde, und in den restlichen zwei Betten schlafen die Eltern mit den anderen zwei Kindern. Welcher Wiener Jude würde sein Bett anderen Menschen abtreten! So arm sie sind und so schmutzig, so schön sind diese Menschen in ihrer Natürlichkeit.«[16]

Die Juden aus dem Reich hatten viele Jahre lang die Verfolgungen und Schikanen der Nationalsozialisten erduldet, kannten alle möglichen Erniedrigungen und die Härten kümmerlicher Versorgung. Aber was sie an ihren neuen Wohnorten erwartete, hätten sie sich nie vorstellen können. Von einem Tag auf den anderen mußten sie sich an die unsäglich primitiven sanitären Verhältnisse in schon vorher engen Wohnungen und die bedrückende Armut ihrer Umgebung anpassen. Viele der einheimischen Juden hatten auch früher unter ähnlichen, oft nicht viel besseren Bedingungen gelebt – die Neuankömmlinge aus dem Reich hätten nie geglaubt, daß Menschen so leben könnten.

Trotz dieses traumatischen Erlebnisses und dem Unterschied zur Mentalität und Einstellung der einheimischen Juden zeugen die meisten überlieferten Quellen von freundlichen gegenseitigen Beziehungen. Die Juden aus dem Reich, die mit einheimischen Familien zusammenlebten, teilten deren Mahlzeiten und beteiligten sich am Sabbat und an Feiertagen am ortsüblichen Zeremoniell. So lange sie noch Pakete aus der Heimat erhielten, dienten diese zumeist zur Bereicherung der gemeinsamen Mahlzeiten. Auch durch andere kleine Dienste bemühten sich die Neuankömmlinge, sich erkenntlich zu zeigen: Ärzte und Krankenschwestern behandelten Kranke, Lehrerinnen und Lehrer erteilten verschiedenen Unterricht. Manchmal baten sie sogar ihre in Deutschland verbliebenen Verwandten und Freunde, ihnen Lehrmaterial, Hefte, Bleistifte usw., Spielzeug für die Kinder oder Gebrauchsgegenstände für ihre Gastgeber zu schicken. An den hohen Feiertagen gingen areligiöse, manches Mal selbst konvertierte deutsche Juden in die Synagogen und Betstuben der Gemeinde, »einmal weil es gleich ist, wo man betet und zu Gott findet, und dann, weil wir uns zur Gemeinschaft bekennen«.[17]

16 Rosenfeld/Luckner, Lebenszeichen (wie Anm. 11), S. 167f.
17 Martha Bauchwitz an ihre Tochter, Piaski 16. Oktober 1940, zitiert ebenda, S. 64,

Während des Sommers 1941 wurden die Juden im Distrikt Lublin und in anderen Teilen des Generalgouvernements in Ghettos eingeschlossen. Im Verlaufe dieser Aktion mußten viele jüdische Menschen aus den umliegenden Dörfern und Kleinstädten ihre Heimatorte verlassen und wurden in die schon vorher überfüllten Ghettos der größeren Städte hineingezwängt. Hierdurch wurden die Beziehungen zwischen den dort lebenden Ost- und Westjuden auf eine harte Probe gestellt. Das Leben wurde immer schwerer, die Nahrung knapper, und der Fluß der Pakete aus dem Reich versickerte langsam, bis er im Verlauf der dort einsetzenden Massendeportationen völlig aufhörte. Auch nach vielen Monaten des engsten Zusammenlebens, trotz der ursprünglich herzlichen Aufnahme und der beiderseitigen Bemühungen um Toleranz, konnten die gegenseitigen Fremdheitsgefühle nicht völlig beseitigt werden. Im Vergleich mit den Juden aus der ländlichen Umgebung, unter denen viele Verwandte und Freunde waren, blieben die deutschen Juden in den Augen der Einheimischen immer noch Fremde. Hinzu kam, daß die aus ihren Dörfern vertriebenen Landjuden noch viel ärmer und hilfsbedürftiger waren, und ihr Anspruch auf die immer spärlicheren Mittel gerechtfertigt erschien. Ein Echo dieser Lage findet sich in einem Brief von Cläre Silbermann vom 16. März 1941: »Ob Sie sich dort wohl vorstellen können, wie es jetzt hier aussieht, nachdem noch Hunderte von Flüchtlingen hinzugekommen sind? Natürlich ist die Stimmung der Hiesigen nicht gerade rosig, und wir leiden sehr darunter und müssen immer wieder hören, daß wir eigentlich den neu Hinzugekommenen Platz machen müßten. Trotz größter Selbstbeherrschung verliert man doch oft die Macht über die Nerven.«[18]

Als im Oktober 1941 die Massendeportationen aus dem Reich voll einsetzten, wurde die Lage der früher Vertriebenen immer unerträglicher. Zur gleichen Zeit begannen die Arbeiten zur Errichtung des Vernichtungslagers Belzec, in dem ab Februar 1942 die einheimischen zusammen mit den aus dem Reichsgebiet vertriebenen Juden durch Gas umgebracht wurden.[19] So lebten im März 1942 nur noch 150 der 700 Juden, die zwei Jahre zuvor nach Piaski gebracht worden waren, und auch sie wurden nur wenig später zusammen mit ihren einheimischen Gastgebern ermordet.[20] Was die Unglücklichen über das wirkliche Ziel der »Aussiedlungen« wußten oder ahnten, ist uns nicht bekannt, aber wir wissen, daß die gegenseitigen Beziehungen dem Druck dieser Un-

---

siehe auch S. 140 ff.; vgl. auch Peiser, Synagogengemeinde (wie Anm. 10), S. 151 f. über die erzieherische Arbeit von Frau Silbermann.
18 Zitiert Rosenfeld/Luckner, Lebenszeichen (wie Anm. 11), S. 146.
19 Eugen Kogon u. a. (Hrsg.), Nationalsozialistische Massentötungen durch Giftgas. Eine Dokumentation, Frankfurt a. M. 1986, S. 151 ff.
20 Rosenfeld/Luckner, Lebenszeichen (wie Anm. 11), S. 87 ff., 119 f.

sicherheit kaum standhalten konnten. Die deutschen Henker trugen ihrerseits zur Verschärfung der Gegensätze bei, die sie für ihre eigenen furchtbaren Zwecke geschickt zu manipulieren wußten.

Diese Manipulationen traten sofort bei Beginn der Massendeportationen besonders dort hervor, wo größere Gruppen deutschsprachiger Juden in osteuropäische Ghettos getrieben wurden. Aber die Beziehungen zwischen Ost- und Westjuden waren ohnehin von Beginn an dem Druck der sich immer mehr verschärfenden Austreibungs- und Vernichtungspolitik ausgesetzt. Selbst wo nur kleinere Gruppen deutscher Juden versuchten, sich in den Ghettoalltag im Osten zu integrieren, fiel ihnen dies zunehmend schwerer.

Lodz

Über die Verhältnisse im Ghetto Lodz habe ich an anderer Stelle berichtet.[21] Ich begnüge mich hier deshalb mit einigen Hinweisen zur Erinnerung. Für die Leitung des Ghettos waren in Lodz zwei Instanzen zuständig: die deutsche Ghettoverwaltung und die jüdische »Selbstverwaltung« unter dem »Judenältesten« Chaim Rumkowski. Um die etwa 20000 im Oktober und November 1941 nach Lodz deportierten deutschen Juden aufnehmen zu können, mußten die ansässigen Juden schwerwiegende Einschränkungen ihres geringen und schlechten Wohnraumes und ihrer schon vorher dürftigen Nahrung ertragen. Es ist begreiflich, daß dies manche Ressentiments gegen die Neuankömmlinge auslöste. Verstärkt wurden sie dadurch, daß die deutschen Machthaber im Januar 1942 mit den massenhaften »Aussiedlungen« in das Vernichtungslager Chelmno begannen und dabei zunächst nur die einheimischen Juden erfaßten. So entstand der Eindruck, daß sie den Neuangekommenen Platz machen müßten, bis dann im Mai 1942 fast ausschließlich die deutschsprachigen Juden Opfer der »Aussiedlungs-« und Mordpolitik wurden. Der Chronist des Ghettos, Oskar Singer, schrieb die Spannungen und Gegensätze zwischen den dort zusammentreffenden »Ost-« und »Westjuden« besonders der Entscheidung des »Judenältesten« zu, beide Gruppen durch die Unterbringung und Organisation der Neuankömmlinge in »Kollektiven« zu trennen. Die auftretenden Konflikte waren angesichts der furchtbaren Zustände im Ghetto und angesichts der auf Spaltung bedachten Politik der deutschen Verwaltung aber unvermeidlich.

21 Vgl. den folgenden Aufsatz über das Ghetto Lodz. (Anstelle des Abschnitts über Lodz in der Originalfassung dieses Aufsatzes folgt hier eine knappe Zusammenfassung.)

Warschau

Nach Warschau kamen die ersten aus dem Reichsgebiet vertriebenen Juden bereits infolge der »Polenaktion« vom Oktober 1938. Zumindest ein Teil von ihnen hatte unter den Warschauer Juden keinen guten Ruf. Nach Errichtung des Ghettos im November 1940 scheint dort der Verdacht verbreitet gewesen zu sein, daß sich unter den deutschen Juden viele Denunzianten befänden, vor denen man auf der Hut sein müsse. Selbst Emanuel Ringelblum, der sich so hingebend für die Flüchtlinge in Zbaszyn eingesetzt hatte, gab diesem Verdacht in seinem berühmt gewordenen »Ghetto-Tagebuch« Ausdruck: »Das Denunziantentum ist besonders unter den deutschen Juden weit verbreitet. Unter den ersten Ankömmlingen aus Zbaszyn befanden sich viele kriminelle Elemente, Schieber und Spitzel. Deshalb haben alle deutschen Juden einen schlechten Ruf, auch weil sie als Vorarbeiter der in deutschen Betrieben eingesetzten Arbeitskolonnen bestellt werden [...]. Als nun im Mai 1942 mehr deutsche Juden ankamen, befürchteten die Leute, daß dies neue Denunzianten seien [...] man glaubt sogar, sie seien eigens zu diesem Zweck in das Ghetto gebracht worden. Allgemein ist unsere Erfahrung mit den deutschen Juden traurig: Beim kleinsten Vorfall drohen sie: ›Ich mache eine Anzeige! Ich gehe zur Gestapo!‹ [Deutsch im Original. A.B.] Durch diese Drohungen können sie viele Bevorzugungen erpressen.«[22]

Die von Ringelblum hier erwähnten deutschen Juden waren nicht diejenigen, die im Verlauf der Massendeportationen Anfang 1942 nach Warschau gebracht wurden, aber nie in das Ghetto gelangten. Sie wurden außerhalb des Ghettos »in Quarantäne« gehalten und nach einigen Monaten, bald nach Beginn der Massenvernichtung, der zwischen Juli und September 1942 über 265 000 Warschauer Juden zum Opfer fielen, in Treblinka umgebracht. Diejenigen Juden aus Deutschland, die einige Zeit im Ghetto verbrachten, waren entweder nach der Austreibung vom Oktober 1938 oder im Laufe des Krieges als Flüchtlinge aus anderen polnischen Gemeinden dorthin gekommen.

Es ist aufgrund der vorliegenden Quellen schwer verständlich, warum Ringelblum, der den Flüchtlingen 1938/39 so aufgeschlossen und hilfsbereit entgegengekommen war, sie später in derart enttäuschten Wendungen beschrieb. Wir können nur darüber spekulieren, warum diese Flüchtlinge das Mißtrauen der ansässigen Warschauer Ghettobewohner erregten. In besonders extremer Weise kam die Störung

---

22 Emanuel Ringelblum, Togbuch fun warschewer getto, ktuvim fun getto 1 (Tagebuch des Warschauer Ghettos, Schriften aus dem Ghetto, Bd. 1), Warschau o.D. (1952) (Jiddisch), S. 343.

der Beziehungen in dem Todesurteil zum Ausdruck, das die jüdische Widerstandsbewegung im Ghetto im Februar 1943 an dem fast achtzigjährigen Alfred Nossig vollstreckte. Nossig war eine bekannte, etwas hintergründige Persönlichkeit. Vor dem Ersten Weltkrieg war er Mitbegründer des Vereins für jüdische Statistik in Berlin, wo er sich auch später in verschiedenen politischen, literarischen und künstlerischen Kreisen betätigte. Bald nach Kriegsausbruch erschien Nossig in Warschau und erhielt den Posten eines »Auswanderungs-Kommissars« im dortigen Judenrat. Nach seinen eigenen Tagebucheintragungen war der »Judenälteste« Adam Czerniakow über diese ihm von den deutschen Behörden aufgezwungene Ernennung nicht sehr glücklich.[23] Nossig stand im Ghetto unter Verdacht, ein Vertrauensmann der Gestapo zu sein, doch sind die genauen Umstände seiner Exekution durch die Widerstandsbewegung bisher ungeklärt.[24]

Unter den Anfang 1942 aus Deutschland deportierten Juden befand sich auch eine Gruppe von etwa 160 Jugendlichen aus den noch bestehenden landwirtschaftlichen Vorbereitungsbetrieben (hebr. Hachscharah). Im Verlauf der Kriegsjahre wurden diese zunehmend in bloße Wohngemeinschaften der Jugendlichen umgewandelt, die zur Zwangsarbeit in der Umgebung eingesetzt wurden. Obwohl dadurch nur wenig von der früheren erzieherischen Atmosphäre spürbar blieb, konnten diese jungen Menschen noch eine Zeitlang in einer stärker geschützten und menschlich erträglicheren Enklave leben als die meisten Juden in Deutschland. Im Frühjahr 1942 wurden die meisten Hachscharah-Betriebe jedoch aufgelöst und ihre Bewohner in geschlossenen Gruppen nach dem Osten deportiert. Eine dieser Gruppen scheint auch nach Warschau geschickt und kurz nach der Ankunft bei den Errichtungsarbeiten des Vernichtungslagers Treblinka eingesetzt worden zu sein.[25]

Wir wissen heute, daß die Massendeportationen der deutschen oder deutschsprachigen Juden, die im Oktober/November 1941 begannen, ein Teil des allgemeinen Vernichtungsprozesses waren, der in den von der Sowjetunion eroberten Gebieten bereits einige Monate lang im

---

23 Adam Czerniakow, Im Warschauer Getto. Das Tagebuch des Adam Czerniakow 1939–1942, München 1986, S. 23 ff., 29, 61, 204; Israel Gutmann, Jehudej warscha 1939–1943. getto, machteret, mered (Die Juden in Warschau 1939–1943. Ghetto, Untergrund, Aufstand), Tel Aviv 1977 (hebr.), S. 220 f., S. 232.
24 Shmuel Almog, Alfred Nossig. A Reappraisal, in: Studies of Zionism, Nr. 7 (1983), S. 1-29.
25 Ringelblum, Togbuch (wie Anm. 22), S. 343. Zur Hachscharah in Deutschland: Zeugenaussagen von Annelise Ora Borinski, YVA, 01/174, gedruckt unter dem Titel: Annelise Ora Borinski, Erinnerungen 1940–1943, Nördlingen 1970, und Ehud Grohwald, YVA, 01/241; vgl. auch Joel König pseud. Esra Ben-Gershom, David. Aufzeichnungen eines Überlebenden, Frankfurt a. M. 1979, S. 111 ff.

Gang war. Gleich nach den ersten Transporten aus dem »Altreich«, Österreich und dem tschechischen »Protektorat« in das Ghetto von Lodz fuhren zusätzliche Eisenbahnzüge nach Osten, wo die Einsatzgruppen in Litauen, Lettland, der Ukraine und Weißrußland bereits Hunderttausende von Juden ermordet hatten. Nach Heydrichs Befehl sollten nun 50000 deutsche Juden das gleiche Schicksal erleiden. Nur der Einspruch des Militärs wegen Überlastung der dringlich benötigten Transportlinien hat die volle Verwirklichung dieses Plans für einige Zeit aufgeschoben. Statt der vorgesehenen 50000 wurden von Anfang November 1941 bis zum 25. Januar 1942 »nur« etwa 7000 Juden nach Minsk und etwa 10000 nach Riga und Umgebung deportiert. Zusätzlich wurden 5000 Juden aus Wien, Berlin, München, Frankfurt a. M. und Breslau anstatt nach Riga nach Kowno geleitet und dort zwischen dem 23. und 29. November 1941 von den Einsatzgruppen im sogenannten »Neunten Fort« ermordet. Danach wurden die Deportationen erst im März 1942, zum größten Teil direkt in die inzwischen errichteten Vernichtungslager, fortgesetzt.[26]

Im Folgenden werden wir das Leben derjenigen Menschen betrachten, die noch einige Monate oder auch Jahre in den Ghettos von Riga und Minsk mit der örtlichen jüdischen Bevölkerung zusammenlebten. Gleichzeitig illustriert diese Darstellung die unterschiedlichen, raffiniert-infamen Methoden der SS und der Wehrmacht, die in diesem Stadium an der nationalsozialistischen »Judenpolitik« aktiv Anteil nahm. Am Ende wurden die einheimischen wie auch die deportierten deutschen Juden in den Vernichtungslagern umgebracht. Aber in der Zwischenzeit, in der sie zwangsweise zusammenleben mußten, gestalteten sich die Beziehungen von Ort zu Ort oft sehr unterschiedlich. Neben den spezifischen Bedingungen der jeweiligen jüdischen Gemeinschaft waren dafür auch zufällige Gründe und, nicht zuletzt, die persönlichen Initiativen und Gemeinheiten der örtlichen SS oder sonstigen Machthaber ausschlaggebend.

26 Nach Wolfgang Benz (Hrsg.), Dimension des Völkermords. Die Zahl der jüdischen Opfer des Nationalsozialismus, München 1991, S. 46 ff.; vgl. auch: PS-3921, in: Der Prozeß gegen die Hauptkriegsverbrecher vor dem Internationalen Militärgerichtshof. Nürnberg, 14. November 1945 – 1. Oktober 1946, Nürnberg 1949, Bd. 33; Helmut Krausnick / Hans-Heinrich Wilhelm, Die Truppe des Weltanschauungskrieges. Die Einsatzgruppen der Sicherheitspolizei und des SD 1938–1942, Stuttgart 1981, S. 585.

Riga

Von den deutschen Juden, die in östliche Ghettos deportiert wurden, verbrachten die meisten die längste Zeit in Riga und den umliegenden Arbeitslagern. Dieses Ghetto ist auch bisher am gründlichsten erforscht worden und durch eine relativ umfangreiche Erinnerungsliteratur und einen weltweit verbreiteten und verfilmten Bestseller am besten bekannt.[27] Ein Grund dafür mag sein, daß eine ungewöhnlich hohe Zahl von etwa 600 Menschen dieses Ghetto überlebte und nach Ende des Krieges berichten konnte.

Von den ersten Transporten aus dem Reich wurden viele Menschen sofort nach der Ankunft in der Umgebung von Riga ermordet; ein Teil wurde in Arbeitslager verbracht. Der erste Transport in das Ghetto kam am 7. Dezember 1941 aus Köln an. Darauf folgten kurz nacheinander bis zum Februar 1942 vierzehn weitere Transporte mit jeweils ca. 1000 Menschen. Außer einem Transport aus Theresienstadt und zwei Transporten aus Wien kamen die meisten aus verschiedenen Städten des »Altreichs«. Um Platz zu schaffen, wurden kurz vor ihrer Ankunft etwa 30000 Rigaer Juden von den Einsatzgruppen ermordet. Als die Transporte der deutschen Juden eintrafen, wohnten nur noch 3000 bis 4000 lettische Juden, zumeist jüngere und arbeitsfähige Männer, im Ghetto. Die Zahl der aus Deutschland deportierten Juden, die dort eine längere oder kürzere Zeit verbrachten, ist schwer schätzbar, da Insassen des Ghettos dauernd in die umliegenden Konzentrationslager, wie den besonders berüchtigten Jungfernhof und nach Kaiserwald, überführt wurden und von Zeit zu Zeit neue Transporte aus dem Reich ankamen. Jedenfalls ist ziemlich sicher erwiesen, daß die Zahl der deutschen Juden im Ghetto bis zu dessen Liquidation im November 1943 immer zwischen 10000 und 11000 betrug.

In Riga lebte ausnahmsweise eine große Mehrheit von deutschen Juden eine Zeitlang an der Seite der spärlichen Überreste der einheimischen Juden. Das »deutsche Ghetto« wurde, unter scharfer Kontrolle der Gestapo, durch den jüdischen »Lagerältesten« und von ihm ernannte »Gruppenälteste« verwaltet, die für die einzelnen zumeist nach dem früheren Heimatort und dem Transportdatum geordneten Wohnquartiere verantwortlich waren. Es gab eine »Berliner« oder »Prager Straße« und ähnliche Adressen. Unter jedem »Gruppenältesten« war

---

27 Gertrude Schneider, Journey into Terror. The Story of the Riga Ghetto, New York 1979; Jeanette Wolff, Sadismus oder Wahnsinn. Erlebnisse in den deutschen Konzentrationslagern im Osten, Dresden o.D. (1946); Josef Katz, One Who Came Back. The Diary of a Jewish Survivor, New York 1973. Die folgende Darstellung basiert, soweit nicht anders vermerkt, auf diesen drei Studien. Der erwähnte Bestseller ist Frederick Forsyth, The Odessa File, New York 1972.

einer der Insassen für die Einteilung zur Arbeit inner- oder außerhalb des Ghettos verantwortlich. Auch der polizeiliche »Ordnungsdienst« war nach diesen »Gruppen« gebildet.

In diesem Rahmen entstand ein breit verzweigtes Netz jüdischer »Selbstverwaltung«, das für die Verteilung der Lebensmittel und sonstigen Güter, wie Kleidung, Medikamente und Lehrbücher, sorgte, solange sie noch vorhanden waren. Im Ghettospital behandelten zwei lettisch-jüdische Ärzte gemeinsam mit den aus Deutschland deportierten Ärzten und Schwestern die Kranken. Selbst Operationen und Abtreibungen wurden dort ausgeführt. Neu geborene Kinder wurden sofort durch Injektionen getötet. Für die wenigen Kinder, die im Ghetto lebten, sorgten die Gruppenältesten für einigen Unterricht, besonders jedoch für handwerkliche Ausbildung für die, die alt genug waren, um zur Arbeit eingesetzt zu werden. Regelmäßig fanden Gottesdienste statt, gesondert auch für »nichtarische« Christen. Zu Pessach 1942 stellte der deutsche Ghettokommandant eine besondere Ration Mehl für das Backen von Matzen zur Verfügung. Aber dem bekannten Hamburger Rabbiner Josef Carlebach wurde nicht gestattet, im Ghetto zu leben, bevor er in Jungfernhof ums Leben kam.[28]

Es gibt auch Berichte über verschiedene kulturelle und sportliche Veranstaltungen im Ghetto, die zumeist bei besonderen Gelegenheiten und manchmal in Anwesenheit von Mitgliedern der SS-Ghettoverwaltung stattfanden. An der Spitze der meisten Aktivitäten standen zumeist Juden aus Köln, die als erste nach Riga gekommen waren und bis zum Ende eine Art privilegierter »Ghetto-Aristokratie« bildeten. Natürlicherweise verursachte dieses System Korruption und Protektionismus. Die jüdischen Funktionäre hatten oft Anteil an der Entscheidung über Leben und Tod, da sie die Listen für den Arbeitseinsatz und häufig auch für die »Evakuierungen« aufzustellen hatten.

Die Bedingungen für ein erträgliches Zusammenleben mit dem Rest der lettischen Juden im Ghetto waren die denkbar schlechtesten. Die meisten Rigaer Juden waren kurz vor Ankunft der aus Deutschland deportierten umgebracht worden – so kurz vorher, daß die Neuankömmlinge gezwungen waren, Wohnungen zu beziehen, in denen noch alles von den früheren Bewohnern und ihrem schrecklichen Schicksal zeugte. Die wenigen, zumeist jungen lettischen Juden, die überlebt hatten, waren in einem besonderen Teil des Ghettos eingesperrt, mit dem jeder Kontakt streng verboten war. Welche Gefühle konnten diese unglücklichen Menschen den deutschen Juden entgegenbringen, für deren Unterbringung, wie sie annehmen mußten, ihre Eltern, Verwandten und Freunde ermordet worden waren?

28 Schneider, Ghetto (wie Anm. 27), S. 32 f.

Es ist daher erstaunlich, daß trotz der Anstrengungen der SS und auch der jüdischen Funktionäre, die Gegensätze aufrechtzuerhalten, sich einige freundschaftliche Beziehungen herausbildeten. Selbst in der Anfangsphase des »deutschen Ghettos« gab es Beweise hilfreicher Bemühungen seitens der lettischen Juden, obwohl sie damit ihr Leben aufs Spiel setzten. Nach einiger Zeit mußten wohl alle einsehen, daß die deutschen Juden an ihrer Einquartierung in Riga schuldlos waren und daß sich ihr Schicksal nicht wesentlich von dem der einheimischen Juden unterschied: Bei den dauernden »Ein- und Aussiedlungen« wurde kein Unterschied zwischen den beiden Gruppen gemacht. Außerdem folgte das alltägliche Leben seinen eigenen Gesetzen. Im lettischen Ghetto lebten viele junge Männer und nur wenige Frauen. Auf der »deutschen« Seite gab es einen Überschuß junger Frauen, deren Männer oder Freunde in die umliegenden Arbeitslager verschickt worden waren. Die lettischen Juden waren besser ausgerüstet und fanden sich besser in der Umwelt zurecht als die deutschen, die, nachdem ihre mitgebrachten Lebensmittel und Tauschhandelsgegenstände aufgebraucht waren, bald Hunger litten. Eine Überlebende schilderte die Lage: »Ein zusätzlicher Faktor, der die beiden Gruppen näher brachte, war die verhältnismäßig gute Versorgung der lettischen Juden und der Hunger, der im deutschen Ghetto herrschte. Liebe konnte ebensogut gekauft, wie ehrlich verdient werden [...]. Die jüdischen Mädchen aus Deutschland und die lettischen Jungen erfüllten genauso ihre gegenseitigen körperlichen und emotionellen Nöte, wie es junge Menschen auch in einer Welt ohne Stacheldraht tun.«[29]

Die Jugendlichen, die schon vorher in Deutschland zionistischen Bünden angehört hatten, fanden schnell auch einen ideologisch-emotionalen Kontakt mit gleichgesinnten lettischen Juden bei gemeinsamen Veranstaltungen. Trotz der drohenden Gefahr nahmen lettische Jugendliche öfters an feierlichen Anlässen wie dem in der Jugendbewegung üblichen, freitagabendlichen »Oneg Shabbat« im deutschen Ghetto teil.

All dies waren jedoch, wenn auch nicht seltene, Ausnahmen in einer im allgemeinen mißtrauischen und fremdfühligen Atmosphäre. Dies war den deutschen Behörden natürlich bekannt, und sie taten das Ihrige, um die Gegensätze für ihre Zwecke auszunutzen und die beiden jüdischen Lager gegeneinander auszuspielen. Die deutschen Juden wurden sichtlich bevorzugt behandelt. Viele von ihnen wurden als Vorarbeiter der Arbeitskolonnen eingesetzt. Nachdem im Oktober 1942 eine geheime Widerstandsgruppe im lettischen Ghetto aufgeflogen war, wurden deutsche Juden dort mit der Verwaltung und Arbeitsein-

---

29 Ebenda, S. 17.

teilung betraut. Vom deutschen Ghetto ist kein vergleichbarer Versuch aktiven Widerstands bekannt, während die lettischen Juden dauernd versuchten, in die umliegenden Wälder zu entfliehen, und im Ghetto Waffen sammelten und anfertigten. Nach Entdeckung des Waffenlagers wurden 41 lettisch-jüdische Ghettopolizisten hingerichtet. Der aus Deutschland stammende Kommandant der Ghettopolizei stand im Verdacht, die Widerstandsgruppe denunziert zu haben und wurde nach der Liquidation des Ghettos im November 1943 von Gefangenen im Arbeitslager Kaiserwald umgebracht.[30]

So lebten lettische und deutsche Juden zwei volle Jahre nebeneinander unter dem immer gegenwärtigen Schatten des Todes und konnten doch die Fremdheitsgefühle und das gegenseitige Mißtrauen nicht überwinden. Obwohl alles um sie herum sie von der Gemeinsamkeit ihres Schicksals hätte überzeugen müssen, hielten sie an unterschiedlichen Vorstellungen und Hoffnungen für die Zukunft fest. Gertrude Schneider hat in ihren Erinnerungen versucht, dies zu erklären: »Um zu verstehen, warum die Insassen des ›deutschen‹ Ghettos sich vor der Erkenntnis verschlossen, daß die den lettischen Juden zugefügten Greueltaten das ihnen selbst Bevorstehende ankündigten, müssen zwei Dinge beachtet werden: Erstens ist das menschliche Bewußtsein oft unfähig, unglaubliche reale Tatsachen aufzunehmen. Zweitens ließ man die deutschen Juden glauben, daß ›dieses‹ nur den Ostjuden, niemals jedoch ihnen selbst zugefügt werden könnte [...]. Die Bewohner des lettischen Ghettos erfaßten ihre Situation in viel realistischerer Weise [...]. Während sich im deutschen Ghetto eine eigene Gemeinschaft bildete, mit kulturellen Veranstaltungen, Freitagabends-Treffen und zionistischen Gruppen, war den lettischen Juden auch nur der Versuch, ein irgendwie normales Leben zu führen, völlig unmöglich [...]. Sie blieben bis auf wenige Ausnahmen eine Gemeinschaft ohne jede Hoffnung.«[31]

So unglaublich es klingt, blieben manche dieser Vorstellungen selbst in den Nachkriegserinnerungen von Überlebenden des »deutschen« Ghettos in Riga erhalten: »Obwohl sie sich gut an die Kälte, den Hunger und sonstige Beschwerlichkeiten erinnern können, weisen sie doch mit Stolz auf die Institutionen, die sie im Ghetto errichten konnten, hin, auf die Schulen, das Theater, die Konzerte und Sportveranstaltungen. Besonders stolz betonen sie, daß es ihnen gelungen sei, sogar im Ghetto eine Gemeinschaft zu bilden, in der die ethischen Normen auf das Peinlichste aufrechterhalten wurden.«[32]

30 Ebenda, S. 100; Katz, Diary (wie Anm. 27), S. 79; Aussagen von Lea Ackermann-Bahat, die zwei Jahre im Ghetto Riga verbrachte, in einem Interview mit dem Verfasser vom Juni 1988.
31 Schneider, Ghetto (wie Anm. 27), S. 139f.
32 Ebenda, S. 140f.

Eine andere Frau, die ihrer Freundin nach dem Krieg vom tragischen Tod derer Eltern im Ghetto berichtete, erzählte über ihre späteren Leiden, nach der Auflösung des Ghettos: »Es läßt sich nicht in Worte kleiden, was wir alles erlebten und sahen. Die Zeit in Riga war noch die beste Zeit, und wir betrachteten dieses als unsere zweite Heimat.«[33]

Minsk

Keiner der wenigen Überlebenden wäre je auf den Gedanken gekommen, das Ghetto in Minsk als »zweite Heimat« zu bezeichnen. Beide Städte gehörten 1941 zu dem von der Sowjetunion eroberten Gebiet, aber Riga war erst im September 1939 unter sowjetische Herrschaft gelangt. Beide lagen im Aktionsgebiet der SS-Einsatzgruppen, doch war die Lage in Minsk unvergleichlich schlimmer. Karl Löwenstein schilderte das Entsetzen einiger deutscher Juden, die von Riga nach Minsk gebracht wurden: »Die neu Hinzugekommenen waren entsetzt, als sie unsere Wohnverhältnisse und unsere Verpflegung kennenlernten. Sie hatten für unsere Begriffe märchenhaft gelebt.«[34]

Das Ghetto wurde in Minsk im Juli / August 1941 errichtet. Alle Juden aus Minsk und der Umgebung, insgesamt über 100 000 Menschen, wurden darin völlig von der Umwelt abgeschlossen. Soweit ein Vergleich überhaupt möglich ist, war Minsk das fürchterlichste aller Ghettos im Osten. Einer der Gründe dafür war, daß es in dieser Stadt, in der

33 Aufzeichnung von Lore Israel, Wiener Library, Tel Aviv University, P/III, H (Riga), S. 162.
34 Karl Löwenstein, Minsk. Im Lager der deutschen Juden, in: Aus Politik und Zeitgeschichte. Beilage zur Wochenzeitung Das Parlament XXXV/56, 7. November 1956, S. 708. Die folgende Darstellung fußt, soweit nicht anders belegt, auf den folgenden Quellen: Ilya Ehrenburg/Wassily Grossmann (Hrsg.), The Black Book. The Ruthless Murder of Jews by German Fascist Invaders Throughout the Temporarily Occupied Regions of the Soviet Union and in the Death Camps of Poland During the War of 1941–1945, New York 1981, translated by John Glad and J.S. Levine. (Der Band enthält eine Sammlung von Zeugenaussagen Überlebender, die die Herausgeber noch während und kurz nach dem Krieg sammelten, aber in der Sowjetunion nicht veröffentlichen durften. Erst viele Jahre später wurden die Berichte durch das Jerusalemer Yad Vashem Institut im russischen Original und in Übersetzungen herausgegeben.) Weitere Quellen sind: Chaim Bar-Am (Heinz Behrendt), Wo war die Sonne?, unveröffentlichte Aufzeichnungen, YVA, 03/2248, in hebräischer Übersetzung gedruckt unter dem Titel: Hejchan hajta haschemesch?, Lochmej-Hagettaot 1980; David Cohen/Shlomo Even-Shushan (Hrsg.), Minsk – ir haemot (Die Mutterstadt Minsk), Bd. 2: 1917 bis in die Gegenwart, Jerusalem 1985 (hebr.); Schalom Cholawski, Bessufat hakiljon. jahadut bjellorussia hamisrachit bemilchemet haolam haschnija (Im Sturm der Vernichtung. Die Juden des östlichen Weißrußlands im Zweiten Weltkrieg, hebr.),Tel Aviv 1988.

im Juni 1941 etwa 80 000 Juden lebten, seit den frühen dreißiger Jahren, aufgrund der veränderten Politik des Sowjetregimes gegenüber den Juden, kein nennenswertes jüdisches Gemeindeleben mehr gab. Da keine auch nur annähernd autonom organisierte Tätigkeit auf religiösem, kulturellem oder erzieherischem Gebiet erlaubt war, gab es dort auch keine jüdische Führungsgruppe. Nur alte Leute hielten noch die Erinnerung an das religiöse und gesellschaftliche Leben dieser einst bedeutenden, sehr gut organisierten und aktiven jüdischen Gemeinde und ihre kulturellen Errungenschaften wach. Vielleicht war es diese Erinnerung, die sie veranlaßte, den von den deutschen Besatzern eingesetzten Judenrat als »jüdische Kehille« zu bezeichnen.

Zur Zeit des deutschen Einfalls lebten in Minsk auch einige Tausend polnische Juden, die seit 1939 dorthin geflüchtet waren. Diese hatten ein stärkeres, in aktiver Arbeit erprobtes jüdisches Selbstbewußtsein und wurden nicht müde, die einheimischen Juden vor den Gefahren der deutschen Besetzung zu warnen.[35] Ihr Erfolg war gering, und selbst wenn sie Gehör fanden, hatte dies kaum Einfluß auf die Geschehnisse. Als nach wenigen Wochen die gesamte jüdische Bevölkerung in das Ghetto gezwängt wurde, konnte niemand der unbeschreiblichen Unordnung und Ratlosigkeit steuern. Die Bevölkerung wurde durch nächtliche Überfälle kleiner Gruppen von Deutschen, Ukrainern oder Weißrussen terrorisiert, die in ihre Wohnungen einbrachen und eigenmächtig regelrechte Pogrome veranstalteten. Mord, Raub und Vergewaltigungen wurden von der deutschen Besatzung übersehen und in keiner Weise eingeschränkt. Der Judenrat und die von ihm geschaffene jüdische Polizei waren dagegen völlig hilflos.

Die einzige organisierte jüdische Gruppe waren die kommunistischen Parteimitglieder, die sehr früh ihre eigenen Widerstandszirkel nach allen Regeln der Konspiration aufbauten. Ihre Kontakte zur »arischen« Seite der Stadt benutzten sie hauptsächlich zu dem Zweck, Fluchtwege aus dem Ghetto zu schaffen, um junge Juden zu den Partisanen in den umliegenden Wäldern zu schicken und sie mit Waffen zu versorgen. Es gibt keinen Beleg dafür, daß sie versucht hätten, im Untergrund des Ghettos selbst Widerstandsgruppen zu bilden.

Der erste von den Deutschen eingesetzte Judenrat kooperierte mit den Kommunisten bei deren Bemühungen um die Mobilisierung und Bewaffnung von Partisanen. So gelang es nicht wenigen russischen Juden, teilweise sogar ganzen Familien, aus dem Ghetto in die Wälder zu entkommen und dort eigene jüdische Partisanengruppen und sogenannte Familienlager zu bilden. Bald jedoch wurden diese Aktionen von den Deutschen unterbunden: Sie ersetzten häufig die amtierenden

---

35 Aufzeichnungen von Hersch Smoller, S. 4, YVA, 03 / 3605.

»Judenältesten«, zumeist durch zweifelhafte und charakterlose Typen, die willig mit den Deutschen kollaborierten.

Im Ghetto Minsk gab es keinerlei Werkstätten oder sonstige Arbeitsplätze. Solange es bestand, funktionierte es als ein großes überwachtes Wohnlager, aus dem jeden Morgen die Arbeitskommandos geführt wurden. Manche dieser Kommandos übernachteten auch, getrennt von ihren Familien im Ghetto, an den Arbeitsplätzen. Die im Ghetto sporadisch verteilten Lebensmittelmengen waren selbst im Vergleich zu den in anderen Ghettos ausgegebenen Rationen so minimal, daß dauernd viele Menschen verhungerten.[36]

Dies also war der höllische, schreckenerregende Ort, an dem die Transporte der Juden aus Deutschland ankamen. Zwischen November 1941 und Oktober 1942 wurden knapp 35 500 Juden aus dem Reichsgebiet und dem »Protektorat« nach Minsk deportiert. Die meisten von ihnen wurden sofort nach der Ankunft bei dem 15 km von Minsk entfernten Dorf Malij-Trostinjetz von Einsatzkommandos erschossen und ihre Leichen in den vorbereiteten langen Gräben verscharrt.[37] Am 8. November wurde der erste Transport aus Hamburg ins Ghetto Minsk gebracht; bis zum 28. d. M. folgten fünf weitere Transporte aus Hamburg, Berlin, Düsseldorf, Bremen und Frankfurt a. M. und je einer aus Brünn und aus Wien. Die Höchstzahl der westlichen Juden in dem nach dem ersten Transport »Hamburger Ghetto« genannten Teil des Ghettos von Minsk wird auf etwa 7300 geschätzt.[38] Die ersten Ankömmlinge aus dem Reich wurden in Wohnungen der kurz vorher umgebrachten 35 000 russischen Juden untergebracht, aus denen sie in manchen Fällen erst die Leichen der Ermordeten entfernen mußten.[39]

Wie in Riga wurde auch in Minsk jeder Transport der westlichen Juden als gesondertes Lager einquartiert, und alle diese bildeten gemeinsam das »deutsche Ghetto« (manchmal auch »Sonderghetto« genannt), das durch Stacheldraht vom »russischen Ghetto« getrennt war. Der von der SS eingesetzte Judenrat bestand aus sieben Hamburger Juden unter der Leitung eines Dr. Frank. Als »Chef des Sicherheitswesens« wurde Karl Löwenstein eingesetzt, der eine aus ehemaligen Offizieren gebil-

---

36 Ehrenburg/Grossmann, Black Book (wie Anm. 34), S. 139ff.; Cohen/Even-Shushan (Hrsg.), Minsk (wie Anm. 34), S. 267; Dvora Travnik, Tonband-Interview in der Sammlung des Institutes for Contemporary Jewry, Hebrew University Jerusalem, Nr. 1306.
37 Cholawski, Bessufat hakiljon (wie Anm. 34), S. 136.
38 Benz, Dimension (wie Anm. 26), S. 46; Cholawski, ebenda, S. 206f.
39 Aufzeichnungen von Günther Katzenstein, u. a. in Antwort auf Fragen des Verfassers, im Archiv des Ghetto-Fighter House, Kibbuz Lochmej Hagettaot, Nr. 4566, S. 5; Ehrenburg/Grossmann, Black Book (wie Anm. 34), S. 151f.; Karl Löwenstein, Minsk (wie Anm. 34), S. 707.

dete, mit Stöcken bewaffnete jüdische Polizeitruppe zusammenstellte. Frank erwies sich als ein beflissener Kollaborateur, der selbst mit dem preußisch-pflichtbewußten, dabei aber menschlich empfindsamen Karl Löwenstein in Konflikt geriet, als er den »illegalen« Tauschhandel mit Nahrungsmitteln zu unterbinden suchte.[40]

Auch im »Hamburger Ghetto« in Minsk gab es einige erzieherische und kulturelle Aktivitäten. Die 50 dorthin verschleppten Kinder erhielten täglichen Unterricht, und in einer hergerichteten Fabrikhalle fanden Konzerte statt. Als einmal die deutschen SS-Kommandanten zu einer solchen Veranstaltung eingeladen wurden, spendeten sie den Künstlern Applaus, nahmen aber danach die Instrumente in Beschlag und verboten weitere Vorstellungen. Auch ein Schlichtungsgericht, bestehend aus zwei Juristen und Karl Löwenstein, wurde auf Befehl der Kommandantur gebildet, um Zwistigkeiten zwischen den Ghettoinsassen beizulegen.[41]

Den im »russischen Ghetto« eingekerkerten Juden mußten diese Zustände als stark bevorzugte Behandlung auffallen, aber im Gegensatz zu denen auf der anderen Seite des Stacheldrahts erkannten sie die Niedertracht der SS, die sich dahinter verbarg: »Den Hamburger Juden gab man zweimal am Tag Kaffee und einmal ein Stück Brot. Man behandelte sie wie Intelligenzler, aber in Wirklichkeit betrog man sie. Man befahl ihnen, sich schön, in ihren besten Kleidern anzuziehen, als würden sie in ein anderes Ghetto überführt, und so brachte man sie an die [Erschießungs]gruben.«[42]

Die Täuschung der Opfer wird auch in einem anderen Bericht hervorgehoben: »Sie erzählten uns alle möglichen Geschichten [...]. Man

---

40 Cholawski, Bessufat hakiljon (wie Anm. 34), S. 213 ff.; Löwenstein, ebenda, S. 37. Karl Löwenstein war ein protestantischer »Nichtarier«, der während des Ersten Weltkriegs als hoher Marineoffizier im Stab des Kronprinzen gedient hatte. Er war wahrscheinlich der einzige Gefangene des Ghettos Minsk, der von dort nach Theresienstadt überführt wurde, wo er ohne viel Erfolg versuchte, als Kommandant der Ghettopolizei gegen die üblichen Zustände einzuschreiten. Angeblich war seine Versetzung nach Theresienstadt im Mai 1942 einer direkten Intervention des für Minsk verantwortlichen früheren Gauleiters Wilhelm Kube bei Hitler zuzuschreiben. Überlieferte Quellen beurteilen die Tätigkeit Löwensteins, sowohl in Minsk als auch in Theresienstadt, allgemein als positiv. (Vgl. Hans G. Adler, Theresienstadt 1941–1945. Das Antlitz einer Zwangsgemeinschaft. Geschichte, Soziologie, Psychologie, Tübingen 1955, S. 135 ff., sowie die Vorbemerkung von Helmut Krausnick zum hier zitierten Bericht von Karl Löwenstein.) Über Dr. Frank und die übrigen Mitglieder des Judenrats (Bieber, Behrendt, Cohn, Jakob, Satz, Spiegel und Rappholt (?) ist nichts Näheres bekannt.
41 Cholawski, ebenda, S. 218.
42 Aussage von Dvora Travnik, Tonband-Interview in der Sammlung des Institutes for Contemporary Jewry, Hebrew University Jerusalem, Nr. 1306.

hätte sie betrogen, ihnen gesagt, man würde sie nach Amerika schicken, und sie sollten allen Schmuck und das Gold mitnehmen. Zum Schluß hätte man sie ausgezogen und in Lumpen gekleidet. Ihr ganzer Besitz sei bei den Deutschen geblieben.«[43]

Wie konnten die Beziehungen zwischen den deutschen und den einheimischen Juden unter diesen Umständen aussehen? Im Gegensatz zu Riga bildeten die Neuankömmlinge in Minsk stets nur eine kleine Minderheit. Und wenn dort die Fremdheitsgefühle selbst nach zwei Jahren des Zusammenlebens mit den lettischen Juden nicht überwunden werden konnten, so waren sie hier noch viel ausgeprägter, selbst nachdem der Großteil der aus Deutschland Deportierten bei der Massenmordaktion vom 28. bis 31. Juli 1942 umgebracht worden war. Die russischen Juden hatten bereits Jahre vorher keinerlei Kontakt mit den Juden anderer Länder gehabt. Ihre Sprache und Vorstellungen, besonders die der jüngeren Generation, die unter dem kommunistischen Regime aufgewachsen und durch dessen Schulen und Jugendorganisationen geprägt worden war, waren von denen der deutschen Juden so verschieden, daß es kaum eine Basis für gemeinsames Handeln und gegenseitiges Verständnis gab.

Der »privilegierte« Status der deutschen Juden wurde schon durch den andersförmigen »Judenstern«, den alle im Ghetto tragen mußten, symbolisiert. Der polizeiliche »Ordnungsdienst« hatte im deutschen Teil des Ghettos etwas mehr Bewegungsfreiheit als im russischen. Seine Mitglieder konnten daher mit etwas mehr Erfolg gegen die »Einzelaktionen« der nächtlichen Mord- und Vergewaltigungsbanden auftreten, obwohl auch sie keine Waffen hatten und keinen der Eindringlinge töten durften. Allgemein wurden den deutschen Juden die besseren Arbeitsplätze zugeteilt. Durch ihre Sprachkenntnis und Ausbildung waren sie für die Arbeit in den Büros der deutschen Dienststellen geeignet und durften oft auch dort, außerhalb des Ghettos, übernachten.

Trotzdem war die Lage der meisten deutschen Juden im Ghetto schlimmer als die der russischen. Viele von ihnen waren ältere Menschen, daneben gab es aber auch minderjährige Kinder, während von den russischen Juden in Minsk nach der früheren massenweisen Ermordung zumeist nur die jüngeren, arbeitsfähigen Männer überlebt hatten. Darüber hinaus waren die deutschen Juden die russische Kälte nicht gewohnt, und die Kleider, die sie mitbrachten, waren, soweit sie nicht beim Transport verloren oder gestohlen oder für Nahrungsmittel

---

43 Aussage von Jocheved Eibermann-Rubenczik, Tonband-Interview in der Sammlung des Institutes for Contemporary Jewry, Hebrew University Jerusalem, Nr. 1402.

umgetauscht worden waren, völlig unzulänglich. Sie hatten auch keinen sprachlichen Kontakt mit der russischen Bevölkerung außerhalb des Ghettos. Wenn sie etwas kaufen oder eintauschen wollten, waren sie auf die Vermittlung russischer Juden angewiesen, die dafür natürlich ihren Anteil beanspruchten. Sehr bald waren die mitgebrachten Nahrungsmittel und umtauschbaren Gegenstände aufgebraucht. Die unzulänglichen sanitären Anlagen trugen ihrerseits zu dem schnellen gesundheitlichen Verfall der Deportierten bei, so daß viele von ihnen eines »natürlichen Todes« starben. Von dem Rest wurden die meisten nach einigen Monaten, zusammen mit vielen russischen Juden, umgebracht. Nur sehr wenige überlebten.[44]

Unter diesen Bedingungen war das Zusammenleben zwischen den beiden Teilen des Ghettos bis zum Ende voller Mißtrauen und gegenseitigem Verdacht. Ähnlich wie in Riga glaubten auch die nach Minsk deportierten deutschen Juden, daß ihnen ein besseres Schicksal bevorstehe als den »Ostjuden«. Umgekehrt galten sie unter den russischen Juden als überheblich und arrogant, als Verkörperung der seit langem verachteten und bespotteten »Jekkes«.[45] Der fast einzige Kontakt zwischen den beiden Gruppen war der gemeinsame Arbeitseinsatz und der Tauschhandel an den Stacheldrahtzäunen, die die beiden Ghettos voneinander und von der Außenwelt abgrenzten. Hier war auf beiden Seiten die unerläßliche Zusammenarbeit durch Mißgunst und den Verdacht der Übervorteilung getrübt. Die einheimischen Juden wußten, daß die Ankunft der wohlhabenderen deutschen Juden für die gesamte Ghettobevölkerung wirtschaftlich von Vorteil war, und jeder versuchte, das meiste herauszuschlagen. Die übliche »Kommission« bei Vermittlung eines Tauschhandels war die Hälfte des Ertrags. Die deutschen Juden hatten keine Wahl und waren auf diese Vermittlung angewiesen, fühlten sich dabei aber übervorteilt und ausgenutzt: »Der Tauschhandel war ein sehr schlechtes Geschäft für uns, weil die Leute auf der anderen Seite ja alle Trümpfe in der Hand hatten. Dadurch konnten sie uns auspressen, wie sie wollten [...]. Es war uns geglückt, einige Sachen von Deutschland mitzunehmen, aber nach einer gewissen Zeit waren wir gezwungen, diese Sachen gegen Brot, Kartoffeln usw. einzutauschen, und das war natürlich ein sehr schlechtes Geschäft für uns. Die gegenseitige Hilfe war nicht zu erhoffen, weil jeder sich am nächsten stand.«[46]

---

44 Cholawski, Bessufat hakiljon (wie Anm. 34), S. 207, 224; vgl. auch Josef Toch, Nachrichten aus Minsk, in: Die Gemeinde. Offizielles Organ der Israelitischen Kultusgemeinde Wien, 10. Oktober 1979.
45 Aufzeichnungen von Hersch Smoller, S. 49f., YVA, 03/3605.
46 Interview des Verfassers mit Günther Katzenstein im März 1985; Aussage von

Auch das Fehlen einer jüdischen Organisation, die sich um gemeinsame Belange kümmerte, verhinderte das Entstehen einer toleranteren Atmosphäre. Die fast einzige Funktion des »Judenrats« war die Zusammenstellung der Arbeitskommandos und der Deportationslisten: »Von einer Organisation war in Minsk überhaupt nicht die Rede. Von vornherein war daran gedacht, die Menschen zu schinden und zu erledigen. Je schneller das geschah, desto lieber war es der SS.«[47]

Außer den oben erwähnten Schulen und Konzerten gab es in Minsk keine nennenswerten kulturellen oder anderen Freizeittätigkeiten. Günther Katzenstein war ein geübter Pianist und mußte öfter in einem der beiden Ghettos aufspielen, doch bestand das Publikum, nach seiner Erinnerung, immer nur aus SS-Leuten und höchstens einigen Mitgliedern der jüdischen Ghetto-Oligarchie. Das makabere »Konzert«, das Musiker aus dem »deutschen« Ghetto im Juni 1942 vor Beginn einer »Evakuierungsaktion« auf der »russischen« Seite geben mußten, war sicher nicht geeignet, die gegenseitigen Beziehungen freundlicher zu gestalten.[48] Im Gegensatz zu Riga ist aus Minsk nichts über Freundschaften oder Liebesbeziehungen zwischen den Gefangenen der beiden Ghettos bekannt.[49]

Abgesehen von der Begegnung beim Tauschhandel, gab es an einer Stelle Versuche, Kontakte zwischen deutschen und russischen Juden herzustellen: Angehörige des kommunistischen Widerstands bemühten sich, einige der deutschen Juden zu überreden, sich den in die Wälder fliehenden Partisanengruppen anzuschließen. Dies scheint jedoch nur selten und zumeist erfolglos versucht worden zu sein, da die deutschen Juden diesen Weg ablehnten: »Das ist für die Ostjuden, nicht für uns!« Immerhin berichtete einer der überlebenden Widerständler, daß deutsche Juden manchmal bei der Abfassung von Flugblättern in Deutsch mitarbeiteten. Die Hintergrundorganisation mußte bei solchen Kontakten aus Furcht vor Denunziationen immer sehr vorsichtig sein.[50]

Nach dem gleichen Bericht sind nur zwei Fälle bekannt, in denen diese Kontakte fruchtbar waren. Im ersten Fall schloß sich ein tschechischer Jude den Partisanen an. Im zweiten, etwas legendär anmutenden

---

Zvi Rubenczik, Tonband-Interview in der Sammlung des Institutes for Contemporary Jewry, Hebrew University Jerusalem, Nr. 1401.
47 Karl Löwenstein, Minsk (wie Anm. 34), S. 708.
48 Aussage von Zvi Rubenczik, Tonband-Interview in der Sammlung des Institutes for Contemporary Jewry, Hebrew University Jerusalem, Nr. 1401.
49 Interview des Verfassers mit Günther Katzenstein im März 1985; Aussage von Dvora Travnik, Tonband-Interview in der Sammlung des Institutes for Contemporary Jewry, Hebrew University Jerusalem, Nr. 1306.
50 Aufzeichnungen von Hersch Smoller, S. 49f., YVA, 03/3605.

und mehr Aufsehen erregenden Fall geht es um die Flucht einer jungen Frau aus Berlin namens Ilse Stein, die Vorarbeiterin eines Arbeitskommandos außerhalb des Ghettos war. Ihre Geschichte taucht in jeweils unterschiedlichen Versionen in Erinnerungen von Überlebenden auf. Angeblich hatte Ilse Stein ein Liebesverhältnis mit einem deutschen Offizier namens Schulz und entkam zusammen mit ihm und einer Gruppe junger Juden im Sommer 1942 zu den Partisanen. Heinz Behrendt berichtete über Gerüchte, nach denen die Flüchtlinge mit Hilfe eines gefangenen russischen Fliegers in einem Flugzeug entkommen sein sollen, was ziemlich unwahrscheinlich klingt. Plausibler ist eine andere Erzählung, Stein und ihr Freund seien in einem gestohlenen Militärfahrzeug geflohen.[51]

Solche Versuche ahndete die SS mit der zumeist öffentlich vollzogenen, grausamen Ermordung von gefaßten Flüchtlingen und/oder deren Familienangehörigen und Arbeitskameraden. Dies erklärt zum Teil auch das Zögern der deutschen Juden, ein solches Wagnis einzugehen. Solange sie hofften, trotz allem, was um sie herum geschah, noch Aussicht auf Rettung zu haben, mußten sie um das Schicksal ihrer Familien und Freunde im Falle ihres Entkommens zu den Partisanen besorgt sein. Die SS tat ihrerseits alles Mögliche, um diese Illusion so lange wie möglich zu nähren. Zwar stimmt es nicht, wie manche Überlebenden behauptet haben, daß keine deutschen Juden während der fast zwei Jahre währenden Existenz des Ghettos in den umliegenden Vernichtungslagern umgebracht wurden und »nur« an Hunger, Kälte und Krankheiten starben, aber sie wurden zweifellos besser behandelt als die anderen. Schon dies wirkte dem Zustandekommen solidarischer Gefühle zwischen den Bewohnern der beiden Ghettos entgegen.

In diesem Zusammenhang war die Rolle des Generalkommissars für Weißruthenien und früheren Gauleiters der Kurmark, Wilhelm Kube, von Bedeutung. Kube gab verschiedentlich seiner Ansicht Ausdruck, daß reichsdeutsche Juden, besonders frühere Frontsoldaten, nicht auf dieselbe Weise zu »behandeln« seien wie die einheimischen »Ostjuden«. Er versuchte, oft mit Erfolg, deutsche Juden in Schutz zu nehmen, und protestierte bei seinen Vorgesetzten und der SS, bis hinauf zu Himmler, gegen ein Vorgehen gegen »Menschen aus unserem eigenen Kulturkreise«, das »dem Deutschland Kants und Goethes unwürdig sei«. Als Kube im September 1943 in Minsk durch ein Attentat umkam, soll Himmler dies als »einen Segen für Deutschland« bezeichnet haben.

---

51 Chaim Bar-Am (Heinz Behrendt), Hejchan hajta haschemesch? (wie Anm. 34), S. 25; Aufzeichnungen von Günther Katzenstein, u. a. in Antwort auf Fragen des Verfassers, im Archiv des Ghetto-Fighter House, Kibbuz Lochmej Hagettaot, Nr. 4566.

Kube sei ohnehin für ein Konzentrationslager reif gewesen, »da seine Judenpolitik an Landesverrat grenzte«.[52] Dabei ist zu beachten, daß Kubes Interventionen lediglich gegen die Ermordung deutscher Juden gerichtet waren. Unter diesen war seine Einstellung bekannt, und selbst nach dem Krieg meinte einer der Überlebenden, Kube hätte den Anschlag durch einen in seinem Bett versteckten Sprengkörper »nicht verdient«.[53]

Zwischen Mai und September 1943 wurden beide Ghettos in Minsk liquidiert und ihre Bewohner umgebracht. Die Juden aus dem Reich wurden bereits im Mai nach Auschwitz gebracht oder in den umliegenden Wäldern ermordet. Bis zum September blieb noch ein Teil des Ghettos als Arbeitslager bestehen. Zu dieser Zeit lebte allerdings nur noch ein Teil der 7300 aus dem Westen deportierten Juden in Minsk. Der größere Teil der Juden aus Berlin, Brünn und Wien war schon ein Jahr vorher bei den Aktionen vom Juni 1942 umgekommen. Die meisten der ein Jahr länger in Minsk lebenden deutschen Juden waren Erstankömmlinge aus Hamburg und dem Rheinland, die hier die gleiche besondere Stellung einnahmen wie die aus Köln in Riga. Aber im Unterschied zu Riga überlebten nur sehr wenige von ihnen den Krieg.[54]

»Brüder und Fremde«

Niemals und nirgendwo scheint diese von Steven Aschheim als Titel seines Buches gewählte Charakterisierung[55] so zutreffend gewesen zu sein wie in dem hier behandelten Kontext. Niemals früher haben östliche und westliche Juden so eng nebeneinander gelebt und ein so furchtbar gleiches Schicksal geteilt. Und nie vorher kamen Entfremdung und gegenseitiges, manchmal bis zur Feindseligkeit ausartendes Mißtrauen so tragisch und extrem zum Ausdruck wie bei dem hier beschriebenen Zusammenleben »zwischen Ost und West«.

In wissenschaftlichen Untersuchungen des Verhältnisses zwischen Ost- und Westjuden wurde dieses immer als ein intern-jüdisches Problem behandelt. Gewöhnlich wurde versucht, die geistigen, religiösen,

---

52 Aus den Akten des Gauleiters Kube. Eine Dokumentation, in: VfZ, Jg. 1 (1956), S. 86; Karl Löwenstein, Minsk (wie Anm. 34), S. 717f.; Raul Hilberg, Die Vernichtung der europäischen Juden. Durchgesehene und erweiterte Ausgabe, Frankfurt a. M. 1990, S. 405 ff., S. 1084.
53 Interview des Verfassers mit Günther Katzenstein im März 1985.
54 Aussage von Adolf Rübe (im Travnik-Prozeß, Karlsruhe), YVA, TR-10/1083, S. 92 ff.; Karl Löwenstein, Minsk (wie Anm. 34), S. 715, erwähnt neun Überlebende.
55 Aschheim, Brothers and Strangers (wie Anm. 3).

gesellschaftlichen und psychologischen Unterschiede zwischen ihnen, manchmal auch die politischen Hintergründe ihrer prekären Beziehungen zu klären. Erst in der jüngeren Forschung wird versucht, dieses Problem im Kontext der komplizierten Existenz verschiedener, dabei jedoch trotz aller erheblichen Unterschiede durch gemeinsame Merkmale erkennbarer jüdischer Minderheitsgruppen zu betrachten und dabei auch den Wandel in der politischen und gesellschaftlichen Entwicklung ihrer jeweiligen Umgebung zu berücksichtigen. Dieser Ansatz führt zu der Erkenntnis, daß die gegenseitigen Beziehungen in starkem Maß durch den Grad der Feindseligkeit bestimmt wurden, der jede der beiden Gruppen von seiten ihrer nichtjüdischen Umwelt ausgesetzt war. Dieser Einfluß war nicht von geringerer, sondern eher von größerer Bedeutung als die Unterschiede in ihrer »Mentalität«, ihrer kulturellen Substanz oder ihrer sozialen Stellung. Dies zeigte sich besonders seit dem Aufstieg des modernen politischen Antisemitismus am Ende des 19. Jahrhunderts.

Das gleiche erwies sich in der tragischen Endphase des erzwungenen Zusammenlebens von Ost- und Westjuden in den Ghettos. Obwohl die Forschung noch lange nicht am Ende ist, da sie auch anderswo, auch im Westen des von den Deutschen besetzten Europas, zusammenkamen, sind einige generelle Schlußfolgerungen zulässig: Vor dem Endstadium der Vernichtung der europäischen Juden, solange es in Polen noch ein irgendwie funktionierendes jüdisches Gemeindeleben gab, wurden die aus dem Westen dorthin deportierten Juden mit brüderlicher Hilfsbereitschaft aufgenommen. Dies war in Piaski und der Umgebung von Lublin der Fall, etwas eingeschränkter auch nach der Errichtung der Ghettos, wie 1941 im Ghetto Lodz. Die Unterschiede der Mentalitäten und Lebensgewohnheiten kamen zum Ausdruck, aber die jüdische Solidarität und menschliches Mitgefühl überwogen. Als jedoch das Leben infolge der Konzentration der Juden aus den umliegenden Dörfern in den Städten und der Isolation in den dichtgedrängten Ghettos immer schwerer wurde, verlagerten sich natürlicherweise das Mitgefühl und die objektiv beschränkte Hilfstätigkeit auf die neu angekommenen »eigenen Leute«, unter denen oft viele Verwandte und Freunde waren. Die deutschen Juden konnten ihrerseits diesen Wandel nur schwer hinnehmen. Sie reagierten mit Ärger und Zorn und fühlten sich verlassen und »ausgenutzt«. So setzte sich die alte, stereotype Animosität gegen die »Ostjuden« wieder durch. Diese, verbunden mit dem verzweifelten instinktiven Überlebenswillen, verschloß vielen deutschen Juden bis zum fürchterlichen Ende die Erkenntnis, daß ihnen das gleiche Schicksal bevorstand wie den einheimischen Juden.

10. »Zwischen Ost und West«.
Deutsche Juden im Ghetto Lodz

»Mehrmals in der Geschichte des europäischen Judentums kam es zu Massenberührungen von Ost und West. Drei Phasen dieser Wanderungen treten besonders hervor: Die größte jüdische Wanderung aus West- und Mitteldeutschland in der Zeit der mittelalterlichen Judenverfolgungen, wobei auch ein Schuß südwesteuropäischen Judentums nach Osten injiziert wurde, dann die Judenwanderung aus dem Osten nach dem Westen als Folge der kriegerischen Ereignisse 1914–1918, schließlich vollzog sich in umgekehrter Richtung die Aussiedlung westeuropäischer Judenmassen nach den von Deutschland besetzten Gebieten. Die ethnologischen und psychologischen Konsequenzen aus dem ersten Prozesse sind naturgemäß im Laufe der Jahrhunderte längst überwunden. Hingegen fühlen wir noch heute den sehr lebendigen Zusammenhang zwischen den beiden letzteren Wanderungsprozessen, obwohl schon etwa dreißig Jahre dazwischenliegen. Zwei Generationen traten sich nämlich gegenüber, zwei Generationen von Juden, die das Erlebnis noch nicht überwunden haben können.«

Mit diesen Worten eröffnete Oskar Singer, ein Jude aus Prag, der in deutscher Kultur aufgewachsen war und in deutscher Sprache publizierte, im Juni 1942 seinen umfangreichen Bericht[1] über das Schicksal

---

1 Oskar Singer, Zum Probleme Ost und West, im Staatsarchiv Lodz, Sammlung Rumkowski, Rum. 2106. Dieser Bestand befand sich bis Juni 1968 im Jüdischen Historischen Archiv in Warschau und wurde dann, zusammen mit dem Archiv der deutschen Ghettoverwaltung, das über 2000 deutschsprachige Akten enthält, in das obige Archiv überführt. Außerdem sind ca. 1700 Akten aus dem Ghetto Lodz in der »Sammlung Zonnabend« des jüdischen wissenschaftlichen Instituts (YIVO) in New York aufbewahrt. Kopien eines Großteils dieser Quellen befinden sich im Yad Vashem Archiv in Jerusalem (künftig: YVA), darunter auch das hier zi-

der etwa 20 000 deutschsprachigen Juden, die im Oktober und November 1941 aus verschiedenen Städten des »Altreichs«, aus Wien und aus Prag in das Ghetto Lodz deportiert worden waren. Für die meisten von ihnen war es ihr letzter, kurzer und tragischer Lebensabschnitt, bevor sie in den Gaswagen des Todeslagers Chelmno ermordet wurden.

Das Ghetto Lodz war nicht die einzige und auch nicht die erste erzwungene Zusammenkunft deutscher und osteuropäischer Juden im Verlauf der Deportationen,[2] aber von dort liegen die ausführlichsten, sonst nur vereinzelt erhaltenen Berichte über die Art und die Problematik ihres Zusammenlebens vor. In der Geschichte der Verfolgung, Austreibung und Vernichtung der deutschen Juden markiert die Deportation ins Ghetto Lodz den Beginn der Massendeportationen nach dem Osten und in die Vernichtungslager, die fast ununterbrochen bis Mitte 1943 dauerten. Nur einige Zehntausende verbrachten eine kurze oder längere Zeit in den dortigen Ghettos und teilten in ihnen Leben und Schicksal der einheimischen Juden.

tierte Dokument auf Mikrofilm JM/1931. Diese Kopie ist offensichtlich unvollständig. Danuta Dabrowska zitiert ein anscheinend umfangreicheres Exemplar des gleichen Aufsatzes unter Rum. 2114, das im YVA nicht vorliegt. Orthographie und Zeichensetzung sind vorsichtig der heutigen Form angepaßt.
Die »Sammlung Rumkowski« enthält Akten, Korrespondenzen und etwa 100 000 Karteikarten aus den Beständen der Verwaltungsbehörde des »Judenältesten«, Mordechai Chaim Rumkowski. Ein Teil davon ist die »Tageschronik« (Biuletyn Kroniki Codziennej), die von Januar 1941 bis Juli 1944 in der Statistischen Abteilung geführt wurde. Die zwei ersten Bände der Chronik, die bis Ende 1942 völlig in Polnisch geschrieben ist, wurden in Polen veröffentlicht. (Danuta Dabrowska, Lucjan Dobroszycki (Hrsg.), Kronika Getta Lódzkiego, Lodz 1965). Die späteren zwei Bände enthalten Beiträge in polnischer und deutscher Sprache, die im vierten Band vorherrscht. Die bisher einzige vollständige Ausgabe der Ghetto-Chronik (chronika schel getto lodz, 4 Bände, Jerusalem 1986/87) wurde für Yad Vashem in wissenschaftlich annotierter hebräischer Übersetzung von Arie Ben-Menachem und Joseph Rab herausgegeben, denen ich für die Erlaubnis, aus dem damals noch unveröffentlichten Manuskript zu zitieren, zu Dank verpflichtet bin. (Hier wird vornehmlich aus Bd. 1, Januar 1941 bis Mai 1942, mit Seitenangaben nach der gedruckten Fassung zitiert, forthin: Chronika). Lucjan Dobroszycki veröffentlichte nach seiner Auswanderung in die USA eine einbändige Auswahl aus allen vier Bänden der Chronik in englischer Übersetzung. (Lucjan Dobroszycki, The Chronicle of the Lódz Ghetto 1941–1944, translated by R. Lourie, J. Neugroschel et al., New Haven and London 1984.)
Dr. Oskar Singer, 1893 in Prag geboren, war dort ein bekannter Schriftsteller und Publizist. Im Ghetto Lodz gehörte er zu den Verfassern der Tageschronik, und war ab Februar 1943 Leiter des Ghettoarchivs. (Danuta Dabrowska, Wysiedleni Zydzi Zachodnioeuropejscy w getcie lódzkim, in: Biuletyn Zydowskiego Instytutu Historycznego, 1965–66 [1968], S. 105–139. Frau Dr. Dabrowska gebührt, neben ihren Kolleginnen und Kollegen im YVA, mein ganz besonderer Dank für ihre Hilfe und viele wertvolle Hinweise bei der Vorbereitung dieses Aufsatzes).
2 Vgl. oben den Aufsatz: Deutschsprachige Juden in osteuropäischen Ghettos.

Ziel: »Litzmannstadt«

Wann und durch wen das »Ghetto Litzmannstadt« als eines der ersten Deportationsziele gewählt wurde, ist bisher nicht exakt festzustellen. Möglicherweise haben Adolf Eichmann und/oder seine Vorgesetzten schon Anfang 1941 die Vertreibung der reichsdeutschen Juden nach Lodz erwogen. Nach einem Vermerk in den Akten der Reichsvereinigung der Juden in Deutschland wurden Paul Eppstein und fünf andere Mitarbeiter am 12. März 1941 zu Eichmann beordert. Nach längerem Warten wurde nur Eppstein empfangen, dem »Stbf. Eichmann eröffnet, daß die namhaft zu machenden sechs Mitarbeiter in Litzmannstadt eingesetzt werden sollen, um die dortige Verwaltung des Ghettos nach dem Beispiele unserer Gemeindeverwaltung zu reorganisieren. Die zu bestimmenden Mitarbeiter sollen dem Ältestenrat nebengeordnet zunächst eine beratende Tätigkeit ausüben. Sie haben das Recht, sich Unterlagen und Auskünfte auf allen Gebieten der Verwaltung geben zu lassen und Vorschläge zur sparsamen und einfachen Verwaltung zu machen, sowie für die Durchführung dieser Vorschläge zu sorgen. Sie haben der örtlich zuständigen Staatspolizeistelle laufend zu berichten [...]. Die Dauer der Arbeit wird auf etwa ein halbes Jahr veranschlagt [...]. Im Hinblick auf die Besonderheit dieser Aufgabe wird gebeten, die Auswahl der Mitarbeiter noch einmal überprüfen zu dürfen. Stbf. Eichmann ersucht darum, daß sich die sechs in Betracht kommenden Personen am 13. März um 10 Uhr zur unmittelbaren Eröffnung des Auftrags zur Verfügung halten.«[3]

Nach einer weiteren Aktennotiz vom 13. März wurde diese »Eröffnung des Auftrags« verschoben, und weiter liegen darüber keine Berichte der Reichsvereinigung und auch keine Hinweise auf eine Delegation in den Lodzer Beständen vor. Offenbar wurde diese Initiative Eichmanns aus unbekannten Gründen nicht ausgeführt, und auch ein möglicher Zusammenhang mit den späteren Deportationen nach Lodz, die etwa 4000 Berliner Juden betrafen, läßt sich nur vermuten.

Zum ersten Mal wird in einem Brief Himmlers an den Gauleiter und Reichsstatthalter des Warthegaus, SS-Obergruppenführer Greiser, vom 18. September 1941 direkt auf die kurz bevorstehende Deportation nach Lodz Bezug genommen: »Der Führer wünscht, daß möglichst bald das Altreich und das Protektorat vom Westen nach dem Osten von Juden geleert und befreit werden. Ich bin daher bestrebt, möglichst noch in diesem Jahr die Juden des Altreiches und des Protektorats zunächst einmal als erste Stufe in die vor zwei Jahren neu zum

---

3 YVA, JM/2829, Aktennotizen Nr. 59/23 und 24. Original im Bundesarchiv (ehem. Deutsches Zentralarchiv), Reichsvereinigung 1939–1945.

»Zwischen Ost und West«

Reich gekommenen Ostgebiete zu transportieren, um sie im nächsten Frühjahr noch weiter nach dem Osten abzuschieben. Ich beabsichtige, in das Litzmannstädter Ghetto, das, wie ich hörte, kaum aufnahmefähig ist, rund 60 000 Juden des Altreichs und des Protektorats für den Winter zu verbringen.«[4]
Greiser konnte offensichtlich Himmler davon überzeugen, daß so viele Deportierte auf keinen Fall im Ghetto unterzubringen waren. Jedenfalls war einige Tage danach nur noch von 20 000 Juden und 5 000 Zigeunern die Rede. Mit dieser Zahl rechnete der deutsche Oberbürgermeister Ventzki als er in einem Brief vom 28. September an den Regierungspräsidenten Friedrich Uebelhoer in Kalisch, zu dessen Bereich auch die Stadt Lodz gehörte, seinen Widerstand gegen die zusätzliche Besiedlung des Ghettos begründete. Schon jetzt würden bereits durchschnittlich fast sechs Personen in einem Raum wohnen, und der geplante Zuzug würde ihre Zahl auf mindestens sieben erhöhen. Die Neuankömmlinge müßten in Fabrikräumen untergebracht werden, was eine Unterbrechung der Produktion verursachen würde, und die sanitären Mißstände würden schließlich auch die deutschen Stadtviertel gefährden. Uebelhoer sandte den Brief an Himmler weiter und fuhr selbst nach Berlin, um den Zuzug nach Lodz zu verhindern. Auf weitere schriftliche Einwände und den Vorschlag, die 20 000 Juden und 5 000 Zigeuner nach Warschau zu schicken, wo es »noch Tanzsäle und Bars gebe«, reagierten Himmler und Heydrich in barschem Ton, weil Uebelhoer »den SS-Kameraden Eichmann« beschuldigt hatte, er hätte nach seinem Besuch in Lodz dem Reichsführer-SS »in zigeunerhafter Pferdehändlermanier« ein völlig falsches Bild der dortigen Zustände vermittelt.[5]
Bereits Ende September erhielt Chaim Rumkowski, der »Judenälteste« von Lodz, die Anweisung, für die erwarteten Juden Platz zu schaf-

---

4 Persönlicher Stab RFSS, Institut für Zeitgeschichte, München, zitiert in: Martin Broszat, Hitler und die Genesis der ›Endlösung‹. Aus Anlaß der Thesen von David Irving, Vierteljahrshefte für Zeitgeschichte, Jg. 25 (1977), S. 750.
5 Hans G. Adler, Der verwaltete Mensch. Studien zur Deportation der Juden aus Deutschland, Tübingen 1974, S. 173 ff.; vgl. auch Broszat, Endlösung (wie Anm. 4), S. 751 f. Broszat zitiert auch eine Eintragung Goebbels' in seinem Tagebuch vom 24. September 1941, er hoffe, daß es, dem Wunsche des Führers entsprechend, »uns im Laufe dieses Jahres noch gelingt, einen wesentlichen Teil der Berliner Juden nach dem Osten abzutransportieren«. Auch Werner Koeppen, ein Verbindungsmann Alfred Rosenbergs, vermerkte am 7. Oktober 1941 den Wunsch Hitlers, daß »alle Juden […] aus dem Protektorat entfernt werden [müssen], und zwar nicht erst ins Generalgouvernement, sondern gleich weiter nach Osten. Es ist dies augenblicklich nur wegen des großen Bedarfs an Transportmitteln nicht durchführbar. Mit den Protektoratsjuden sollen gleichzeitig alle Juden aus Berlin und Wien verschwinden.« Broszat, Endlösung (wie Anm. 4), S. 751, Anm. 24.

fen. Die Ghetto-Chronik vermerkte besorgt, daß die Neujahrsfeierlichkeiten plötzlich unterbrochen werden mußten, weil der »Judenälteste« zur deutschen Ghettoverwaltung beordert wurde, »was sich blitzschnell im Ghetto herumsprach und zu panikartigen Befürchtungen neuer Komplikationen führte [...]. Die darauffolgenden Tage waren gekennzeichnet von wachsender Angst und allgemeiner Depression. Von den vielen Gerüchten löste besonders eines Unruhe aus, daß in einer Aktion 20000 Juden aus den Kleinstädten ins Ghetto gebracht werden sollten [...]. Ab Dienstag, dem 23. September, wurden die Vorbereitungen zur Aufnahme neuer Juden Tag und Nacht vorangetrieben. Auf das genaueste wurde die Zahl der Einwohner, der Räume und der bewohnten Zimmer, der verschiedenen Stein- und Holzgebäude festgestellt, usw.«[6]

Auf diese Weise wurde das Ghetto auf die Ankunft der neuen Gefangenen und deren Unterbringung vorbereitet. Die Wohnbedingungen der damals etwa 143000 im Ghetto Lodz zusammengezwängten Menschen waren bereits unerträglich. Der Wohnraum, bisher auf 3,5 qm pro Person berechnet, wurde jetzt auf Anordnung Rumkowskis auf nur 3 qm eingeschränkt. Außerdem befahl der »Judenälteste«, alle Schulen zu schließen, und übertrug den Lehrern die Verantwortung für die Aufnahme der Neuankömmlinge und deren erste Schritte im Ghetto.[7] Am 6. Oktober mußten außerdem die Bewohner eines besonderen Viertels ihre Wohnungen räumen, um für die geplante Aufnahme von 5000 Zigeunern Platz zu schaffen.[8]

Deportation

In Deutschland wurden die bevorstehenden Deportationen der jüdischen Führung offiziell am Versöhnungstag mitgeteilt, der 1941 auf den 1. Oktober fiel. Vorstandsmitglieder der Berliner jüdischen Gemeinde, die teilweise auch in der Reichsvereinigung tätig waren, wurden zur Gestapo beordert und zunächst unter der Drohung zu Stillschweigen verpflichtet, »daß wir sofort in ein Konzentrationslager verbracht werden würden, wenn wir über das, was er uns mitzuteilen habe, zu Dritten sprechen würden. (Eine spätere Frage des Vorsitzenden der Ge-

---

6 Chronika (wie Anm. 1), S. 237f.
7 Dabrowska, Wysiedleni Zydzi (wie Anm. 1), S. 110; nach Isaiah Trunk, Mareveuropejische jiden in di misrach-europejische gettos (Jiddisch: Westeuropäische Juden in den osteuropäischen Ghettos), in: Di goldene kejt, Tel Aviv, Bd. 15 (April 1953), S. 83, wurden die Schulen auf Befehl der deutschen Ghettoverwaltung geschlossen. Diese Behauptung ist sonst nicht belegt.
8 Trunk, ebenda.

meinde, ob er den Vorstand der Reichsvereinigung der Juden informieren dürfe, wurde bejaht). Herr Prüfer teilte uns dann mit, daß nunmehr die ›Umsiedlung‹ der Berliner Juden beginne, und daß die Jüd[ische] Gemeinde mitwirken müsse, denn andernfalls würde sie durch SA und SS durchgeführt werden und ›man weiß ja, wie das dann werden würde‹. [...] Das Ganze sollte der jüdischen Bevölkerung gegenüber als Wohnungsräumungsaktion gelten. Die Gestapo werde dann [...] einen Transport zusammenstellen, für den etwa tausend Personen in Frage kämen und der nach Lodz gehen würde. [...] Als wir im Hinausgehen waren, sagte er: ›Ja, das ist nun nicht schön, daß ich Ihnen das gerade am Versöhnungstage sagen muß‹. Am gleichen Abend fand eine Beratung zwischen den Vorständen der Reichsvereinigung der Juden und der Jüd[ischen] Gemeinde statt [...]. Trotz erheblicher Bedenken entschloß man sich dann doch, bei der Umsiedlung mitzuwirken – wie die Gestapo wünschte – weil man hoffte, auf diese Weise so viel Gutes wie möglich im Interesse der Betroffenen tun zu können.«[9]

Am 1. Oktober 1941 lebten im »Altreich« (d. h. in den Reichsgrenzen von 1937, ohne Österreich und den Sudeten) noch etwa 163700 »Rassejuden«, davon etwa 70000 in Berlin. Drei Monate später, am 1. Januar 1942, waren es insgesamt nur noch 131 800 und 55 000 bis 60000 in Berlin.[10] Von den fehlenden über 30000 Menschen war ein kleiner Teil eines natürlichen Todes gestorben, eine vermutlich größere Zahl hatte Selbstmord begangen, und der größte Teil war nach dem Osten deportiert worden, davon fast 9500 in das Ghetto in Lodz, wie die folgende genaue Aufstellung zeigt:[11]

---

9 Aussage von Frau Dr. Martha Mosse, Archiv des Leo Baeck Instituts, New York (künftig: ALBI-NY), hier zitiert nach: Esriel Hildesheimer, Jüdische Selbstverwaltung unter dem NS-Regime. Der Existenzkampf der Reichsvertretung und Reichsvereinigung der Juden in Deutschland, Tübingen 1994, S. 216f. Dies ist das erste Zeugnis aus dem »Altreich« für die aktive Teilnahme an den Deportationen seitens der Reichsvereinigung oder der Gemeindeverwaltungen, die jetzt als deren Zweigstellen galten. Bei den Deportationen aus Wien war dies schon früher der Fall gewesen. Ab Oktober 1941 war es die überall übliche, von der Gestapo aufgezwungene Prozedur. (Adler, Deportation, wie Anm. 5, S. 144, 155). Nach einer Aussage des Hamburger Gemeindevorsitzenden Max Plaut (YVA, 01/54) gelangten schon vorher Gerüchte über eine bevorstehende Deportation von Köln nach Hamburg.
10 Schätzungen von Bruno Blau, Die Entwicklung der jüdischen Bevölkerung in Deutschland. Unveröffentlichtes Manuskript im Leo Baeck Institut, Jerusalem.
11 Nach Angaben im Archiv der Ghettoverwaltung, zitiert in: Isaiah Trunk, Lodzer getto. A historisch un soziologische studie (Jiddisch), New York 1962, S. 432; Gerald Reitlinger, The Final Solution, London 1953, S. 87, gibt die Zahl von 9346 Deportierten an, die vielleicht die 122 Juden aus Emden nicht miteinschließt.

Deportation 231

Transport aus:	Datum	Personenzahl
Berlin (Nr. 1)	19. Okt. 1941	1082
Frankfurt a. M.	21. Okt. 1941	1186
Köln (Nr. 1)	23. Okt. 1941	1006
Berlin (Nr. 2)*	25. Okt. 1941	1034
Hamburg	26. Okt. 1941	1063
Düsseldorf	28. Okt. 1941	1004
Berlin (Nr. 3)	30. Okt. 1941	1030
Köln (Nr. 2)	31. Okt. 1941	1006
Berlin (Nr. 4)	2. Nov. 1941	1030
Insgesamt		9441
* Einschließlich 122 Personen aus Emden		

Zählt man fünf Transporte mit je 1000 Deportierten aus Wien und die gleiche Zahl aus Prag, dazu 512 Juden aus Luxemburg, die bereits am 18. Oktober in Lodz angekommen waren, hinzu, so betrug die Zahl der deutschsprachigen Juden dort insgesamt etwa 19950.

Die Aufstellung der Listen und die Durchführung der Deportationen erfolgten, von wenigen geringfügigen Ausnahmen abgesehen, in einheitlicher Weise. Die ausführenden Organe waren in Berlin und in Wien die »Zentralstellen für die jüdische Auswanderung«, in kleineren Städten die örtlichen Gestapo- oder Polizeiämter. Aus dem »Altreich« ist zwar kein Fall bekannt, in dem die jüdischen Behörden die Listen der Deportierten aufstellten, doch benutzten die deutschen Behörden dabei zweifellos das statistische Material der Reichsvereinigung und ihrer Zweigstellen. Gewöhnlich wurden die Deportationslisten der jüdischen Gemeinde vorher zugestellt, doch hatte diese nur eine stark begrenzte Möglichkeit, die Zurückstellung einzelner Personen, die für ihre Tätigkeit wichtig waren, zu beantragen. Nach den vorliegenden Quellen hatten diese Bemühungen nur selten den Erfolg, die Deportation der betreffenden Menschen für einige Wochen oder Monate aufzuschieben.

Nach der endgültigen Festlegung der Listen mußten die Gemeindebehörden den Betroffenen die Mitteilung überbringen, mit genauen Angaben über die Gepäckstücke, Kleider, Arbeitsgeräte und Gebrauchsgegenstände sowie die Höhe der Geldsumme, die sie mitnehmen durften. Außerdem enthielt die Mitteilung Angaben über den Ort und den Zeitpunkt der Zusammenstellung des Transports sowie detaillierte Anweisungen für die Abgabe von Vermögenserklärungen und die Bezahlung noch ausstehender Gemeindesteuern und sonstiger Abgaben. Die zur Deportation ausgewählten Juden wurden mit Geld für »erste Unterbringungskosten« und in mehreren Fällen, wie z. B. der Transport nach Minsk, mit Öfen und Werkzeug versorgt. Diese Ausstattung, auf Anordnung oder den »Rat« der Gestapo, war ein Teil der raffinierten Verschleierungstaktik, die den Deportierten wie auch den vorerst Zurückbleibenden das wahre Ziel der Transporte verbarg.[12]

Nach welchen Kriterien die Gestapo die Listen der nach Lodz deportierten Juden erstellte, ist nicht erkennbar. Offensichtlich waren bei diesen ersten Deportationen die später festgesetzten, obwohl auch nicht immer genau eingehaltenen Richtlinien, die besonders Kriegsauszeichnungen und das Alter der Deportierten in Betracht zogen, noch nicht in Kraft. Dies erklärt das hohe Durchschnittsalter der deutschsprachigen Einwohner im Ghetto Lodz, besonders der aus dem »Altreich« deportierten, im Vergleich zu allen dort eingesperrten Juden. In der gesamten Gruppe der 20 000 deutschsprachigen Juden waren 53,3 % über 50 und 27,5 % über 60 Jahre alt. Dabei ist zu beachten, daß die 5000 aus Prag deportierten Juden zumeist viel jünger waren, im Durchschnitt sogar jünger als die gesamte Ghettobevölkerung. Daraus ergibt sich, daß das Durchschnittsalter der aus dem Reich Deportierten entsprechend höher anzusetzen ist. Die vier Berliner Transporte bestanden zu 59,5 % aus über sechzigjährigen und zu 34 % aus über siebzigjährigen Menschen. Unter den einheimischen Bewohnern des Ghettos waren dagegen nur 16,5 % über 50 und 7,1 % über 60 Jahre alt. 26 % waren Kinder unter 15 Jahren, unter den Neuangekommenen dagegen nur 7,5 %. Auch der Anteil der Frauen war bei den Neuangekommenen höher: 58,6 % gegenüber 54,5 % unter der gesamten Ghettobevölkerung.[13]

Einen ähnlichen Altersaufbau hatten auch die Transporte aus Köln und Düsseldorf,[14] während aus Hamburg, wie die folgenden Zahlen beweisen und in dem hier zitierten Bericht ausdrücklich betont wird,

---

12 Adler, Deportation (wie Anm. 5), S. 355 ff.; YVA, Sammlung 08 (Die Shoah der deutschen Juden), enthält vielfältiges Material über die Rolle der Reichsvereinigung und der Gemeinden: Nr. 18, Baden-Pfalz, August 1942; Nr. 23, 24, Nürnberg und Fürth, August 1942; vgl. auch ALBI-NY, AR-C 1676/418, eine Sammlung verschiedener die Deportationen betreffender Rundschreiben und persönlicher Benachrichtigungen. Nach Max Plaut (wie Anm. 9) gab die Hamburger Gemeinde dem Transportleiter einen Lebensmittelvorrat und Medikamente sowie 150 000 RM in bar zur Übergabe an den »Judenältesten« in Lodz mit. Moritz Henschel berichtete über die Ausrüstung der von Berlin nach Minsk Deportierten, u. a. mit Nähmaschinen (YVA, 01/51).

13 Dabrowska, Wysiedleni Zydzi (wie Anm. 1), S. 109 ff.; Trunk, Lodzer getto (wie Anm. 11), S. 339.

14 YVA, JM/807 (Ghettoverwaltung Lodz, Juden aus dem Altreich).

vornehmlich Menschen jüngerer Jahrgänge nach Lodz deportiert worden waren:[15]

Altersaufbau der Hamburger Juden* (in %)

Altersgruppe	Hamburg, Dez. 40	Hamburg, Okt. 41	Lodz, Okt. 41
0–20	11,3	4,9	14,7
21–40	13,9	10,4	19,3
41–60	35,2	28,8	54,4
über 60	39,6	55,9	11,6
	100	100	100

*»Rassejuden« nach den Nürnberger Gesetzen

Hieraus ist ersichtlich, daß es in der Frühphase der Deportationen noch keine zentralen Richtlinien gab und jede Gestapostelle nach eigenem Ermessen vorging. So gelangten viele hochbetagte Menschen ins Ghetto Lodz, darunter solche mit Kriegsauszeichnungen. Das gleiche trifft für die ersten nach Riga und Minsk deportierten Menschen zu, die zum großen Teil sofort nach der Ankunft von den Einsatzgruppen umgebracht wurden. Diesbezügliche Beschwerden kamen im Januar 1942 u. a. auch auf der berüchtigten Wannsee-Konferenz zur Sprache.[16] Erst im April 1942 bestimmte das Reichssicherheitshauptamt (RSHA), daß Kriegsversehrte und über 65 Jahre alte Juden generell nach Theresienstadt zu deportieren seien.[17]

In Konzentrationslagern gefangene Juden und solche, die irgendeine deutsche Behörde loswerden wollte, wurden als erste zur Deportation bestimmt. Dafür hier nur zwei typische Beispiele aus den im Düsseldorfer Staatsarchiv erhaltenen Akten der Gestapo. Die erste Akte berichtet über einen 76jährigen Mann, der am 23. August 1941 verhaftet wurde, weil er auf dem Duisburger Markt einen Sack Bohnen von einem Bauern erstanden hatte. Die Denunzianten beschuldigten ihn, den Bauern dahingehend »beeinflußt« zu haben, daß er ihm vor den »arischen« Käufern den Vorzug gab. Daraufhin wurden beide verhaf-

15 Die Angaben für die Hamburger Juden im Ghetto Lodz, ebenda; für die in Hamburg verbliebenen Juden, YVA, 08/76: Ein Beitrag zur Geschichte der Deutsch-Israelitischen Gemeinde in Hamburg in der Zeit vom Herbst 1935 bis zum Mai 1941.
16 Adler, Deportation (wie Anm. 5), S. 387 ff.; vgl. den Aufsatz: Deutschsprachige Juden in osteuropäischen Ghettos, in diesem Band, besonders S. 209.
17 Adler, ebenda, S. 357 ff.

tet, aber während der Bauer, aufgrund einer Intervention seiner NS-Ortsgruppe, mit einer Verwarnung davonkam, wurde der jüdische Mann zu acht Wochen Gefängnis verurteilt. Die Akte endet mit dem lakonischen Eintrag: »Am 27. 10. 1941 nach Litzmannstadt evakuiert.«[18]
Eine andere Akte enthält den langen Briefwechsel zwischen der Stadtbehörde Sonsbeck und der Gestapo wegen einer jüdischen Familie aus der Umgebung, die ihr Haus hatte verlassen müssen und zu einer in Sonsbeck lebenden jüdischen Familie ziehen wollte. Die Stadtbehörde erhob dagegen heftigen Einspruch: Sie sei selbst an dem betreffenden Haus mit elf Zimmern interessiert und lehne die Zustimmung zu einer Vermietung ab. Schließlich wurde eine Lösung gefunden. Die Gestapo teilte am 21. Oktober 1941 mit, die Familie M., der das Haus gehörte, sei zur bevorstehenden »Evakuierung nach Litzmannstadt« bestimmt.[19]

Ankunft

Die ersten Transporte aus Wien und Prag kamen ab dem 16. Oktober 1941 in Lodz an. Oskar Rosenfeld, der mit dem letzten Transport am 4. November nach Lodz gelangte, beschrieb in seinen Aufzeichnungen[20] das traumatische Erlebnis dieser unfreiwilligen Ankunft: »Also Lodz, ins Ghetto von Litzmannstadt, wo es angeblich einen Ältestenrat gibt, der sich freut, seine Gäste zu empfangen, alles für sie bereit ge-

---

18 Hauptstaatsarchiv Düsseldorf, Gestapoakten (RW 58), Nr. 65454.
19 Ebenda, Nr. 15776.
20 Oskar Rosenfeld, Wozu noch Welt? Aufzeichnungen aus dem Getto Lodz, hrsg. v. Hanno Loewy, Frankfurt a. M. 1994. Oskar Rosenfeld, 1884 in Korycany (Mähren) geboren, verbrachte den größten Teil seines Lebens in Wien. Nach Abschluß seines Studiums (1909) wirkte er als Schriftsteller und als Publizist in der zionistischen Presse, begründete und leitete das erste jüdische Theater in Wien und war ab 1929 Mitarbeiter und später Chefredakteur der revisionistischen Wochenzeitung »Die Neue Welt«. Nach dem Anschluß Österreichs emigrierte er mit seiner Frau Henriette nach Prag, wo er als Korrespondent des Londoner »Jewish Chronicle« arbeitete. Kurz vor Kriegsbeginn konnte Henriette Rosenfeld nach London auswandern, doch Oskar konnte ihr nach Ausbruch des Krieges nicht mehr nachfolgen und gelangte mit dem letzten Transport am 4. November 1941 nach Lodz. Dort gehörte er zu den Mitarbeitern des Archivs und der Ghettochronik, bis er 1944 in Auschwitz umgebracht wurde.
Als dieser Aufsatz 1983 geschrieben wurde, waren die biographischen Angaben zum größten Teil noch nicht bekannt. Es ist das Verdienst von Hanno Loewy, sie in seiner Einleitung zu Rosenfelds Aufzeichnungen nach eingehenden Recherchen erstmals veröffentlicht zu haben. In der ersten Veröffentlichung dieses Aufsatzes wurde Rosenfeld, in Anlehnung an Dabrowska, Wysiedleni Zydzi (wie Anm. 1), S. 131 f., irrtümlich als »Prager Publizist« bezeichnet.

stellt hat: Wohnungen, Nahrung, Arbeit, ja Lebensfreude [...]. Der Zug hielt auf freiem Feld. Die Coupétüren wurden aufgerissen. Müde, zerquält, in den Händen Koffer, auf dem Rücken die Rucksäcke, unter den Armen Bündel, so krochen mehr als tausend Menschen die Trittbretter hinab. Tiefer Kot, Schlamm, Wasser, wohin sie traten [...]. Feldgraue Gestapo trieb an. ›Vorwärts! Lauf! Lauf!‹ schrien blonde gutgenährte Jungens. Unvergeßlich der eine, mit rötlichem borstigen Bart [...]:›Lauf, du Judensau!‹, stieß gegen Frauen, die nicht wußten, wohin sie sich wenden sollen. Wo war man gelandet? Wem gehörte man an? Wo war die hilfreiche Hand, die sich entgegenstreckte? [...] Ein Zug formiert sich. Durch Kot und Schlamm ging es irgendwohin. Neugierige standen an den Rändern einer Straße [...]. Einige Wagen, mit je einem hageren Pferd bespannt, nahmen Alte und Kranke auf [...]. Man begegnete Karren, kleinen Wagen, die von jungen und alten Leuten, nicht von Tieren geschleppt wurden [...]. Ganz unversehens standen rund 1000 Menschen vor einem Tor, das in ein schulartiges Gebäude führte [...]. Nun schleuderte und drängte man sich die Gänge zu den Schulzimmern hinein und hinauf. [...] Eine Pritsche für 2 Personen, 75 cm breit und so lang, daß die Füße über den Holzrand ragten. [...] In jedem Raum schliefen und tagten ungefähr 60 Menschen.«[21]

Dies waren die ersten Eindrücke Oskar Rosenfelds, eines in der deutschen Kultur aufgewachsenen und in deutscher Sprache schaffenden Publizisten aus Prag. Aus ganz anderer Sicht beschrieb einer der einheimischen polnischen Juden diese Ankunft kurz nach Kriegsende: »Zuerst kamen am 24. Oktober 2651 Juden aus Wloclawek in gottesbärmlichem Zustand an. In zerrissenen, verlumpten Kleidern, ausgehungert, mit Alten und Kranken, kleine Kinder auf den Armen, ohne jedes Gepäck, ohne die notwendigsten Gegenstände, die der Mensch braucht. Die jungen Leute hatte man schon vorher, mit allen Arbeitsfähigen, nach Deutschland geschickt, den Überrest schickte man nach Lodz. Nach ihnen kamen die Juden aus Deutschland [...] Die boten ein ganz anderes Bild! Gutgekleidete Leute, mit viel Gepäck und hundert Mark pro Person und dem Versprechen, noch mehr für ihren Unterhalt nachgeschickt zu bekommen. Offenbar wurden die ausländischen Juden besser behandelt und durften Gepäck und Lebensmittel mitnehmen, um die örtliche Bevölkerung der Städte, aus denen man sie vertrieb, nicht zu beunruhigen.«[22]

---

21 Rosenfeld, ebenda, S. 45 ff. In der ursprünglichen Fassung sind diese Aufzeichnungen aus den im YVA im Original aufbewahrten Heften Rosenfelds zitiert, hier nach der gedruckten Fassung. (Ausführlich zu diesem Bestand siehe die Einleitung von Hanno Loewy, S. 33 f.).

22 Israel Tabaksblatt, Churben lodz. Sechs johr nazi-gehinem (Jiddisch: Der Untergang Lodzs. Sechs Jahre in der Nazihölle), Buenos Aires 1946, S. 118 f.

Diese so unterschiedlichen Darstellungen beweisen die Kluft, die die beiden Einwohnergruppen des Ghettos schon seit der Ankunft der deutschen Juden trennte, und die Tragik dieses kurzen, zwangsweisen Beieinanders von »Ost und West«.

Das Ghetto in Lodz wurde im April 1940 als erstes Ghetto in einer polnischen Großstadt errichtet.[23] Die jüdischen Einwohner der Stadt mußten nach Baluty und der Altstadt umziehen, in zwei ärmliche und vernachlässigte Viertel, in denen schon vorher gegen 60000 der ärmeren Juden gewohnt hatten. Bis zum 1. Mai 1940, dem Tag, an dem das Ghetto abgeschlossen wurde, mußten dort noch weitere 100000 jüdische Menschen Unterkunft finden. Im Herbst 1941, bevor die deutschsprachigen Juden ankamen, lebten etwa 143000 Menschen auf diesem engen Raum, die meisten bereits eineinhalb Jahre lang. Sie hatten sich irgendwie arrangiert, hatten Wohnräume, zum Teil auch Arbeitsplätze gefunden und sich schlecht oder recht an die unerträglichen Umstände gewöhnt. Der ursprünglichen jüdischen Bevölkerung dieser Stadtviertel fiel dies leichter als den vormals besser situierten Lodzer Juden.[24] Sie waren den Hunger, die ärmliche Enge der Wohnungen und die tägliche Not gewohnt und daher anpassungsfähiger. So fügten sie sich rasch in den Ghettoalltag ein: ertrugen die Unsicherheit und die Angst in der Nacht, die kümmerliche Speisung in den Suppenküchen, erfreuten sich aber auch an den Darbietungen der Straßensänger und den anderen kulturellen Veranstaltungen, besuchten die Schulen und Bildungseinrichtungen, kurz: Sie hatten Teil an dem fieberhaft pulsierenden, dichten und gedrängten Gesellschaftsleben im Ghetto, das uns auf den Seiten der Tageschronik entgegentritt. Dort wird schmerzhaft-lakonisch die tägliche Zahl der Todesfälle gemeldet, neben Mitteilungen über das Wetter, über die Beschränkung der Brotration, über die im Ghetto umlaufenden Gerüchte und Anekdoten.

Die in diese Wirklichkeit verschlagenen 20000 Menschen aus dem »Reich«, unter denen 60 % Frauen und viele Alte und Kranke waren, kamen dorthin wie aus einer anderen Welt. Trotz allem, was in ihren früheren Wohnorten schon über sie hereingebrochen war, mußte ihnen das Ghetto wie ein höllischer Abgrund erscheinen. Die Wohnplätze, die ihnen der »Judenälteste« und seine Mitarbeiter, nachdem sie die Einwohner noch weiter zusammengedrängt und die Schulen geschlossen hatten, mit Mühe zur Verfügung stellen konnten, waren in einem furchtbaren Zustand. Die meisten Räume hatten keine Heizung, und

---

23 Raul Hilberg, Die Vernichtung der europäischen Juden. Durchgesehene und erweiterte Ausgabe, Frankfurt a. M. 1990, S. 231; Trunk, Lodzer getto (wie Anm. 11), S. 2 ff.
24 Trunk, ebenda, S. 7 ff.

der Winter von 1941/42 setzte früh ein und war sehr kalt. Es gab kaum Mobiliar und nur in einer der Schulen fließendes Wasser und Toiletten, in den anderen Wohnlagern nur draußen ausgegrabene Latrinen und Pumpen im Hof, die oft nicht funktionierten. Holzpritschen und Strohmatratzen reichten anfangs nur für die alten und kranken Neuankömmlinge, so daß viele auf dem nackten Fußboden schlafen mußten.[25] Irgendwie muß die Nachricht über diese Zustände in die Herkunftsgemeinden gelangt sein, die versuchten, Hilfe zu leisten. Ein Telegramm der Kölner Gemeindeverwaltung vom 12. November 1941 kündigte die Zusendung von 2000 Säcken für Strohmatratzen an.[26] Ob die Kölner Juden in Lodz sie erhielten, ist nicht bekannt.

Dies wäre an sich leicht möglich gewesen, denn vorerst wohnten die meisten Neuangekommenen in gemeinsamen Räumen und erhielten dort auch ihre Gemeinschaftsverpflegung zugeteilt. Diese »Kollektive«, nach dem Herkunftsort und dem Transport zusammengelegt, blieben die Verbindungsinstanz der deutschsprachigen Juden zur jüdischen Verwaltung des Ghettos, auch nachdem ein Teil schon in kleinen Wohnungen untergebracht war. Die meisten nahmen ihre Mahlzeiten im Kollektiv ein oder nahmen sie von dort nach Hause mit. Der »Judenälteste« Rumkowski erklärte die Sammeleinquartierung als eine angesichts der Gegebenheiten notwendige, zeitweilige Übergangslösung. Gleichzeitig verbot er der ansässigen Ghettobevölkerung strengstens, den Neuangekommenen Zimmer oder Schlafplätze zu vermieten.[27]

In den Augen der alten Einwohner mußten die neuen tatsächlich als reiche Leute erscheinen, bei denen sich etwas verdienen ließ. Sie waren gut gekleidet und brachten Gegenstände mit, die man im Ghetto längst nicht mehr sah. Es war ein trügerisches Bild, und der »Reichtum« schmolz schnell dahin. In Wirklichkeit waren die Kleider und wenigen Dinge, die die Deportierten mitbringen durften, ihr einziger Besitz. Das meiste davon wurde bei der Ankunft wegen Platzmangels in den »Kollektiven« in entlegenen Magazinen verstaut, die ihnen schwer zugänglich waren. Zwar durfte jeder von ihnen damals noch 100 Mark pro Person mitnehmen, und die Heimatgemeinden gaben manchmal den Transportleitern zusätzliche Geldbeträge mit, aber das Geld wurde bei der Abreise oder der Ankunft im Ghetto konfisziert.

Insgesamt wurden 2 700 000 RM der deutschen Ghettoverwaltung unter dem Diplomkaufmann Hans Biebow übergeben und auf dem

---

25 Dabrowska, Wysiedleni Zydzi (wie Anm. 1), S. 111 ff.
26 YVA, JM/807.
27 Dabrowska, Wysiedleni Zydzi (wie Anm. 1), S. 112.

Konto der Verpflegungskosten des Ghettos gutgeschrieben.[28] Den Neuangekommenen wurden pro Person nur 40 »Rumkowski-Mark«, der im Ghetto einzig gültigen Währung, ausgehändigt.[29] Sie diente zur Entlohnung der Arbeiter in den »Ressorts«, den Produktionsstätten, die Rumkowski im Verlauf seiner Bemühungen, das Lodzer »Arbeitsghetto« für die deutsche Kriegsproduktion unentbehrlich zu machen, errichtete. Die Löhne reichten knapp zum Erwerb der immer wieder eingeschränkten Lebensmittelrationen. Wer keine Arbeit hatte, erhielt eine monatliche Unterstützung von 7–15 Ghettomark, die selbst für das Notwendigste an Lebensmitteln nicht ausreichte. Zu diesen Menschen gehörten jetzt viele deutsche Juden, für die wegen ihres hohen Alters und ihrer geringen Handfertigkeit nur schwer geeignete Arbeit gefunden werden konnte.[30]

In den ersten fünf Wochen nach dem Beginn der Transporte aus dem Westen wurden die Lebensmittellieferungen von der deutschen Ghettoverwaltung nicht erhöht, so daß nun, zusammen mit den gleichzeitig neu eingewiesenen Juden aus Wloclawek und 5000 burgenländischen Roma, eine um 20 % größere Bevölkerung mit der ohnehin sehr geringen Nahrungsmenge auskommen mußte. Auf Anordnung Rumkowskis erhielten die Einwohner jetzt einen Brotlaib pro Person nur alle sieben, statt wie bisher alle sechs Tage. Dies bedeutete eine Herabsetzung der täglichen Brotration von 333 auf 286 Gramm.[31] Damit begann für die deutschen Juden gleich nach ihrer Ankunft eine Zeit unerträglichen Hungers. Der Großteil der mitgebrachten Lebensmittel, etwa 111 000 kg, war beschlagnahmt und an das allgemeine Lebensmittellager des Ghettos abgegeben worden, und was sie noch zurückbehalten konnten, war in wenigen Tagen verbraucht. Offiziell stand den Neuangekommenen die gleiche Ration wie der alten Ghettobevölkerung zu, aber in Wirklichkeit erhielten die meisten bedeutend weniger. Die gemeinsame Speisung in den Kollektiven wirkte sich ebenso zu ihrem Nachteil aus wie der Ausfall der zusätzlichen Mittagssuppe, die die Arbeiter und Arbeiterinnen in den Ressorts erhielten.

Oskar Rosenfeld schilderte die Lage in seinen privaten Aufzeichnungen: »Die ersten Tage verliefen sorglos. Man dachte noch nicht an Morgen. Jeder bekam 1 Laib Brot für 1 Woche. Am Morgen schwarzen Kaffee, das ist laues braunes Wasser. Zu Mittag traten 1000 Menschen mit ihren Eß-Schalen an. Aus der Küche brachten einheimische Mäd-

---

28 YVA, JM/807.
29 Rosenfeld, Aufzeichnungen (wie Anm. 20), S. 48. Auf die im Ghetto gültigen Geldscheine war das Konterfei Rumkowskis aufgedruckt. Sie wurde daher im Ghetto »Rumkis« oder »Chaimkis« genannt (ebenda, S. 300).
30 Dabrowska, Wysiedleni Zydzi (wie Anm. 1), S. 112 ff.
31 Ebenda; auch Trunk, Gettos (wie Anm. 7), S. 89 ff.

chen Kübel mit Suppe: warmes Wasser gefüllt mit etwas Grünzeug, gelben Rüben und Wasserrüben. [...] Da aber die meisten Evakuierten noch Vorräte hatten, Weißbrot, Marmelade, Kunsthonig, Fleischkonserven, Teigwaren, Schokolade, Cakes u. a., empfanden sie den Mangel nicht so kraß. [...] Allmählich gehen die Vorräte zu Ende. Gelder aus der Heimat fließen schmal. [...], von 10 Mark erhält man gewöhnlich nur 4. [...] Der physische und soziale Abstieg hat eingesetzt. Gierig stürzen sich die Menschen auf die Mittagssuppe. Wer ein paar Mark in der Tasche hat, ergänzt sich das Essen mit einem Fleischklumpen, Klops genannt, der ungefähr 40 Gramm wiegt und 30–50 Pfennig kostet oder mit Margarine oder mit Zucker. [...] Kinder warten stundenlang in den Höfen an den Fenstern, lassen sich in mitgebrachte Schalen und Töpfe die warme Suppe hineinschütten. [...] Sie reden nicht, blikken dich bloß an. Du kannst dem Blick nicht widerstehen [...] hier in den Augen der Kinder siehst Du zum erstenmal in deinem Leben [...] in seiner brutalen Nacktheit und Unentrinnbarkeit: Hunger! Aber Hunger bei den Andern. Wir werden uns helfen. Morgen wieder besser. Die da, die Polen, unsere jüdischen Brüder hier, ertragen ›das‹ schon zwei Jahre lang. [...] wir müssen einander helfen und es wird sich ein Ausweg finden. Wie lange noch? Übermorgen ist's aus, alles gut...«[32]

Nicht alle deutschen Juden brachten soviel Verständnis auf wie Oskar Rosenfeld, der bewußt den Anschluß an das ostjüdische Milieu suchte.[33] Am 4. Januar 1942 schrieben 300 Personen aus dem ersten Wiener Transport einen verzweifelten Brief an Rumkowski, er solle zu ihnen kommen und selbst die fürchterlichen Raufereien bei der Austeilung der Suppe beobachten: »Uns gibt man nichts!«[34] Die Lage der deutschen Juden, die keine Arbeit fanden und sich durch den Verkauf ihrer wenigen Habseligkeiten am Leben erhalten mußten, verschlechterte sich tatsächlich immer mehr: »Bei Winterbeginn kostet der Laib Brot auf der Brotbörse, im schwarzen Handel bereits zwanzig Mark. Es stieg von Herbst zu Winterbeginn von acht bis zwanzig. Aber die Preise der zum Verkauf angebotenen Textilien, Kleider, Schuhe, Ledertaschen hielten mit den Brotpreisen nicht Schritt, so daß die Besitzer mitgebrachten Guts täglich ärmer wurden, Einhaltgebieten gab es nicht. Keine Instanz war da, die hier Stop sagen konnte. Die Erbitterung über die sogenannten Preistreiber und Schleichhändler war groß in den Kreisen der Konsumenten, aber sie ging ins Leere.«[35]

32 Rosenfeld, Aufzeichnungen (wie Anm. 20), S. 48 f.
33 Hanno Loewy, Einleitung zu Rosenfeld, Aufzeichnungen (wie Anm. 20), S. 21.
34 Dabrowska, Wysiedleni Zydzi (wie Anm. 1), S. 114, Anm. 32.
35 Rosenfeld, Aufzeichnungen (wie Anm. 20), S. 54 f.

Diese »Handelsbeziehungen« schürten das gegenseitige Unvertändnis, den Verdacht, ja die Feindseligkeit zwischen den einheimischen und den deutschen Juden. Die Absonderung in den von den alten Einwohnern isolierten Kollektiven verhinderte jede Annäherung, und die Zeit bis zur großen Mordaktion gegen die deutschen Juden im Mai 1942 war zu kurz, um diese Gegensätze zu überbrücken.

Der Beschluß, die deutschen Juden gemeinsam in den Kollektiven einzuquartieren und zu verpflegen, beruhte wahrscheinlich auf den objektiven Möglichkeiten und dem Einsparungswillen des »Judenältesten« und seiner Verwaltung. Es wurde errechnet, daß die Versorgung einer Person im Kollektiv monatlich 20–30 Mark koste und man diesen Betrag voraussichtlich durch Einbehalt von zwei Dritteln des Arbeitslohns der Beschäftigten und der Postanweisungen aus den Heimatorten »kassieren« könne. Nach einigen Wochen wurde die Abrechnung den Leitern der Kollektive übertragen, die dem »Präses« Rumkowski dafür verantwortlich waren, daß die eingezogenen Beträge pünktlich an die Ghettobehörden abgeliefert wurden. Als dies zu Komplikationen führte, wurden die Ausgaben individuell mit dem Lohn oder den Postanweisungen jedes einzelnen verrechnet. Praktisch bedeutete das, daß den meisten kaum mehr übrig blieb als die allen zustehende Minimalsumme von fünf Mark pro Person.[36] Isaiah Trunk vermutet, daß neben den Erwägungen der Einsparung und der Effizienz auch die Möglichkeit besserer Kontrolle Rumkowski dazu bewegte, den neuen Einwohnern »eine kollektivistische Lebensform in allem, was die Wohnung und die Ernährung und das Einkommen betraf«, aufzuzwingen.[37]

Oskar Singer empörte sich in seinen Aufzeichnungen vom Juni 1942, als die meisten deutschen Juden schon in Chelmno umgebracht worden waren, über die Vorwürfe gegen die deutschen Juden, »daß ihre Kultur nur Tünche sei, die sich unter den schweren Verhältnissen des Ghettos sehr schnell verwaschen hätte [...]. Was wirft man den Eingesiedelten vor: Unsauberkeit, Mangel an Disziplin! Sehen wir uns einmal den Schauplatz an, wo sich diese Tragödie des Kulturverlustes abspielte [...]. Massenquartiere, gegen die die Zwischendecks der Auswandererschiffe in der schlimmsten Ära komfortable Paläste waren [...]. Eine einzige Schule hatte regelrechte Aborte [...] es gab nur halb oder ganz zerfallene Latrinen in den mit Schmutz und Schlamm [...] überladenen Höfen. In dem Transportgebäude in der Franzstraße gab es wenigstens eine Wasserleitung, sonst aber gab es nur Wasser in den Höfen, sofern die Pumpen funktionierten [...]. Kein Waschraum für tausend Men-

---

36 Dabrowska, Wysiedleni Zydzi (wie Anm. 1), S. 117.
37 Trunk, Gettos (wie Anm. 7), S. 90.

schen. Wie lange brauchen Europäer, um unter solchen Umständen ihre kulturelle Tünche zu verlieren? Kann man diese Kultur mit drakonischen Strafen wie Entzug der Suppe, der Pritsche erhalten? Wie ist es möglich, daß Menschen nicht von Läusen zerfressen werden, wenn es keine Möglichkeit gibt, Bettzeug, Leibwäsche und Kleider zu reinigen, zu wechseln, zu lüften? Was heißt Kultur? […] Was will man von diesen Menschen? Wie kann man es überhaupt wagen, an ihrer Haltung noch Kritik zu üben? Ist es nicht vielmehr so, daß die verantwortlichen Stellen sich dafür zu entschuldigen hätten, daß die neu Eingesiedelten überhaupt in einen solchen Zustand geraten konnten? […] Der ärmste Arbeiter im Ghetto lebt in einer Wohnung. Sie ist elend, schmutzig, desolat […], aber er wohnt. Und wenn er von der Arbeit kommt, geht er nach Hause. Die Kollektivgeschöpfe hatten keinen Begriff mehr von Häuslichkeit, geschweige denn von einem Familienleben. Alle niedrigen Instinkte im Menschen wurden da geweckt. Diese unglücklichen Menschen quälten einander mit allen kleinen und großen Schikanen des Massenelends […]. Was mußte da aus diesen Menschen werden? Jüdische Adlige bestimmt nicht. Verlotterte, elende Schattengestalten, die nur einen Wunsch hatten: hinaus aus dieser Hölle!«[38]

Singer schrieb diese kritischen Ausführungen über die Kollektivunterbringung im Rahmen seiner Arbeit in der statistischen Abteilung des Ghettos, als Mitarbeiter an der Ghettochronik, möglicherweise sogar im Auftrag seiner Vorgesetzten. Vielleicht war dies der Grund dafür, daß er am Ende die Einrichtung und Aufrechterhaltung der Kollektiv-Quartiere weder »ideologischen« noch disziplinären Motiven, sondern im Gegenteil einem Übermaß an gutem Willen seitens des »Judenältesten« zuschrieb, der die unerfahrenen Neuen vor der Ausnutzung durch routinierte Ghettobewohner habe schützen wollen. »Man hat nur mit dem Herzen gedacht […] und man vergaloppierte sich.«[39]

Auch die Leitung des Ghettos scheint den Fehler bald erkannt zu haben. Nachdem sich die Ghettobevölkerung als Folge der ersten großen Mordaktionen in den Gaswagen von Chelmno im Winter und Frühjahr 1942 stark verringert hatte, versuchte sie, die Juden aus dem Westen, die zunächst noch verschont geblieben waren, aus den Kollektiven in Einzelwohnungen umziehen zu lassen. Aber der Zustand die-

---

38 Singer, Kap. VI–VII. (Die »Kapitel« bestehen in diesem maschinenschriftlichen Manuskript, zumeist aus einer oder zwei, unten datierten und mit »Fortsetzung folgt« versehenen, unpaginierten Seiten, an die zumeist der Text am nächsten Tag anknüpft. Die Auszüge sind hier daher nach Kapiteln, ohne Seitenangaben zitiert.)
39 Ebenda, Kap. XI. Singers Argumentation wird wegen ihrer grundsätzlichen Bedeutung im abschließenden Teil auf S. 266–273 ausführlich wiedergegeben.

ser zumeist unbeheizbaren Wohnungen war derart desolat, daß die meisten vorzogen, in den Kollektiven zu bleiben oder dorthin zurückzukehren.[40]

Gesundheitsprobleme

Nach den ersten Wochen, als das Leben der deportierten Westjuden langsam zur, wenn auch unerträglichen, Routine wurde, begannen die Ghettoinstanzen sich ihrer besonderen Probleme anzunehmen. Da viele von ihnen alt oder krank waren, mußten spezielle Einrichtungen für sie geschaffen werden. Schon am 28. November 1941 wurde bei einer Sitzung, auf der der Präses Rumkowski lange über die Probleme der Neuangekommenen sprach, beschlossen, das sofort nach ihrem Eintreffen eröffnete Altersheim zu erweitern.[41] Neue Gebäude wurden dafür frei gemacht, und bis Juni 1942 wuchs die Zahl der Bewohner auf 870. Aber die Möglichkeiten der ärztlichen Betreuung waren in den engen Räumen mit minimaler sanitärer Ausstattung beschränkt, und viele alte Menschen starben nach kurzer Zeit.[42]

Die Gesundheitsfürsorge fand im Rahmen der Kollektive statt, die gewöhnlich etwa tausend Personen umfaßten. Für jedes war ein von der Ghettoleitung entlohntes Team von je einem Arzt, zwei Gehilfen (zumeist Medizin-Studenten) und drei Krankenschwestern zuständig. Daneben widmeten sich, je nach Bedarf und Bereitschaft, auch Freiwillige der Pflege der kranken Miteinwohner. An Bedarf fehlte es nicht: Das hohe Alter und die unzulängliche Ernährung verursachten eine, selbst im Ghetto, ungewöhnlich hohe Krankheitsrate. 16 % der neu ins Ghetto gekommenen Westjuden waren schon bei der Ankunft krank, in den Berliner und Wiener Transporten, in denen besonders viele Alte waren, sogar 26–27 %. In den meisten Fällen handelte es sich um typische Alterskrankheiten: Kreislauf- und Herzstörungen. Unter den Wohnbedingungen in den Kollektiven kamen Lungenentzündungen, Magen- und Darmkrankheiten und die im Ghetto bekannten Hungerkrankheiten hinzu.[43] Dies erklärt die im Vergleich zur gesamten Ghettobevölkerung zweimal so hohe Sterberate unter den Neuangekommenen: Zwischen Oktober 1941 und Mai 1942 starben 3186, d. h. 16 %, von ihnen eines »natürlichen Todes«, während es bei den »Alteingesessenen« nur 8,4 % waren. Von den 4054 Berliner Juden starben in der

---

40 Dabrowska, Wysiedleni Zydzi (wie Anm. 1), S. 127.
41 Chronika (wie Anm. 1), S. 258.
42 Dabrowska, Wysiedleni Zydzi (wie Anm. 1), S. 120 ff.
43 Ebenda, S. 122 ff.

gleichen Zeit 1106, d. h. 27,3 %.⁴⁴ Die Tageschronik berichtete am 13. November 1941, daß von den bisher 270 Verstorbenen unter den Neuangekommenen nur 10 unter 40 Jahre alt waren, »von denen sechs eines plötzlichen Todes, wie Erschießungen oder Selbstmord, starben.«⁴⁵

Arbeit

Ein zentrales und dauerndes Problem des Ghettos war der Mangel an Arbeitsplätzen und Aufträgen für die Ressorts. Entsprechend seiner grundlegenden Konzeption der »Rettung durch Arbeit«, bemühte sich der »Judenälteste« dauernd um neue Aufträge und neue Produkte. In den kleinen und größeren Ressorts wurden Textilien, hauptsächlich für den Bedarf der Wehrmacht, sowie Holz- und Ledergegenstände hergestellt. Trotz dieser Bemühungen blieben in der hier beschriebenen Zeit, als nach der Einlieferung der Westjuden über 165 000 Menschen im Ghetto lebten, etwa 40 % arbeitslos.

Rumkowski versuchte, diese Quote durch den Einsatz von Arbeitstrupps außerhalb des Ghettos und durch die dauernde Erweiterung der Verwaltung sowie die Heranziehung möglichst vieler Menschen zu Aufräumungsarbeiten zu senken. So wurden die Westjuden bald nach der Ankunft aufgefordert, Arbeiter für den Transport einer großen Ladung Gemüse und Kartoffeln von der Bahnstation in Marysin in die Magazine des Ghettos zu stellen. Noch erschöpft vom Transport und zumeist nicht an körperliche Arbeit gewohnt, konnten diese »neuen Arbeitskräfte« die von ihnen verlangte Arbeitsleistung nicht erfüllen. Die Beamten und Vorarbeiter sahen darin Ungehorsam und Überheblichkeit der »Jeckes«, die sich vor dieser niedrigen Arbeit auf Kosten der alten Einwohner drücken wollten.⁴⁶ Rumkowski nahm dazu bei einer Rede im Kulturhaus am 4. November 1941 scharf Stellung: »Ein Teil der Neuankömmlinge will nicht verstehen, was Ghetto bedeutet, und wird frech. Als hätte ich nicht schon genug an meinen eigenen Frechlingen und Ruhestörern, muß ich mich noch mit meinen Brüdern aus dem Reich abgeben, die glauben, sie könnten hier ihre eigenen gewohnten Regeln einführen. Sie glauben, sie seien die Klügsten und Besten, der Sauerteig! Da haben sie sich sehr geirrt! [...] Ich wende mich an Euch und verwarne Euch: Hütet Eure Knochen! Wenn Ihr meinen Befehlen und Anordnungen nicht folgt, werde ich Euch beruhigen.

44 Ebenda, S. 125.
45 Chronika (wie Anm. 1), S. 288.
46 Dabrowska, Wysiedleni Zydzi (wie Anm. 1), S. 115 ff. (»Jeckes« war seit langem die ironisch-abwertende Bezeichnung der deutschen Juden im ostjüdischen Slang.)

müssen [...]. Ich werde vor den schlimmsten Maßnahmen nicht zurückschrecken. Ich habe die Vollmacht und Mittel dazu.«[47]
Oskar Singer beschrieb diese Szene aus der Sicht der Betroffenen wesentlich anders. Er hatte kein Verständnis dafür, daß die reichsdeutschen Juden als Gruppe pauschal beschuldigt wurden, während die Prager Juden eine deutlich freundlichere Aufnahme fanden: »Man merkte das schon gelegentlich der ersten Rede, die der Präses vor den Delegierten der Neuen im Kulturhause hielt. Der Schreiber dieser Zeilen war anwesend und war sehr erstaunt über den heftigen Ton, der da gegen die reichsdeutschen Juden angeschlagen wurde. [...] An der Spitze aller Probleme stand in den Tagen die Einholung der Lebensmittel, vor allem der Kartoffeln und Gemüseimporte, vom Bahnhof Marysin. Es waren schlimme Oktober- und Novembertage mit ihren vorzeitigen Frösten und Schneefällen, und in dieser gräßlichsten aller Städte gab es kein Fuhrwerk, das auch nur mit Not den Anforderungen der Stunde entsprochen hätte. Alles in diesem Ghetto ist auf menschliche Kraft abgestellt, und es gab doch nur noch menschliche Schwäche [...]. Der Präses forderte sofortigen opferwilligen Einsatz der Eingesiedelten. Hier gab es den ersten Versager, und das war ausschlaggebend. Die Reichsdeutschen waren früher da als die Prager. Sie kamen früher in die Lage, Hand anlegen zu müssen. Wollten sie nicht? Konnten sie nicht? Die Antwort auf diese Frage ist nicht so einfach, wie die spontane Reaktion auf die Tatsache des Versagens [...]. Man muß zunächst zwischen den bereits erwähnten Gruppen unterscheiden [...]. Das östliche Element [d. h. die aus Wien und dem »Altreich« deportierten Ostjuden, A.B.] fühlte sich sofort nach der Ankunft wesentlich sicherer. Die Sprache der Stadt war ihnen nicht fremd, die Menschen standen ihnen näher. Der mehr als herbe Ton im täglichen Umgang brachte sie nicht aus der Fassung, kurz – sie hatten sehr schnell Boden unter den Füßen und paßten sich auch im Widerstand schnell an [...]. Während die ›echten‹ deutschen Juden dieser Atmosphäre ziemlich ratlos gegenüberstanden, hatte die andere Gruppe gleich Oberwasser. Sie drückten sich von schweren Arbeiten, hatten im Handumdrehen die richtigen Beziehungen und blieben dabei, merkwürdig genug, arrogant [...]. Man geht nicht fehl, wenn man also diesem Element den Vorwurf macht, zuallererst den Anstoß zu den Mißhelligkeiten gegeben zu haben, die dann [...] mit bedauerlicher Schnelligkeit um sich griffen. Freilich der echte deutsche Jude brachte auch allerhand Eigenschaften mit, die ihm sehr schnell die Sympathien verscherzten, soweit solche überhaupt vorhanden waren. Das erste, was er tat, war eine verletzende Kritik aller äußeren Umstände des Ghettos [...]. Er sah im Oktober eine von Schmutz und Kot strotzende Stadt,

---

47 Zitiert bei Trunk, Gettos (wie Anm. 7), S. 92.

herabgekommene Menschen, eine beispiellose Primitivität, wohin er nur kam. Er sah eine robuste Polizei, unwillige Menschen, die meist grob antworteten, wenn man sie um Auskunft bat. [...] Der Neuangesiedelte reagierte mit allen Kräften des Andersgearteten. Er schimpfte, schmähte, beleidigte. Seine Arroganz, die ihn schon früher auszeichnete, tobte sich aus. Er schrieb alles [...] dem Mangel an Organisationsgabe zu, und jeder deutsche Jude wollte sofort nach Ankunft organisieren. Nun, das Ghetto war aber schon organisiert und zwar besser, als der deutsche Jude auch nur ahnte. [...] Nein, zum Organisieren brauchte der Präses keine deutschen Juden. Nur zur Arbeit brauchte er frische Kräfte, und diese Kräfte wollten nicht recht heran. [...] Der Herr Rechtsanwalt aus Frankfurt oder der Herr Bankdirektor aus Berlin konnte nicht recht aus Überzeugung sich vor den schweren Gemüsewagen spannen. [...] Die Menschen waren also physisch durchaus nicht auf der Höhe. Und nun plötzlich in die nasse Kälte des Ghettos getrieben, sollten sie ebenso plötzlich schwere physische Arbeit leisten?»[48]

Singers bemerkenswerte Aufzeichnungen vermitteln ein plastisches und differenziertes Bild des Ghettoalltags und eine eindringliche sozio-psychologische Analyse der Problematik des aufgezwungenen Zusammenlebens der polnischen Juden und der keineswegs einheitlichen Gruppe der »Westjuden«. Die am wenigsten anpassungsfähigen und am stärksten benachteiligten waren nach Singers Darstellung die reichsdeutschen Juden, während die Leute aus Wien, darunter viele Ostjuden, die er offensichtlich nicht besonders liebte, und vor allem die allgemein viel jüngeren Prager Juden sich sprachlich und mental schneller in das Milieu des Ghettos einleben konnten.

Der Zusammenstoß bei den Lebensmitteltransporten gleich nach der Ankunft entsprang im wesentlichen dem gegenseitigen Miß- und Unverständnis. Aber darüber hinaus waren die Neuangekommenen nur schwer in den Arbeitsprozeß des Ghettos einzuordnen. Eine statistische Erhebung ergab, daß nur 16 % von ihnen früher Arbeiter und Dienstboten gewesen waren, weitere 7 % Handwerker. Alle anderen waren Kaufleute oder Rentner und Pensionäre. Dies war sicherlich nicht »die frische Arbeitskraft«, mit der Rumkowski seine Ressorts aufzufüllen hoffte.[49]

Die meisten waren für keine körperliche Arbeit geeignet und blieben bis zum Schluß ohne Beschäftigung. Einige jüngere Intellektuelle und Beamte, zumeist Menschen aus Prag, die etwas Jiddisch konnten und aufgrund ihrer tschechischen Sprachkenntnis auch bald Polnisch ver-

---

48 Singer, Kap. III–V.
49 Trunk, Gettos (wie Anm. 7), S. 87.

standen, fanden in den Büros des »Judenältesten« Anstellung, zumeist in der statistischen Abteilung, in der die Bevölkerungsregistratur, das Archiv und die Tageschronik geführt wurden. In einer besonderen Abteilung für die Aufnahme der Neuangekommenen (im Ghetto als »UM«, Abkürzung von »Umsiedlung«, bekannt) wurde unter Leitung des Rechtsanwalts Naftalin eine Anzahl tschechischer Juden beschäftigt. Auch die meisten Ärzte wurden eingesetzt, überwiegend bei außerordentlich schwierigen und gefährlichen Aufgaben, wie z. B. zur Bekämpfung einer Typhusepidemie im »Zigeunerlager«. Etwa hundert ehemalige Offiziere wurden dem polizeilichen »Ordnungsdienst« zugeteilt. 70 jüngere Leute aus Prag bildeten eine neue Feuerwehrabteilung. Im Kulturhaus fanden zeitweilig einige der vielen Künstler, Sänger und Musikanten sowie eine Anzahl von Übersetzern aus allen möglichen Sprachen, einschließlich Latein und Griechisch, Arbeit. Alles in allem waren dies aber nur einige hundert Menschen. Hinzu kamen mehrere hundert Westjuden, die nach einer Quotenordnung der Ghettoleitung sich an der Müllabfuhr und den sonstigen Reinigungsarbeiten im Ghetto und in den Kollektiven beteiligen mußten.

Die Zahl der in den Produktionswerkstätten des Ghettos arbeitenden Neuangekommenen ist nicht bekannt, aber sie war offenbar gering. Zwei Anordnungen der deutschen Ghettoverwaltung, die Juden aus dem Reich dort einzusetzen, weil sie den deutschen Geschmack kennen würden und die Produkte dementsprechend gestalten könnten, wurden offensichtlich von Rumkowski ignoriert.[50] Jedenfalls wird in einer Aktennotiz der Ghettoverwaltung vom 23. Februar 1942 die »telefonische Angabe des Ältesten der Juden« zitiert, wonach von den 19 970 deportierten Juden 1262 verstorben waren und nur 3132 zur Arbeit im Ghetto und 262 außerhalb des Ghettos beim Bau der Reichsautobahn eingeteilt werden konnten.[51] Diese erzwungene Untätigkeit war, wie Oskar Rosenfeld festhielt, auch in moralischer und psychologischer Hinsicht verheerend: »Hunde bellen, Pferde wiehern, Vögel zwitschern, *Sklaven schuften*, aber wir Menschen im Ghetto vegetieren, sich selbst zur Last. [...] Man braucht uns nicht erst auf den Mist zu werfen, wir liegen schon dort vom ersten Augenblick, an dem wir das Ghetto betreten haben. Das Nichtstun hat sich in unser Mark eingefressen und uns allmählich Abscheu vor allem eingegeben.«[52]

Unter den Bedingungen im Ghetto hatte das »Nichtstun« jedoch nicht nur moralische, sondern sehr unmittelbare materielle Folgen: Es

50 Dabrowska, Wysiedleni Zydzi (wie Anm. 1), S. 120 ff.
51 YVA, JM / 807.
52 Rosenfeld, Aufzeichnungen (wie Anm. 20), S. 52.

verurteilte die Betroffenen, wenn sie nicht genügend Geld oder Lebensmittelpakete von auswärts bekamen, buchstäblich zu langsamem Verhungern.

Postsperre

Nachdem die spärlichen mitgebrachten Lebensmittel aufgezehrt, Geld und eintauschbare Gegenstände verschleudert waren, wurde die Ghettopost für viele zum letzten Lebensfaden. In den ersten Wochen nach ihrer Ankunft bis zum 4. Dezember 1941 wurde den Deportierten die Benutzung der Post von der deutschen Ghettoleitung verboten. Auch danach durften nur Postkarten mit persönlichen Mitteilungen, ohne genaue Darstellung des Lebens im Ghetto, abgesandt werden. Alles wurde zensiert, und Mitteilungen, die der Anordnung nicht entsprachen, wurden nicht weitergeleitet. Geld durfte nur über die Bank des »Judenältesten« überwiesen werden. Korrespondenz mit dem Roten Kreuz, mit der Schweiz oder nach Übersee war nicht gestattet.

Schon am ersten Tag der Zulassung des Postverkehrs wurden über 20 000 Postkarten verkauft. In der folgenden Woche gingen zahlreiche Geldanweisungen für die deutschen Juden ein, zumeist kleine Beträge von 10 bis 25 RM, nur in einzelnen Fällen bis 100 RM.[53] Die Ghettopost war diesen Anforderungen nicht gewachsen, und so wurde am 13. Dezember eine erneute Postsperre angeordnet, was die Tageschronik so rechtfertigte: »Als sechs Wochen nach Ankunft der Transporte die deutsche Behörde das Postverbot aufhob, wurden auf ein Mal 80 000 Postsendungen abgeschickt. Da jedoch die deutsche Post von der Ghettopost nur die bestimmte Quote (von 20 000 Postsendungen pro Tag) annimmt, mußten die angesammelten Postsachen langsam ›durchgeschoben‹ werden [...]. Neben den Riesenhaufen von Briefen [wahrscheinlich Postkarten, A.B.], [...] wuchs auch die Zahl der Geldanweisungen stark an. Früher bekam die Post täglich nicht mehr als 500 Überweisungen, jetzt überstieg deren Zahl die dreitausend [...] zusammen etwa 30 bis 40 tausend Mark pro Tag [...] täglich bildet sich vor der Post eine lange Schlange von Menschen, die auf die Auszahlung warten.«[54]

Am 5. Januar 1942 berichtete die Tageschronik über das völlige Ende des Postverkehrs nach und aus dem Ghetto, diesmal auf Anordnung der Gestapo.[55] Diese Postsperre blieb bis Ende Januar in Kraft, doch

---
53 Chronika (wie Anm. 1), S. 273.
54 Ebenda, S. 306.
55 Ebenda, S. 331.

wurden, nach einer Eintragung in der Tageschronik vom 9. Januar, die Postanweisungen ununterbrochen eingeliefert, von denen der »Judenälteste« jetzt 10%, statt wie bisher 3%, einbehielt.[56] Neben dieser »Steuer« wurden den Empfängern, wie erwähnt, zwei Drittel des eingegangenen Betrags zur Deckung der Wohn- und Verpflegungskosten in den Kollektiven abgezogen. Viel blieb den Empfängern also gewöhnlich nicht übrig.

Zu diesem Zeitpunkt machten die für die Neuangekommenen bestimmten Geldanweisungen einen beträchtlichen Teil des Zuflusses an Zahlungsmitteln von außen aus. Auf dem abgeschlossenen, beschränkten Markt des Ghettos mußte ein solcher plötzlicher Anstieg liquider Mittel sich stark inflationär auswirken und das prekäre Gleichgewicht zwischen Angebot und Nachfrage erschüttern. Es ist nicht auszuschließen, daß diese im Ghetto viel Unruhe stiftende Erscheinung den »Judenältesten« und seine Berater veranlaßte, den Zustrom neuen Geldes nach der ersten Welle für eine Weile zu unterbrechen. Trotz dieser Maßnahmen gelangten zwischen Januar und August 1942 jedoch nicht weniger als 3 863 000 RM ins Ghetto.[57]

Woher kamen diese Summen, die zu einem großen Teil wahrscheinlich für die aus Deutschland und dem »Protektorat« deportierten Juden bestimmt waren? Ein unbestimmbarer Teil bestand groteskerweise aus Zahlungen öffentlicher oder privater Stellen für Pensions-, Renten- und Versicherungsansprüche der Deportierten. In den zuständigen deutschen Ämtern herrschte hier Unklarheit: Nach der 11. Verordnung zum Reichsbürgergesetz vom 25. November 1941 galten diese Ansprüche, wie jegliches andere Vermögen von Juden, »die ihren Wohnsitz im Ausland hatten«, als dem »Reich verfallen«.[58] Da jedoch Lodz zum Warthegau gehörte, der dem Reich angeschlossen worden war, galt es juristisch nicht als Ausland. Dieses »Problem« beunruhigte die Legalisten im Reichssicherheitshauptamt und Finanzministerium noch einige Zeit, bis sie schließlich den geeigneten Trick fanden, um auch den nach Lodz deportierten Juden die ihnen zustehenden Zahlungen zu entwenden.[59] Aber es dauerte eine Weile, bis sich die neue Rechtsauffassung allgemein durchsetzte. Rumkowski führte in dieser Sache eine ausgedehnte Korrespondenz mit Banken und Behörden im Reich, der Zentralstelle für jüdische Auswanderung im tschechischen »Protektorat« und der

---

56 Ebenda, S. 349.
57 Aufstellung über die Bewegungen auf dem Ghetto-Konto, (deutsche) Ghettoverwaltung, 1631, zitiert bei Dabrowska, Wysiedleni Zydzi (wie Anm. 1), S. 116.
58 Vgl. Joseph Walk et al. (Hrsg.), Das Sonderrecht für die Juden im NS-Staat, Karlsruhe 1981, Abtlg. IV, Nr. 272.
59 Vgl. Adler, Deportation (wie Anm. 5), S. 499, 620; Reitlinger, Final Solution (wie Anm. 11), S. 86 f.

Reichsvereinigung der Juden in Deutschland. Solche Zahlungen dürften daher noch geraume Zeit in das Ghetto gelangt sein. Die deutsche Ghettoverwaltung teilte dem »Judenältesten« zwar mit, daß dies gegen die Anordnungen verstoße, überwies aber trotzdem später Rückstände für 150 deutsche Juden.[60] Diese Korrespondenz wurde selbst nach der Ermordung der meisten deutschen Juden im Todeslager Chelmno im Mai 1942 fortgeführt, obwohl keine rechtlich gültigen Empfangsbescheinigungen der Begünstigten mehr eingereicht werden konnten.

Teilweise konnten die Deportierten außer den Pensions- oder Rentenzahlungen auch Beträge aus ihren Sperrkonten am früheren Wohnort überwiesen bekommen. Aber zum größten Teil handelte es sich bei den Geldern um Unterstützungen von Privatpersonen, von zurückgebliebenen Angehörigen, Freunden und Bekannten. Ein erschütterndes Zeugnis der Not bieten viele Tausende von Postkarten, die nach dem Krieg im Ghettoarchiv gefunden, demnach nie abgeschickt wurden. Besonders viele Postkarten stammen aus den ersten Tagen nach der Ankunft im Ghetto und von Anfang Dezember 1941. Oft wandten sich dieselben Leute mit verzweifeltem Hilferuf, häufig mit gleichem Text, an mehrere Adressaten. Die Handschriften und die Sprache zeugen von wesentlichen Bildungsunterschieden, der Ton ist manchmal demütig bittend, manchmal stolz, manchmal verschämt andeutend – der Inhalt immer der gleiche: »Helft uns! Wir verhungern! Schickt keine Pakete, das ist verboten. Schickt Geld!«.[61]

»Viel kann ich Ihnen von uns nicht schreiben«, wendet sich Frau R. Magier an Frau B. Herschkowitz in der Augsburgerstraße 16 in Berlin. »Ihnen Allen wünsche ich weiter in Euren Wohnungen zu bleiben. Liebe Frau Herschkowitz, ich würde Ihnen sehr dankbar sein, wenn *Sie unter den Kolleginnen eine kleine Sammlung veranstalten* würden und mir eine kleine Summe einschicken würden, da ich ja völlig mittellos bin. Bitte sind Sie mir deswegen nicht böse...« (Im Original hervorgehoben).

»Lieber Onkel Bruno! Liebe Tante Frieda! Eure Postkarte sowie Postanweisung [...] habe ich erhalten und mich selbstverständlich riesig darüber gefreut. Ich danke Euch recht, recht herzlich über die große Freude, die Ihr mir bereitet habt [...]. Ich würde mich sehr freuen, von Euch recht bald zu hören, besonders aber freue ich mich, wenn ich bald wieder etwas Geld bekommen kann, denn dieses braucht man immer. Euch Allen wünsche ich ein recht frohes Fest und denkt dabei bitte auch an mich.« (Harry Fuchs, 14. Dezember 1941, an Bruno Fuchs, Berlin, Rosenheimerstr. 16). Die Wünsche zum bevorstehenden Weih-

---

60 Dabrowska, Wysiedleni Zydzi (wie Anm. 1), S. 116, Anm. 38.
61 YVA, JM/1882.

nachtsfest lassen vermuten, daß diese Postkarte für christliche Verwandte bestimmt war.

Auf den meisten Anschriften fehlen die vorgeschriebenen jüdischen Zusatznamen »Israel« oder »Sarah«, so daß man annehmen kann, sie seien für »arische« Freunde und Verwandte bestimmt gewesen. Im Warthegau oder zumindest im Ghetto galt offenbar die Verordnung über die Zwangsvornamen nicht und die meisten Absender ließen sie weg. Aber nicht alle: Vielleicht war der Zusatz des verordneten Namens vielen schon zur Gewohnheit geworden, oder sie befürchteten, ihre Post würde anders nicht befördert werden.

»Liebe Frau Fiebermann, ich habe eine Bitte an Sie, wenn Sie es ermöglichen können und mir eine kleine Spende an Geld zusenden wollen. Ich stehe doch ganz alleine hier im Ghetto und was das heißt, werden ja Ib. Frau Fiebermann verstehen können. Vielleicht haben Sie auch einen Bekannten, der Ihnen in dieser Beziehung etwas behilflich ist. Ich wäre Ihnen zu sehr großem Dank verpflichtet und Sie würden *mich in meinem schweren Los hier unterstützen.*« (Heinz Israel Müller, 11. Dezember 1941, an Herrn Fiebermann, Frankfurt a. M., Hermesweg 4. Im Original hervorgehoben)

Manche bitten zusätzlich um notwendige Gebrauchsgegenstände, wie Dora Kurzweg am 9. Dezember 1941 in einer Karte an Herrn Julius, Berlin, Tile Wardenberg Str. 19, um »kleingeschnittenes Seidenpapier im Brief (20 gr.) [...]. Mutti und ich haben einen dauernden Schnupfen.« Oder: »Wenn Ihr es ermöglichen könnt, würden wir uns durch eine Überweisung per Postanweisung beliebigen Betrags sehr zu Dank verpflichtet fühlen. Vielleicht kannst Du, liebes Dorchen, uns per Doppelbrief Toilettenpapier, Puddingpulver oder Graupen, Gries oder was Du sonst hast zusenden. Jede Hilfe ist uns erwünscht und wird mit Dank angenommen. Herzlichste Grüße, Theodor und Else.« (Theodor Daltrop, 11. Dezember 1941 an Dorchen Hamborg, Hamburg, Grindelhof / Ecke Grindelallee).

Welche Überwindung muß es Menschen, die nach dem Stil ihrer Zuschriften und nach den Wohngegenden der Adressaten dem bürgerlichen Milieu zugehörten, gekostet haben, um in dieser Form Verwandte und selbst flüchtige Bekannte um Hilfe anzuflehen. So schrieb Johannes Wahl am 6. Dezember 1941 an Herrn Bukofzer in Berlin-Wilmersdorf, Prinzregentenstraße 76, wo er nach dem Inhalt früher selbst gewohnt hatte: »Meine Frau und ich sind leider seit Wochen krank und Pflege kostet viel Geld. Vielleicht können Sie monatlich etwas zusammenbekommen und per Anweisung oder sonst schicken und laufend nummerieren: ich bin nicht mehr stolz!«

Diese kleine, völlig zufällige Auswahl spricht eine erschütternd beredte Sprache: Tausende, vielleicht Zehntausende[62] verzweifelter Hilferufe, die im Raum verhallten, weil sie nie ihr Ziel erreichten; aber die enttäuschten Absender wußten davon nichts und waren wegen der scheinbaren Gleichgültigkeit von Verwandten und ehemaligen Freunden sicherlich verbittert.

Warum wurden diese Postkarten zurückbehalten und auch, als die Post weniger belastet und die Sperre aufgehoben war, nicht abgeschickt? Auf fast allen Karten ist ein Stempel: »Inhalt unzulässig«, und oftmals sind Stellen offensichtlich nicht vom Absender angestrichen worden. Dem »Judenältesten« oder seinen Mitarbeitern muß der Inhalt, die dauernd wiederholte Bitte um Geld, bekannt gewesen sein. Sie wußten auch, daß zumindest einem Großteil davon entsprochen werden würde und damit viel Geld, bare Münze in Reichsmark, ins Ghetto fließen würde. Waren sie daran nicht interessiert, obwohl der größte Teil direkt in die Kassen des »Judenältesten« gelangt wäre? Fürchteten sie, daß auch der kleine Teil, den die deutschen Juden erhalten würden, auf dem begrenzten Markt des Ghettos zur Inflation führen könnte? Oder wollten sie gar selbst die kleinste Unterstützung der deutschen Juden verhindern, um sie zu zwingen, »arbeiten zu gehen«, wie es die Politik Rumkowskis verlangte?

Ghetto-Ökonomie

In der Tageschronik vom 8./9. Januar 1942 befindet sich eine viele Seiten lange Abhandlung eines offensichtlich ökonomisch vorgebildeten Mitarbeiters über den Einfluß der Neuangekommenen und der von ihnen mitgebrachten oder ihnen gesandten Geldbeträge auf den Markt des Ghettos: »Das Leben im Ghetto steht in den letzten Tagen im Zeichen einer Verteuerung der Lebensmittelpreise, die auf dem privaten Markt gehandelt werden und von Tag zu Tag, ja von Stunde zu Stunde ansteigen. Sowohl die Höhe als auch das schnelle Ansteigen der Preise waren bisher im Ghetto nie von solchem Ausmaß [...]. In gewöhnlichen Zeiten ist der private Markt die einzige Quelle zur Lebensmittelversorgung, aber im Ghetto ist er von nur sekundärer Bedeutung. Die entscheidende Mehrheit der Ghettoeinwohner ist, selbst wenn die Preise niedrig sind, viel zu arm, um sich Käufe auf dem freien Markt

---

62 Alle zitierten Postkarten aus der »Sammlung Rumkowski« (wie Anm. 1) auf Mikrofilmen im YVA, hier JM/1080–1082. Die nicht abgesandten Postkarten umfassen JM/1782–1790 und JM/1880–1885. Vgl. auch Rundschreiben der Reichsvereinigung der Juden in Deutschland betr. die Unterbrechung des Postverkehrs mit den Ghettos im Osten, besonders Lodz: Adler, Deportation (wie Anm. 5), S. 468 ff.

leisten zu können. Sie ist gezwungen, [...] sich mit dem Erwerb von Brot, Gemüse und Kolonialwaren mittels der zugeteilten Rationskarten zu begnügen. [...] Aber der freie Markt erfüllt eine wichtige Funktion bei der Regelung des Verbrauchs [...] breiterer Schichten im Ghetto, besonders des kleinen Kreises innerhalb der Ghettobevölkerung, der wirtschaftlich besser situiert ist [...]. Der Mittelstand, d. h. alle Beamten, die ein ›mittleres‹ Gehalt beziehen [...], veräußert oft alles oder einen Teil des ihm regulär oder zusätzlich in den Büros zugeteilten Gemüses, um dafür Brot, Zucker, Margarine etc. zu erstehen [...]. Umgekehrt kaufen die Leute der breiten Masse Gemüse für die Zahlungsmittel, die sie durch den Verkauf (der ihnen zugeteilten Rationen) von Fett, Fleisch, Wurst und sogar Brot erhielten. [...] Es ist wahr, daß der Judenälteste viele Anordnungen gegen den Handel mit Lebensmitteln in den Läden und auf der Straße erlassen hat [...]. Oftmals sind auch besondere Schritte und Strafen gegen professionelle Vermittler und Lebensmittelhändler in Gang gesetzt worden, einschließlich der Beschlagnahme der Waren und Geschäftsschließungen [...]. Gleichzeitig unterstrich jedoch der Präses in seinen Reden, daß er keinem verbieten könne, auf seine Nahrung, die er auf die vorgeschriebene Weise erhielt, zu verzichten. Wegen dieser, durch die Gegebenheiten vorgeschriebenen Einstellung existierte der Lebensmittelmarkt ununterbrochen, letztlich in primitiver Form, während die Behörden der Gemeinschaft ein Auge zudrückten [...]. Die Situation der letzten Wochen hat die Funktion und den Charakter des freien Lebensmittelmarktes von Grund auf verändert. Anfang Dezember wurde die Postsperre für die aus Deutschland Deportierten aufgehoben, was zu einer andauernden Überschwemmung von Postanweisungen führte. Im Dezember sind allein aus dieser Quelle dreiviertel Millionen Mark ins Ghetto gelangt [...]. Seitdem tobt im Ghetto eine noch nie dagewesene Teuerung! Die neue Bevölkerung, die mit Zahlungsmitteln von außen her versorgt wird und ihre mitgebrachten Gebrauchsgegenstände verkauft, kauft alles nur auf dem Markt Erhältliche um jeden Preis. Gleichzeitig hat sie auf dem Lebensmittelmarkt nichts zu verkaufen, da sie zum Großteil in den Kollektiven wohnt und ihre Lebensmittelzuteilung nicht direkt erhält.«[63]

Die Darstellung schildert im folgenden die Probleme und die Atmosphäre des geschlossenen Ghettomarktes, auf dem der zusätzlichen Nachfrage eine nur unbedeutende Steigerung des Angebots gegenüberstand. Die Gesamtmenge der vorhandenen Lebensmittel blieb unverändert, weil diese nicht im Ghetto produziert und auch nicht – durch zusätzliche Lieferungen der Deutschen oder kleine Mengen

63 Chronika (wie Anm. 1), S. 345 ff.

Ghetto-Ökonomie 253

unter Lebensgefahr eingeschmuggelter Waren – »importiert« werden konnten. Nur der Anreiz der hohen Preise konnte die einheimische Bevölkerung veranlassen, auf einen Teil der ihr zustehenden Lebensmittel zu verzichten, um dafür andere Waren, wie die zeitweilig im Überfluß angebotenen Gebrauchsgegenstände der Neuangekommenen, zu erwerben. Da die Lebensmittelrationen kaum für das notwendige Existenzminimum ausreichten, konnte es sich dabei nur um ein geringfügiges zusätzliches Angebot handeln. Unter diesen Bedingungen war die Teuerung unvermeidlich.

Den Neuangekommenen ließ die Not keine Wahl. Wollten sie nicht hungern, so mußten sie ihre Habseligkeiten verkaufen, um dafür zusätzliche Nahrung zu erhalten. Schon kurz nach der Ankunft begannen sie, Kleider, Koffer, die wenigen mitgebrachten Wertgegenstände anzubieten: »Die Zugewanderten – man nennt uns auch ›Evakuierte‹ oder ›Neuangesiedelte‹ – haben die vierzig Mark, die ihnen nach der Ankunft im Ghetto als Unterstützung eingehändigt wurden, längst verausgabt. Man braucht Seife, Klosettpapier, ein paar Deka Brot oder gar Fett [...]. Man kann sie durch die Straßen laufen sehen, mit Hemden, Hosen, Kleidern, Schuhen, Krawatten über dem Arm [...]. Sie müssen ihre Garderobe verkaufen, um sich etwas Nahrung anschaffen zu können.«[64]

Die Tageschronik vermerkt im November 1941 zum gleichen Thema unter der merkwürdigen Überschrift: »Erholung bei den Kaffehäusern«: »Gleich nach Ankunft der Transporte aus Deutschland haben die Ankömmlinge die kleinen Restaurants und Cafés [...], die bisher fast menschenleer waren, regelrecht belagert [...]. Vom ersten Moment an begannen die Neuen, ihre Sachen zu verkaufen und für den Erlös einfach alles, was auf dem freien Lebensmittelmarkt erhältlich war, aufzukaufen [...]. Den ganzen November standen die Türen der Läden für die Angekommenen, die man hier ›Jekkes‹ nennt, offen [...]. Aus der Sicht der altansässigen Bevölkerung verursachte die relativ große Belebung des privaten Handels schwere Störungen und, was noch schlimmer ist [...], einen Wertschwund der umlaufenden Zahlungsmittel. Diese Erscheinung traf besonders die Masse der Arbeiter, die im Ghetto die größte Bevölkerungsgruppe bilden und die nur das Geld besitzen, das sie aus der Kasse des Judenältesten erhalten.«[65]

Tatsächlich waren die deutschen Juden auf den Tauschhandel angewiesen. Sie kamen völlig unvorbereitet in Lodz an, ohne Kenntnis, welche alltäglichen Gebrauchsgegenstände im Ghetto am notwendigsten waren. Sie brauchten nicht nur Lebensmittel. »Wer zusätzlich etwas

64 Rosenfeld, Aufzeichnungen (wie Anm. 20), S. 59.
65 Chronika (wie Anm. 1), S. 249f.

kochen wollte, auch aus mitgebrachten Beständen, mußte in die Gasküche gehen. Aber immer war die erste Voraussetzung hierzu: der Kochtopf. Dann kam das Reibeisen, der Schöpflöffel und so weiter. Es mußte immer wieder etwas gekauft und demzufolge etwas verkauft werden.«[66]
All dies geschah auf dem beschränkten Markt des Ghettos, dessen Gleichgewicht durch den plötzlichen Anstieg sowohl der Nachfrage als auch des Angebots an bisher fast nicht erhältlicher Waren gestört wurde: »Der Hunger der Einheimischen nach den selbstverständlichsten Dingen des täglichen Lebens war groß. Es gab kein Schuhwerk, keine Kleidung, keine Wäsche. Es gab weder Rasierklingen noch Rasierseife, es gab überhaupt keine richtige Seife [...] es gab wirklich nichts [...] es wurde nur gekauft, verkauft, was jemand zufällig ins Ghetto mitgebracht hatte. Da die Eingewiesenen kein Geld mitnehmen durften [...] waren sie, um selbst etwas kaufen zu können, darauf angewiesen, ihre Koffer zu leeren [...]. Das alles wußte der Präses, und deshalb mußten seiner Ansicht nach die Neuen geschützt werden.«[67]
So erklärte Oskar Singer die von ihm abgelehnte Masseneinquartierung in den Kollektiven. Der verständliche Drang, die Naivität der Neuangekommenen auszunutzen und sie bei diesem Tauschhandel zu übervorteilen, verstärkte das gegenseitige Unverständnis. In seiner Rede am 2. Januar 1942 im Kulturhaus tadelte Rumkowski sowohl die alte als auch die neue Bevölkerung wegen ihres Verhaltens auf dem »schwarzen Markt«.

Religion und Kultur

Obwohl die Integration der Neuen bis zum Ende nicht völlig gelang, entstand nach einigen Wochen eine gewisse Alltagsroutine. Schon am 2. Dezember 1941 berichtete die Tageschronik über eine »gemeinsame Trauung von 25 Ehepaaren aus der Gruppe der Neuangekommenen«, nachdem vier Rabbiner aus ihren Reihen dem Rabbinerrat des Ghettos beigetreten waren. Dieser arbeitete eng mit der Einwohnerregistratur zusammen, die in solchen Fällen als Standesamt funktionierte und alle Eheschließungen nach den Grundsätzen der Nürnberger Rassegesetze prüfen und bestätigen mußte.[68] Das Rabbinat vollzog ebenso Ehescheidungen, die bald nach der Ankunft auch von deutschsprachigen Juden

66 Singer, Kap. XII.
67 Ebenda, Kap. X.
68 Chronika (wie Anm. 1), S. 268.

beantragt wurden. Gleichzeitig meldete die Chronik die beiden ersten Geburten bei Familien aus dem »Altreich«.[69]

Die Integration von etwa 250 Menschen christlicher Konfession war verständlicherweise ganz besonders problematisch. Viele von ihnen waren schon von Kindheit an getauft und als Christen erzogen worden und hatten nicht die geringste Beziehung zu Juden und Judentum. Offenbar wurden auch sie mit Nachsicht und Verständnis aufgenommen. Jedenfalls fehlt jeder Hinweis auf irgendwelche unterschiedliche Behandlung gegenüber dem Gros der Neuangekommenen. Den Christen wurde eine besondere Betstube zugeteilt, die Protestanten und Katholiken abwechselnd benutzten. Offensichtlich waren sie in getrennten konfessionellen Gruppen organisiert. An der Spitze der Katholiken stand die Wiener Karmeliterin Maria-Regina Furmann, bei den Protestanten ein Dr. Bass. Wie die Trennung von »Ost- und Westjuden« nie völlig überwunden wurde, so blieben auch die »nichtarischen Christen« eine gesonderte Gruppe, die selbst beim Abtransport aus dem Ghetto auf ihre Bitte hin als solche behandelt wurde.[70] Es ist nur ein einziger Fall bekannt, in dem ein »nichtarischer Christ« beim Rabbinat seine Rückkehr zum Judentum beantragte. Ein fünfzigjähriger Arzt aus Wien, der bereits 1913 konvertiert war, unternahm diesen Schritt, weil er eine jüdische Frau ehelichen wollte.[71]

Nach kurzer Zeit begannen auch die neu nach Lodz verschleppten Künstler am Kulturleben des Ghettos teilzunehmen. Die Musiker, bei denen die sprachliche Barriere weniger ins Gewicht fiel, fanden leicht ein interessiertes Publikum. Pianisten und Violinsolisten aus Wien und Prag traten im Kulturhaus allein oder im Ensemble mit polnisch-jüdischen Künstlern auf. Berühmte Ärzte hielten Vorträge für ihre Kollegen über die im Ghetto häufigen Krankheiten. Hingegen ist nur wenig über eine eigene kulturelle Aktivität innerhalb der Kollektive bekannt. Manches wurde immerhin begonnen, was dann zumeist infolge der baldigen Deportation in das Todeslager Chelmno im Keim erstickte. So wurde im Kollektiv der Hamburger Juden aus mitgebrachten Büchern und sonstigen Spenden eine Leihbibliothek eingerichtet.[72]

Auch an der im Ghetto sehr verbreiteten populären »Kleinkunst« nahmen die Neuangekommenen teil, sei es als ausführende Musikanten oder als unfreiwillige Objekte des manchmal sehr herben Gassenhumors: »›Es geit a Jekke mit a Tekke…‹[73] ist der Refrain eines Ghetto-

---

69 Ebenda, S. 308 f.
70 Ebenda, S. 314; Dabrowska, Wysiedleni Zydzi (wie Anm. 1), S. 131 ff.; Trunk, Gettos (wie Anm. 7), S. 94 ff.
71 Chronika (wie Anm. 1), S. 357.
72 Trunk, Gettos (wie Anm. 7), S. 95.
73 Oskar Rosenfeld beendete das letzte erhaltene Heft Nr. 23 seiner Aufzeichnun-

Schlagers, der nach der Melodie des verbreiteten Militärmarsches ›Das Maschinengewehr‹ gesungen wird. Das Lied, eine Parodie auf die Abenteuer der hier angekommenen ›Deutschen‹, verulkt zum Guten oder Bösen ihre schlimme Lage, den stetigen Hunger, das Suchen nach Lebensmitteln. Die ›Eingeborenen‹ verspotten sie ein wenig und nutzen manchmal auch ihre Naivität und Unkenntnis der herrschenden Bedingungen aus. Der Schlager erzählt auch von den Frauen, die in Hosen gekleidet auf den Ghettogassen herumlaufen. Der Verfasser ist der bekannte ›Troubador‹ des Ghettos, Herschkowitz, ein ehemaliger Schneider. Voriges Jahr verfaßte er den bekannten Chanson ›Rumkowski Chaim‹, von dessen Vortrag er sich einige Monate lang ernährte. Er bekam sogar eine Spende von fünf Mark vom Präses selbst, als dieser einmal unter den Zuhörern war [...]. Jetzt hat der Chansonnier sich mit einem gewissen Karol Rosenzweig, einem ehemaligen Reisenden aus Wien, zusammengetan, der ihn auf der Guitarre oder Laute begleitet. Und so erntet dieses sonderbare Paar – sonderbar, wie alles im Ghetto –, der Schneider aus Baluty und der Geschäftsreisende aus Wien, großen Beifall. Die beiden verdienen dabei auch etwas, und manchmal können sie am Abend bis sechs Mark untereinander aufteilen, die sie sich ehrlich erworben haben. Kürzlich trugen sie auch einen neuen Schlager vor, nach einer Melodie der Wiener Droschkenkutscher, den ein Jude namens Pick verfaßt hat. Genau wie die früheren lebt dieses Chanson von der Fülle zweideutiger Wörter, die hier bei den ›Jekkes‹ oft zu komischen Mißverständnissen führen.«[74]

Diese Partnerschaft war eine Ausnahme. Allgemein erschwerten die Bedingungen im Ghetto die Integration der Neuangekommenen. Sie behinderten die Entwicklung eines eigenen Kulturlebens und die Teilnahme an den allgemeinen Aktivitäten und verstärkten so die Gefühle der Fremdheit und des gegenseitigen Unverständnisses, zumal die meisten deutschsprachigen Juden nur wenige Monate, zwischen Ende Oktober 1941 und Anfang Mai 1942, im Ghetto lebten, bevor sie in Chelmno umgebracht wurden.

---

gen mit dem vollen Text dieses Chansons. Aufgrund einer Recherche von Gila Flam (Singing for Survival. Songs of the Lodz Ghetto 1940–1945, Urbana-Chicago 1992) hat Hanno Loewy ihn in der Einleitung (S. 32) zu seiner Edition in amerikanischer Transskription zitiert und übersetzt:
»›Es geyt a yeke / mit a teke / er zikht piter margarin / beshum oyfm / nishtu tsi koyfn / nemt er a vize / nokh maryshin‹. Es geht ein deutscher Jude / mit einer Aktentasche / er sucht Butter, Margarine / nirgends, nirgends / nichts zu kaufen / nimmt er ein Visum / nach Marysin [zum Ghettofriedhof].«

74 Chronika (wie Anm. 1), S. 274.

Deportation in das Vernichtungslager Chelmno

Zwischen dem 4. und 15. Mai 1942 wurden etwa 10 600 deutsche Juden von Lodz nach Chelmno deportiert und ermordet. Das waren über 60 % der ca. 17 000, die Ende 1941 noch gelebt hatten. Vorher waren seit dem 16. Januar 1942 schon 44 000 Ghettobewohner »ausgesiedelt« worden, darunter nur eine kleine Zahl deutscher Juden.[75] Damit erhebt sich die Frage, warum die aus dem »Altreich«, Wien und Prag Deportierten bis zum Mai verschont blieben und dann in einer Aktion zusammen ermordet wurden? Wer bestimmte die Reihenfolge der Transporte in das Todeslager und nach welchen Kriterien? Es ist zweifelhaft, ob diese Fragen je völlig einwandfrei beantwortet werden können, doch sollen hier zumindest einige der nach dem gegenwärtigen Forschungsstand möglichen Erklärungen angeführt werden.

In einem Aufsatz von 1968 erörterte Danuta Dabrowska drei Möglichkeiten: 1. In den Monaten Januar bis April seien die westlichen Juden auf ausdrücklichen Befehl der Deutschen verschont worden, um im Reich und im »Protektorat«, wo zu dieser Zeit die massenweisen Deportationen durchgeführt wurden, deren wahres Ziel zu verheimlichen. 2. Rumkowski habe im Mai die Deportation der wenig »produktiven« Westjuden bei den Deutschen durchgesetzt, um seine »eigenen« Juden zu retten. 3. Der »Judenälteste« und seine »Aussiedlungs-Kommission« hätten bei der Erstellung der Listen freie Hand gehabt und die Reihenfolge der Deportationen nach ihren eigenen, der Forschung bisher unbekannten Erwägungen bestimmt.[76]

Ähnlich erwägt auch Trunk zwei Alternativen: Entweder hätten die deutschen Behörden im Mai die Deportation der westlichen Juden ausdrücklich angeordnet, oder Rumkowski habe sie mit ihnen ausgehandelt.[77] Die zweite Möglichkeit würde, wie Trunk meint, allgemein zu der Einstellung des »Judenältesten« zu den aus dem Westen Deportierten passen, die er als »Stiefbrüder« und minderwertige Arbeitskräfte ansah.

---

75 Dabrowska, Wysiedleni Zydzi (wie Anm. 1), S. 130 ff.; Tabaksblatt, Churben lodz (wie Anm. 22), S. 122 gibt, ohne Quellenangabe, 60 000 »Ausgesiedelte« für die gleiche Zeitspanne an. In der Chronik werden die Transporte in das Vernichtungslager Chelmno durchweg »Aussiedlungen« (poln.: Wysiedlenie) oder »Aussiedlungsaktion« (Akcija wysiedlencza) ohne Anführungszeichen genannt. Die ersten Vergasungen von Juden, wahrscheinlich aus der ländlichen Umgebung von Lodz, begannen im Vernichtungslager »Kulmhof« (= Celmno) am 5. Dezember 1941. Vgl. Nationalsozialistische Massentötungen durch Giftgas. Eine Dokumentation, hrsg. v. Eugen Kogon, Hermann Langbein, Adalbert Rückerl u. a., Frankfurt a. M. 1986, S. 328 und 110 ff.
76 Dabrowska, ebenda, S. 130.
77 Trunk, Gettos (wie Anm. 7), S. 97 ff.

Trotzdem ist meines Erachtens die erste Annahme Dabrowskas, warum die Juden aus dem Reich zunächst verschont wurden, am einleuchtendsten. Bis zum Februar 1942 gingen die Deportationen aus Deutschland in vollem Tempo voran und umfaßten, außer den nach Lodz transportierten, noch etwa 30000 nach Riga, Minsk und Kowno verschleppte Juden, die zum großen Teil sofort nach der Ankunft von SS-Einsatzgruppen ermordet wurden. In gewissen Kreisen der Bevölkerung und selbst beim Militär und bei einigen hohen Parteifunktionären, wie z. B. dem früheren Gauleiter der Kurmark und damaligen Generalkommissar für Weißruthenien in Minsk, Wilhelm Kube, hatte dies einige Beunruhigung hervorgerufen, die auch auf der Wannsee-Konferenz im Januar 1942 zur Sprache kam.[78] Es ist durchaus denkbar, daß das Reichssicherheitshauptamt sich dadurch veranlaßt sah, die Gemüter vorerst etwas zu beruhigen. Die Postkarten aus Lodz und anderen osteuropäischen Ghettos bestärkten bei den noch im Reich lebenden Juden die Illusion, das Ziel der Deportationen seien tatsächlich Arbeitslager oder »jüdische Ansiedlungsgebiete« im Osten. Als im März 1942 die dritte Deportationswelle aus dem Reich in die Umgebung von Lublin begann, wurden die Deportierten nicht sofort umgebracht. Die meisten von ihnen lebten allerdings schon Ende 1942 nicht mehr.[79] Der Aufschub bei der Ermordung reichsdeutscher Juden im Ghetto Lodz fügt sich logisch in dieses Konzept ein. Er entspricht auch dem Plan, den Himmler in seinem Schreiben an Greiser vom 18. September 1941 entwickelt hatte.[80]

Die von Dabrowska und Trunk erwähnten alternativen Erklärungen sind hingegen ziemlich fragwürdig. Es ist durchaus möglich, daß Rumkowski die Deportation der »fremden« statt weiterer Aktionen gegen die einheimischen Juden nicht ungelegen war. Anfangs hatte er dem Zufluß von, wie er annahm, beruflich gut ausgebildeten, hochintelligenten Westjuden mit viel Erwartung entgegengesehen. Als sie ankamen, war er bitter enttäuscht und beklagte die vielen Sorgen, die ihm die alten, schwer anpassungsfähigen Menschen bereiteten. Zumindest zwei Gründe sprechen jedoch gegen die Annahme, Rumkowski hätte aus diesen oder anderen Motiven die Deportation der westlichen Juden beschleunigt oder gar initiiert. Erstens ist die Tatsache, daß im Mai fast ausschließlich deutsche Juden nach Chelmno geschickt wurden, mit einer solchen Hypothese schwer vereinbar. Hätten der »Judenälteste« oder die jüdische »Auswahlkommission« einen entscheidenden Einfluß auf die Zusammensetzung der Transporte gehabt, so hätten sie,

---

78 Adler, Deportation (wie Anm. 5), S. 183 ff.
79 Ebenda, S. 193.
80 Siehe oben S. 227.

trotz der Tendenz, die einheimischen Juden zu schützen, sicherlich die Gelegenheit genutzt, um wie bei früheren Transporten unerwünschte Personen oder Gruppen, wie z. B. Kriminelle, Schwarzhändler oder arbeitsunwillige polnische Juden, loszuwerden.[81] Zweitens spricht – vielleicht noch überzeugender – der folgende Umstand gegen eine Initiative Rumkowskis: Zwischen dem 20. April und 1. Mai 1942 führte die deutsche Ghettoverwaltung eine allgemeine Gesundheitsinspektion durch, bei der die Menschen aus dem Reich und »Protektorat« ausgenommen wurden.»Unproduktive« alte und kranke Menschen wurden, zumeist ohne ärztliche Untersuchung, mit verschiedenen Stempeln auf dem Körper gekennzeichnet. Im Ghetto herrschte allgemein die Meinung, daß diese Inspektion der Vorbereitung einer neuen Deportationswelle diene und westliche Juden ausgenommen worden seien, weil sie auch weiterhin verschont bleiben sollten. Als sich dann das Gegenteil herausstellte, wurde dem »Judenältesten« das Verdienst zugeschrieben, daß er die Einheimischen vor der Deportation gerettet hätte.[82]

Die ganze Wahrheit hierüber wird wohl nie zu ergründen sein. Klar ist jedenfalls, daß die fast vollständige Trennung zwischen den »Altansässigen« und den »Neueingesiedelten« bei der Deportation nach Chelmno keine gegenseitigen Solidaritätsgefühle fördern konnte. Die zeitliche Nähe der ersten Transporte zur Ankunft der westlichen Juden nährte den Verdacht, die Einheimischen hätten für diese im übervölkerten Ghetto Platz machen müssen:»›Viele Tausende wurden gezwungen, ihre Wohnungen zu verlassen, um Raum für die Eindringlinge aus dem Westen zu schaffen‹, schrieb ein zeitgenössischer Beobachter. Das ganze Ghetto wußte, daß wegen der Neuen die Brotration[en] gekürzt, die Schulen geschlossen wurden. [... Dazu kam jetzt] der Verdacht gegen die Juden aus Deutschland, sie hätten ein besonders loyales Verhältnis zur deutschen Ghettoverwaltung [...] und würden bei der Gestapo Protektion suchen. Man befürchtete, daß diese Agenten und Denunzianten aus ihren Reihen mobilisieren würde.«[83]

Die erste Ankündigung der bevorstehenden Deportation der deutschen Juden wurde am Mittag des 24. April als Verordnung Nr. 380 des »Judenältesten« angeschlagen. Nach deren in der Tageschronik voll wiedergegebenem Wortlaut teilte der Präses »auf Anordnung der Behörden mit, daß ab Montag, dem 4. Mai, die Deportation der Juden, die aus dem Altreich, aus Luxemburg, Wien und Prag ins Ghetto gebracht

---

81 Tabaksblatt, Churben Lodz (wie Anm. 22), S. 121 ff.; Chronika (wie Anm. 1), S. 299 f., 303, 339 f.
82 Dabrowska, Wysiedleni Zydzi (wie Anm. 1), S. 131.
83 Trunk, Gettos (wie Anm. 7), S. 94.

wurden, beginnt. Nicht deportiert werden mit dem Eisernen Kreuz und als Kriegsverwundete Ausgezeichnete, sowie Arbeitende.«
Am Tag darauf wurde dieser Anschlag mit einem neuen, mit der gleichen Nummer und in der gleichen Größe und gelben Farbe, überklebt, in dem nur die Aufzählung der von der Deportation Ausgenommenen fehlte. Die Tageschronik sah darin einen Beweis, daß die frühere Fassung ungültig sei, und berichtete von großer Unruhe unter den von dieser Änderung Betroffenen.[84] Etwas früher war dagegen in derselben Chronik-Ausgabe mit Erstaunen vermerkt worden, daß im Gegensatz zu früheren Deportationen, über die schon vorher Gerüchte im Ghetto umliefen, die plötzlich »wie ein Blitz aus heiterem Himmel« gekommene Nachricht »auf die vor kurzem eingetroffene Bevölkerung keinen so verheerenden Eindruck machte, wie man erwarten würde. Im Vergleich mit der Angst, die die altansässige Bevölkerung des Ghettos befällt, wenn eine Deportation bevorsteht, war die Wirkung der Mitteilung auf die neue Bevölkerung relativ schwach. Dafür gibt es verschiedene Gründe, deren Erörterung den Rahmen der Chronik überschreiten würde.«[85]

Ganz anders wurden die Dinge einige Seiten später, vielleicht von einem anderen Chronisten, beschrieben: »Aufruf Nr. 380 vom 29. April 1942 hat die neue Bevölkerung in großen Schrecken versetzt, und viele Vermutungen sind zu hören. Die vorherrschende Meinung ist, daß man die einheimische Bevölkerung, um sie zu retten, in den Ressorts und Büros versteckt und dagegen die Westjuden preisgegeben hätte. In gewissen Kreisen der neuen Einwohner herrscht darüber große Verbitterung. Andere sahen die Dinge eher mit offenen Augen und versuchten sofort, Wege zu finden, um im Ghetto zu bleiben. Viele der Neuankömmlinge [...] brachten Zeugnisse für ihre Kriegsbeteiligung mit, und es ist wahrlich erstaunlich, wie viele Juden Kriegsauszeichnungen haben. Andererseits beabsichtigen sehr viele von ihnen, auf das Recht, im Ghetto zu verbleiben, zu verzichten. Mehr als fünf Monate Hunger und Kälte, auf dem kahlen Fußboden, ermutigen sie überhaupt nicht zum Kampf um eine weitere solche Existenz im Ghetto. Sie behaupten, daß, wo immer sie hinkämen, es nicht schlimmer sein könne und sie daher gern ihren gegenwärtigen Wohnort verlassen würden. Viele von ihnen waren früher nicht nur sehr reich, sondern nahmen auch hervorragende öffentliche Stellungen ein. Jetzt verrichteten die meisten im Ghetto körperliche Arbeit, viele sogar bei der Müll- und Fäkalienabfuhr, und sind darüber sehr empört. In manchen Transporten ist die Lage wirklich tragisch. Nehmen wir den Berlin-Transport Nr. 3 zum

---

84 Chronika (wie Anm. 1), S. 446, 450.
85 Ebenda, S. 446f.

Beispiel: Von etwa 1100 Ankömmlingen starben in wenigen Monaten 180, und weitere 150 wurden ins Altersheim überführt. Etwa hundert Menschen fanden irgendwelche Arbeit, während mehr als die Hälfte mit geschwollenen Gliedern daniederliegt und sich nicht fortbewegen kann. Es gibt darunter etwa fünfzig Leute mit Kriegsauszeichnungen, aber alle haben einstimmig beschlossen, sich nicht darum zu bemühen hierzubleiben, sondern gemeinsam mit einem Transport mitzugehen. Sie haben genug von diesem Paradies!«[86]

Die Deportationen wurden nach Anordnungen der Gestapo von zwei mit Beamten des »Judenältesten« besetzten Kommissionen vorbereitet. Die erste, unter der Leitung des Rechtsanwalts Naftalin, eines Vertrauten Rumkowskis, der dem Einwohneramt und später der Abteilung für die Betreuung der Neuangekommenen vorstand, stellte die Deportationslisten auf. Ihr gehörten einige der zentralen Verwaltungsbeamten an, darunter auch der Befehlshaber der Ghettopolizei Rosenblatt. Die Gestellungsbefehle verschickte dann eine andere Kommission, deren Mitglieder nicht bekannt sind. Diese war anscheinend speziell für die Bearbeitung der technisch-organisatorischen Einzelheiten der Deportationen gebildet worden. Ein Ärztekomitee prüfte Anträge auf Rückstellung aus gesundheitlichen Gründen. Ob diese Untersuchungen und die tatsächlich genehmigten Rückstellungen wegen Altersschwäche oder schwerer Krankheit von der Gestapo, als Teil ihrer Verschleierungsmanöver, angeordnet wurden, ist nicht bekannt. Möglicherweise beruhen sie auf einer internen Anordnung der jüdischen Verwaltung, da sich die Gestapo gewöhnlich mit der Bestimmung der Zahl und der spezifischen Zusammensetzung der jeweiligen Gruppe von Deportierten begnügte und sich nicht weiter um die Einzelheiten kümmerte.[87]

Auch die Kriterien, nach denen die Deportationslisten aufgestellt wurden, sind nicht ganz klar. Juden aus dem Westen, die Arbeit gefunden hatten, und ihre Familienangehörigen – oder zumindest ein Teil von ihnen – waren ausgenommen. Außerdem wurden auf ausdrückliche Anordnung der Gestapo 290 Kriegsveteranen mit Auszeichnungen und 20 »Dolmetscher« zurückgestellt, ebenso ein Teil der Insassen der Altersheime, die »die Strapazen der Reise nicht überstehen könnten«. Wieder erhebt sich hier die Frage, ob den vom »Judenältesten« bestimmten Beamten das Ziel und das Schicksal der nach dem nahen Vernichtungslager Chelmno verschleppten Menschen wirklich nicht

---

86 Ebenda, S. 450 f.
87 Dabrowska, Wysiedleni Zydzi (wie Anm. 1), S. 128 und nach ausführlicher persönlicher Information von Frau Dabrowska und Einsicht in ihr unveröffentlichtes Manuskript über Aufbau und Funktion der jüdischen Verwaltung im Ghetto Lodz von Ende 1941 bis zur Liquidation des Ghettos 1944.

bekannt war oder ob sie die raffinierten Vertuschungsmaßnahmen der Gestapo wissentlich mitmachten, um die Ghettoeinwohner »nicht zu beunruhigen«. Jedenfalls wurden von den ersten 15000 zur Deportation bestimmten Westjuden 4500 vorerst zurückgestellt, sogar nachdem sie bereits die Deportationsbefehle erhalten hatten.[88]
Die Tageschronik vom 1. bis 3. Mai schilderte die Atmosphäre während der Tage vor der Deportation: »Das Büro in der Rybna Straße, das die im Ghetto eingesiedelten [Westjuden] betreut, arbeitet ohne Unterbrechung an der Vorbereitung der Aktion. In dieses Büro gelangen Tausende von Anträgen [...] von denen, die das Ghetto nicht verlassen wollen. Die ersten paar tausend Aussiedlungskarten, die man im Ghetto ›Hochzeitseinladungen‹ nennt, erhielten Familien, die überhaupt nicht arbeiten. Im Ghetto zirkuliert ein hartnäckiges Gerücht, daß die ersten zwei Transporte nach Frankreich, die folgenden nach Bessarabien gehen würden [...]. Inzwischen blüht der Handel mit den Sachen der Ausgesiedelten. Bekanntlich durften sie bei der Ankunft im Ghetto 50 kg Gepäck mitbringen. Jetzt können sie beim Verlassen nur 12,5 kg mitnehmen[...]. Vor den Toren der Kollektive, auf den Plätzen, Straßen, in Toreingängen, Privatwohnungen – überall wird verkauft, gehandelt, geprüft [...]. Für Kleider und Schuhe verlangen die Auszügler den Gegenwert nur in Lebensmitteln [...]. Die Ordnungspolizei wurde angewiesen, unerwünschte Zusammenläufe auf den Straßen zu verhindern und die Trödlergruppen zu zerstreuen. Es wurden einige Verhaftungen vorgenommen; die zur Verantwortung gezogen wurden, sind natürlich die Käufer, die oft die Not ihrer Brüder ausbeuten.«[89]
Am 4. Mai, nach dem Beginn der Deportation, war in der Tageschronik zu lesen: »Am Montag gegen 8 Uhr morgens verließ der erste Transport der aus Westeuropa Deportierten, die vor einem halben Jahr ins Ghetto gebracht wurden, den Bahnhof auf der Linie Radogoszcz. Gegenwärtig steht für diesen Transport etwas sehr Wichtiges fest: Allen Ausgesiedelten (der Transport bestand aus etwa Tausend Menschen) wurde alles Gepäck, sogar Handgepäck, weggenommen. Diese Nachricht hat im ganzen Ghetto eine bedrückende Wirkung hinterlassen.«[90] Danach berichtete die Chronik über die üblichen tagtäglichen Vorgänge: die Eröffnung eines Büros für Haushaltshilfe, die Organisation von Gemüsetransporten, die Zuteilung von Zigaretten, als ginge das Leben im Ghetto unverändert weiter.
Über den zweiten Tag der Deportation teilte die Tageschronik nur kurz mit, daß auch diesmal den Betroffenen alles Gepäck abgenommen

---

88 Dabrowska, Wysiedleni Zydzi, S. 130.
89 Chronika (wie Anm. 1), S. 454f.
90 Ebenda, S. 458.

worden sei und daß sich unter ihnen 15 Ärzte befänden. Dies sei auch für den nächsten Transport, nach Auswahl der Leiter des Gesundheitswesens, vorgesehen. Es gebe Fälle, daß sich Leute aus der einheimischen Bevölkerung dem Transport anschließen wollten,»was natürlich abgelehnt wurde, da die Aussiedlung nur die neue Bevölkerung umfaßt.« Wieder folgen Nachrichten über die Verteilung von Käse, über Briefe, die aus Arbeitslagern in Deutschland angekommen seien, und über eine »Unterredung des Herrn Präses mit der Schulabteilung über die Arbeit der Kinder und Jugendlichen, die in den Ressorts als Lehrlinge arbeiten«.[91]

Die in einer Verwaltungsabteilung des »Judenältesten« geführte Tageschronik war nicht zur Veröffentlichung, sondern, als eine Art offizieller Dokumentation, nur für einen beschränkten Kreis bestimmt. Da sie von verschiedenen Autoren verfaßt wurde, kommen deren persönliche Gesichtspunkte in ihr deutlich zum Ausdruck. Über den dritten Tag der Deportation, den 6. Mai 1942, enthält die Chronik zwei unterschiedliche Berichte. Der erste ist im Ton und Stil den Berichten der ersten zwei Tage sehr ähnlich: »Auch dem dritten Transport der westeuropäischen Juden wurde alles Gepäck weggenommen […]. Es wird über tragische Erlebnisse der Vertriebenen kurz vor ihrem Einstieg in die Bahn erzählt. Die Wachen befahlen, fünf Schritte zurückzutreten und dann alles Gepäck auf den Boden zu werfen, nicht nur Koffer und Rucksäcke, sondern auch alles Handgepäck, Taschen usw. Nur das Brot durfte behalten werden. Die von den Vertriebenen zurückgelassenen Habseligkeiten wurden der [jüdischen, A.B.] Ordnungspolizei übergeben, die sie auf Anordnung der örtlichen Behörden auf Lastfuhrwerken in den Saal der Deportierten-Betreuungsstelle in der Rybna Straße überführten. Dort wurden [sie] in besonders dafür geleerte Magazine eingelagert. Der Anblick der Fuhrwerke, die, zumeist mit kleinen Bündeln beladen, hauptsächlich Bettzeug und Decken, zum Saal des Büros fuhren, hat die anwesenden Passanten tief bedrückt.«[92]

Schimmert hier schon eine Ahnung von dem auf, was die Hand nicht aufschreiben wollte oder konnte? Noch mehr drängt sich diese Frage bei der Lektüre des zweiten Berichts über das gleiche Ereignis auf: »Schon bei der ersten Vertreibung der einheimischen Juden wurde ihnen verboten, die großen Gepäckstücke mitzunehmen […]. Aber unsere Juden fanden immer noch irgendeinen Trick […]. Bei den deutschen Juden, die an Disziplin gewöhnt sind, ist dies anders. Für sie ist jeder Befehl uniformierter Behörden heilig, und so legen sie beim er-

---

91 Ebenda, S. 460 f.
92 Ebenda, S. 462.

sten Ruf schon ihr ganzes Gepäck hin, ohne überhaupt an die Möglichkeit zu denken, es vielleicht retten zu können [...]. Man sagte ihnen, sie würden ihr Gepäck mit dem nächsten Zug nachgeschickt bekommen [...]. Ein paar Leute haben aus der Erfahrung der letzten Tage gelernt und in altbewährter List einige Anzüge, einige Paare Unterwäsche und zumeist zwei Mäntel übereinander angezogen [...] und so wandeln sie unwillig, leichenhaft blasse oder wachsgelbe, geschwollene und verzweifelte Gesichter über unförmigen breiten Körpern, brechen unter der Last zusammen, nur von dem einen Gedanken beseelt: die armseligen Reste ihres Besitzes zu retten, selbst um den Preis ihrer letzten Kräfte. Die Anderen sind völlig resigniert. Diese hier glauben noch an etwas. Jetzt sieht man schon weniger mit Säcken beladene Menschen, und die nächsten Transporte kommen schon ganz ohne Gepäck in Marysin an. Auf dem Gefängnishof [dem Sammelplatz der Transporte, A.B.] liegen Stöcke und Regenschirme herum. Auch das endgültig letzte Recht – ›Bündel und Stock‹ – hat man ihnen nicht belassen.«[93]

Wie ist dieser letzte Satz zu verstehen? Als Andeutung auf das, was die Deportierten am Ende in Chelmno erwartete? Was wußte der Chronist, der am Tag darauf trocken die Einzelheiten des nächsten Transports aufzeichnete, daß nämlich der Zug pünktlich um 7.00 Uhr morgens abfuhr und um 20.00 Uhr leer zurückkam? Es ist heute bekannt, daß die erste Nachricht über die Vergasungen in Chelmno bereits Ende Januar 1942 durch einen Brief des Rabbiners von Grabow nach Lodz gelangte, wo damals die ersten Deportationen nach Chelmno stattfanden. Wahrscheinlich wurde dieser Brief oder sein Inhalt auch nach Warschau und von dort an die polnische Exilregierung in London übermittelt.[94] Was die Chronisten des Ghettos wirklich wußten, werden wir wohl nie erfahren, aber es ist ziemlich sicher, daß es mehr war, als sie aufzuschreiben wagten. Oskar Rosenfeld war in seinen heimlich geschriebenen Schulheften weniger gehemmt und blieb trotzdem rätselhaft: »Am 2. Mai füllte sich das Zentralgefängnis zum ersten Mal mit den Ausgewiesenen. Sie bekamen vom Ghetto Suppe und Brot. Am 4. Mai gings zum Bahnhof. Regnerisch, kühl. Dort amtierte die deutsche Kripo. Bei diesem ersten Transport ging es wild zu. Die Kripo nahm den Leuten die Rucksäcke und Brotsäcke ab. Was sie an Lebensmitteln bei sich hatten, wurde weggenommen. Decken, Polster, warme Sachen. Verzweiflung. Was tun? Hoffnungslos. Dabei Prügel mit Peitsche, wer nicht schnell genug gehen konnte. Drohen mit Erschießen! Hände hoch! Niemand in der Hand was tragen. Eheringe

---

93 Ebenda, S. 468.
94 Tabaksblatt, Churben lodz (wie Anm. 22), S. 124.

Deportation in das Vernichtungslager Chelmno 265

abgeben. Uhren. So völlig Bettler [...]. Die jüdische Polizei nimmt den Leuten schon in den Sammellagern die überflüssigen Dinge ab, zum Teil in die eigene Tasche. Man sieht Wagen voll mit Gepäck (Decken, Polster etc.) ins Ghetto zurückfahren. Menschen erheben sich. Einzelne brechen auf dem Weg zusammen [...]. Auf Stiegen, Gängen, Höfen, im Gefängnis liegen sie zusammengepreßt wie Heringe; Glück, daß kühles Wetter. Dabei melden sich Hunderte freiwillig. Es kann ›dort‹ (angeblich Kolo, 90 km entfernt) nicht schlechter sein, vielleicht sogar mehr Brot und Kartoffeln, falls bei Bauern Arbeit [...]. Brotkrumen, Kartoffelschalen, Fettrinden aus dem Schweinstrog werden wir gerne essen, nur hinaus aus dem Ghetto.«[95]

Zwölf Transporte mit Westjuden wurden auf diese Weise zwischen dem 4. und 15. Mai nach Chelmno geschickt. In diesen Tagen mehrten sich die Selbstmorde, doch gab es auch Versuche, sich zu verstecken, besonders unter den Juden aus Prag. In solchen Fällen wurden andere Menschen ergriffen, um die von der Gestapo angeforderten Quoten zu erfüllen. 80 % der noch lebenden Juden aus Wien und Berlin wurden bei dieser Aktion ermordet, während von den aus Prag deportierten etwa die Hälfte zunächst verschont blieb. Die Gründe für die unterschiedliche Behandlung waren vor allem der Altersunterschied, die bessere sprachliche und mentale Integration und, daraus resultierend, die größere Arbeitsfähigkeit. Daneben ist eine Tendenz erkennbar, anläßlich der Deportationen die Kollektive aufzulösen.[96]

Nach Beendigung der Mai-Deportation waren noch etwa 6000 von den 20 000 kaum ein halbes Jahr vorher aus dem Westen Deportierten am Leben; von ihnen stammten rund 2500 aus Böhmen und Mähren. Bei der nächsten Aktion im September 1942, der knapp 18 % der gesamten Ghettobevölkerung zum Opfer fielen, wurden hauptsächlich alte Menschen und Kinder in den Tod geschickt, darunter weitere 1400 Westjuden, fast ein Viertel der bisher verschont gebliebenen. Über das Leben der danach und bis zur Liquidation des Ghettos im Sommer 1944 noch in Lodz verbliebenen deutschen oder tschechischen Juden ist wenig bekannt. Ende 1942 wurde das Ghetto zum »Arbeitslager« erklärt und war von zumeist jüngeren und in bestimmten Berufen tätigen Menschen bewohnt. Es gibt Anzeichen dafür, daß auch jetzt noch eine lose Organisation nach den Transporten aus den Heimatstädten erhalten blieb. Die Kollektive wurden allerdings nach und nach aufgelöst und die Mitglieder in den freigewordenen Privatwohnungen untergebracht. Zu dieser Zeit wurden in der Einwohnerregistratur sogar

---

95 Rosenfeld, Aufzeichnungen (wie Anm. 20), S. 130 f.
96 Dabrowska, Wysiedleni Zydzi (wie Anm. 1), S. 130; Trunk, Gettos (wie Anm. 7), S. 100 ff.

manche »gemischte« Eheschließungen zwischen Einheimischen und Neuangekommenen verzeichnet.[97] Unter den letzteren tritt eine besonders geschlossene Gruppe von Intellektuellen aus Prag hervor, die in der Verwaltung des »Judenältesten« Rumkowski tätig war. Sie bestand aus etwa siebzig Mitgliedern, über deren Schicksal Rumkowski vor der Liqiudation des Ghettos im Sommer 1944 mit der deutschen Ghettoverwaltung verhandelte. Dadurch blieb zumindest ein Teil von ihnen noch einige Zeit vor dem Transport nach Auschwitz bewahrt. Obwohl bei der Auflösung des Ghettos wenig Unterschiede gemacht wurden, kamen sie doch vor: Die Tageschronik vom 19. Juni 1944 vermerkte lakonisch: »Wie vorauszusehen war, haben einzelne Ressorts ihre Eingesiedelten-Arbeiter nahezu hundertprozentig auf die Listen gesetzt.«[98] Wie aus dieser O.R. (Oskar Rosenfeld?) unterzeichneten Eintragung hervorgeht, stellten die Ressortleiter jetzt die Transportlisten fast völlig nach eigenem Ermessen auf, und die hier erwähnten Fälle entsprangen der Absicht, die einheimischen Arbeiter so lange wie möglich vor dem Transport nach Auschwitz zu schützen. Nach fast drei Jahren gemeinsamen Lebens im Ghetto waren die »Eingesiedelten-Arbeiter« offenbar immer noch »Fremde«!

Ambivalente Beziehungen zwischen »Ost« und »West«

Oskar Singer stellte seinen Aufzeichnungen einige allgemeine Betrachtungen über die historische Entwicklung der Beziehungen zwischen Ost- und Westjuden voraus und bezeichnete das aufgezwungene Zusammenleben im Ghetto als »tragische Stunde« ostjüdischer Satisfaktion,[99] die jedoch nur allmählich wahrgenommen wurde: »Der Jude aus dem Westen […] kam in eine gefährlich abhängige Lage zu den Ostjuden. Er kam ins Ghetto, in eine doppelte Abhängigkeit: hier Aufsichtsbehörde und dort jüdische Hoheit. […] Wir müssen eins vorwegnehmen: der latente Haß der Ostjuden gegen den Westjuden – der Westjude heißt hier so, weil seine Jüdischkeit angeblich nur bis zur Weste reicht – trat nicht in Erscheinung, als die tragische Stunde kam. Man muß das mit allem Nachdruck betonen. Die ohnehin schwer geprüften Juden des Ghettos hegten die anständigsten Gefühle gegenüber den Neuankömmlingen. Es war nicht nur Mitleid des Leidensgenossen,

---

97 Trunk, Lodzer getto (wie Anm. 11), S. 358; Dabrowska, Wysiedleni Zydzi (wie Anm. 1), S. 133 ff.
98 Tageschronik, Bd. 4, vom 19. 6. 1944, zitiert nach dem deutschen Original, YVA, JM/787.
99 Siehe in diesem Band: Deutschsprachige Juden in osteuropäischen Ghettos, S. 198 f.

sondern ein stark ausgeprägtes Gemeinschaftsgefühl aus dem Bereiche des Jüdischen. Der tragende Gedanke der Stunde war nur auf Hilfe gerichtet. Das ist richtig und kann nicht oft genug ausgesprochen werden.«[100] Dem Beobachter aus Prag kann uneingeschränkt Glauben geschenkt werden; die ursprüngliche Hilfsbereitschaft der Ostjuden ist vielmals belegt. Warum bestanden Fremdheitsgefühle fort und steigerten sich zum Teil bis zur Feindseligkeit? Wie kam es, daß das gemeinsame Leben im Ghetto und die geteilte Not die Gegensätze zwischen Ost- und Westjuden nicht einebneten, sondern im Gegenteil das gegenseitige Mißtrauen und Unverständnis anwuchsen? Singer hatte dafür zwei Erklärungen: Zum einen begriffen die Ghettobewohner nicht, daß die Neuangekommenen keine homogene Gruppe bildeten, sondern beurteilten alle nach dem gleichen, überlieferten Stereotyp. Gerade die aus Wien, Prag und Berlin zusammen mit den alteingesessenen Juden verschleppten Ostjuden strapazierten nach Meinung Singers die Beziehungen, statt die Gegensätze zu überbrücken. Zum anderen machte Singer für das anhaltende Gefühl der Fremdheit die von Rumkowski »zum Schutz der Neuen« angeordnete Trennung von den übrigen Ghettobewohnern verantwortlich.

Auch Oskar Rosenfeld vermerkte in seinen Aufzeichnungen die Unterschiede zwischen den Juden aus Wien und Frankfurt und zwischen diesen beiden und denen aus Prag: »[...] sie [haben] verstanden, sich rascher in das Tempo und die Organisation einzubauen. Man kann sie als die Bevorzugten bezeichnen. Es wimmelt von tschechischen Juden in den Spitälern, Revieren, Ressorten, wo sie als Ärzte, Polizisten, Arbeiter Dienst machen [...]. Die slavische Landschaft kommt den Pragern mehr entgegen.«[101]

Dagegen beschuldigte Oskar Singer die Ostjuden, die aus Leopoldstadt, dem Armutsviertel Wiens, oder aus Berlin und Prag ins Ghetto gebracht worden waren: »Der Schreiber dieser Zeilen kannte aus Deutschland eingesiedelte Ostjuden, die um keinen Preis ihre mitgebrachten Sterne mit dem Aufdruck JUDE gegen die ortsüblichen Sterne eintauschen wollten, so sehr legten sie Wert darauf, von den Einheimischen unterschieden zu werden.«[102]

Ein polnisch-jüdischer Publizist im Ghetto schilderte die gegenseitigen Beziehungen in einer Eintragung vom 7. Mai 1942, als die Deportation der Juden aus dem Reich in vollem Gange war: »Nur ein halbes

---

100 Singer, Kap. II.
101 Rosenfeld, Aufzeichnungen (wie Anm. 20), S. 57.
102 Singer, Kap. IV; vgl. auch Trunk, Gettos (wie Anm. 7), S. 91, zu den »Judensternen« mit deutscher Aufschrift als Zeichen deutsch-jüdischer Überheblichkeit.

Jahr ist vergangen, seit sie ins Ghetto kamen. Damals zogen lange Reihen von zumeist feierlich gekleideten Menschen [durch die Gassen ...] auf dem Hintergrund unserer einheimischen Armut. Elegante Sportanzüge, gute Schuhe, Pelze und Damenmäntel in verschiedenen Farben stachen uns in die Augen [...]. Die meisten trugen Ski-Bekleidung, als kämen sie in die Ferien oder zum Wintersport. Ihr Aussehen zeugte nicht von Krieg, und die Tatsache, daß sie trotz der harten Kälte sogar ohne Mantel vor den Toren der Kollektive herumspazierten, bewies, wie gut ihre Fettschicht sie vor der Kälte schützte. Über die unzulänglichen sanitären Anlagen beklagten sie sich – vielleicht nicht zu Unrecht – mit einer sonderbaren Verachtung. Schrien, brüllten, regten sich auf – man konnte sie mit keinerlei Gründen beruhigen. Sie kümmerten sich nicht darum, daß ihretwegen das ganze unzulängliche Transportwesen des Ghettos stillgelegt worden war und darum in Marysin das Gemüse, das für den ganzen Winter reichen mußte, einfror. Daß die Aufnahme von 20 000 neuen Menschen [...] nur um den Preis der Einschränkung des Wohnraums der alten Bevölkerung ermöglicht werden konnte, ging sie nichts an [...]. Sie waren ungeduldig und fluchten in höchsten Tönen! Irgendwo hatte sie jemand betrogen [...]. Man hat ihnen nicht gesagt, wohin sie kommen würden und was ihr Los sein würde. Sie hatten gehört, sie würden nach irgendeinem Industriezentrum fahren, wo jeder eine passende Beschäftigung finden würde, und waren nun enttäuscht. Manche fragten sogar, ob sie nicht in irgendeinem Hotel wohnen könnten. Es gab zwar manche groben und überheblichen Leute unter ihnen, aber im Grunde waren sie [...] klein und hilflos [...]. Sie sahen die Not der einheimischen Bevölkerung, wußten, daß sie mit ihrem Geld ihren Brüdern im Osten das letzte Stück Brot vom Munde nehmen konnten, und schreckten nicht davor zurück. Vor den Fleischerläden stand eine lange Schlange von Leuten, die ihre Rationen für ein geringes Entgelt verkauften [...]. Die Suppe, die man ihnen brachte, betrachteten sie mit Abscheu, und nur selten konnte man [...] einen von den Neuen in den gemeinschaftlichen Suppenküchen seine Mahlzeit einnehmen sehen. [...] Für kleine Dienste und Gefälligkeiten gaben sie [die Suppe] unseren Bettlern [...].

Im (früheren) Kino [...] wurde ein Teil des Hamburger Transports einquartiert. Das war am Donnerstag abends, dem 20. November, und am Freitagmorgen kam der Präses, um die Gäste zu begrüßen [...]. Er hielt ihnen eine kurze Rede [...] nur wenige Sätze, aber so warm und herzlich, daß nicht nur die Frauen, sondern auch viele ehrwürdige Männer eine Träne der Rührung abwischten. Es war wirklich ein Willkommensgruß an Brüder und das Versprechen, das Dach und das ärmliche Brot mit ihnen zu teilen. [...] Am gleichen Abend feierten die Hamburger Gottesdienst. Festlich angezogen, mit vielen Kerzen, in ungewöhnlicher Ruhe und merkwürdig gehobener Stimmung [...]. Und danach [...] klang aus vielen Mündern der gleiche Spruch: ›Jetzt sehen wir, daß wir alle gleich sind, alle zu einem Volk gehören, alle Brüder sind!‹ War dies Anbiederung, ein Kompliment an die alte Bevölkerung, oder vielleicht ein Vorgefühl der sich nähernden Zukunft?

Die Geschehnisse liefen schneller als die Zeit und veränderten die Menschen, zuerst äußerlich, dann physisch, und am Ende bewegten sie sich, wenn sie nicht schon völlig verschwunden waren, wie Schatten in den Gassen des Ghettos [...]. Die Suppe, die sie früher verschmäht hatten, war jetzt der Gipfel ihrer Träume. Jetzt schleppten sie sich, wie früher die anderen, durch die Straßen mit umgebundenen Schalen oder Töpfen und bettelten bei den Leuten um etwas Suppe [...]. Und im Ganzen dauerte es nur ein halbes Jahr, sechs Monate, die ihnen wie die Ewigkeit waren! Eine Veränderung, wie sie selbst im Alptraum nicht möglich erschien [...]. Schatten, Skelette mit geschwollenen Gesichtern und Gliedmaßen, setzten jetzt abgehärmt und verlumpt ihre Wanderung fort. Diesmal durften sie nicht einmal einen Rucksack mitnehmen. Alles, was an europäischen Glanz erinnerte, hat man ihnen genommen. Und so blieb nur der ewig wandernde Jude.«[103]

Die Isolierung der Westjuden, die Oskar Singer kritisierte, wird auch von der Forschung als entscheidender Grund für das fortgesetzte gegenseitige Unverständnis angesehen. Nach Isaiah Trunk war das Verhältnis Rumkowskis zu den Westjuden ambivalent: »Als halbgebildeter Mann verehrte er die herausragenden Intellektuellen unter ihnen, weltbekannte Wissenschaftler und Künstler, [...] Parlamentarier, hohe Staatsbeamte und reiche Unternehmer [...], andererseits konnte er ihre Selbständigkeit und Arroganz, ihre kritische Einstellung zum Ghetto und besonders zu seiner Verwaltung nicht ertragen.« Dies war nach Ansicht Trunks der Grund dafür, daß Rumkowski von den Westjuden niemanden in seinen engeren Verwaltungsapparat und nicht einmal in die speziell zu ihrer Betreuung gebildete Kommission aufnahm. Daran seien aber auch die westlichen Juden selbst mitschuldig gewesen. Es wäre »ihnen psychologisch schwergefallen, sich der Autorität eines ›Ostjuden‹ zu beugen, und sie hätten sogar eine deutsche Leitung des Ghettos bevorzugt«.[104]

Diese Ambivalenz kam in den in der Tageschronik wiedergegebenen Ansprachen Rumkowskis deutlich zum Ausdruck. Einerseits betonte er die warme Hilfsbereitschaft des Ghettos: »Wir haben allen gleichmäßig unsere Arme geöffnet.« Andererseits aber äußerte er seinen

---

103 Undatierter Aufsatz, gezeichnet Kl (Klimantinowsky), in der Chronik zwischen den Eintragungen vom 7. und 8. Mai, S. 272–274.
104 Trunk, Lodzer getto (wie Anm. 11), S. 352.

Zorn über die Undankbarkeit der Leute aus dem Westen; darüber, daß sie versuchten, die Abgabe von zwei Dritteln der ihnen geschickten Gelder dadurch zu umgehen, daß sie sie an die Adressen einheimischer Einwohner senden ließen; daß sie ihre Pelzmäntel nicht in seinen Sammelstellen zum »Kauf« anboten, vom Verkauf ihrer Sachen lebten, anstatt zur Arbeit zu gehen: »Ich werde Euch lehren zu arbeiten und Euch zu benehmen, werde Euch die Frechheit schon abgewöhnen!«[105] Ein anderes Mal verwarnte er »die Flüchtlinge aus dem Altreich. Vom ersten Moment ihres Lebens im Ghetto führen sie einen leichtsinnigen, verschwenderischen Lebenswandel; ohne an die sie erwartende Zukunft zu denken, geben sie den letzten Pfennig aus und verursachen dadurch eine nie dagewesene Verteuerung [...] der Lebensmittel [...]. Es ist meine Absicht, sie in eiserne Fesseln zu legen.«[106]

Das Verhältnis Rumkowskis und seiner Verwaltung zu der »neuen Bevölkerung« kam besonders deutlich bei einem Treffen mit 138 von den Kollektiven gewählten Vertretern zum Ausdruck. Der Chronist stellte seinem Augenzeugenbericht einige einführende Bemerkungen voran, die ebenfalls die Ambivalenz der Beziehungen widerspiegeln: »Es gibt Dinge, die sich die Philosophen nicht träumen ließen [...]. Wer hätte sich in seiner wildesten Phantasie denken können, daß sich in einem ärmlichen Kino in Baluty [...] Persönlichkeiten aus westeuropäischen Zentren, wie Berlin, Wien und Prag, versammeln würden [...], um dort Reden in allen Dialekten der deutschen Sprache zu hören? Daß die Vertreter der ›Ostjuden‹, mit ihrem Führer an der Spitze, an den gleichen Tischen in herzlicher und feierlicher Atmosphäre mit ihren Brüdern, die aus dem nahen und fernen Westen Europas hergekommen sind, zusammensitzen würden?«

Man kann sich nach dem Folgenden leicht die Situation und die Atmosphäre vergegenwärtigen, in der die Vertrauensmänner ihre unterwürfigen Lobreden hielten und Rumkowski antwortete. Nach dem »bescheidenen Abendessen, das der Präses den Vertretern der neuen Bevölkerung als Zeichen der Gastfreundschaft der Ghettoeinwohner gegenüber ihren westlichen Brüdern« servieren ließ, äußerten diese ihre Dankbarkeit und ihre Bereitschaft, die Arbeit und Verantwortung im Ghetto voll zu teilen. Danach trugen sie ihre Beschwerden und Bitten um Verbesserung des Postverkehrs usw. vor. Die Vertreter der Christen baten um eigenen Religionsunterricht. Der Hamburger Vertreter schlug die Gründung einer Darlehenskasse auf der Basis gegenseitiger Hilfe vor und endete mit dem hebräischen »Schalom«-Gruß. Zwei Rabbiner, »Markus und Dr. Beer«, schlossen die Reihe der Redner,

---

105 Rede vom 20. Dezember 1941, Chronika (wie Anm. 1), S. 304.
106 Rede vom 17. Januar 1942, ebenda, S. 364.

»indem sie, unter Berufung auf Bibelzitate, die historische Rolle des Herrn Präses in der Geschichte des modernen Judentums und seine von der göttlichen Vorsehung aufgetragene Mission hervorhoben. Nach den Reden stimmten alle Anwesenden im Chor das Lied ›Hoch soll er leben‹ an.« Rumkowski bedankte sich einleitend, auch im Namen seiner Frau, für all die Danksagungen und Wünsche und fuhr fort: »Es fällt mir – einem einfachen Juden aus Lodz – nicht leicht, vor solch einem verehrten Publikum zu sprechen, vor einer Gruppe von Menschen, die die geistige Elite des Westens repräsentieren, aus der Welt der Politik, des Kapitals und der Großindustrie. Mit wahrem Herzensschmerz habe ich heute Euren Sorgen und Wünschen zugehört, die so bescheiden sind, daß man sie schwerlich als auch nur minimale Existenzbedingungen betrachten kann [...]. Es tut mir leid, daß ich sie nicht erfüllen kann. Ihr verlangt so wenig, nur um am Leben zu bleiben, aber zu meinem Bedauern habe ich auch dieses Wenige nicht.« Der Präses erinnerte die Zuhörer daran, daß wegen ihrer Ankunft die Brotrationen gekürzt und die Schulen geschlossen werden mußten, und versprach, die Kollektive nach der Kälte aufzulösen. Danach wandte er sich an die christlichen Vertreter: »Juden – Christen! Ihr wolltet nicht hierher kommen, und wir haben Euch nicht zu uns eingeladen. Aber da Ihr nun hier mit uns seid, betrachten wir Euch als Brüder. Ihr habt bei uns in Allem die gleichen Rechte wie wir [...]. Den gewünschten Religionsunterricht in den Schulen kann ich nicht einführen [...]. Bisher wurde in den Ghettoschulen kein Religionsunterricht erteilt, und leider können wir keine Ausnahme für die christlichen Schüler machen.«[107]

Das Versprechen, die Kollektive aufzulösen, hat Rumkowski bis zu den Massendeportationen der westlichen Juden im Mai nicht erfüllt. Vielleicht war aus technischen Gründen unmöglich, was im Hinblick auf ein besseres Verständnis erwünscht gewesen wäre. Jedenfalls hat Rumkowski in allen seinen in der Tageschronik wiedergegebenen Reden zum Problem der Beziehungen zwischen Ost- und Westjuden keine Stellung genommen, so daß wir nicht wissen, ob oder wie maßgeblich es seine Anordnungen beeinflußte.

Eine grundlegende, sehr eindeutige Stellungnahme findet sich hingegen in den Aufzeichnungen Oskar Singers, der überzeugt war, daß die ursprünglich gutgemeinte Isolation einer der Hauptgründe für den schnellen psychologischen Verfall und die Zerstörung der Widerstandskraft der neuangekommenen Westjuden war: »Der Präses rechnete mit der Milieufremdigkeit der Neuen, mit ihrer Naivität und Hilflosigkeit. Um keinen Preis sollte das von den Einheimischen ausgenutzt werden.

107 Chronika (wie Anm. 1), S. 377 ff.

Man entschloß sich daher von vornherein zu einer wohnlichen und gesellschaftlichen Scheidung der Neuen von den Alten – wenigstens für den Anfang – und dann wollte man sehen, wie sich die Dinge gestalten würden. Der Gedanke war gut und anständig, aber er war nicht richtig und wurde überdies auch nicht richtig durchgeführt. [...] Zunächst wurden die Bedenken wegen der drohenden Ausbeutung übertrieben. Die Masse der einheimischen Juden ist gar nicht so schlimm, wie die Leitung befürchtet hatte. Gauner gibt es überall. Aber das jüdische Herz und die jüdische Moral ist nicht völlig untergegangen in dem Morast des Ghettos [...]. Man fühlte die Hilfsbereitschaft der Alten den Neuen gegenüber vom ersten Augenblicke an. Wenn der eine oder andere dabei hoffte, daß etwas für ihn abfallen würde, so ist das nur menschlich und gar nicht so zu verübeln [...].
    Wie wurde nun diese strenge Abschließung praktisch durchgeführt? Zunächst gab es einfach keine Zuteilung von Wohnungen an Neue. Schon vorher wurden, um Platz zu schaffen, [...] die Einheimischen zusammengepfercht. Das Wohnungsamt des Ältesten errechnete pro Kopf etwa drei Quadratmeter Wohnraum. Die Bevölkerung nahm diese empfindliche Einschränkung stoisch auf sich, handelte es sich doch um die Brüder und Schwestern aus dem Westen [...]. Das war eine sehr respektable Leistung. Für etwa zwanzigtausend Menschen Wohnraum zu schaffen in einer Stadt, die ohnehin an Überbevölkerung litt, erforderte schon organisatorische Kräfte und Fähigkeiten ersten Ranges. Es wurde aber klaglos durchgeführt. Die Neuen hätten sich also in freigewordenen Wohnungen einrichten sollen. Man wollte sie in Gruppen und in bestimmten Blocks zusammenhalten, und so wären sie sozusagen unter sich geblieben. Der Kontakt mit der Masse der Einheimischen wäre ein nur sehr lockerer gewesen. Der Gedanke der Inschutznahme war also fein säuberlich in der Theorie fertig. Das Leben aber hat ein anderes Tempo, und die Wirklichkeit hat ihre Marotten. Der Autor dieser Zeilen empfand die Idee sofort als verfehlt und bekämpfte sie im Kreise von Freunden [...]. Die Transporte kamen in einem beängstigenden Tempo an [...]. Daß vieles dabei chaotisch aussah und vielleicht auch wirklich war, tut der Gesamtleistung nicht Abbruch. Aber wir sehen sofort nach der Ankunft, wie verhängnisvoll verfehlt die gute, anständige Idee war, Ost und West auseinanderzuhalten.
    Die Neuen waren bei der Ankunft in Massenquartieren untergebracht [...] hatten keine Pritschen. Die meisten mußten auf dem Fußboden schlafen. Es gab keinen Platz für alle, um ausgestreckt liegen zu können. Man suchte verzweifelt nach Schlafgelegenheiten. Man hatte doch buchstäblich acht Tage lang kein Auge geschlossen [...]. Die Menschen waren am Ende ihrer Kräfte. Sie wollten endlich mal wie-

der schlafen, *ausgestreckt* schlafen! War das so ein Problem? Es war *verboten*, die Eingewiesenen aufzunehmen. Es war auf jeden Fall verboten, für einen erwiesenen Dienst Bezahlung in irgendeiner Form anzunehmen. Hilfeleistung sollte kein Geschäft sein. Welch sauberer Gedanke – und wie kindlich! Freilich war der Ghettojude bereit, seinem Bruder aus dem Westen eine Bettstatt zur Verfügung zu stellen. Aber Bettwäsche muß gewaschen werden, und das kostet Geld, viel Geld im Ghetto, das keine Seife hat.

Das auf Furcht aufgebaute Regime duldete auch wirklich keine Massenübertretung dieser Bestimmungen [...]. Man nahm die Leute aus dem Westen nicht auf. Es waren entweder ganz tapfere Menschen, die sich um diese naive Vorschrift nicht scherten, oder es waren wirklich Leute, die sich skrupellos ein Geschäft daraus machten. Aber beide waren den Gemarterten aus dem Westen Helfer in der Not. Nur waren es zu wenige. So kam es, daß schon die ersten Tage des Ghettos die psychischen Grundlagen für einen raschen Verfall schufen.«[108]

Unsere Darstellung begann mit einem Zitat Oskar Singers, so soll er auch das letzte Wort haben. Seine bisher weitaus unbekannten Aufzeichnungen »Zum Probleme Ost und West« schrieb er im Juni 1942, einen Monat nach der Vergasung der meisten westlichen Juden in Chelmno. Er selbst war verschont worden und wurde zu einem der Hauptverfasser der Ghettochronik. Da er nicht nur Zeitzeuge der Geschehnisse war, sondern als tschechischer Jude auch gleichsam zwischen den beiden Lagern stand, kommt seiner Darstellung der Fakten sicherlich viel Gewicht zu. Ob dies auch für seine Ansichten und Urteile zutrifft, ist eine andere Frage, die vielleicht aus der Perspektive ausführlicher historischer Forschung oder sogar überhaupt nicht beantwortet werden kann.

Eines läßt sich jedoch mit einiger Bestimmtheit sagen: In der gegebenen kurzen Zeit wären die Gegensätze auch bei einer anderen Politik, die die Neuangekommenen weniger isoliert und ihnen mehr Kontakt mit den Einheimischen ermöglicht hätte, nicht zu überbrücken gewesen. Über diese Zeitspanne entschied aber keine der beiden Seiten und auch nicht der »Judenälteste« Rumkowski, sondern die mit der »Endlösung« befaßte deutsche »Aufsichtsbehörde«. Sie nutzte in Lodz, wie anderswo, die Gegensätze raffiniert für ihre eigenen Zwecke aus, und dies war der hauptsächliche Grund dafür, daß die Beziehungen zwischen »Ost« und »West« bis zu ihrer beider tragischem Ende ambivalent und entfremdet blieben.

108 Singer, Kap. X–XII.

11. Regierungsmechanismen im Dritten Reich und die »Genesis der Endlösung«

Die erneuerte Kontroverse um die »Genesis« des Massenmordes an den europäischen Juden beschäftigte in den letzten Jahren vor allem deutsche Historiker in einer bemerkenswert polemisch erhitzten Auseinandersetzung. Ausgelöst wurde diese Diskussion, zumindest in ihrer gegenwärtigen spezifisch zugespitzten Thematik, durch einen von Martin Broszat im Jahre 1977 veröffentlichten Aufsatz[1] über das im gleichen Jahr erschienene Buch David Irvings.[2] Nachdem Irvings Buch schon früher von bedeutenden Historikern angefochten wurde, hat Broszat die fadenscheinigen Konstruktionen Irvings überzeugend widerlegt und dieses gefährliche, populär und flüssig geschriebene pseudowissenschaftliche Machwerk als das enthüllt, was es in Wirklichkeit ist: eine durch manche scheinheiligen rhetorischen »Rückendeckungen« nur dürftig kaschierte Hitler-Apologie.

Damit begnügte sich Broszat jedoch nicht. Eine zentrale These in Irvings »Entdämonisierung Hitlers« ist die Behauptung, daß Hitler den Massenmord an den europäischen Juden nie befohlen und auch nie gewollt habe. Sein Ziel sei »lediglich« die Deportation nach dem Osten gewesen, doch habe er den organisierten Vernichtungsprozeß ausdrücklich untersagt!³
Daß dieser trotzdem ausgeführt wurde, zeugt, so Irving, einerseits von »der Schwäche von Diktaturen im Krieg«[4] und zum anderen davon,

---

1 Martin Broszat, Hitler und die Genesis der »Endlösung«. Aus Anlaß der Thesen von David Irving, in: Vierteljahrshefte für Zeitgeschichte (künftig: VfZ), Jg. 25 (1977), S. 739–775.
2 David Irving, Hitler's War, New York 1977.
3 Ebenda, S. XIV und 504.
4 Ebenda, S. XIII.

daß die Verantwortung für den Massenmord an den Juden »im Osten« bei Himmler, Heydrich und den dortigen Machthabern lag.[5] Broszat nahm diese sensationelle Behauptung zum Anlaß, »bisher nicht vollständig geklärten bzw. kontroversen Problemen der Genesis der nationalsozialistischen Judenvernichtung nachzugehen, einschließlich der Frage, ob es einen ›Befehl‹ Hitlers gegeben hat«.[6] Grundsätzlich wäre dieser Vorsatz Martin Broszats um so mehr zu begrüßen, als er in seiner Fragestellung vielversprechend in Aussicht stellt, sich »mit dem Nerv der Glaubwürdigkeit der Geschichtsschreibung über die NS-Zeit« auseinandersetzen zu wollen: »Es geht in dieser Frage um mehr als um Hitler und dessen Verantwortung, sonst könnte man Irvings These auf sich beruhen lassen oder sie gar begrüßen als nützliches kontroverses Element zur Korrektur entgegengesetzter Tendenzen innerhalb der deutschen Zeitgeschichtsschreibung, die Hitlers Alleinschuld zwar nicht expressis verbis behaupten, aber mitunter gedankenlos implizieren [...]. Nicht mit Himmler, Bormann und Heydrich, auch nicht mit der NSDAP hat sich eine Mehrheit des deutschen Volkes enthusiastisch identifiziert, sondern mit Hitler. Darin besteht insbesondere für deutsche Historiker ein wesentliches Problem der Erinnerung an die NS-Zeit. Die Hypothek solchen verhängnisvollen vergangenen Irrtums auszuhalten und seine Gründe zu erforschen [...] bleibt für die deutsche Geschichtsschreibung eine Aufgabe, ohne die sie ihre innere Wahrhaftigkeit verlieren müßte.« Nach dieser Einführung durfte man neben der gewiß notwendigen quellenbegründeten Abweisung der »Normalisierung« Hitlers durch David Irving den zumindest gleichgewichtigen Versuch erwarten, das eigentlich grundlegende Problem dieser »Hypothek« aufzuklären: In Broszats eigener Formulierung: »die geschichtliche Potenz Hitlers, begründet vor allem auf seinem Vermögen, die Ängte, Aggressionen und Utopien einer Zeit und Gesellschaft wie keiner sonst zu verkörpern und zu mobilisieren und in massive Staatsmacht nach innen und außen zu verwandeln [...]«.[7] Diese Erwartung hat sich leider nicht erfüllt. Im wesentlichen hat Broszats an sich verdienstvoller Aufsatz dieses Problem nur am Rande berührt. Dafür hat er, nachdem er Irvings These zerpflückt und ihm die tendenziösen, an Fälschung grenzenden Interpretationen und sogar Übersetzungen der selektiv aufgeführten Quellen überzeugend nachgewiesen hat, seine eigene Version über die »Genesis der Endlösung« gegeben. Demnach existierte wahrscheinlich überhaupt kein ausdrücklicher Befehl Hitlers für den Massenmord an Juden, und dieser sei, sozusa-

---

5 Ebenda, S. 326.
6 Broszat, Endlösung (wie Anm. 1), S. 740.
7 Ebenda, S. 745.

gen als einzig mögliche Notlösung, stufenweise aus der Situation der Deportationen und der Kriegslage eigendynamisch entstanden. Die Ghettoisierung der Juden und die Massenerschießungen von fast zwei Millionen Menschen durch die Einsatzgruppen in den eroberten Sowjetgebieten erscheinen nach Broszat als ›»Improvisationen‹ der Vernichtung als der schließlich ›einfachsten‹ Lösung, die dann, mit der Einrichtung weiterer Vernichtungslager im besetzten Polen schließlich ein massives institutionelles und Erfahrungs-Potential der Tötung schuf [...]«.[8]

Damit hat Broszat den Rahmen der gegenwärtigen Diskussion gesetzt, und eine ganze Reihe von vornehmlich deutschen Historikern versucht seither, mit einem beeindruckenden Aufwand von bis in kleinste Einzelheiten präzisierender Quellenanalyse aufzuklären, wer wem, wo und wann den mündlichen oder schriftlichen Befehl zur Massenermordung der Juden erteilt hat. Dabei zeugt die oftmals stark emotional belastete Art der Diskussion davon, daß hier neuralgische Gebiete diskutiert werden und wie recht Martin Broszat mit seiner Bemerkung über den »Nerv der Glaubwürdigkeit der Geschichtsschreibung« hatte. Was hier tatsächlich zur Diskussion steht – oder genauer gesagt: viel ausdrücklicher und betonter stehen sollte –, ist die Frage der Verantwortung. Sie wurde auch von den meisten Verfassern klar gestellt, so z. B. von Broszat: »Wenn unsere Interpretation davon ausgeht, daß die Judenvernichtung auf solche Weise ›improvisiert‹, nicht von langer Hand geplant und durch einen einmaligen Geheimbefehl in die Wege geleitet wurde, so schließt das ein, daß die Verantwortung und Initiative für die Tötungsabsichten nicht nur bei Hitler, Himmler oder Heydrich lagen. Es entlastet Hitler aber keineswegs.«[9] Man kann also weder Broszat noch vielen der anderen an dieser Kontroverse beteiligten Historiker den Vorwurf machen, die Frage der Verantwortung nicht nur an der primären Initiative, sondern auch an der direkten Weiterleitung und operativen Ausführung der Judenvernichtung unterschlagen zu haben. Zu beanstanden ist der unzulängliche Versuch, eine Antwort darauf zu finden, wie die Beteiligung, direkte Ausführung oder auch nur wissende Duldung dieses unmenschlichen Unternehmens durch viele Zehntausende von Deutschen aller Dienstgrade überhaupt möglich war. Die Frage nach der »Planung« oder nach Ort und Datum des »Geheimbefehls« ist daneben nur von sekundärer Bedeutung. Trotzdem ist gerade sie immer noch die Hauptachse der Kontroverse, auch in dem hier zu besprechenden Band,[10] dessen »Theorie-

---

8 Ebenda, S. 756.
9 Ebenda.
10 Der »Führerstaat«: Mythos und Realität. Studien zur Struktur und Politik des

beflissenheit« – wie einer der Herausgeber, Lothar Kettenacker, selbst beanstandet – den peinlichen Eindruck eines immer noch anhaltenden »Verdrängungsprozesses der Historiographie«[11] hinterläßt.

Das Buch ging aus einer Tagung des Deutschen Historischen Instituts in London hervor, die noch vor Erscheinen dieses Tagungsberichts zu erhitzten Kontroversen führte. Insbesondere hat Klaus Hildebrand den Veranstaltern und Teilnehmern der Tagung den Vorwurf gemacht, daß die Frage »nach den Motiven, dem Verlauf und den Zielen der nationalsozialistischen Judenpolitik [...] nicht zur Sprache kam«.[12] Dies ist in den schriftlich eingereichten Referaten offensichtlich korrigiert worden. Wenn auch kein spezifisch diesem Thema gewidmetes Referat hinzugekommen ist, widmen ihm jedenfalls einige Teilnehmer einen wesentlichen Teil ihrer Ausführungen, was anders auch kaum zu vertreten wäre: Keine ernsthafte Erörterung der »Struktur und Politik des Dritten Reiches« kann Judenverfolgung, Krieg und den damit verbundenen Genozid einfach ignorieren. Für den jüdischen und israelischen Leser ist das Problem natürlich von vorrangigem Interesse und wird uns daher hier hauptsächlich beschäftigen.

Einleitend gibt Tim Mason einen Überblick über die Diskussion, die seit etwa einem Jahrzehnt die deutschen Historiker des Nationalsozialismus spaltet. Masons – von ihm eingeführte oder übernommene – Kategorisierung der verschiedenen Positionen in zwei getrennte Lager von »Funktionalisten« und »Intentionalisten« ist inzwischen ebensoweit verbreitet, wie sie schematisch überspitzt und infolgedessen fast nichtssagend geworden ist. Ein weiterer Beweis der »Theoriebeflissenheit« mancher, besonders sozialgeschichtlich orientierter Historiker, die durch eine Inflation neuer Begriffsbildungen und Termini technici bemüht sind, dem Fachjargon gewisser Soziologen gerecht zu werden. Mehr gemeinverständlich dargestellt, bezeichnet Mason als »Funktionalisten« diejenigen Historiker, die die innen- und außenpolitische Entwicklung des Naziregimes durch die Eigendynamik eines unkoordinierten Entscheidungsprozesses erklären wollen. »Die kumulative Radikalisierung der nationalsozialistischen Politik, die im totalen Krieg und im Völkermord endete«, erscheint hier als Ergebnis eigen-

---

Dritten Reiches, hrsg. v. Gerhard Hirschfeld und Lothar Kettenacker mit einer Einleitung von Wolfgang J. Mommsen, Stuttgart 1981.
11 Lothar Kettenacker, Sozialpsychologische Aspekte der Führer-Herrschaft, in: Der »Führerstaat« (wie Anm. 10), S. 98.
12 Vgl. Klaus Hildebrand, Nationalsozialismus ohne Hitler, in: Geschichte in Wissenschaft und Unterricht (künftig: GWU), 31. Jg. (1980), S. 298–304 und ders., Noch einmal: Zur Interpretation des Nationalsozialismus. Vergleichende Anmerkungen zu einer Tagung und einem Buch, in: GWU, 32. Jg. (1981), S. 199–204.

mächtiger, sich sozusagen »von sich aus entwickelnder« Mechanismen ohne direkte Beziehung zu ideologisch postulierten Zielsetzungen des Diktators und seiner Bewegung.[13] Als »Intentionalisten« sind dagegen diejenigen Historiker bezeichnet, die – trotz und über allem zugegebenen Kompetenzwirrwarr im nationalsozialistischen Herrschaftssystem – der Führerdiktatur die letzthin ausschlaggebende Rolle (und daher auch Verantwortung) zuschreiben, wobei der ideologisch vorkonzipierten Zielsetzung von Beginn an ein zentraler Platz zugewiesen wird.

Mason kritisiert die »Intentionalisten« als im Grunde klassisch-liberale und konservative Historiker, die in Hitler und seiner Weltanschauung, in der Judenhaß und Lebensraumimperialismus vorrangig waren, die Erklärung für alle politischen Entscheidungen erblicken. Angeblich neigten sie dazu, hauptsächlich »über das ungeheuerliche Ausmaß der Verbrechen des Regimes und der Vernichtung von menschlichem Leben nachzudenken [...]. Sie fordern dann ihre Leser auf, darauf ebenfalls mit Haß und Abscheu zu reagieren.«[14] Diese moralistische Position verleitet laut Mason die »intentionalistischen« Historiker, so entscheidende Fragen wie die nach politischen Entscheidungsprozessen, administrativen Strukturen oder »der Dynamik von Rivalitäten im Apparat« zu vernachlässigen. Hierin sieht er einen Rückfall in den »methodologischen Individualismus«, den seiner Meinung nach Marx, Weber, Durkheim und deren Nachfolger längst begraben hätten. Gegen diese Hitler-zentrischen Einstellungen glaubt er, Hitlers tatsächlichen Einfluß eher relativieren zu müssen, indem er auf dessen »Funktion als Führer«, d. h. als Integrationsfaktor vielschichtiger politischer und ökonomischer Interessen, hinweist.

Masons Kritik der »Funktionalisten« fällt entschieden zahmer aus. Vor allem wirft er ihnen eine ungenügende Beachtung ökonomischer Zusammenhänge vor und verweist sie am Ende auf den marxistischen Interpretationsansatz, sozusagen als Besserung ihrer Wege. Hier bleibt er allerdings etwas vage in der »Erklärung«, Hitlers Strategie und Taktik – und damit auch die Konfusion des Expansionskriegs – »wurden entscheidend von der politisch-ökonomischen Notwendigkeit der Ausbeutung beeinflußt«.[15] Im übrigen richtet er die Aufmerksamkeit seiner Leser auf sein 1977 erschienenes Buch: Sozialpolitik im Dritten Reich. Arbeiterklasse und Volksgemeinschaft. Zu der dort vertretenen These, daß Hitlers Krieg eine »Flucht nach vorn« angesichts verstärkter (aber durch Mason kaum eindeutig bewiesener) innenpolitischer und

13 Tim Mason, Intention and Explanation: A Current Controversy about the Interpretation of National Socialism, in: Der »Führerstaat« (wie Anm. 10), S. 24.
14 Ebenda, S. 29.
15 Ebenda, S. 39.

sozialer Spannungen war, fügt er hier, lapidar und etwas nebelhaft, jedoch nichtsdestoweniger bezeichnend hinzu: »Der Völkermord war der für den Nationalsozialismus charakteristischste, schrecklichste Teil einer allumfassenden Politik des Kampfes. Diese Politik des Kampfes war als Grundmuster kennzeichnend für eine ganze kapitalistische Epoche.«[16]
Das sind bekannte Töne. Tim Mason machte sich in den 60er Jahren einen Namen durch eine Reihe von Diskussionsbeiträgen in der Berliner Zeitschrift »Argument«, in denen er die orthodox-marxistische »Agententheorie«, die jahrzehntelang die sowjetische und DDR-Historiographie beherrschte, zu widerlegen suchte. Damals vertrat er demgegenüber einen subtileren, an frühere Ansätze August Thalheimers anknüpfenden marxistischen Standpunkt. Die dortige Analyse des »Primats der Politik«, als der sich im nationalsozialistischen Herrschaftssystem verselbständigenden politischen Macht, ist auch heute noch lesenswert. Im Vergleich dazu sind seine späteren Stellungnahmen, wie auch der hier besprochene Beitrag, eher als ein Rückzug in ältere, dafür aber scheinbar gegen Angriffe seitens der »alten« oder »neuen Linken« besser abgesicherte Positionen zu werten.

Wie das nationalsozialistische Herrschaftssystem nun tatsächlich funktionierte, ist auch nach der Lektüre von Masons »Literaturbericht« und den darauffolgenden Beiträgen von Hans Mommsen und Klaus Hildebrand, die hier wohl die »funktionalistische« bzw. »intentionalistische« Interpretation repräsentieren sollen, durchaus noch nicht klar. Unentschieden bleibt, ob eine Fülle miteinander konkurrierender Instanzen in beabsichtigtem oder nur geduldetem Kompetenzchaos oder die letzten Endes entscheidende Führerdiktatur den Ausschlag gaben. Vielmehr drängt sich die grundsätzliche Frage nach der methodologischen Relevanz dieser stark theoretischen Diskussion auf. Auch nach allem Gesagten ist nicht klar, warum nicht beide Elemente, nebeneinander und sich gegenseitig komplementär ergänzend, die politischen Entscheidungen bestimmen konnten. Der modernen Forschung kommt zweifellos das Verdienst zu, die früheren Vorstellungen eines monolithischen, zentralistisch straff durchorganisierten Macht- und Terrorsystems durch eine differenziertere Darstellung revidiert zu haben. Was sich daraus ergibt, ist nicht weniger, aber auch nicht mehr als die Erkenntnis, daß auch im nationalsozialistischen Staat – nicht anders wie in anderen politischen Formationen – gesellschaftliche und politische Interessengegensätze bestanden, die auf jede im Rahmen des diktatorischen Systems nur mögliche Weise ausgetragen wurden. Damit

16 Ebenda, S. 40; Tim Mason, Sozialpolitik im Dritten Reich. Arbeiterklasse und Volksgemeinschaft, Opladen 1977.

werden jedoch der sich hieraus ergebende Kompetenzwirrwarr und die Intrigen bürokratischer oder politischer Funktionsträger noch lange nicht zum charakteristischen Merkmal par excellence des nationalsozialistischen Herrschaftssystems. Ähnliche Erscheinungen hat die Forschung längst, auch in Kriegszeiten, in den westlichen Demokratien aufgedeckt.

Im Gegenteil ist m. E. das Naziregime gerade durch das Zusammenwirken ideologisch fixierter Zielsetzungen – bei denen zweifellos Hitler die entscheidende, aber nicht einzig entscheidende Rolle zufiel – und taktisch-pragmatischer Improvisation gekennzeichnet. Dabei ist ausschlaggebend, daß dieses System mit erstaunlicher Effizienz funktionierte und die ideologisch postulierten Ziele, manchmal trotz und manchmal bewußt mit Hilfe des bürokratischen »Verwaltungschaos«, zum Durchbruch kamen. Daß das System letztlich »selbstzerstörend« sein mußte, ist jedenfalls durch die historische Entwicklung nicht erwiesen: Mit Recht betonen Hildebrand und Kettenacker, daß es erst durch die militärische Niederlage von außen vernichtet wurde.

Erkenntnisfördernd kann diese Diskussion nur in der Konfrontation mit empirisch erforschten Teilaspekten des Naziregimes werden, und tatsächlich haben dies einige der Teilnehmer dieses Bandes auch versucht. Der Krieg und die millionenfache Judenermordung – die »Endlösung«, wie von den Nazis umschrieben und von der Historiographie übernommen – treten dabei in den Vordergrund und lassen sich einfach nicht »verdrängen«.

Hans Mommsen erwähnt zu diesem Problemkreis die bereits 1970 von Martin Broszat konstatierte Unauffindbarkeit eines förmlichen Führerbefehls.[17] Dagegen betont Mommsen den »kumulativen Radikalisierungsprozeß [...] die stufenhafte Gewöhnung an systematisch betriebene Rechtszerstörung und Gewaltakte [..., die] stumpfe Resignation und frivole Gleichgültigkeit [bewirkten], längst ehe das Regime die Ausrottungspolitik [...] mit zynischer Perfektion betrieb«.[18] Diese selbst war nach Mommsen das Ergebnis »zahlreiche[r] Zwischenschritte [...], die sich rückblickend als konsequente Verwirklichung einer festliegenden Absicht darstellen, im einzelnen jedoch sehr verschiedenen Initiativen entsprangen und auf wechselnden Interessen der jeweiligen Machthaber beruhten [...]. Die ›Idee‹, d. h. die fanatischen Bekundigungen des Rassenantisemitismus bei Hitler allein genügten nicht, um die planmäßige Judenvernichtung in Gang zu setzen. Es

---

17 Vgl. Martin Broszat, Soziale Motivation und Führerbindung des Nationalsozialismus, in: VfZ, Jg. 18 (1970), S. 392–409, speziell S. 405 f.; stärker zugespitzt dann in dem Aufsatz von 1977, Broszat, Endlösung (wie Anm. 1).
18 Hans Mommsen, Hitlers Stellung im nationalsozialistischen Herrschaftssystem, in: Der »Führerstaat« (wie Anm. 10), S. 59.

282 Regierungsmechanismen im Dritten Reich

mußten die eskalierenden, die Schergen an ihr Mordhandwerk gewöhnenden und die Zeugen abstumpfenden Gewaltaktionen hinzukommen, um den systematischen Mord als Methode konkrete Wirklichkeit werden zu lassen.«[19]
Mommsens Neigung zu überspitzter Formulierung führt oft zum Mißverständnis seiner Thesen, wie etwa im März 1983 auf der Internationalen Konferenz von Yad Vaschem in Jerusalem und im August 1983 bei der Tagung im Shalom-College der University of New South Wales in Sydney. Über der Diskussion um die exakten Entscheidungsprozesse, besonders um die »Vorplanung« der direkten und belegbaren Initiative Hitlers zum Massenmord in den besetzten Ostgebieten, wird oft der wesentlich entscheidendere Aspekt des Kreises der Mitbeteiligten und Mitverantwortlichen aus den Augen verloren. Man kann über Mommsens Erklärungsversuche mit der Eigendynamik einmal in Gang gesetzter Ausführungsorgane durchaus diskutieren und fragen, wie die ideologisch bestimmte Rolle Hitlers in diesem Prozeß zu bewerten ist. Aber keineswegs ist dieser Versuch als revisionistische Rehabilitierung der deutschen Bevölkerung oder einzelner Gruppen und Funktionsträger auszulegen. Ganz im Gegenteil erweitert gerade die von Mommsen dargestellte »Radikalisierungsdynamik« den Kreis der Mitbeteiligten und Mitverantwortlichen mehr, als es jede Hitler-zentrische Interpretation vermag: »So wenig es ein Argument dafür geben kann, daß Hitler die Ausrottungspolitik im Osten nicht uneingeschränkt befürwortet und seine Untergebenen nicht direkt oder indirekt dazu angetrieben hat, so bitter ist die Einsicht, daß ohne die konkurrierende Betriebsamkeit der um die Gunst des Diktators buhlenden Würdenträger, zusammen mit der Automatik perfektionistisch-zweckfrei arbeitender sekundärer Bürokratien, die rassenfanatischen Ziele Hitlers schwerlich in die grauenhafte Wahrheit der Ausrottung von mehr als fünfeinhalb Millionen Juden und mehreren Millionen slawischer und anderer Opfer des Regimes hätten übersetzt werden können.«[20] Auf dem von Mommsen geschilderten »Weg nach Auschwitz« und seinen »Zwischenstationen« gab es Zehn- und Hunderttausende von Mittätern oder zumindest aus der Nähe schweigend Zuschauenden. »Eine breite Gruppe von Militärs, Beamten und Technokraten, auch Repräsentanten der Großindustrie haben sich bereitwillig in den Dienst einer in ihren Ausmaßen erst ex post voll sichtbar gewordenen Unmenschlichkeit und barbarischen Gewaltanwendung gestellt.«[21]
Damit hat Mommsen den Kreis der Verantwortlichen sehr weit ge-

---

19 Ebenda, S. 63.
20 Ebenda, S. 62.
21 Ebenda, S. 64.

zogen, die Motive für diese Mittäterschaft jedoch unerklärt gelassen. Was den instinktiven Widerstand, vor allem jüdischer Zuhörer oder Leser, gegen die Thesen Hans Mommsens hervorrufen muß, ist seine bis zum Absurden zugespitzte Trennung von technokratischem Durchführungseifer und ideologischer Motivation. Es erscheint fast – und ist zumindest in mündlichen Diskussionen mehr als einmal von Vertretern »funktionalistischer« Interpretationen zum Ausdruck gebracht worden –, daß die perfektionistische Durchführung des Massenmords an den Juden auch ohne den Antisemitismus denkbar wäre! Im vorliegenden Band formuliert Mommsen vorsichtiger: »Die konkrete Ausführung der verbrecherischen Maßnahmen des Regimes lag [...] in den Händen eilfertiger und dienstbarer subalterner Geister [...]. Neben blinden Rassenantisemiten und Antikommunisten überwogen die bloßen Befehlsvollstrecker und Machttechniker, die zynisch genug waren, ein spießbürgerlich-ordentliches Privatleben von ihrer verbrecherischen Tätigkeit abzuschirmen.«[22] Es ist diese Überbewertung der technokratischen »Eigendynamik« im Vernichtungsprozeß, die Mommsen in späteren Äußerungen noch extremer vorangetrieben hat.[23] Nur so ist zu erklären, daß er die überlieferten Äußerungen einiger Mittäter, die sofortige Tötung der Juden »durch [...] ein schnellwirkendes Mittel« sei die »humanste Lösung«, fast als wahren Ausdruck ihrer Intentionen zitiert, sozusagen als »menschliche Rehabilitation«: »Die Inhumanität mußte erst als ›Humanität‹ deklarierbar sein, bevor sie sich technokratisch umsetzen ließ.«[24]

Dementgegen bleibt bei Mommsen die ideologische Dimension zwar nicht unerwähnt, aber entschieden unterbewertet: »Daß der Holocaust Realität werden konnte, ist mit ideologischen Faktoren – der Einwirkung der antisemitischen Propaganda wie der autoritären Färbung der tradierten deutschen politischen Kultur – nur unzureichend zu erklären.«[25] Das Entscheidende ist jedoch meiner Meinung nach, daß der Holocaust ohne diese ideologischen Faktoren überhaupt nicht zu erklären ist! Und gerade das versucht Mommsen zumindest implizit mit Hilfe seiner übergewichteten »Eigendynamik-Mechanismen« zu vollbringen.

Ob Hitlers »sensible Reaktion auf Stimmungsäußerungen in der Bevölkerung« sich gegebenenfalls auch auf das bei ihm ideologisch fixierte Gebiet der Judenverfolgung erstreckt hätte, ist eine Frage, die

22 Ebenda, S. 65.
23 Hans Mommsen, Die Realisierung des Utopischen: Die »Endlösung der Judenfrage« im »Dritten Reich«, in: Geschichte und Gesellschaft, Jg. 9 (1983), S. 381–420.
24 Ebenda, S. 411, vgl. auch S. 416.
25 Ebenda, S. 420.

wohl nie eindeutig beantwortet werden wird. Es erscheint fraglich, aber keineswegs ausgeschlossen, daß »massive Proteste der christlichen Kirchen [...] wie des Offizierskorps die Endlösungspolitik und viele Konsequenzen des Rassenvernichtungskrieges in engen Grenzen gehalten« hätten. Fest steht, daß Hitler sich mit nichts dergleichen auseinanderzusetzen brauchte und sich auch die »Stimmung der Bevölkerung« der Judenpolitik gegenüber als wenig »sensibel« erwies. Jedenfalls wird die Verantwortung der von Mommsen hier angesprochenen Kreise auch durch die womögliche Wirkungslosigkeit des nicht stattgefundenen Protestes nicht gemildert.

Vermutlich ruft gerade dieser Aspekt im – wenn man unbedingt will – »funktionalistischen« Erklärungsmodell, das Mommsen in dem hier besprochenen Band vertritt, den Widerspruch anderer deutscher Historiker hervor. Klaus Hildebrand wendet sich gegen die »revisionistische Anschauung vom nationalsozialistischen Staat«, die das »polykratische Chaos im innen- und außenpolitischen Bereich« überbewertet und in Hitler lediglich den nicht autonom handelnden Repräsentanten des »Faschismus in Deutschland« sehen möchte. Mit einem Zitat von Karl Dietrich Bracher wendet sich Hildebrand gegen die »›neulinke‹ und marxistische Dogmatik einer pauschalen Faschismus-Interpretation« ebenso wie gegen die hier zur Diskussion stehende »neuere revisionistische Interpretation [...], die sich gegen die ›altliberale‹ Totalitarismusforschung wenden [... und] die Schuld- und Verantwortungsfragen [...] hinter sich lassen [möchte ...], dabei aber in die Gefahr einer neuerlichen Unterschätzung und Bagatellisierung des Nationalsozialismus selbst [gerät]«. »Ohne es zu beabsichtigen«, liefen die »Revisionisten [...] Gefahr [...], die ideologische und totalitäre Dimension des Nationalsozialismus zu verkleinern und möglicherweise zu verkennen, [...] und eine die totalitäre Diktatur verharmlosende, demgegenüber die freiheitlich westliche Verfassungs- und Gesellschaftsordnung über Gebühr belastende Interpretation zu fördern.«[26]

Hildebrands Bedenken gegen eine Abwertung der Rolle Hitlers und vor allem der nationalsozialistischen Ideologie und die Ablehnung jeder – wie ich hinzufügen würde: nicht nur der marxistischen – pauschalen »Faschismus-Interpretation« sind m. E. durchaus ernst zu nehmende Argumente. Nur ist nicht einleuchtend, warum die nicht weniger pauschale »Totalitarismus-Interpretation« zulässiger sein sollte. Es braucht wohl heute kaum noch des Beweises, daß beide Interpretationen, von entgegengesetzten politischen Prämissen ausgehend, in der Verallgemeinerung eines theoretischen »Modells« die historische Indi-

---

26 Klaus Hildebrand: Monokratie oder Polykratie? Hitlers Herrschaft und das Dritte Reich, in: Der »Führerstaat« (wie Anm. 10), S. 77.

vidualität des Nationalsozialismus als »deutsche Diktatur«, wie Hildebrand, an Bracher anknüpfend, selbst definiert,[27] im Abstrakten untergehen lassen. In der Atmosphäre des kalten Krieges großgeworden, wirft auch der Totalitarismusbegriff »zu viel in einen Topf«. Die Singularität des Nationalsozialismus, die Hildebrand unter Hinweis auf das rassische Dogma hervorhebt, bleibt auch hier unterschätzt, und auch diese pauschale Interpretation trägt apologetische Züge.

Hildebrand weist mit Recht auf die Einigkeit der internationalen – wohl im Gegensatz zur deutschen – Forschung in bezug auf die Dominanz Hitlers im außenpolitischen Bereich hin. In diesem Kontext behandelt er eingehend die Diskussion um »den intentionalen oder improvisatorischen Charakter der Judenvernichtung«, der fast ein Viertel seines Beitrags gewidmet ist.[28] Im Gegensatz zu den Erklärungsversuchen von Uwe D. Adam und Broszat im Sinne einer »improvisatorischen« oder »eigendynamischen Genesis der ›Endlösung‹«, ist laut Hildebrand »doch nicht zu übersehen, daß [diese] lange vorher in Hitlers programmatischen Überlegungen angelegt war und die Vernichtung der europäischen Juden auf das Vorhandensein des rassenideologischen Dogmas in der nationalsozialistischen Weltanschauung zurückgeht«.[29] Schade ist nur, daß Hildebrand in bezug auf die Massenbasis dieser Weltanschauung etwas unklar bleibt und man dem Eindruck eines zumindest impliziten Hitler-zentrischen Ausweichungsversuchs nicht entgehen kann. Es waren eben nicht nur »Hitlers programmatische Ideen über Judenvernichtung und Rassenherrschaft«, auch nicht, wie Hildebrand zustimmend Sebastian Haffner zitiert, »Hitlers spezifischer pathologischer Antisemitismus«, allein an allem schuld. Ohne den breiten Konsens und die zumindest schweigende Zustimmung vieler nicht nur zu den »Ideen«, sondern auch zu ihrer grausigen Verwirklichung, wären Lebensraumkrieg und Judenvernichtung nicht möglich gewesen.

Lothar Kettenackers Beitrag ist in dieser Hinsicht entschieden ein Fortschritt, wenn er erklärt, daß »der Verdrängungsprozeß vor der Historiographie nicht halt gemacht hat«. Verdrängt wurde, laut Kettenakker, das »in der Tat ›fragwürdige‹ Problem, warum sich zahlreiche Deutsche, nach 1933 mutmaßlich die überwältigende Menge der Deutschen, mit dem österreichischen Demagogen identifizierten«.[30] Die »Forschung hat den Konnex zwischen Hitlers Voreingenommenheit und der ideologischen Disposition der Massenbasis außer acht gelassen

---

27 Ebenda, S. 93.
28 Ebenda, S. 83 ff.
29 Ebenda, S. 86 f.
30 Kettenacker, Führer-Herrschaft (wie Anm. 11), S. 98.

[...]. Als ob eine abscheulich primitive Ideologie, nur weil sie uns heute als ›nonsense‹ erscheint, auch historisch keinen ›Sinn‹ beanspruchen kann«![31] Dagegen sucht Kettenacker dem »Phänomen der Führerherrschaft« durch eine Reihe heuristisch formulierter Thesen näherzukommen. Ob tatsächlich der Nationalsozialismus als »Revolution« oder noch spezifischer »kleinbürgerliche Revolution« definierbar ist, wie Kettenacker im Anschluß an frühere Arbeiten, besonders Ralf Dahrendorfs und David Schoenbaums, zu beweisen sucht, ist ein eher semantisches Problem. Grundsätzlich von Bedeutung ist m. E. seine Analyse der »nationalsozialistischen Machtergreifung nach innen und Machtausdehnung nach außen«, also der ganzen zwölfjährigen Periode der Naziherrschaft, als »eine einzige ›levée en masse‹, wie sie die deutsche Geschichte bis dahin und seitdem nicht gekannt hat. Man kann die Massen in Deutschland nicht wieder mobilisieren wollen, ohne die Folgen dieser Entwicklung zu bedenken«.[32]

Kettenacker schreibt dem Appeal der »Volksgemeinschafts-Ideologie« eine nicht zu unterschätzende historische Wirksamkeit zu. Propagandistische Manipulationstechniken, die das Regime raffiniert anzuwenden verstand, konnten nur wirksam werden, weil sie an die »Volksgemeinschaftsmentalität des kleinen Mannes« appellierten.[33] Diese Disposition einer breiten Bevölkerungsschicht, die sich zunehmend von der preußisch-deutschen Oberschicht distanzierte, machte Hitler vor dem 30. Januar 1933 für die traditionellen Eliten bündnisfähig und bewegte bald danach deren Mehrzahl zu »Anbiedern, Selbstauflösung, freiwilliger Gleichschaltung, allenfalls Resignation und Emigration«. Es war dies ein entscheidender Teil jener »Reaktion der deutschen Bevölkerung auf die Machtergreifung, [die] nicht gerade zu den Lieblingsthemen der Forschung gehört«.[34] Der Vorrang, den Kettenacker sozialpsychologischen Motiven vor allen ideologischen, »geschweige denn politischen« Beweggründen einräumt, ist allenfalls als Diskussionsbasis interessant. Wenn auch er manchmal der Versuchung durch neue Theorien und »Modelle«, wie z. B. das vorgeschlagene Konzept eines modernen »Neo-Feudalismus«, nicht widerstehen kann, so darf man ihm hier die erklärte »heuristische Absicht« seiner Thesen zugute halten.

Kritischer ist jedoch seine Behandlung der Judenvernichtungspolitik zu betrachten. Sicher ist es kein Zufall, daß diese bei ihm nur kurz und fast nebenbei erwähnt ist, denn er gerät dabei in offensichtlichen Wider-

---

31 Ebenda, S. 102.
32 Ebenda, S. 107.
33 Ebenda, S. 113.
34 Ebenda, S. 107.

spruch zu den eigenen Thesen. Nachdem er auf der Grundlage des
»Volksempfindens« den Begriff einer »das Rechtsempfinden des einzelnen korrumpierenden [...] Volksmoral« einzuführen versucht hat,
beeilt er sich hinzuzufügen, man müsse sich »davor hüten, hier einen
direkten Kausalzusammenhang zu den phänomenalen Verbrechen des
Regimes, der Vernichtung der Juden und dem ebenfalls Genozidcharakter tragenden Lebensraumimperialismus herzustellen«.[35] Hier
scheint Kettenacker vor den Schlußfolgerungen aus den eigenen Thesen
zurückzuschrecken, ohne dabei zu merken, wie der gesamte Aufbau
dadurch in sich zusammenfällt. Es ist einfach unzulässig, auf vielen Seiten den breitesten Konsens der »Volksgemeinschaft«, bis zum bitteren
Ende, mit der Politik ihres »Führers« zu beweisen, um dann in zwei
kurzen, nicht belegten Sätzen Antisemitismus, Lebensraumimperialismus und Genozid aus diesem Konsens auszuklammern! Dies waren
grundlegende Komponenten nationalsozialistischer »Weltanschauung«, deren Stellenwert in der Machtergreifungsphase im hier besprochenen Zusammenhang ebensowenig relevant ist wie die »Popularität«
des Polenfeldzugs oder des Novemberpogroms von 1938. Auch
darüber ist sich die Forschung durchaus noch nicht einig, und bald
nachher änderte sich die Einstellung bekanntlich. Wenn die sich um ihren »Führer« scharende »Volksgemeinschaft« zum zentralen Integrationsfaktor der Naziherrschaft erklärt wird, so gehören dazu zwangsläufig auch der ideologische und gefühlsmäßige Ausschluß der deutschen
Juden aus ihr und das Feindkonzept, das das »internationale Judentum«
zu ihrem politischen Hauptgegner erklärte. Dies waren fundamentale
und konstante Elemente in Hitlers »Weltanschauung« – nach Eberhard
Jäckel, auf den sich auch Kettenacker gern beruft, die am meisten und
sogar einzig konstanten. Seit der Gründung der NSDAP und bis
zum Ende des Dritten Reiches waren sie die zentralen Leitmotive der
Nazipropaganda und durchaus »populär«. Damit war im »Volksempfinden« die Saat der späteren Verbrechen bereits gesät. Ohne sie ist
die gehorsame und perfektionistische Ausführung von Verbrechen, die
allen überkommenen Normen menschlichen Handelns widersprachen,
durch Zehntausende von direkt Handelnden und deren schweigende
Duldung durch die Mehrheit der Bevölkerung einfach unerklärbar.
(Nach Adalbert Rückerl wurden seit Kriegsende über 50 000 Deutsche
vor ausländischen Gerichten wegen Beteiligung an Verbrechen gegen
die Menschlichkeit und Kriegsverbrechen verurteilt und in der BRD
fast 88 000 Ermittlungsverfahren wegen Verdachts der Täterschaft oder
Teilnahme an Naziverbrechen eingeleitet. Niemand wird glauben, daß
das alle waren.) Demgegenüber erscheint die exakte Erforschung der

---

35 Ebenda, S. 116.

»Genesis« oder der jeweiligen Stationen des »Entscheidungsprozesses« der »Endlösung« zwar nicht überflüssig, aber doch fast trivial. Daher ist m. E. Kettenackers Beitrag, bei aller obigen Kritik, als wichtiger und bisher vernachlässigter Ansatz zu werten, der es verdient, weiter verfolgt und vertieft zu werden. Jedenfalls ist er weitaus überzeugender als der Versuch von Ian Kershaw am Schluß des ersten Teils, Hitlers Popularität lediglich auf seine konservativ-nationalistischen Erfolge, in betontem Gegensatz zum ideologischen Konzept seiner Eroberungs- und Rassenpolitik, zurückzuführen.[36] Dies nicht nur wegen des problematischen Aussagewerts von Polizei-Lageberichten und Gerichtsakten für die Einstellung der breiten Bevölkerung, sondern auch angesichts dessen, daß Hitlers »Appeal« noch anhielt, als von »Erfolgen« längst keine Rede mehr sein konnte.

36 Ian Kershaw, The Führer Image and Political Integration: The Popular Conception of Hitler in Bavaria during the Third Reich, in: Der »Führerstaat« (wie Anm. 10).

Verzeichnis der ursprünglichen Druckorte

Die Aufsätze wurden vom Verfasser übersetzt und bearbeitet.

1. Jahrbuch des Instituts für Deutsche Geschichte, Universität Tel Aviv, Bd. 11 (1982), S. 237–260.

2. Werner Mosse / Arnold Paucker / Reinhard Rürup (Hrsg.), Revolution and Evolution. 1848 in German-Jewish History, Tübingen 1981, S. 123–145. Auf den Abdruck des statistischen Anhangs wurde verzichtet.

3. Menachem Ben-Sasson (Hrsg.), Religion and Economy. Connection and Interaction. (Jacob Katz zum 90. Geburtstag), Jerusalem 1995, S. 53–63 (hebräisch). Eine gekürzte deutsche Fassung erschien in: Menorah. Jahrbuch für deutsch-jüdische Geschichte, Bd. 5 (1994), S. 25–38.

4. Proceedings of the 5th International Symposium on the History of the Jews in the Netherlands, in: Studia Rosenthaliana, Bd. 23/2 (1989), S. 7–21.

5. Walter Grab und Julius H. Schoeps (Hrsg.), Juden in der Weimarer Republik, Stuttgart / Bonn 1986, S. 330–346.

6. Bisher unveröffentlicht. Teilaspekte wurden präsentiert im Jahrbuch des Instituts für deutsche Geschichte, Tel Aviv, Bd. 23 (1994), S. 233–246, und in einem Vortrag auf der Konferenz: Circles of Community: Collective Jewish Identities in Germany and Austria 1918–1932, Indiana University Bloomington, 17.–18. März 1996 (Tagungsband in Vorbereitung).

Verzeichnis der ursprünglichen Druckorte

7. Bisher unveröffentlicht.
8. Leo Baeck Institute, Year Book, Bd. 35 (1990), S. 245–266.
9. Leo Baeck Institute, Year Book, Bd. 34 (1989), S. 247–266.
10. Yad Vashem Studies, Bd. 11 (1984), S. 271–332.
11. Jahrbuch des Instituts für Deutsche Geschichte, Universität Tel Aviv, Bd. 14 (1985), S. 371–384.

ZEITGESCHICHTE BEI CHRISTIANS

Alfred Kantorowicz:
Nachtbücher
Aufzeichnungen im französischen Exil
1935 bis 1939
hrsg. von Ursula Büttner und Angelika Voß
Quellen
1995, Lin., 336 Seiten
ISBN 3-672-1247-1
DM 48,–/öS 350,–/Sfr 44,50

Im März 1933 floh der Schriftsteller und Journalist Alfred Kantorowicz aus Berlin über die Schweiz nach Frankreich. Für ihn begannen lange, gefahrvolle und entbehrungsreiche Jahre des Exils, deren Not er regelmäßig in seinem Tagebuch festhielt. Die Aufzeichnungen von April 1935 bis September 1939 werden in dieser Edition vollständig wiedergegeben, versehen mit Kommentaren, die Kantorowicz' Ausführungen vor ihrem zeitgeschichtlichen Hintergrund verständlich werden lassen.
»Die Herausgeberinnen [...] zeigen uns Kantorowicz ohne falsche Rücksicht. In ihrem mustergültigen Apparat steckt ein Handbuch der deutschen Emigration in Frankreich [...].« *DIE WELT*
»[...] muß betont werden, daß die jetzt vorliegende Tagebuchedition authentischer ist als die von Kantorowicz autorisierten Versionen. Hier werden nicht in erster Linie pointierte Anekdoten erzählt, sondern hier wird das schonungs- und schutzlose Protokoll eines Selbstgesprächs präsentiert.« *DIE WELT*

Das Unrechtsregime
Internationale Forschung über den Nationalsozialismus
hrsg. von Ursula Büttner
Darstellungen, Band 21:
I: Ideologie – Herrschaftssystem – Wirkung in Europa
1986, Lin., 560 Seiten
ISBN 3-7672-0962-4
DM 49,80/öS 364,–/Sfr 46,–

Darstellungen, Band 22:
II: Verfolgung – Exil – Belasteter Neubeginn (Festschrift für Werner Jochmann zum 65. Geburtstag)
1986, Lin., 478 Seiten
ISBN 3-7672-0963-2
DM 49,80/öS 364,–/Sfr 46,–

In 45 Beiträgen geben Wissenschaftler aus Australien, Deutschland, England, Frankreich, Israel, Kanada, Polen und den USA differenzierte Antworten auf die Frage nach Ursprung, Wesen und Wirkung des Nationalsozialismus.
»Was an dieser Festschrift insgesamt hervorsticht, ist das Bestreben, moralisch zu verurteilende, emo–tional nur schwer mit Distanz zu betrachtende Aspekte deutscher Geschichte der NS-Zeit vorurteilsfrei zu analysieren. Gerade die Vielheit der Aspekte, die Breite neu erschlossener Themen verdeutlichen, daß es wohl nie auch nur ein relatives Ende der Untersuchung dessen geben kann, was das ›Unrechtsregime‹ ausmachte.«
Neue Politische Literatur

ZEITGESCHICHTE BEI CHRISTIANS

Die Not der Juden teilen
Christlich-jüdische Familien im Dritten Reich
Beispiel und Zeugnis des Schriftstellers Robert Brendel
von Ursula Büttner
Darstellungen, Band 24
1988, Lin., 314 Seiten
ISBN 3-7672-1055-x
DM 34,–/öS 248,–/Sfr 31,50

Die eindringliche Darstellung der Verfolgung christlich-jüdischer »Mischfamilien« im Dritten Reich, abgerundet durch eine biographische Skizze über den Schriftsteller Robert Brendel, der mit einer Novelle sowie in sehr persönlichen Briefen, die die Bedrängnisse einer »rassisch« diskriminierten Familie schildern, auch selbst zu Wort kommt.

»Ursula Büttner schildert die qualvolle Geschichte einer Eskalation der Verfolgung – dadurch belegt sie die These von der programmatisch verdichteten Konsequenz des nationalsozialistischen Vernichtungswillens. [...] Dies ist in dieser Eindringlichkeit nur möglich gewesen, weil die Verfasserin in seltenem Maße über die Fähigkeit zum Mit-Leiden verfügt. Sie bringt vergangene Worte erneut zum Klingen – durch wissenschaftliche Kompetenz, durch Sensiblität, durch den Willen zum Verstehen.«
Jüdische Allgemeine Wochenzeitung

Schicksalsgemeinschaft im Wandel
Jüdische Erziehung im nationalsozialistischen Deutschland 1933–1938
von Yfaat Weiß
Darstellungen, Band 25
1991, Lin, 228 Seiten
ISBN 3-7672-1127-0
DM 29,80/öS 218,–/Sfr 27,50

Die Suche nach einer jüdischen Identität und ihrer Formierung in der jüdischen Schule ist das zentrale Thema dieses Buches.

»Schwerpunkt dieser Publikation ist die Darstellung der innerjüdischen Richtungskämpfe zwischen Zionisten, Orthodoxen und Liberalen um Inhalte, Ziele und Charakter des entstehenden jüdischen Schulwesens. Weiss arbeitet die These von der jüdischen Erziehung als ›Enklave in der deutschen Schullandschaft‹ souverän heraus.« GEP

»Vor 1933 [...] war ein eigentlich jüdisches Schulwesen nur wenig ausgeprägt [...]. Wie und warum sich dies in der neuen Situation nach 1933 durchgreifend änderte, ist das mit beeindruckender Umsicht und ausgeprägter Sachkenntnis dargestellte Thema von Weiss.«
Aschkenas

ZEITGESCHICHTE BEI CHRISTIANS

Die Deutschen und die Judenverfolgung im Dritten Reich

hrsg. von Ursula Büttner

Darstellungen, Band 29
1992, Lin., 398 Seiten
ISBN 3-7672-1165-3
DM 42,–/öS 307,–/Sfr 39,–

Welche Verantwortung für die Verfolgung und Ermordung der Juden trifft das deutsche Volk als ganzes? Diese Frage wurde seit dem Zusammenbruch des Dritten Reiches leidenschaftlich diskutiert und hat bis heute nichts von ihrer Brisanz verloren.

Dieser Band gibt erstmals einen systematischen Überblick über die Haltung der verschiedenen gesellschaftlichen Gruppen und Eliten. Achtzehn Experten – Historiker, Politologen und Theologen – gehen in Originalbeiträgen der Frage nach, inwieweit Justiz, Bürokratie, Ärzteschaft, Unternehmer und Kirche Anteil an der Judenverfolgung haben.

»Ursula Büttner erspart es ihren Lesern, zu anderen Büchern greifen zu müssen. Dem Hans Christians Verlag in Hamburg, der das Buch 1992 verlegt hat, ist zu dieser Produktion zu gratulieren.« *Tribüne*

Rassenutopie und Genozid
Die nationalsozialistische »Lösung der Zigeunerfrage«

von Michael Zimmermann

Darstellungen, Band 33
1996, Lin., 576 Seiten
ISBN 3-7672-1270-6
DM 68,–/öS 496,–/Sfr 62,–

»Zu den großen Vorzügen der Studie zählt, daß sie die nationalsozialistische Zigeunerpolitik im gesamten deutsch besetzten Europa darstellt. Dadurch nämlich wird auf eindrucksvolle Weise sichtbar, daß es keineswegs eines generellen Vernichtungsbefehls […] bedurfte, um unter den Bedingungen des Krieges in einer rassistisch aufgeladenen Gesellschaft den Genozid an einer Minderheit ins Werk zu setzen. Mit methodischer Sorgfalt, sprachlicher Nüchternheit und […] Akribie […] hat Michael Zimmermann aus mehr als einem halben Hundert Archiven und Bibliotheken im In- und Ausland die fragmentarischen Zeugnisse dieser Verfolgungsgeschichte zusammengetragen.« *DIE ZEIT*

»Mit Zimmermanns Buch liegt ein umfassender Überblick über die NS-Zigeunerverfolgung in Europa vor, das jetzt schon als wichtiges Standardwerk Geltung hat.« *Zeitschrift für Geschichtswissenschaft*

ZEITGESCHICHTE BEI CHRISTIANS

»Arisierung« in Hamburg

Die Verdrängung der jüdischen Unternehmer 1933–1945
von Frank Bajohr

Darstellungen, Band 35
1997, 2. Aufl. 1998, Lin., 420 Seiten
ISBN 3-7672-1302-8
DM 54,–/öS 394,–/Sfr 49,–

»Mit seiner exemplarischen Fallstudie […] hat Frank Bajohr […] Licht in das Dunkel dieses in der neueren deutschen Geschichte einzigartigen Besitzwechsels gebracht. Ihm ist es erstmals umfassend gelungen, die verschiedenen Gruppen zu beleuchten, die […] materiellen Vorteil aus Vertreibung und Holocaust zogen.« *DIE ZEIT*

»Nach 1945 konnten sich viele Hamburger nur sehr dunkel an die jüngere Vergangenheit ihrer Stadt erinnern. Hamburg, so hieß es damals, sei während der NS-Zeit einen liberalen Sonderweg gegangen. […] Vollends fragwürdig wird der selbstgerechte Stolz auf die eigene Standhaftigkeit nun mit jenen Dokumenten, die der Historiker Frank Bajohr ausgewertet hat. […] Das Bild, das er entwirft, zeigt den moralischen Bankrott einer Stadt.«
Der Spiegel